Kohlhammer

Mathias Blanz
Frank Como-Zipfel
Franz J. Schermer
(Hrsg.)

Verhaltensorientierte Soziale Arbeit

Grundlagen, Methoden, Handlungsfelder

Verlag W. Kohlhammer

Umschlag: Gestaltungskonzept Peter Horlacher
Gesamtherstellung:
W. Kohlhammer Druckerei GmbH + Co. KG, Stuttgart
Printed in Germany

ISBN 978-3-17-021973-1

Inhalt

Geleitwort

Die Entscheidungen und professionellen Urteile, die Praktiker der Sozialen Arbeit täglich fällen, haben weit reichende Folgen und bedürfen einer Begründung, sowohl gegenüber den Klienten als auch gegenüber der Gesellschaft als Ganzes. Es ist deshalb unumgehbar, dass diese Entscheidungen nicht auf der Grundlage persönlicher Voreingenommenheit, Hörensagen oder veralteten Theorien getroffen werden, sondern auf pragmatischen, wissenschaftlich fundierten Kenntnissen darüber, wie menschliche Interaktionen und Verhaltensweisen entstehen und beeinflusst werden – insbesondere durch den Kontext, in dem sie auftreten, die individuelle Lerngeschichte und Erfahrungen sowie die vorherrschenden kulturellen und ethischen Normen und Werte.

Die Verhaltenswissenschaften und im Besonderen die Angewandte Verhaltensanalyse bieten diese Wissensgrundlage. Aufbauend auf einem funktionalen und kontextualen Verständnis darüber, wie Verhalten gelernt, geformt, generalisiert und aufrechterhalten wird, bietet die Verhaltensorientierte Soziale Arbeit individuell zugeschnittene, kontextspezifische Interventionen, die ethisch fundiert sowie transparent und nicht bevormundend ausgerichtet sind.

Es ist deshalb nicht überraschend, dass gerade die Verhaltensorientierung eine Vorreiterrolle in der Entwicklung eines evidenzbasierten, Aufgaben-orientierten und Person-zentrierten Vorgehens in der Sozialen Arbeit einnimmt. Doch werden deren theoretisch-konzeptuelle Grundlagen üblicherweise in den Aus- und Weiterbildungen der Sozialen Arbeit, die primär an Methodenlehre orientiert sind, nicht gelehrt.

Der vorliegende Band zeigt, wie die Praxis der Sozialen Arbeit von einem soliden Verständnis der Verhaltenstheorie profitieren kann und wie dies zu besseren Ergebnissen im gesamten Bereich ihrer Aufgaben und Aktivitäten führt. Der Leser wird eingeladen, bisherige Überzeugungen zu überprüfen und sich zu einem sorgfältig und kritisch reflektierenden Praktiker zu entwicklen, der seine Arbeit »eher vertritt als verteidigt« (»defensible rather defensive practice«, O'Neill, 2012).

Dieser Band bietet die erste umfassende Darstellung der Verhaltensorientierten Sozialen Arbeit in Deutschland und schließt damit die normative als auch empirische Lücke zur internationalen Best-Practice in der Sozialen Arbeit (Thyer & Kazi, 2004).

Der Leser wird in die ethischen, wissenschaftlichen, theoretischen und methodologischen Grundlagen der Verhaltensorientierten Sozialen Arbeit unter Bezugnahme auf aktuelle internationale Forschung eingeführt. Verhaltensorientierte Konzepte werden auf eine umfassende und beeindruckende Bandbreite von Handlungsfeldern der Sozialen Arbeit angewandt, die von Menschen mit Behinderungen zu alten Menschen, von psychisch erkrankten, suchtkranken, und straffälligen Menschen zu Kindern, Jugendlichen und Familien sowie vom Bildungs- und Gesundheitsbereich zur Supervision Sozialer Arbeit reicht. Diese vielen Beispiele veranschaulichen, wie evidenzbasierte Entscheidungsprozesse, die auf einer »wissenschaftliche Methode« (»the scientific method«; Keenan & Dillenburger, 2012) aufbauen, zur Qualitätssicherung, der Vermeidung ineffizienter Interventionen und der Weiterentwicklung der Profession beitragen.

Dieses Buch ist Pflichtlektüre für all diejenigen, die sich einer evidenzbasierten und nicht bevormundenden Praxis der Sozialen Arbeit verpflichtet fühlen: Lehrende, Forschende, Studierende und Praktiker in den verschiedenen Handlungsfeldern der Sozialen Arbeit und angrenzenden Gebieten.

Karola Dillenburger PhD; BCBA-D
Professor for Behaviour Analysis and Education
Centre for Behaviour Analysis
School of Education
Queen's University Belfast
qub.ac.uk/cba

Literaturhinweis

Keenan, M. & Dillenburger, K. (2012). *Behaviour analysis: A primer.* ibook available on itunes.

O'Neill, L. (2012). *Using theory in social work practice.* Guardian Professional, August, 3.

Thyer, B. & Kazi, M. (2004). *International perspectives on evidence-based practice in Social Work.* Ashgate, UK: Venture.

Vorwort

Behavioral Social Work stellt im angloamerikanischen Bereich einen seit Jahrzehnten etablierten Zugang in der Sozialen Arbeit dar, welcher durch eine empirische Fundierung seiner theoretischen Grundannahmen, eine zielgerichtete problemorientierte Vorgehensweise und eine ausgeprägte Evidenzbasierung gekennzeichnet ist. Wie alle Zugänge zur Sozialen Arbeit sieht sich auch die Verhaltensorientierung der Wahrung der Würde ihrer Klientel unter Berücksichtigung der allgemeinen Menschenrechte sowie den berufsethischen Kodizes der Sozialen Arbeit verpflichtet. Dem steht eine bislang vergleichsweise geringe Rezeption der Verhaltensorientierten Sozialen Arbeit in der deutschsprachigen Fachöffentlichkeit gegenüber.

Mit dem vorliegenden Lehrbuch wird ein umfassendes Grundlagenwerk zur Verhaltensorientierten Sozialen Arbeit vorgestellt, das sich im Kontext der Öffnung des deutschen Bildungssektors durch den Bolognaprozess an internationalen Standards der Ausbildung in Sozialer Arbeit orientiert. Der Band gliedert sich in drei Teile. Im ersten Teil werden die ethischen und historischen sowie die wissenschafts- und verhaltenstheoretischen Grundlagen dargestellt. Der zweite Teil behandelt die methodologischen Grundlagen der Beziehungsgestaltung, der Analyse von Anliegen, der Erreichung von Zielen und der Erfolgsbewertung. Im dritten Teil wird die Umsetzung dieser Grundlagen in einer breiten Palette von Handlungsfeldern der Sozialen Arbeit dokumentiert.

Der Band wendet sich sowohl an Lehrende als auch Studierende der Sozialen Arbeit und verwandter Studiengänge, die sich auf theoretischer oder praktischer Ebene mit dem verhaltensorientierten Ansatz vertraut machen wollen. Darüber hinaus gibt er dem Berufspraktiker Einblick in das verhaltensorientierte Vorgehen in unterschiedlichsten Anwendungsbereichen der Sozialen Arbeit.

Wir möchten uns an dieser Stelle herzlich bei den Autorinnen und Autoren für ihr Engagement und ihre Kooperations- und Kompromissbereitschaft bedanken, welche die vorliegende einheitliche Gestaltung des Bandes erst ermöglichte. Darüber hinaus haben wir den Herren Dr. Ruprecht Poensgen und Dr. Klaus-Peter Burkarth vom Kohlhammer-Verlag für ihre wertvolle Unterstützung und Betreuung zu danken.

Zur leichteren Lesbarkeit des Textes haben wir uns entschieden, in den meisten Fällen nur eine der beiden Geschlechtsformulierungen zu verwenden; die jeweils andere ist dabei selbstverständlich immer mitgedacht.

Würzburg, im Frühjahr 2013

Mathias Blanz
Frank Como-Zipfel
Franz J. Schermer

I Grundlagen

1 Wissenschaftshistorische und berufsethische Grundlagen der Verhaltensorientierten Sozialen Arbeit

Frank Como-Zipfel

1.1 Einleitung

Dieser Beitrag stellt die wissenschaftshistorischen und ethischen Grundlagen der Verhaltensorientierten Sozialen Arbeit im anglo-amerikanischen und deutschsprachigen Raum dar. Zugunsten des Begriffs »Soziale Arbeit« werden die Termini »Sozialarbeit« und »Sozialpädagogik« im Folgenden eher zurückhaltend bzw. weitgehend synonym gebraucht. Der hier verwendete Begriff der Sozialen Arbeit orientiert sich an zwei Definitionen und zwar:

(1) der Definition des Fachausschusses »Theorie- und Wissenschaftsentwicklung« des Fachbereichstags Soziale Arbeit von 1999: »Die Wissenschaft der Sozialen Arbeit ist die Lehre von den Definitions-, Erklärungs- und Bearbeitungsprozessen gesellschaftlich und professionell als relevant angesehener Problemlagen. ... Der Gegenstand der Sozialen Arbeit ist die Bearbeitung von gesellschaftlich und professionell als relevant angesehenen Problemlagen« (Klüsche, 2004, S. 256, 262); sowie
(2) der Definition der Generalversammlung der International Federation of Social Workers und der International Association of Schools of Social Work von 2004: »Die Profession Soziale Arbeit fördert sozialen Wandel, Problemlösungen in menschlichen Beziehungen und die Stärkung und Befreiung von Menschen, um das Wohlergehen zu stärken. Gestützt auf Theorien über menschliches Verhalten und sozialer Systeme greift Sozialarbeit an den Stellen ein, wo Menschen mit ihrer Umwelt in Wechselwirkung stehen. Die Grundlagen von Menschenrechten und sozialer Gerechtigkeit sind für die Soziale Arbeit wesentlich« (Deutscher Berufsverband für Soziale Arbeit, 2009, S. 2).

Diese allgemeinen Definitionen Sozialer Arbeit weisen explizit auf die wissenschaftliche Fundierung und die ethischen Dimensionen des Berufsbildes hin. Eine wissenschaftliche Orientierung sowie ein ethisches Bewusstsein und Handeln wird im Folgenden als konstituierend für die berufliche Theorie und Praxis der Sozialen Arbeit angesehen. Dass dieses insbesondere auch für die Tradition der Verhaltensorientierten Sozialen Arbeit gilt, wird im Abschnitt 1.3 dieses Beitrags dargestellt.

Die Frage »Was ist Verhaltensorientierte Soziale Arbeit?« kann aufgrund zahlreicher, zumeist übereinstimmender Definitionen in der Literatur (Barmann, 2010; Gambrill, 1995; Payne 2005; Thomlison, 1982; Thyer & Hudson, 1987) beantwortet werden: In ihren grundlegenden Zielsetzungen unterscheidet sich die Verhaltensorientierung nicht von anderen Formen der Sozialen Arbeit. Auch sie steht selbstverständlich für die verantwortungsvolle Förderung und die Unterstützung ihrer Klientel bei der Lösung und Bewältigung von deren Problemlagen; dies stets unter der Wahrung der Menschenwürde, der sozialen Gerechtigkeit, dem Einbezug der Lebensumwelt und der Autonomie ihrer Klientel. Die besonderen Charakteristika der Verhaltensorientierten Sozialen Arbeit finden sich somit nicht in deren Zielsetzungen, sondern in der Gestaltung des Weges, der zum Ziel führt: also in deren Konzept, Methoden und Techniken, die in der Praxis eines verhaltensorientierten Hilfeprozesses zum Tragen kommen. Unter Berücksichtigung der zentralen Aussagen der o.g. Quellen werden die Charakteristika der Verhaltensorientierten Sozialen Arbeit wie folgt definiert:

- Sie betont die zentrale Bedeutung des Lernens für die Erklärung und Veränderung menschlichen Handelns. Sie berücksichtigt deshalb insbesondere die Prinzipien der klassischen Lerntheorien (respondentes Lernen, operantes Lernen, sozial-kognitives Lernen), d.h. Modellvorstellungen mit empirischem Gehalt.
- Sie führt eine umfassende gegenwartsbezogene Analyse des Anliegens des Klienten durch (Verhaltensanalyse). Bei dieser stehen das Anliegen des Klienten sowie dessen momentane Einflussfaktoren aus der intrapersonellen, sozialen und materiellen Umwelt im Mittelpunkt.
- Sie operationalisiert (konkretisiert auf Verhaltensebene) und quantifiziert (ermöglicht die Zähl- und Messbarkeit) das Anliegen des Klienten.
- Die im Hilfeprozess verfolgten Ziele leiten sich aus der Verhaltensanalyse ab.
- Die Analyse des Anliegens, die Festlegung der Interventionsziele sowie die Durchführung der Veränderungsmaßnahmen erfolgen stets unter Einbezug und in Absprache mit dem Klienten bzw. dessen gesetzlichem Vertreter. Es gilt die Wahrung von Transparenz und informiertem Einverständnis des Klienten.
- Der Hilfeprozess ist alltagsorientiert und hat einen übenden Charakter. Er soll die Kompetenzen zur Selbstkontrolle des Klienten fördern, d.h. zur »Hilfe zum Selbstmanagement« beitragen, damit die Veränderungen auch dann noch aufrecht erhalten werden können, wenn der Hilfeprozess beendet ist.
- Sie strebt an, dass positiv veränderte (spezielle) Verhaltensweisen des Klienten von diesem auf andere Problemsituationen übertragen werden können (Generalisierung).
- Der Verlauf und die Fortschritte des Hilfeprozesses werden kontinuierlich überprüft, indem die Messdaten der Gegenwart mit Messdaten der Situation vor Beginn, während und nach Ende der Intervention verglichen werden.
- Sie bezieht im Bedarfsfall wichtige Personen aus dem Lebensumfeld des Klienten in den Hilfeprozess ein bzw. berät Mediatoren (z.B. Eltern, Lehrer), und berücksichtigt so das soziale Umfeld des Klienten.
- Sie betont die starke Verantwortlichkeit von allen Personen (Klient, Fachkraft, Bezugspersonen), die mittelbar bzw. unmittelbar an der Durchführung eines verhaltensorientierten Hilfeprozesses beteiligt sind.

Prinzipiell gilt, dass das verhaltensorientierte Konzept und dessen Vorgehensweise in der Praxis in allen Handlungsfeldern der Sozialen Arbeit und bei den unterschiedlichsten individuellen und lebensweltlichen Problemlagen ihrer Klienten zum Einsatz kommen können. In der Arbeit mit den Klienten stehen Verantwortlichkeit, Transparenz, die Förderung der Kompetenzen zum Selbstmanagement sowie die Verbesserung von dessen Lebensqualität im Mittelpunkt des Hilfeprozesses.

1.2 Wissenschaftshistorische Grundlagen der Verhaltensorientierten Sozialen Arbeit

Die Wissenschaftshistorie widmet sich der Entstehung, der Entwicklung und dem Erfahrungsbestand der Wissenschaft und ihrer einzelnen Diziplinen im Kontext ihrer sozialen, politischen und ideengeschichtlichen Rahmenbedingungen. Sie beschäftigt sich mit den Institutionen, Repräsentanten, Forschungsprogrammen, Theorien und der wissenschaftlichen Praxis. Die Bedeutung von wissenschaftshistorischer Forschung speziell für die Soziale Arbeit betont Rössner, da »es sich hier um die Tradierung von Theorien handelt, bei denen Effektivitätsüberlegungen besonders zentral waren; denn Probleme der Sozialarbeit (Fürsorge) waren gesellschaftlich besonders relevant (da besonders störend), so dass die realisierten (technologisch fundierten) Handlungen in besonderem Maße im Hinblick auf ihre Effektivität kontrolliert wurden« (Rössner 1990, S. 93f.). So können die Grundlagen heutiger Beurteilungen der Entwicklung effektivitätsorientierter Konzepte und Methoden für die Praxis der Sozialen Arbeit rekonstruiert werden.

Die Wissenschaftsgeschichte der Verhaltensorientierten Sozialen Arbeit wird hauptsächlich von vier Strömungen beeinflusst: (1) der Entwicklung der Aufgabenstellungen der Sozialen Arbeit, deren Anfänge bis in die Armen-, Waisen- und Gesundheitsfürsorge der öffentlichen und kirchlichen Institutionen des Mittelalters und der frühen Neuzeit zurückreichen; (2) der Professionalisierungsgeschichte der sozialen Berufe, die ihren Beginn im späten 18. und frühen 19. Jahrhundert findet; (3) der Entwicklung der verhaltenswissenschaftlichen Lerntheorien und den Methoden der Verhaltensmodifikation in der Praxis der pädagogischen und psychosozialen Handlungsfelder, deren Ursprung im späten 19. Jahrhundert und frühen 20. Jahrhundert liegen; (4) den wissenschaftlichen Aktivitäten der Repräsentanten der Verhaltensorientierten Sozialen Arbeit in Theorie und Praxis. Die Historie der Sozialen Arbeit und der Lerntheorien sind in der Literatur bereits vielfach und differenziert dargestellt worden (z. B.: Amthor, 2012; Hering & Münchmeier, 2007; Schermer, 2006, 2011), so dass diese in der folgenden Darstellung der Wissenschaftsgeschichte der Verhaltensorientierten Sozialen Arbeit im anglo-amerikanischen und deutschsprachigen Raum nicht ausführlich dargestellt werden, sondern allenfalls gestreift werden.

1.2.1 Verhaltensorientierte Soziale Arbeit im anglo-amerikanischen Raum

Die Ursprünge der Verhaltensorientierten Sozialen Arbeit finden sich im anglo-amerikanischen Raum. Dort entstanden zu Beginn und um die Mitte des 20. Jahrhunderts drei institutionelle Ausgangspunkte, die in Großbritannien und den Vereinigten Staaten wegweisend für die weitere Entwicklung der Behavioral Social Work waren: die Massachusetts Habit Clinics; die Doctoral Programs in Social Work an der University of Michigan, School for Social Work; die School of Social Work an der University of Leicester und die Behavioural Social Work Group.

Massachusetts Habit Clinics, Boston

Die erste dokumentierte systematische Anwendung von verhaltensorientierten Methoden in der Sozialen Arbeit findet sich in den frühen 1920er Jahren in den Massachusetts Habit Clinics for the child of preschool age (später: Habit Clinics for child guidance), die ab 1921 im Großraum Boston tätig waren. Die Habit Clinics, deren Fachpersonal aus Psychiatern, Psychologen und Sozialpädagogen bestand, waren stadtteilorientierte Einrichtungen für Erziehungsberatung und Erziehungshilfen. Zudem waren sie eine Praktikumsstelle für Studierende der Sozialen Arbeit der Bostoner Hochschulen.

Die Aufgaben der Sozialpädagogen der Habit Clinics umfassten das Management der Klinik, die Erstkontakte mit Ratsuchenden, die Öffentlichkeitsarbeit, die Kooperation mit kommunalen Interessengruppen und Institutionen (z. B. Schulen) sowie die Leitung von Gesprächskeisen. Die Hauptaufgabe war jedoch die kontinuierliche Arbeit mit den Familien, die in der Regel durch Hausbesuche durchgeführt wurde – angefangen mit Gesprächen zur Erstellung einer Sozialanamnese, über die Verhaltensbeobachtung des Kindes und dessen Familie in deren häuslicher Umgebung, die Erklärung und Umsetzung des Hilfeplans, die Arbeit mit Bezugspersonen (Verwandten, Nachbarn, Lehrern) bis hin zur fortlaufenden Wirksamkeitskontrolle der Interventionen. Die primäre Zielgruppe der Habit Clinics waren Kinder mit »habit disorders«, also Verhaltensstörungen, wie z. B.: Schüchternheit, Eifersucht, Enuresis, Schlafstörungen, Verweigerung der Essenaufnahme, Zorn und Wutanfälle, Zerstörungswut und Delinquenz. In der Sichtweise der Clinics wurden diese Störungen des Handelns und Denkens durch externe Umweltfaktoren erworben und aufrecht erhalten. Verhaltensweisen wurden demnach situationsbezogen durch Konsequenzen, die auf ein Verhalten folgen, gelernt; insbesondere wenn auf das wiederholte Auftreten eines Verhaltens stets positive Konsequenzen folgen. Strafen und Gewalt in der Erziehung lehnten die Habit Clinics ab, da diese Angst und Unterdrückung erzeugten, aber nicht zu einem positiven Verhalten ermutigten. So wurde primär mit der Gabe von positiven Konsequenzen im Prozess einer pädagogischen Verhaltensmodifikation bei den Kindern gearbeitet. Die Veränderung von unerwünschtem Verhalten erfolgte daher nicht durch aversive Konsequenzen, sondern vor allem durch einen Entzug der bisherigen (positiven)

Konsequenzen des problematischen Verhaltens und durch maßvolle Ignoranz (Orme & Stuart, 1981).

Die pädagogische Sichtweise des Leiters der Habit Clinics, des Psychiaters Douglas Thom – die er auch in diversen Publikationen formuliert hat (Thom 1924, 1928, 1929, 1938) –, nimmt direkt Bezug auf die Lerntheorie Edward Lee Thorndikes, dessen Schriften bereits einige Jahre vor Gründung der Habit Clinics vorlagen; ebenso wie auf Mary Richmonds »Social Diagnosis« (1917), das bis heute einen Meilenstein für die Entwicklung der Profession der Sozialen Arbeit darstellt. Richmond empfahl in ihrem Bestreben, die direkte Arbeit mit Klienten effektiver zu gestalten, empirisch fundierte Verfahrensweisen als Grundlage für einen erfolgreichen Hilfeprozess in der Sozialen Arbeit. Sie sieht die investigative soziale Diagnose als einen wissenschaftlichen Prozess, in dem Fakten und Theorien als Basis für eine Hypothesenbildung zusammengetragen werden, die dann durch empirisch belegte Evidenzen überprüft werden. Daneben betonte Richmond die *person-in-environment-perspective*, nach der das menschliche Verhalten nicht losgelöst von den Einflüssen aus dessen materieller und sozialer Umwelt verstanden werden kann (Geißler-Pilz, 2005). Die Verwendung der Begriffe »Diagnose« (social diagnosis), »Behandlung« (social treatment) und »Sozial-Arzt« (social physician) verdeutlicht Richmonds Orientierung an medizinischen Modellen. Ihr Konzept einer ausführlichen Informationsgewinnung, einer auf Effektivität ausgerichteten Interventionsplanung und -durchführung sowie deren Wirkungskontrolle weist vielfältige Ähnlichkeiten zum Procedere der Habit Clinics auf – auch hinsichtlich des multiprofessionell gestalteten Hilfeprozesses, in denen Sozialpädagogen eng mit Medizinern und Psychologen kooperierten. Trotz des Erfolges der Habit Clinics (1058 Fälle im Jahr 1933) wurden Ende der 1930er Jahre durch den Ausbau von anderen Gesundheitsdiensten für Kinder und Jugendliche in Massachusetts Teile der Clinics in andere Einrichtungen überführt. Thom verließ im Jahr 1938 die Einrichtung und wurde Präsident der Massachusetts Association for Mental Health (Orme & Stuart, 1981). Letztlich stellt die Arbeit der Habit Clinics einen frühen und singulären Vorläufer einer Verhaltensorientierten Sozialen Arbeit mit Kindern, Jugendlichen und Familien dar, der auch aus heutiger Sicht – bzgl. seiner gemeindenahen Angebote, seiner wirksamkeitsorientierten Konzepte sowie seines präventiven Ansatzes – noch erstaunlich modern wirkt und zu Unrecht in der neueren Literatur kaum rezipiert wird.

School for Social Work, University of Michigan

Nach dem historischen Vorläufer der Habit Clinics aus den 1920er und 1930er Jahren finden sich in den USA erst wieder in den 1960er Jahren im Bereich der akademischen Ausbildung Initiativen für eine systematische Entwicklung der Verhaltensorientierten Sozialen Arbeit. Verantwortlich hierfür war insbesondere die Doktorandengruppe um Edwin Thomas an der School for Social Work der University of Michigan. Das 1957 in Michigan erstmals aufgelegte Promotionsverfahren zum PhD in Social Work and Social Sciences entwickelte mit dem Joint Interdisciplinary Doctoral Program ein curriculares Modell, das vorsah, dass Promovierende eine Doppelqualifikation erhielten, indem sie ergänzend zum Fach Soziale Arbeit verpflichtend in einem weiteren Fach – wahlweise: Anthropologie, Soziologie, Politikwissenschaft, Psychologie oder Ökonomie – geprüft wurden. Die Universität betonte mit diesem Curriculum die Bedeutung von sozialwissenschaftlichem Theorie- und Methodenwissen für die Soziale Arbeit – zumal für Sozialpädagogen, die mit der Promotion auch eine wissenschaftliche Qualifikation und Karriere anstrebten (Marsh 2004).

Eine maßgebliche Rolle bei der Gestaltung des Doctoral Programs und der Integration von empirischen Forschungsmethoden in den Studiengang hatte Edwin J. Thomas. Thomas war, nach dem Masterabschluss in Social Work und der Promotion in Sozialpsychologie, von 1956 bis 1993 als Professor für Soziale Arbeit und Psychologie in Michigan tätig und wesentlich an der Entwicklung des Verhaltensorientierten Sozialen Arbeit beteiligt. Gemeinsam mit seinen Doktoranden entwickelte Thomas im Sinne einer *empirically-based-practice* zunächst Methoden zur Evaluation von Interventionen in der Sozialen Arbeit; später, ab Mitte der 1960er Jahre, wandte sich die Gruppe den verhaltensorientierten Methoden zu. Thomas entwickelte einen auf die Praxis der Sozialen Arbeit zugeschnittenen Ansatz, den *socio-behavioral-approach*. Dieser auf den Lerntheorien basierende Ansatz betonte die Bedeutung insbesondere zweier Faktoren: die *person-in-environment-perspective* (in direktem Bezug auf Richmonds Konzept) sowie die Maßgabe *starting-where-the-client-is*. Dies bedeutete: (1) eine ausführliche Beschäftigung mit den negativen Einflüssen aus der Alltagsumwelt des Klienten, die dessen Möglichkeiten, sein Leben zu verbessern, behindern; (2) eine ausführliche Begutachtung und Bewertung der individuellen Fähigkeiten und Ressourcen eines Klienten sowie (3) die gegenwartsbezogene individuelle Gestaltung des Interventionsplans (Gambrill 1995, Marsh 2004).

Die weltweit erste Publikation zur Verhaltensorientierten Sozialen Arbeit legte Thomas gemeinsam mit Esther Goodman 1965 unter dem Titel »Socio-behavioral theory and interpersonal helping in social work« vor. Im Jahr 1967 stellte die Gruppe um Thomas ihre Konzepte der Fachöffentlichkeit vor. Zunächst in einer Reihe von »dramatischen und kontroversen Präsentationen« (Reid, 1994, S. 168) auf dem Jahreskongress des Council of Social Work Education, darauf folgend in den von Thomas edierten Publikationen »Behavioral science for social workers« (1967a) und »The socio-behavioral approach and applications to social work« (1967b: Sammelband mit Vorträgen von Edwin Thomas, Richard Stuart, Sheldon Rose, Roger Lind, Phillip Fellin, Jack Rothman und Henry Meyer sowie den anschließenden Diskussionen auf dem Jahreskongress der Council of Social Work Education von 1967), in denen bereits die Spannbreite der Einsatzbereiche der Verhaltensorientierung – von der Einzelfallhilfe, über Gruppen- und Gemeinwesenarbeit bis hin zur administrativen Sozialen Arbeit – zum Ausdruck kommt (vgl. Schermer, 2005a). Bereits Ende der 1960er und Beginn der 1970er Jahre sind drei Prozesse zur kontinuierlichen Verbreitung des verhaltensorientierten Konzepts im akademischen Bereich festzustellen: (1) mehrere Absolventen des Michigan-Doctoral-Programs wurden an andere amerikanische Hochschulen berufen um dort das verhaltensorientierte Konzept an den Schools for Social Work zu implementieren – so ging z.B. Sheldon Rose zur University of Wisconsin-Madison, Eileen Gambrill zur University of California in Berkeley, William Butterfield zur Washington University in St. Louis und Clayton Shorkey zur University of Texas in Austin; (2) es entwickelte sich eine hohe Publikationsaktivität von Vertretern der Verhaltensorientierten Sozialen Arbeit mit mehreren Hundert Titeln bis zum Ende der 1970er Jahre; (3) Doktoranden und Nachwuchswissenschaftler von konzeptionell anders ausgerichteten Hochschulen interessierten sich zusehends für den verhaltensorientierten Ansatz und wechselten nach Michigan (z.B. Richard Stuart, Tony Tripoldi und Irwin Epstein von der Columbia University) oder integrierten die verhaltensorientierten Konzepte in ihre akademische Arbeit – z.B. Arthur Schwarz, Elsie Pinkston, Laura Epstein und William Reid an der Universtiy of Chicago, School for Social Service Administration (Marsh, 2004; Rothman & Thyer, 1984).

Durch diese Prozesse wurden die Voraussetzungen für eine nachhaltige Verankerung des verhaltensorientierten Konzepts in der Sozialen Arbeit sowie auch für eine empirisch orientierte Praxis in der akademischen Lehre an den Schools for Social Work gelegt. Auch die Grundlage für weitere Publikationsaktivitäten in den Vereinigten Staaten wurde etabliert. Bereits zum Ende der 1970er Jahre hatte die Verhaltensorientierte Soziale Arbeit in der amerikanischen Fachöffentlichkeit einen festen Platz eingenommen. Illustriert wird dies auch durch Bildung von Berufsverbänden wie der 1975 gegründeten *Social Work Group for the Study of Behavioral Methods*, die in den 1980er Jahren in *Association for Behavioral Social Work* umbenannt wurde (Thyer, 1987), sowie die Gründung der empirisch-verhaltensorientiert ausgerichteten Zeitschrift *Research on Social Work Practice* im Jahr 1991.

School of Social Work, University of Leicester und die Behavioural Social Work Group

Zeitgleich, jedoch unabhängig von den Entwicklungen an der Michigan University, veröffentlichte Derek Jehu 1967 mit »Learning Theory and Social Work« eine Monographie, die ebenfalls für die Integration des verhaltensorientierten Konzepts in die Soziale Arbeit plädierte. Der Sozialpädagoge und Psychologe Jehu war zunächst in der Kinder- und Jugendarbeit der Stadt Southhampton tätig und lehrte an der University of Liverpool, bevor er 1970 zum Professor an die School of Social Work der University of Leicester berufen wurde, wo er als Direktor verhaltensorientierte Lehrinhalte in das Studium integrierte. Gemeinsam mit Pauline Hardiker, Margaret Yelloly und Martin Shaw, die damals ebenfalls in Leicester lehrten, publizierte Jehu 1972 den Band »Behaviour Modification in Social Work«, der 1977 in Deutschland unter dem Titel »Verhaltensmodifikation in der Sozialarbeit/Sozialpädagogik« veröffentlicht wurde.

Vertreter der School of Social Work der Universität Leicester haben später auch in der Geschichte der *Behavioural Social Work Group* (BSWG) immer wieder eine bedeutende Rolle übernommen. Diese Gruppierung wurde auf Initiative von Carole Sutton (De Montfort University, Leicester) und Barbara Hudson

(Green College, University of Oxford) im Jahr 1978 gegründet. Auf der ersten Konferenz der BSWG im Juni 1979 mit bereits rund 100 Teilnehmern übernahm Martin Herbert (Leicester School of Social Work) den Eröffnungsvortrag »Why not behavioural social work?«, in dem er die gesamte Spannbreite von Konzepten, Ethik, Praxisfeldern und der Wirksamkeit der Verhaltensorientierten Sozialen Arbeit vorstellte. Hudson wurde die erste Vorsitzende der BSWG, die eine aktive Öffentlichkeitsarbeit betrieb und bereits nach einem Jahr über 140 Mitglieder und 270 gelistete Adressen verfügte. Über die Publikation eines zunächst noch schlicht gefertigten DIN-A4-Newsletter des BSWG konnte schließlich eine landesweite Informationsplattform und ein Vernetzungsmedium für Interessenten des verhaltensorientierten Ansatzes eingerichtet werden. Der BSWG-Newsletter entwickelte sich in der Folgezeit unter dem Editorium von Sutton bald zu einem professionellen Periodikum, das unter der Bezeichnung *Behavioural Social Work Review* veröffentlicht wurde und zu einem markanten Forum für die wissenschaftliche Diskussion der Verhaltensorientierten Sozialen Arbeit in Großbritannien wurde (Cigno, 1995).

Das Jahr 1997 markiert einen Einschnitt in die Geschichte der BSWG: die Gruppe wurde in *Cognitive Behavioral Social Work Group* (CBSWG) umbenannt und das Journal erhielt den Namen *Cognitive Behavioral Social Work Review* bei weiter fortlaufender Nummerierung. Gleichzeitig wechselte das Editorium der *Review* von Leicester an die University of Hull zu Katy Cigno, die dort als Senior Lecturer am Department of Social Work tätig war. Auch der Vorsitz der Gruppe wechselte mit Tony Ellingham an einen Vertreter der Universität Hull. Ellingham prognostizierte noch 1999 auf dem 20. CBSWG-Jahreskongress einen Zuwachs in der Anwendung des verhaltensorientierten Konzepts in der Sozialen Arbeit in Großbritannien. Anlass dazu waren Initiativen der Regierung Blair in den Gesundheits- und Sozialdiensten, welche nun zunehmend die Effektivität von Dienstleistungen hervorhoben. In diesem Zusammenhang habe die CBSWG schon immer auf den Einsatz evidenz-basierten Maßnahmen hingewiesen (University of Leicester, Bulletin, 1999). Doch bereits fünf Jahre nach Ellinghams optimistischer Rede zeigte sich, dass die Gruppe wohl das Projekt einer einzigen Generation war, welche nach einem großen Enthusiasmus in den Gründerjahren, einem soliden Ausbau und der Etablierung nun zusehends in den Ruhestand wechselte. Die Auflösung des CBSWG wurde jedoch auch durch die radikalen Umstrukturierungen des Studiums und der Praxis der Sozialen Arbeit in Großbritannien bestimmt: Die bereits in den 1980er Jahren unter den Regierungen Thatcher und Mayor betriebenen Sozialreformen forcierten nicht nur eine restriktive Ökonomisierung der Sozialarbeit und die Überführung von öffentlichen Diensten in private Trägerschaften, sondern blockierten auch eine Modernisierung des Social Work Studiums (z. B. Anhebung von zwei auf drei Studienjahre). Unter der Regierung Blair führten weitere Reformen des Gesundheits- und Sozialwesens letztlich auch zu einer weiteren Aufspaltung des grundlegenden Studiums der Sozialen Arbeit in die Studiengänge Counselling, Gerontology, Mental Health, Welfare and Community Work, Youth Work, Social Planning u. a. (Müller, 2001). Dieser weitere Zersplitterungsprozess des Berufsbildes der Sozialen Arbeit hatte inhaltliche Konsequenzen für die CBSWG, die ursprünglich noch auf der Grundlage einer generellen Sozialen Arbeit mit universell ausgebildeten Absolventen konzipiert wurde. Im April 2004 kam es schließlich nach 25-jähriger Tätigkeit zur Auflösung der Gruppe unter dem Gründungsmitglied Rosemary Strange, auch die Herausgabe der »Review« wurde nach insgesamt 23 Ausgaben eingestellt.

Insgesamt ist festzustellen, dass – abgesehen von den Publikationen Jehus – aus dem Umfeld der BSWG bzw. CBSWG die wesentlichen Impulse für die Etablierung der Verhaltensorientierten Sozialen Arbeit in Großbritannien ausgingen. So waren viele Mitglieder der Gruppe, insbesondere die Vorsitzenden und die Vorstandsmitglieder, gleichzeitig auch als Hochschullehrer tätig und repräsentierten über Jahrzehnte das verhaltensorientierte Konzept in der Ausbildung von Sozialpädagogen. Neben dem wissenschaftlichen Periodikum, dem »Review«, ist auch eine Vielzahl von Zeitschriftenbeiträgen und Monographien zur Verhaltensorientierten Sozialen Arbeit erschienen, die von Mitgliedern verfasst wurden. Stellvertretend für diese soll hier auf zwei Publikationen hingewiesen werden: (1) die 1986 veröffentlichte Monographie »Behavioural Social Work. An Introduction« von Barbara Hudson, der Gründungsvorsitzenden des BSWG, und Geraldine Macdonald, die an den Universitäten Belfast und Bristol Soziale Arbeit lehrte; (2) der von Katy Cigno und Diana Bourn, einer weiteren ehemaligen Vorsitzenden der BSWG und Lecturer an der School of Social Work in Leicester, 1998 herausgegebene Sammelband »Cognitive-behavioural Social Work in Practice«. Beide Bände geben einen repräsentativen Überblick über die Charakteristika, Methoden, Entwicklungen und die Handlungsfelder der Verhaltensorientierten Sozialen Arbeit in Großbritannien.

1.2.2 Stellenwert der Verhaltensorientierten Sozialen Arbeit im anglo-amerikanischen Raum

Zur Erfassung des Verbreitungsgrads und des Stellenwerts der Verhaltensorientierten Sozialen Arbeit weist Gambrill (1995) auf das Bewertungskriterium der Anzahl der diesbezüglichen Veröffentlichungen in Fachzeitschriften der Sozialen Arbeit hin. Bezogen auf dieses Kriterium der Publikationsdichte stellen Rothmann & Thyer (1984) in amerikanischen Fachzeitschriften alleine bis zum Jahr 1981 über 350 gedruckte Publikationen zur Verhaltensorientierten Sozialen Arbeit fest. Unter Bezugnahme auf zwei Studien aus den Jahren 1978 (Jayarante, 1982) und 1994 (Storm, 1994) sieht Gambrill einen interessanten Entwicklungsprozess zur Akzeptanz des verhaltensorientierten Konzepts in der Sozialen Arbeit: Während 1978 nur ein Drittel der befragten Sozialpädagogen angab, dass sie sich hauptsächlich an behavioralen Methoden orientierten, waren es 1994 bereits 62 % der Befragten, die angaben, kognitiv-verhaltensorientierte Methoden einzusetzen, und weitere 37 %, die angaben, verhaltensorientierte Methoden anzuwenden. Diese deutliche Steigerung des Stellenwerts des verhaltensorientierten Konzepts in der Sozialen Arbeit der USA führt Gambrill (1995) auf den zunehmenden Einfluss von Methoden der kognitiven Verhaltensmodifikation zurück. Auch Payne weist daraufhin, dass sich insbesondere kognitive bzw. sozial-kognitive Ansätze sehr stark in der amerikanischen Sozialen Arbeit etablieren konnten: »Cognitive practice has developed strongly in the 1990s and 2000s, because of its effectiveness and clarity, and probably also because of its structured assessment and action sequences, which can help to engage clients, focus practice and command management and policy support. ... Social learning methods, especially social skills training, are more widely used than conventional behavioural methods« (Payne, 2005, S. 140).

Abgesehen von den Hinweisen auf die Anzahl von verhaltensorientierten Publikationen, betonen Marsh und Angell, dass das verhaltensorientierte Konzept in ganz anderer Weise die Ausgestaltung der heutigen Sozialen Arbeit bestimmt: Denn die Verhaltensorientierte Soziale Arbeit betont stets den Einsatz von empirisch überprüften Diagnose-, Interventions- und Evaluationsmethoden bei der Hilfeplangestaltung. Damit übt dieser Ansatz erheblichen Einfluss auf die Entwicklung einer evidenzbasierten Sozialen Arbeit in den USA und Großbritannien aus. Zudem basieren auch andere moderne Methoden der Sozialen Arbeit unmittelbar auf dem verhaltensorientierten Konzept, wie z. B. das von William Reid entwickelte Task-Centered-Modell. March und Angell stellen daher fest, dass die Verhaltensorientierung eine große Bedeutung für die Einführung von wirksamkeitsorientierten Ansätzen in den sozialen Dienstleistungen in den Vereinigten Staaten hat. Ebenso stark ist deren Einfluss auf die Gestaltung der Einzelfallhilfe und auf die Entwicklung der Evaluation Sozialer Arbeit (March, 2004; Angell 2008). Zusammenfassend ist festzustellen, dass sich die Verhaltensorientierte Soziale Arbeit, nach einer schnellen Entwicklung und erfolgreichen Ausbreitung im anglo-amerikanischen Raum der späten 1960er bis zum Anfang der 1980er Jahre, umfassend etabliert hat. Nach Bronson & Thyer (2001) bietet das verhaltensorientierte Konzept auch weiterhin Lösungen für gewichtige Probleme der gegenwärtigen und künftigen Praxis der Sozialen Arbeit an.

1.2.3 Verhaltensorientierte Soziale Arbeit im deutschsprachigen Raum

Die fachwissenschaftliche Auseinandersetzung mit dem verhaltensorientierten Konzept in der Sozialen Arbeit im deutschsprachigen Raum beginnt um die Mitte der 1970er Jahre, also rund 10 Jahre nach deren Anfang im anglo-amerikanischen Raum. Die erste diesbezügliche deutschsprachige Publikation erschien 1973 in Bern. Interessanterweise waren die Autorinnen, Verena L. Brunner und Rosmarie Welter-Enderlin, beide Master-Absolventinnen der School for Social Work der University of Michigan, also dem amerikanischen Ausgangspunkt der Verhaltensorientierung. Die Anzahl der Publikationen zur Verhaltensorientierten Sozialen Arbeit und verwandten Handlungsfeldern, die bis zum Ende der 1970er Jahre in deutscher Sprache veröffentlicht wurden, umfasst die folgenden Titel:

- Brunner, V. L./Welter-Enderlin, R.: Verhaltenstherapie in der Sozialarbeit, Schriftenreihe des Schweizerischen Berufsverbandes der Sozialarbeiter, Heft 17, Bern 1973

- Hoffmann, N./Frese, M.: Verhaltenstherapie in der Sozialarbeit. Theoretische Einführung mit praktischen Übungen, Otto-Müller-Verlag, Salzburg 1975
- Merzbach, U.: Verhaltensmodifikation in einer Gruppe verhaltensauffälliger Kinder, Verlag Modernes Lernen, Dortmund 1975
- Rost, D.H./Grunow, P./Oechsle, D. (Hg.): Pädagogische Verhaltensmodifikation. Probleme, Übersichten und Beispiele zur Theorie und Praxis der Verhaltensmodifikation in Vorschule, Schule, Hochschule, im Elternhaus und bei jugendlicher Delinquenz, Beltz Verlag, Weinheim & Basel 1975
- Fiedler, P./Hörmann, G. (Hg.): Therapeutische Sozialarbeit. Diskussionsbeiträge zu Grundlagen, zur Methodenintegration und zu Ausbildungsfragen am Beispiel der Verhaltenstherapie, Gesellschaft zur Förderung der Verhaltenstherapie, Münster 1976
- Tharp, R./Wetzel, R.: Verhaltensänderungen im gegebenen Sozialfeld, Urban & Schwarzenberg Verlag, München 1976 (Behavior modification in the natural enviornment, 1969)
- Sprau-Kuhlen,V.: Kritische Einführung in die Verhaltensmodifikation für Sozialarbeiter, Deutscher Verein für öffentliche und private Fürsorge, Frankfurt am Main 1977
- Hoffmann, N.: Der verhaltenstherapeutische Ansatz in der Sozialarbeit, In: N. Hoffmann (Hg.): Therapeutische Methoden in der Sozialarbeit, Otto-Müller-Verlag, Salzburg 1977, S. 74–94
- Jehu, D./Hardiker, P./Yelloly, M./Shaw, M.: Verhaltensmodifikation in der Sozialarbeit/Sozialpädagogik, Lambertus-Verlag, Freiburg 1977 (Behaviour Modification in Social Work, 1972)
- Adameit, H./Heidrich, W./Möller, Ch./Sommer, H.: Grundkurs Verhaltensmodifikation. Ein handlungsorientiertes Arbeitsbuch für Lehrer und Erzieher, Beltz-Verlag, Weinheim & Basel 1978
- Emminghaus, W./Kuhnle, W.: Praxisanleitung Verhaltensmodifikation. Ein praxisbegleitendes Fortbildungsprogramm für Erzieher, DGVT-Verlag, Tübingen 1979

In den 1980er Jahren findet in den deutschsprachigen Veröffentlichungen zur Verhaltensorientierten Sozialen Arbeit, nach der Reihe von Publikationen in den 1970er Jahren, ein Einschnitt statt. Die Anzahl der Veröffentlichungen verringerte sich, es erscheint nur noch eine Monographie und keine weiteren Übersetzungen aus dem Englischen. Die fachwissenschaftliche Diskussion des verhaltensorientierten Konzepts findet nun vor allem in Form von vereinzelten Beiträgen in Sammelbänden und Fachzeitschriften statt:

- Müller, R./Klauß, Th./Heimberg, U./Mittmann, A.: Verhaltensmodifikation in der Praxis. Ein Kursprogramm zur Aus- und Weiterbildung für pädagogische Fachkräfte, Ernst Reinhardt Verlag, München & Basel 1980
- Hörmann, G.: Verhaltenstherapie und soziale Arbeit, In: S. Müller u. a. (Hg.): Handlungskompetenz in der Sozialarbeit/Sozialpädagogik I: Interventionsmuster und Praxisanalysen, AJZ-Verlag, Bielefeld 1982, S. 79–94

- Niemeyer, Ch.: Zur Kritik an der Verwendung verhaltenstherapeutischer Konzepte in der Sozialarbeit/Sozialpädagogik, in: S. Müller u.a. (Hg.): Handlungskompetenz in der Sozialarbeit/Sozialpädagogik I: Interventionsmuster und Praxisanalysen, AJZ-Verlag, Bielefeld 1982, S. 95–129
- Schermer, F. J. & Schmelzer, D.: Verhaltenstherapie in ambulanten Beratungsstellen: Ein Problemlösungsmodell als Orientierungsrahmen für die Praxis, in: Verhaltensmodifikation, 3 (1), 1982, S. 2–23
- Schermer, F. J.: Verhaltenstherapeutische Erziehungsberatung, In: Jugendwohl, 65/1984, S. 261–267
- Schermer, F. J.: Das Konzept der Verhaltenstherapie – ihre Modifikation und Übertragung auf Beratung in der sozialen Arbeit, in: B. Kunze (Hg.): Beratung in der Sozialen Arbeit, Gesamthochschule Kassel 1986, S. 19–47
- Schmitt, R.: Psychosoziale Verhaltenstherapie? Einzelfallhilfe und Familienhilfe als praktischer Versuch, in: Verhaltenstherapie und Psychosoziale Praxis, 2/1988, S. 176–187
- Schmitt, R.: Verhaltenstherapie und Einzelfallhilfe – Ein Fallbeispiel, in: Verhaltenstherapie und Psychosoziale Praxis, 1/1989, S. 95–108

Ein Blick auf die Titel der Publikationen der 1970er und 1980er Jahre verdeutlicht, dass einige der Autoren damals noch direkt Bezug auf die Verhaltenstherapie als Orientierungsgröße für die Verhaltensorientierte Soziale Arbeit nahmen. Die vermeintliche Therapeutisierung der Sozialen Arbeit durch die Integration von psychotherapeutischen Verfahren (z. B. Gesprächspsychotherapie, Systemische Therapie, Familientherapie) ist seit den 1970er Jahren ein immer wiederkehrendes und berufspolitisch kontrovers besetztes Thema. Zudem ist es die Quelle von zahlreichen Missverständnissen. Festzustellen ist, dass die Verhaltensorientierte Soziale Arbeit ihre theoretische Fundierung in den verhaltenswissenschaftlichen Lerntheorien findet – ebenso wie auch die Verhaltenstherapie. Es bestehen jedoch hinsichtlich Berufsrecht, Ausbildungsregelungen, Arbeitskontexten sowie des sozial- bzw. gesundheitspolitischen Auftrags deutliche Trennlinien zwischen Psychotherapie und Sozialer Arbeit. Trotz dieser Trennlinien wäre eine Distanzierung der Sozialen Arbeit zu Konzepten, die nicht unmittelbar sozialpädagogischen Ursprungs sind, sondern wissenschaftlichen Nachbardisziplinen entspringen, fahrlässig. Denn indem die Soziale Arbeit empirisch fundierte Methoden, z. B. aus Pädagogik und Psychologie integriert, wird sie ihrem Profil als wissenschaftliche Disziplin gerecht, da die interdisziplinäre Kommunikation ein Kennzeichen von Wissenschaft ist (Barkey, 2007; Bartmann, 2010; Schermer, 2011).

Zusammenfassend ist festzustellen, dass die deutschsprachigen Publikationen zur Verhaltensorientierten Sozialen Arbeit der 1970er und 1980er Jahre einerseits grundlegende Einführungen in das lerntheoretische Konzept waren; andererseits hatten sie auch einen anwendungsbezogenen bzw. übenden Charakter, der speziell für die sozialpädagogische Praxis in diversen Handlungsfeldern konzipiert war. Zudem waren diese Publikationen auch ein Versuch, die Verhaltensorientierung erstmals in die Fachdiskussion der Sozialen Arbeit im deutschsprachigen Raum einzuführen. In den Zeitraum der 1970er und 1980er Jahre fällt auch der

Großteil der Veröffentlichungen Rössners zur Sozialen Arbeit. Rössner sah in der Sozialen Arbeit ein prophylaktisches bzw. korrigierendes tertiäres Erziehen, das auf Wirksamkeit und Zielerreichung ausgerichtet ist. Rössner knüpfte zwar nicht direkt an die Terminologie der Lerntheorien an, entwickelte jedoch parallel eine ähnlich differenzierte Verhaltenstheorie (Alisch & Rössner, 1977; Rössner, 1973).

In den 1990er Jahren sind keine deutschsprachigen Publikationen zur Verhaltensorientierten Sozialen Arbeit zu verzeichnen. In Anbetracht dieser Tatsache erscheint es rückblickend angemessen, von den deutschsprachigen Autoren der 1970er und 1980er Jahre als eine »Erste Generation« zu sprechen. Erst nach der Jahrtausendwende kam es erneut zu einer Reihe von Veröffentlichungen. So sei auf die folgenden Publikationen hingewiesen: »Die Rolle der Verhaltensmodifikation als Methode der sozialen Arbeit aus der Sicht von Berufspraktikern« von Bartmann & Grün (in: Verhaltenstherapie und psychosoziale Praxis, 1/2004), »Verhaltensmodifikation als Methode der Sozialen Arbeit. Ein Leitfaden« von Bartmann (DGVT-Verlag 2005), »Methoden der Verhaltensänderung: Basisstrategien« (Kohlhammer Verlag, 2005) von Schermer, Weber, Drinkmann & Jungnitsch, »Methoden der Verhaltensänderung: Komplexe Interventionsprogramme« (Kohlhammer Verlag, 2006) herausgegeben von Schermer und Weber. »Wenn Auftraggeber den Nachweis der Wirksamkeit verlangen. Verhaltensorientierte Methoden in der Sozialen Arbeit« von Mayer (in: Sozial Aktuell, 4/2007b). Diese Publikationsaktivitäten stehen in Verbindung mit aktuellen Initiativen verschiedener Hochschulen (z. B. Luzern, Würzburg-Schweinfurt, Zürich), das verhaltensorientierte Konzept stärker in der akademischen Aus- und Weiterbildung von Sozialpädagogen zu etablieren (Como, 2010; Löbmann & Como-Zipfel, 2012). Diese beiden aktuellen Prozesse stellen ggf. den Ausgangspunkt für eine »Zweite Generation« von Autorinnen und Autoren und damit den Beginn eines neuen Diskurses der Verhaltensorientierten Sozialen Arbeit in der deutschsprachigen Fachöffentlichkeit dar.

Reflektionen im deutschsprachigen Raum

Auch wenn die Verhaltensorientierte Soziale Arbeit im deutschsprachigen Raum gegenwärtig eine noch vergleichsweise geringe Publikationsdichte aufweist, finden sich jedoch in der neueren Fachliteratur vielfältige Hinweise auf das behaviorale Konzept. Exemplarisch hierfür werden im Folgenden drei Stellungnahmen (Erath, Galuske, Pauls) vorgestellt. Erath bemerkt bzgl. des noch zurückhaltenden Verbreitungsgrad des verhaltensorientierten Konzepts im deutschsprachigen Raum: »Auch das Modell einer verhaltensorientierten Sozialarbeit ist in Deutschland insbesondere wegen der in den 1970er Jahren entwickelten Vorbehalte gegenüber den empirisch-rationalen Ansätzen im Bereich der Pädagogik/Sozialpädagogik theoretisch noch nicht sehr stark entwickelt, allerdings lassen sich in der Praxis immer mehr Konzepte finden, die – oftmals unausgesprochen – auf ein solches Bezug nehmen. In England und den USA genießt dieses Modell breite Anerkennung« (Erath, 2006, S. 145f.).

Galuske entwickelt eine kritische Position zur Verhaltensorientierung. Er sieht hier eine »Zückerchenpädagogik« (Galuske, 2008, S.223), »die mit positiven und negativen Verstärkern, den Alltag verregelt, die Einhaltung der Regeln z.B. mit Punkten belohnt, die man später gegen Vergünstigungen (längere Fernsehzeiten, mehr Ausgang, großzügigere Besuchsregeln etc.) eintauschen kann – oder bei Fehlverhalten wieder entzogen bekommt, was der kurzfristigen Verhaltensprogrammierung und strategischem Handeln dienlich sein mag, aber noch lange keinen (Lebens)Sinn erzeugt und persönliches Vertrauen schafft« (a.a.O., S.223). Galuskes skeptische Haltung spiegelt wohl eine stark reduzierte Sichtweise des verhaltensorientierten Konzepts wider. Demgegenüber betont Pauls die Bedeutung eines Einsatzes verhaltensorientierter Methoden für die Praxis der Sozialen Arbeit: »Die verhaltentherapeutischen Methoden sind in herausragender Weise empirisch überprüft. Sie stellen dem Klinischen Sozialarbeiter in vielen Situationen praktische Vorgehensmöglichkeiten bereit, wo es um sorgfältige verhaltens- und situationsdiagnostische Abklärungen und Analysen geht, wo es um direkte und zielorientierte handlungs- und situationsorientierte Unterstützung, um das Training von Fertigkeiten, den Aufbau von alternativen Verhaltensmöglichkeiten (z.B. auch bei behinderten Menschen), die Arbeit mit Reizkonfrontation oder auch den Abbau kognitiver Verzerrungen und den Aufbau problemlösender kognitiver Schemata geht. Insofern leistet die Verhaltensperspektive einen wichtigen Beitrag auch zu einem integrativen erfahrungsorientierten Ansatz, insbesondere im Sinne aktiver Hilfen und Methoden zur Problembewältigung« (Pauls, 2011, S.171).

Schon dieser kurze Exkurs in den aktuellen fachwissenschaftlichen Diskurs des verhaltensorientierten Konzepts zeigt u.a. eine traditionelle kontroverse Diskussion in der Soziale Arbeit im deutschsprachigen Raum. Im Gegensatz zur eher pragmatischen Debatte der Verhaltensorientierten Sozialen Arbeit im anglo-amerikanischen Raum ist der deutschsprachige Diskurs bisweilen noch geprägt von ideologischen Vorbehalten, die aus einem hochpolitisierten akademischen Milieu der späten 1960er und 1970er Jahre stammen. Diese politisierenden Argumentationslinien haben jedoch wenig unmittelbaren Nutzen für die berufliche Praxis in den Handlungsfeldern der Sozialen Arbeit. Sie werfen vielmehr einen Blick auf ein problematisches Verständnis von Berufsrolle und Methodenlehre innerhalb dieser Disziplin. Das noch immer vorhandene Modell des sinnstiftenden Sozialpädagogen zeichnet einen geborenen Helfer mit großem Herzen, dessen Tun nicht auf methodischem Fachwissen und Rationalität beruht, sondern auf Charisma, Intuition und Einfühlungsvermögen. Doch dieser idealisierte Helfer entspricht der realen Praxis der Sozialen Arbeit genauso wenig wie das Zerrbild eines technokratischen Sozial-Ingenieurs, dessen Handlungslogik sich aus einem naturwissenschaftlich orientierten Expertentum und instrumentellen Regelwissen ableitet. In diesen beiden ideologiebehafteten Extremen ist jedoch weder für die Lehre noch für die Praxis der Sozialen Arbeit eine sinnvolle Perspektive zu finden. Die Verhaltensorientierung hingegen verfolgt trotz ihres umfangreichen Theoriegebäudes auch eine unmittelbar praxisorientierte Zielrichtung – was von Berufspraktiker durchaus geschätzt wird, wie eine Studie von 2004 belegt: Bartmann & Grün stellen in ihrer Untersuchung zur Rolle der

Verhaltensmodifikation in der Sozialen Arbeit aus der Sicht von berufstätigen Sozialpädogogen fest, dass die überwiegende Mehrzahl der Befragten (88,24 %) angibt, verhaltensorientierte Methoden zu kennen; 80,39 % halten diese Methoden für effizient; 72,55 % haben selbst schon verhaltensorientierte Methoden eingesetzt; 52,94 % der Praktiker würden verhaltensorientierte Methoden einsetzen, wenn sie sie beherrschen würden. Nur 11,76 % der Befragten lehnten verhaltensorientierte Methoden in der Sozialen Arbeit ab. Die Autoren stellen fest: Verhaltensorientierte Methoden spielen »in der Sozialen Arbeit eine größere Rolle als wir erwartet haben und als aus der sozialpädagogischen Fachliteratur her zu erwarten wäre« (Bartmann & Grün, 2004, S. 86). In Anbetracht dessen, dass die Verhaltensorientierte Soziale Arbeit im deutschsprachigen Raum bislang in der Fachöffentlichkeit bislang eine vergleichsweise geringe Rezeption aufweist, sind die Ergebnisse dieser Studie ein durchaus überraschendes Ergebnis.

1.3 Ethische Aspekte der Verhaltensorientierten Sozialen Arbeit

Der Begriff »Ethik« leitet sich aus dem griechischen »ethos« ab und umschreibt die Sitten, Gebräuche, Gewohnheiten und Sinnesarten. Die Ethik ist eines der großen Teilgebiete der Philosophie. Ihr wissenschaftlicher Gegenstand ist das menschliche Handeln, sofern diese Handlungen unter moralischen Gesichtspunkten zu bewerten sind. Die Moral besteht aus Normen, Wertvorstellungen, geteilten Überzeugungen und verbreiteten Handlungsmustern, denen innerhalb bestimmter Gemeinschaften normative Verbindlichkeit zugesprochen wird und die sich ggf. in einem Imperativ (»Du musst…«) darstellen. Vor diesem Hintergrund diskutiert die Ethik grundlegende Fragen: Was ist gutes (ethisches) und was ist schlechtes (unethisches) Handeln? Was ist gerecht und was ist ungerecht? Was kann und darf ich tun? Zu welchem Handeln bin ich verpflichtet? Was macht eine Handlung zu einer moralisch guten Handlung? Was ist ein gutes Leben? (Eisenmann, 2006; Schlittmaier; 2004; Schlittmaier, 2006a, 2006b).

Die Ethik gliedert sich in die Themenbereiche: (1) deskriptive bzw. empirische Ethik: beschreibt die ethischen Normen, Moralcodizes, Werte und Rechtsordnungen, die tatsächlich zu einem bestimmten Zeitpunkt in einer existierenden Gesellschaft vorherrschen; (2) normative bzw. präskriptive Ethik: fragt nach universellen Werten und allgemeingültigen Normen, aus denen sie übergreifende Beurteilungen von Handlungen als »gut« oder »schlecht« ableitet; (3) Metaethik: analysiert den Bedeutungsgehalt von Begriffen, die im Sprachgebrauch der Ethik verwendet werden, z. B. was ist mit Begriffen wie »gut«, »Wert« oder »Norm« gemeint?; (4) angewandte bzw. praktische Ethik: untersucht die Anwendung von moralischen Prinzipien der normativen Ethik auf konkrete Konfliktfälle und Bereiche, z. B. berufsethische Fragestellungen (Eisenmann, 2006).

Ethisches Bewusstsein und die Würde des Menschen im Kontext der Wahrung der Menschenrechte sind zentrale Werte und Ziele Sozialer Arbeit. Denn die professionellen Handlungen von Sozialpädagogen betreffen oft unmittelbar das individuelle Wohlergehen sowie die alltägliche soziale und materielle Lebensumwelt ihrer Klientel. Folgerichtig ist daher, von der Sozialen Arbeit als einer »Menschenrechtsprofession« zu sprechen (Center for Human Rights, 1997; Staub-Bernasconi, 2007). Für die Ethik der Sozialen Arbeit besteht in der Geschichte der internationalen Menschenrechtserklärungen und Übereinkommen der Weltgemeinschaft eine wichtige Orientierungsgröße – allen voran: die Allgemeine Erklärung der Menschenrechte der Vereinten Nationen vom 10.12.1948. Demgemäß stützt sich die Ethik in der Sozialen Arbeit vor allem auf die beiden Prinzipien: »(1) Menschenrechte und Menschenwürde: Soziale Arbeit basiert auf der Achtung vor dem besonderen Wert und der Würde aller Menschen und aus den Rechten, die sich daraus ergeben. Sozialarbeiter/innen sollen die körperliche, psychische, emotionale und spirituelle Integrität und das Wohlergehen einer jeden Person wahren und verteidigen. (2) Soziale Gerechtigkeit: Sozialarbeiter/innen haben eine Verpflichtung, soziale Gerechtigkeit zu fördern in Bezug auf die Gesellschaft im Allgemeinen und in Bezug auf die Person, mit der sie arbeiten« (Deutscher Berufsverband für Soziale Arbeit, 2009, S. 2).

Berufsethische Prinzipien bzw. Ethik-Codizes der Sozialen Arbeit finden sich in verschiedenen Stellungnahmen von Berufsverbänden, z. B. dem »Ethics in Social Work, Statement of Principles of the International Federation of Social Workers (IFSW) & International Association of Schools of Social Work (IASSW)« von 2004 oder den »Berufsethische Prinzipen des Deutschen Berufsverbands für Soziale Arbeit« von 1997. Nahezu übereinstimmend betonen diese Codizes die Wahrung der Menschenwürde, Verantwortung für den Klienten, Engagement für das Wohlergehen des Klienten, Wahrung der Selbstbestimmung des Klienten, freiwilliges und informiertes Einverständnis und Gerechtigkeit als zentral für die Ethik sozialpädagogischen Handels.

Für Schlittmaier (2004) gehören berufsethische Prinzipen in der Sozialen Arbeit zu der Moral, die für die Berufsgruppe der Sozialpädagogen Gültigkeit hat. Doch neben den auf Konventionen beruhenden Norm-Vorgaben der Ethik-Codizes ist für die Frage »Was macht mich zu einem guten Sozialpädagogen, der das Richtige zu tun weis und dessen Handeln für die Klienten förderlich ist?« abhängig von mehreren individuellen Faktoren z. B. fachlicher Kompetenz, Berufserfahrung, sozialer Kompetenz, Leistungsbereitschaft oder innerer Wertorientierung. Baum benennt hierzu exemplarisch handlungsbezogene Merkmale, die als individueller Orientierungsrahmen in der Praxis der Sozialen Arbeit denkbar sind. Demnach zeichnet einen beruflich guten Sozialpädagogen aus: aktuelles technisches Wissen des Berufes zu besitzen; Engagement zugunsten der Klienten zu zeigen; die Fähigkeit und Bereitschaft, das eigene Können durch Fortbildung zu verbessern; mit den eigenen Kräften haushälterisch umgehen zu können; mit Kollegen und Institutionen kooperieren zu können; Empathie durch einfühlsamen und respektvollen Umgang mit dem Klienten zu besitzen; Achtung, Höflichkeit und Gerechtigkeit usw. gegenüber den Kollegen zu zeigen (Baum, 1996). Letztlich sind dies Tugenden, die eine berufliche Fachkunde und Erfahrung ergänzen. Es sind individuelle Fähigkeiten, die dazu beitragen, den praktischen Anforderungen in der Sozialen Arbeit gerecht zu werden – ohne gleichzeitig zu moralisch guten Handlungen zu führen. Die Entwicklung berufsethischer Kompetenzen innerhalb der Sozialen Arbeit umfasst den Erwerb von ethischem Wissen (Theorien, Begriffe) und die Entwicklung von ethischer Urteilskraft. Diese Urteilskraft kann in der Ausbildung von Sozialpädagogen gelehrt und theoretisch vermittelt werden: vor allem aber muss sie praxisorientiert geübt werden, z. B. in Fallbesprechungen, in denen ethische Konflikte herausgearbeitet und begründete Entscheidungen herbeigeführt werden (Schlittmaier, 2004). Konzepte und Methoden der Sozialen Arbeit beinhalten stets eine Vielzahl ethischer Implikationen. Dies gilt für die Verhaltensorientierte Soziale Arbeit ebenso wie für andere Konzepte der Sozialen Arbeit. Grundsätzlich beinhaltet jedes Konzept normative Zielsetzungen (z. B. Hilfe zum Selbstmanagement des Klienten). Aber: »Ziele sind keine Tatsachen, sondern Wertungen oder Sollensforderungen: Die Erreichung eines bestimmten Zustandes wird als wertvoll angesehen oder ein bestimmter Zustand soll angestrebt werden« (Schlittmaier, 2006a, S. 44). Da dieser Zustand letztlich unmittelbar das Wohlergehen eines Klienten betrifft, muss die Zielgestaltung stets transparent sein und gemeinsam mit dem Klienten vereinbart werden; gleichzeitig muss die Zielvereinbarung ethisch sein, d. h. einen »guten Zustand« anvisieren, der dem Klienten die Führung eines »gute Lebens« ermöglicht.

Verhaltensorientierte Diskurse

Die Ethik der Verhaltensorientierten Sozialen Arbeit basiert auf einem optimistischen Menschenbild. Dieses geht von der Annahme aus, dass menschliches Verhalten gelernt ist. Daraus folgt, dass problematisches Handeln verlernt und zielführendes Handeln aufgebaut werden kann. Ein Mensch ist prinzipiell in der Lage, sein Verhalten zu ändern – er ist nicht für immer darauf festgelegt, Handlungen, die Leid erzeugen, beizubehalten. Das verhaltensorientierte Konzept geht also von einem aktiven und bewussten Klienten aus, der grundsätzlich die Kompetenz besitzt, selbstbestimmt auf sein Handeln sowie auf seine soziale und materielle Umwelt Einfluss zu nehmen. Wichtig ist dabei die Gegenwartsorientierung: Prädisponierende genetische, somatische, psychische und soziale Bedingungen aus der Vergangenheit werden zwar in die Informationsgewinnung einbezogen, können aber nicht mehr bzw. nur begrenzt verändert werden, so dass die Hilfe an den gegenwärtigen äußeren und inneren Bedingungen der Anliegen eines Klienten ansetzt (Löbmann & Como-Zipfel, 2012). Der hohe Stellenwert, den die ethische Dimension in der Verhaltensorientierten Sozialen Arbeit einnimmt, zeigt sich in diversen Publikationen (Cigno & Bourn, 1998; Hudson & Macdonald, 1986; Jehu u. a., 1972; Thomlison 1982). Exemplarisch werden im Folgenden ethische Positionen von verhaltensorientierten Autoren dargestellt, wobei zunächst auf die Ethical Guidelines of the Behavioural Social Work Group hingewiesen wird:

- »A social worker should endeavour to use procedures which are in the best interests of the client or clients, minimising any possible harm and maximising benefits for them over both the short and long term, while at the same time balancing these against any possible harmful effects to others or society as a whole.

- Choice of intervention should always be justified by the available evidence, taking into account possible alternatives or styles of work, the degree of demonstrated efficacy, discomfort, intervention time and cost of alternative intervention.
- The social worker should make exhaustive attempts to discuss and agree the goals and methods of intervention with the client, family and group. We recognise that these may have to be renegotiated from time to time, or intervention terminated.
- We also recognise that in situations where consent is impossible to obtain, the worker may not always be able to fulfil these criteria. These situations may include work with e.g. clients with severe mental handicap, very young children and elderly mentally infirm clients. In these situations reference should be made to the guardians/appointed or responsible care-givers.
- It is considered an integral part of the social worker's approach that he or she plans and implements all intervention in such a way as to allow its effectiveness to be evaluated. This should apply to casework, group work and community work. Such evaluations should be both qualitative and quantitative.
- The social worker should continually reappraise his or her competence both from formal training and from his or her experience. If he or she is faced with a situation in which his or her level of skill is in doubt, he or she should consult with a colleague so that either the case is taken on with adequate supervision and training, or it is appropriately referred elsewhere.
- The social worker should develop his or her expertise after formal training is finished, and take reasonable steps to keep up to date with current research and practice by, for example, reading current research or by attending appropriate courses« (Hudson & Macdonald, 1986, S. 20f.).

Diese Ethischen Richtlinien, die von der Behavioural Social Work Group auf ihrer Jahresvollversammlung im Oktober 1984 beschlossen wurden, stellen den ersten berufsethischen Kodex der Verhaltensorientierten Sozialen Arbeit dar und lieferten in der Folgezeit insbesondere für ihre britischen Vertreter eine Orientierungsgröße. So sehen Hudson & Macdonald in »Behavioural Social Work. An Introduction« (1986) die Wirksamkeit der verhaltensorientierten Methoden als den Focus ihrer ethischen Überlegungen. Gerade aufgrund der Effektivität ihrer Interventionen sowie deren kontinuierlicher Evaluation entsteht eine vorbildliche Qualität in der Sozialen Arbeit, die dazu beiträgt, der Klientel transparent zu helfen und Gefährdungen von ihnen zu minimieren. Wenn die Wirksamkeit – neben anderen Aspekten wie z. B. Bewältigungs-, Ressourcen- oder Lebensweltorientierung – ein wertvolles ethisches Kriterium für die Soziale Arbeit darstellt, dann sollte sie nicht nur für die Praktiker vor Ort, sondern auch für die Organisation der Sozialen Arbeit ein wichtiges Anliegen sein. Hudson & Macdonald kritisieren daher, dass in Institutionen bisweilen eine unverhältnismäßige Nachlässigkeit hinsichtlich der Durchführung von Fallbeobachtung und Selbstevaluation herrsche, die letztlich auch für Katastrophen (z.B. wenn Kinder von ihren Eltern getötet werden) mit verantwortlich sei. Weil das verhaltensorientierte Konzept die Transparenz und die Zielerreichung betont sowie während des gesamten Hilfeprozesses den Fallverlauf evaluiert, erleichtere dieser Ansatz in besonderer Weise auch die Evaluation institutionell-administrativer und pädagogische Tätigkeiten. Hudson & Macdonalds Hinweise auf die ethische Verpflichtung der Sozialen Arbeit sind nicht nur ein Plädoyer für die Verhaltensorientierung, sondern auch für den Einsatz von empirisch geprüften Methoden in der Sozialen Arbeit generell: sowohl für das berufliche Handeln einzelner Praktiker als auch für das Handeln der sozialen Organisationen. Dem Bereich der Aus- und Weiterbildung in der Sozialen Arbeit fällt dabei eine entscheidende Rolle zu (Hudson & Macdonald, 1986).

Sozialpädagogen sehen sich in ihrer Berufspraxis oft widerstreitenden Loyalitäten bzw. sich einander ausschließenden Mandaten sowie den damit verbundenen ethischen Dilemmata gegenüber. Einerseits fördert die Soziale Arbeit durch geeignete Hilfeleistungen die Selbstbestimmung und die individuellen Interessen ihrer Klientel; andererseits vertritt die Soziale Arbeit auch die Interessen des Gemeinwesens und der Kostenträger sozialer Hilfeleistungen, dessen Erwartungen möglicherweise ökonomisch orientiert sind und die Anpassung der Klientel an die gesellschaftlichen Anforderungen oder deren Kontrolle fordern. Wenn diese beiden ggf. sich widersprechenden Interessen innerhalb eines Hilfeprozesses auftreten, wird das Dilemma des sogenannten »Doppelmandats« der Sozialen Arbeit deutlich. Es stellen sich dem Sozialpädagogen dann eine Reihe von Fragen: Welches Maß an Autonomie und eigenem Ermessensspielraum beinhaltet die Berufsrolle des Sozialpädagogen? Wer ist der Auftraggeber und wie lautet die konkrete Aufgabenstellung für den Sozialpädagogen? Wem ist der Sozialpädagoge in seinem Handeln verpflichtet? Shaw nimmt diese Fragestellungen aus verhaltensorientierter Sicht auf und setzt sich mit den Problemen von Sozialpädagogen in ihrer beruflichen Praxis auseinander. Für Shaw befinden sich Sozialpädagogen gegenüber ihrer Klientel in einer Kontrollstellung, wenn die Kontrolle auch nur begrenzt und unvollständig ist. Er fordert daher, dass sie sich dieser Verantwortung bewusst werden. Die Erkenntnis dieser Verantwortung und ihrer Implikationen für Theorie und Praxis der Sozialen Arbeit kann für den einzelnen Sozialpädagogen ein schwer zu vollziehender Schritt sein – es dürfe jedoch nicht versucht werden, das Problem dadurch zu lösen, dass sein Vorhandensein geleugnet werde: »Für den Sozialpädagogen liegt das Dilemma letztlich gar nicht in der Anwendung oder Nichtanwendung von Kontrolle, sondern in der Frage, wo die Kontrolle in einer bestimmten Situation liegt und zu welchem Zweck sie eingesetzt werden sollte. ...Verhaltensmodifikation – zu welchem Zweck? Selbstverwirklichung des Klienten – zu welchem Zweck?« (Shaw, 1977, S.264f.). Für Shaw ist die Kompetenz die erste moralische Pflicht für Praktiker der Sozialen Arbeit: eine Verpflichtung, zu der auch gehört, bzgl. der aktuellen Forschungsergebnisse und Entwicklungen in seinem Fach auf dem Laufenden bleiben. Da Sozialpädagogen in einem verhaltensorientierten Prozess in der Lage sind, der Klientel wirksame Hilfe zu leisten, erscheint es umso dringlicher, die angewandten Methoden und Techniken immer wieder zu prüfen.

Dem Problemkreis von Verantwortlichkeit, Transparenz und Loyalitäten widmet sich auch Thomlison in seinem Beitrag für das Buch »Ethical Issues in Social Work« (1982) bezogen auf die Praxis von verhaltensorientierten Sozialpädagogen in der Einzelfallhilfe. In Form von acht Fragen prüft er die ethische Dimension eines verhaltensorientierten Hilfeprozesses und liefert hiermit Orientierungspunkte für das professionelle Handeln in der Sozialen Arbeit: (1) Wurden die Ziele des Hilfeprozesses angemessen sorgfältig geprüft? (2) Wurde die Wahl der Interventionsmethoden wohlüberlegt? (3) Ist die Teilnahme des Klienten freiwillig bzw. mit Zustimmung der Sorgeberechtigten? (4) Für den Fall, dass eine andere befugte Person oder Dienststelle den Hilfeprozess angeordnet hat, wurden die Interessen des Klienten ausreichend berücksichtigt? (5) Wurde die Eignung der Interventionsmethode geprüft? (6) Wurde die Vertraulichkeit der Arbeitsbeziehung gewahrt? (7) Verweist der Sozialpädagoge seine Klienten zu anderen Dienststellen, falls erforderlich? (8) Ist der Sozialpädagoge qualifiziert, die Intervention durchzuführen? (Thomlison, 1982, S. 256f.)

Es gibt in der Theorie und Praxis des verhaltensorientierten Konzepts – wie bei jedem anderen sozialpädagogischen Konzept auch – stets ethische Gesichtspunkte, die bei ihrer Anwendung berücksichtigt und eingehalten werden müssen. Dass sich die Verhaltensorientierte Soziale Arbeit diesem Themenbereich schon über mehrere Jahrzehnte intensiv und kontinuierlich gewidmet hat, belegen die o. g. Texte. Das verhaltensorientierte Konzept sieht die Soziale Arbeit als eine Menschenrechtsprofession, die auf der Wahrung der Menschenwürde, der sozialen Gerechtigkeit, dem Einbezug der Lebensumwelt und der Autonomie ihrer Klientel beruht. Ebenso wie auf der verantwortungsvollen Förderung und Unterstützung ihrer Klientel bei der Bewältigung von deren Anliegen. Dabei erkennt sie den Klienten als aktiv, kompetent, bewusst handelnd sowie ausgestattet mit vielfältigen Kompetenzen und Ressourcen. Der Hilfeprozess ist stets transparent, alltagsorientiert und übend; seine Legitimation beruht auf der freiwilligen und informierten Zustimmung des Klienten. In diesem Sinne ist dieser Prozess auch stets gegenwartsbezogen und auf das konkrete Verhalten des Klienten focussiert, d. h.: auf eine Aufarbeitung bzw. Interpretation von dessen gesamter Lebensgeschichte wird verzichtet, es werden hingegen praktikable Lösungen für dessen künftige Lebensgestaltung entwickelt. Für verhaltensorientierte Sozialpädagogen stellt zudem die Aktualisierung der Fachkompetenz durch stetige Fort- und Weiterbildung ein bedeutendes berufsethisches Kriterium dar.

1.4 Perspektiven

Die Profession Soziale Arbeit kann auf eine lange und infolge der gesellschaftlichen und politischen Zeitläuften sehr wechselhafte Geschichte zurückblicken. Auch in Zukunft werden sich die Aufgabenfelder und Funktionen in der Sozialen Arbeit durch neue soziale Entwicklungen (z. B. Veränderung der Altersstruktur in der Bevölkerung) weiter verändern. Um diesen neuen Herausforderungen gerecht zu werden, bedarf es in der Theorie und Praxis der Sozialen Arbeit eigener Fachkompetenzen, die in der Lage sind, ihre Konzepte, ihre Methoden und ihre Wirkungsmöglichkeiten klar zu definieren. Das sich weiter entwickelnde gesellschaftliche Interesse an einer Prüfung der Wirtschaftlichkeit, Effektivität und Qualität in der Sozialen Arbeit ist politisch und ökonomisch berechtigt. Das verhaltensorientierte Konzept kommt dieser Forderung entgegen, indem seine in der Praxis zum Einsatz kommenden Methoden wissenschaftlich fundiert und in ihrer Wirksamkeit empirisch geprüft sind. Unter ethischen Gesichtspunkten ist die Wirksamkeit der angewendeten Methoden in der Praxis der Sozialen Arbeit ein wichtiger Faktor: gleichrangig mit einem Hilfeprozess, der auf Verantwortlichkeit, Transparenz, informed consent und der Wahrung der Würde der Klientel beruht. Denn jenseits aller Erwägungen der Ökonomie, der Effizienz und des Doppelmandats soll Soziale Arbeit als helfender Beruf letztlich immer die Problemlagen von hilfesuchenden Menschen reduzieren, ihnen Förderung zu Teil werden lassen, sie bei der Hilfe zu Selbstmanagement unterstützen, um deren Lebensqualität zu verbessern.

Für eine weitere Entwicklung und Etablierung der Verhaltensorientierten Sozialen Arbeit im deutschsprachigen Raum bedarf es in Zukunft noch fachpolitischer Initiativen und Strategien, z.B. den Ausbau von Aus- und Weiterbildungsangeboten, regelmäßige Publikationsaktivitäten, die Durchführung von Kongressen und die Übersetzung der relevanten fremdsprachigen Fachliteratur. Erst dann könnte der Anschluss an den internationalen Diskussionsstand sowie eine nachhaltige Resonanz des verhaltensorientierten Konzepts innerhalb der Methodendebatte im deutschsprachigen Raum erreicht werden. Die Entwicklungen der Verhaltensorientierten Sozialen Arbeit in Großbritannien und den USA haben gezeigt, dass über deren Stellenwert neben der nachhaltigen Verankerung im Hochschulbereich, intensiven Publikationstätigkeiten und anwendungsbezogenen Fortentwicklungen in den Praxisfeldern der Sozialen Arbeit letztlich auch die berufspolitischen Aktivitäten einzelner Repräsentanten sowie eine angemessene Öffentlichkeitsarbeit entscheiden werden.

2 Wissenschaftstheoretische und verhaltenswissenschaftliche Grundlagen der Verhaltensorientierten Sozialen Arbeit

Christoph Bördlein

Wissenschaftstheorie, Verhaltenswissenschaft und Soziale Arbeit

Die Verhaltensorientierte Soziale Arbeit ist in erster Linie eine *Evidenzbasierte Soziale Arbeit*. Evidenzbasiertes Arbeiten ist das bewusste, explizite und abwägende Heranziehen des gegenwärtig besten Wissens bei Entscheidungen über den Umgang mit individuellen Klienten. Es bedeutet, die besten Forschungsergebnisse mit der fachlich fundierten Einschätzung der Situation und den Werten des Klienten zu vereinbaren.

Evidenzbasiertes Arbeiten impliziert, dass die theoretischen Annahmen und eingesetzten Methoden wissenschaftlich abgesichert sein sollen. Unter »wissenschaftlich abgesichertem« Arbeiten kann man jedoch vielerlei verstehen. Dieses Kapitel steckt den Rahmen ab, innerhalb dessen sich die Wissenschaft »Verhaltensorientierte Soziale Arbeit« bewegt und grenzt diesen Ansatz von anderen (z. B. eher geisteswissenschaftlich geprägten) Herangehensweisen ab. Zugleich stellt die Wissenschaftstheorie das Rüstzeug dar, mit dem die Praktikerin oder der Praktiker Behauptungen auf ihren Wahrheitsgehalt hin prüfen kann, um so Theorien und Methoden beurteilen zu können.

Aufgrund der Kürze kann in diesem Kapitel nur ein Abriss der für die Verhaltensorientierte Soziale Arbeit relevanten Wissenschaftstheorie gegeben werden. Das Gleiche gilt für den zweiten Teil des Kapitels. Hier werden die verhaltenswissenschaftlichen Grundlagen der Verhaltensorientierten Sozialen Arbeit kurz umrissen.

2.1 Fallibilismus

Der Ausgangspunkt dieser Einführung in die Wissenschaftstheorie ist der Umstand, dass alle Menschen immer wieder Dinge für wahr halten, die sich später als falsch erweisen. Dies ist das Prinzip des *Fallibilismus*: Etwas, das wir als wahr akzeptieren, kann sich jederzeit als falsch erweisen. Eine Letztbegründung, die ewigen Bestand hat, ist nicht möglich. Wir können aber danach streben, uns möglichst nicht zu täuschen, also die Wahrscheinlichkeit, dass wir uns täuschen, herabsetzen.

Der Begriff des Fallibilismus geht zurück auf den Philosophen Charles Sanders Peirce (1839–1914), wurde aber vor allem im Rahmen des *Kritischen*

Rationalismus (Albert, 1991; Popper, 2005) nach Sir Karl Popper (1902–1994) vertreten und konsequent weitergedacht.

Der erste Schritt, um die Möglichkeit, sich zu täuschen, zu verringern, ist die Prüfung an der Realität. Dieses Prinzip ist nicht selbstverständlich und letztlich eine Errungenschaft der neuzeitlichen Wissenschaft. Man nennt das Prinzip der Bewährung von Aussagen an der beobachteten Natur auch *Empirismus*.

Jedoch hat die Prüfung an der Realität ihre Tücken. Nicht jeder empirische Beleg ist relevant und hilfreich. Will man beispielsweise die Vermutung prüfen, ein Kind werde von seinen Eltern misshandelt, ist die Aussage eines Nachbarn anders zu werten als der Befund eines Arztes oder die Zeugenschaft des Sozialpädagogen selbst. Auch bei einem empirischen Beleg können wir uns täuschen.

Quellen der Täuschbarkeit

Die Verhaltenswissenschaften konnten viele dieser Quellen der Täuschbarkeit genauer untersuchen. Dies betrifft unter anderem (vgl. Bördlein, 2002):

- *Wahrnehmungstäuschungen*: Unsere Sinne liefern kein getreues Abbild der Welt »da draußen«.
- *Erinnerungstäuschungen*: Unsere Erinnerung ist kein zuverlässiger Rekorder vergangener Ereignisse.
- *Fehler bei der Verarbeitung von Informationen*: Sowohl die Beschaffenheit der Welt als auch unsere Möglichkeiten, Informationen zu verarbeiten, legen Fehler geradezu nahe.

Für letzteres ein Beispiel: Wir neigen dazu, nur nach Belegen zu suchen, die unsere einmal gefassten Überzeugungen bestätigen. Dieses Phänomen bezeichnet man auch als *Confirmation Bias* – Bestätigungstendenz (vgl. Bördlein, 2000). Wer der Überzeugung ist, dass Menschen süd- oder osteuropäischer Herkunft zu Kriminalität neigen, wird über kurz oder lang notwendigerweise diese Überzeugung bestätigt finden. Dies geschieht sowohl durch die einseitige Suche nach Indizien – es werden nur Belege gesammelt, die die Hypothese stützen (»Schon wieder ein Zeitungsbericht über rumänische Einbrecherbanden!«), nicht aber entkräftende Hinweise (in deutschen Zeitungsberichten wird für gewöhnlich nicht explizit erwähnt, dass die Täter bei einem Verbrechen Deutsche waren), was als *Selective Exposure* bezeichnet wird (Frey & Rosch, 1984) – als auch durch die Interpretation der Belege im Sinne der Hypothese. Dies geschieht unwillkürlich und kann nur durch bewusstes Gegensteuern verhindert werden.

Eine Möglichkeit, mit dem Problem des Fallibilismus umzugehen, geht auf den antiken Philosophen Pyrrhon aus Elis (360–270 v. u. Z.) zurück. Pyrrhon strebte die Ataraxie, die Meeresstille des Gemüts an, indem er alle dogmatischen Festsetzungen zurückwies. Zu jeder Behauptung gibt es eine Gegenbehauptung. Indem er so nach und nach alle Gewissheiten zerstörte, löste er sich von dem Zwang, eine Meinung haben zu müssen. Pyrrhonische Skepsis ist geistige Enthaltsamkeit. Für das tägliche Leben schlug Pyrrhon vor, sich nach dem Eindruck oder den Sitten der Vorväter zu orientieren. Da nun aber nicht alle Menschen denselben Eindruck haben, der erste Eindruck oft impraktikabel ist und auch nicht alle Menschen dieselben Vorväter haben, muss man sich spätestens dann, wenn man mit anderen Menschen in Kontakt tritt, auf gemeinsame Standards einigen. Ähnliches gilt für den erkenntnistheoretischen Relativismus und bestimmte Formen des Konstruktivismus. Der *Relativismus* behauptet in diesem Zusammenhang, dass das, was jemand für wahr hält, nur *für diese Person selbst* wahr ist. In der Tat nehmen verschiedene Menschen dieselbe Situation unterschiedlich wahr. Dies ist banal und richtig. Der erkenntnistheoretische Relativismus folgert jedoch, dass die verschiedenen Sichtweisen gleichberechtigt nebeneinander stehen und leugnet, dass es Kriterien gibt, anhand derer man eine »richtige« von einer »falschen« Sicht unterscheiden kann. Der *Konstruktivismus* betont (ebenfalls zu Recht), dass unsere Weltsicht konstruiert ist (unsere Sinne liefern keine reine Abbildung der Welt, Wahrnehmung ist immer hypothesengeleitet und interpretativ). Der radikale Konstruktivismus geht davon aus, dass unsere Wahrnehmung in der Tat *nur* eine Konstruktion ist. Aber auch schwächere Formen des Konstruktivismus, die anerkennen, dass es »eine Welt da draußen« gibt und dass unsere Wahrnehmung diese zumindest teilweise wiedergibt, beinhalten, dass prinzipiell nicht zwischen einer »richtigen« und einer »falschen« Sicht unterschieden werden kann.

Beide Positionen führen jeweils dazu, dass es verschiedene Realitäten gibt, die eventuell unvereinbar sind (z. B. die wissenschaftliche Sicht der Medizin und die Sichtweise eines Schamanen, wenn es um die Entstehung von Krankheiten geht). Wenn man sich aber (z. B. bei der Entscheidung, für welche Therapien die Versichertengemeinschaft aufkommen soll) auf ein gemeinsames Handeln einigen will, muss eine gemeinsame Basis gefunden werden. Relativistische und konstruktivistische erkenntnistheoretische Standpunkte sind reizvoll, solange sie im Vagen bleiben. Sobald eine konkrete Entscheidung ansteht, fallen sie in sich zusammen. Ist die Erde eine Scheibe oder eine Kugel? Spätestens dann, wenn man beabsichtigt, die Welt zu umsegeln, gibt es hier keine zwei gleichwertigen Positionen mehr, sondern nur wahr oder falsch.

Wenn man eine Wissenschaft anstrebt, deren Erkenntnisse zur Lösung realer Probleme anwendbar sind, dann muss man ein möglichst voraussetzungsfreies Regelwerk finden, das es ermöglicht, Entscheidungen zu treffen, bei denen man sich möglichst nicht täuscht.

2.1.1 Aussagen und Gesetze

Hypothetischer Realismus

Zunächst sind einige grundsätzliche Dinge zu klären. Vorausgesetzt wird, dass die Welt existiert und dass sie prinzipiell unserer Erfahrung zugänglich ist. Man bezeichnet diese Position als *ontologischen, hypothetischen oder kritischen Realismus* (vgl. Mahner & Bunge, 2000, S. 5), um sie vom naiven Realismus abzugrenzen, der annimmt, dass die Welt so ist, wie man sie wahrnimmt. Der kritische Realismus erkennt dagegen an, dass die Wahrnehmung der

Welt hinterfragt werden muss, aber er betont zugleich, dass (für ein Handeln) hinreichend zuverlässige Erkenntnis möglich ist. Diese Annahme ist nicht selbstverständlich und sie lässt sich letztlich auch nicht beweisen. Andere Annahmen (z.B. dass die Welt, die wir wahrnehmen, ganz oder teilweise ein Produkt unserer Vorstellung ist, wie es der *Solipsismus* behauptet) haben den Nachteil, dass sie praktisch nicht nutzbar sind. Sie führen zu Widersprüchen und ermöglichen kein gemeinsames Handeln.

Existenz- und Allaussagen

Diese (reale) Welt kann nun beschrieben werden. Dabei stehen prinzipiell zwei Arten von Aussagen zur Verfügung, Existenzaussagen und Allaussagen (singuläre und nicht-singuläre Sätze): *Existenzaussagen* sind rein deskriptiv. Sie lassen sich in die Form eines Satzes, der mit »Es gibt...« beginnt, überführen. Ein Beispiel:

»Einige autistische Kinder profitieren von der Festhaltetherapie« bedeutet so viel wie: »Es gibt mindestens zwei autistische Kinder, die von der Festhaltetherapie profitiert haben.«

Existenzaussagen kann man nicht widerlegen, es sei denn, sie sind raum-zeitlich begrenzt. Daraus folgt: Man kann nicht die Nicht-Existenz eines Sachverhaltes beweisen. Beispielsweise wird immer wieder mal verlangt, man solle eine bestimmte Technik (z.B. die Mobilfunktechnologie) nicht einführen, ehe nicht bewiesen sei, dass diese unschädlich ist. Das ist aber prinzipiell nicht möglich, da es sich hier um den Nachweis der Nicht-Existenz, also die Widerlegung einer Existenzaussage handelt. Jedoch kann man Existenzaussagen belegen. Außerirdisches Leben könnte man nachweisen, nicht aber, dass es kein außerirdisches Leben gibt. Dass die Festhaltetherapie (Welch, 1996) bei einigen autistischen Kindern wirkt, könnte man belegen. Dass Mobilfunk Krebs erzeugt, könnte man belegen.

Alle Naturgesetze und sonstige gesetzesartigen Aussagen (auch die Gesetze der Sozialwissenschaften) sind dagegen *Allaussagen*. Allaussagen lassen sich nur widerlegen, nicht aber beweisen. Eine Allaussage ist zum Beispiel: »Hyperaktive Kinder sind in Wirklichkeit hochbegabt« (wir lassen hier und im Folgenden unberücksichtigt, ob diese Aussagen wahr sind oder nicht). Grundsätzlich gilt: Ein einziges Gegenbeispiel würde diese Aussage widerlegen.

Gesetze

Allaussagen sind noch keine Gesetze. Eine einfache Form eines Gesetzes ist der *Wenn-Dann-Satz* und ergänzend der *Je-Desto-Satz*. Allaussagen lassen sich in Wenn-Dann- oder Je-Desto-Sätze überführen: »Wenn ein Kind hyperaktiv ist, dann ist es in Wirklichkeit hochbegabt.« Bei Je-Desto-Sätzen wird auch eine quantitative Beziehung hergestellt: »Je höher das Einkommen der Eltern, desto besser die Schulnoten des Kindes.« Je-Desto-Sätze lassen sich (mit Informationsverlust) in Wenn-Dann-Sätze überführen: »Wenn das Einkommen der Eltern über dem Durchschnitt liegt, dann sind auch die Schulnoten des Kindes über dem Durchschnitt«. Wenn-Dann- und Je-Desto-Sätze sind nicht symmetrisch, d.h. man kann sie nicht »umdrehen« und (im obigen Beispiel) etwa folgern: »Wenn ein Kind hochbegabt ist, dann ist es hyperaktiv«; man bezeichnet diesen (häufig anzutreffenden) Fehler als *Inversionstendenz*.

Als *Gesetz* bezeichnet man Aussagen, die eine universelle Form haben, die z. B. für alle Objekte einer bestimmten Art gelten. Das allein ist jedoch als Definition noch etwas wenig. Opp (2005) definiert daher präziser:

»Mit einem Gesetz bezeichnet man eine empirische Aussage, die 1. ohne raum-zeitlichen Bezug ist, in der 2. allen Elementen (mindestens) einer unendlichen Menge von Objekten (mindestens) ein Merkmal zugeschrieben wird, die 3. als Wenn-dann- oder Je-desto-Aussage formuliert werden kann und die 4. sich empirisch relativ gut bewährt hat« (S. 37).

Betrachten wir Opps Definition genauer:

- »empirische Aussage«: Damit sind Sätze ausgeschlossen, die rein aus logischen Gründen wahr sind (z. B. »alle Junggesellen sind unverheiratet«). Auch müssen die Aussagen prinzipiell prüfbar sein. Die Aussage »Alle Menschen sind wesenhaft sozial« etwa ist zu unpräzise, als dass man empirisch prüfen könnte, ob sie wahr oder falsch ist.
- »ohne raum-zeitlichen Bezug«: Nur wenn sie nicht räumlich oder zeitlich eingeschränkt werden und eine prinzipiell unendliche Menge von Objekten zulassen, sind Sätze Gesetze. Keplers Gesetze der Planetenbewegung bezogen sich zum Zeitpunkt ihres Entstehens auf eine begrenzte Menge an Planeten. Jedoch sind diese Gesetze offen für eine prinzipiell unendliche Menge an Planeten, d. h. wenn neue Planeten entdeckt werden, dann gelten auch für sie Keplers Gesetze.
- Im Wenn-Dann-Satz muss in der Wenn-Komponente ausgedrückt werden, für welchen Teilbereich der o. a. Menge die Aussage gilt, z. B. »Wenn ein Kind (= Menge) hyperaktiv (= Teilbereich der Menge ›Kinder‹) ist, dann ist es hochbegabt.«
- »Empirisch gut bewährt« muss nicht heißen, dass die Aussage wahr ist, sondern nur, dass mehr für sie spricht als dagegen.

Als »gesetzesartige Aussage« bezeichnet man einen Satz, der alle o. g. Kriterien bis auf das der empirischen Bewährung erfüllt.

Ein *deterministisches Gesetz* ist eines, bei dem beim Vorliegen der Wenn-Komponente immer die Dann-Komponente auftritt. Als *nicht-deterministisch* (*probabilistisch*) bezeichnet man ein Gesetz, bei dem die Dann-Komponente nicht immer, aber im Rahmen einer gewissen (zu spezifizierenden) Streuung auftritt. Die meisten sozialwissenschaftlichen Gesetze sind nicht-deterministisch. Viele Nicht-Wissenschaftler verleitet dies zu der Annahme, dass sozialwissenschaftliche Theorien irgendwie beliebig seien. Dem ist aber nicht so, denn auch nicht-deterministische Gesetze lassen sich widerlegen.

2.1.2 Erklären und Verstehen

Wissenschaften sollten den ihnen »zugewiesenen« Realitätsbereich *beschreiben* können. Im Fall der Verhaltensorientierten Sozialen Arbeit könnte dies etwa bedeuten, dass sie den Bereich der »sozialen Probleme« beschreiben kann. Eine

Wissenschaft sollte aber auch die in diesem Bereich auftretenden Phänomene *erklären* können (die Warum-Frage beantworten können). Zum Beispiel sollte die Verhaltensorientierte Soziale Arbeit erklären können, warum unter bestimmten Bedingungen bestimmte Verhaltensprobleme auftreten. Wenn möglich, sollte die Wissenschaft auch Prognosen erlauben, also *voraussagen* können, was bei gegebenen Anfangsbedingungen zukünftig geschehen wird. Eine *angewandte Wissenschaft* (wie die Verhaltensorientierte Soziale Arbeit) sollte zudem Methoden bereitstellen, mit denen Zustände und Abläufe innerhalb dieses Realitätsbereiches *verändert* werden können.

Gesetze und Theorien dienen dazu, Sachverhalte zu erklären. Es gibt prinzipiell zwei Möglichkeiten, zu Erklärungen zu kommen, mittels der Induktion und mittels der Deduktion. Als Deduktion bezeichnet man in der Logik das Folgern vom Allgemeinen auf das Besondere. Das Gegenstück zur Deduktion ist die Induktion, das Folgern vom Besonderen auf das Allgemeine.

Induktion

Die Induktion ist gewissermaßen das »natürliche« Vorgehen, wenn Menschen ihre Umwelt analysieren. Sie machen mehrere Beobachtungen und verallgemeinern diese.

Ein Beispiel:
Ein Rabe ist schwarz.
Noch ein Rabe ist schwarz.
Usw.

→ Alle Raben sind schwarz.

Im logischen Sinne ist das kein valider (gültiger) Schluss. Egal wie viel schwarze Raben man beobachtet hat, es besteht immer die Möglichkeit, dass man auch mal einen weißen Raben sichtet. Valide können nur deduktive Schlüsse der Art sein:
Alle Raben sind schwarz.
Mein Haustier ist ein Rabe.

→ Mein Haustier ist schwarz.

Man kann versuchen, induktive Schlüsse valider zu machen, indem man folgende Regeln beachtet (nach Chalmers, 1999):

1. Die Zahl der Beobachtungen muss sehr groß sein.
2. Die Beobachtungen müssen unter möglichst verschiedenen Bedingungen stattgefunden haben.
3. Das abgeleitete Gesetz darf nicht mit den Beobachtungen in Widerspruch stehen.

Diese Bedingungen sind aber sehr »weich«. Was heißt »sehr groß«? Was ist »möglichst verschieden«?

Karl Popper (1972) löste dieses Problem radikal: Wie wir zu gesetzesartigen Aussagen kommen, ist (mehr oder weniger) gleichgültig, so lange wir diese dann an der Realität prüfen.

Deduktion: HO-Schema

Das verbreitetste Modell der Erklärung ist das sogenannte *Hempel-Oppenheim-(HO-)Schema* (Hempel & Oppenheim, 1948). Es ist auch als deduktiv-nomologisches Modell (DN-Modell oder DN-Schema) bekannt. Seine prinzipielle Struktur ist in ▶ **Tab. 2.1** dargestellt.

Tab. 2.1: Das HO-Schema

	Explanans			Explanandum
Singulärer Satz A	+	Gesetz G	→	Singulärer Satz E
Anfangsbedingung		Konditionalsatz: • Wenn A, dann E • Je A, desto E		(Das, was erklärt werden soll)
Beispiel: Schüler erhalten am Jahresende Schulnoten		Wenn ein Leistungsfeedback erst mit großer zeitlicher Verzögerung erfolgt, dann hat es kaum Einfluss auf das zugrunde liegende Verhalten.		Schulnoten am Jahresende haben kaum Einfluss auf das unterjährige Lernverhalten der Schüler.

Aus einem *singulären Satz A* (der »Anfangsbedingung«) und einem *Gesetz G* in Form eines Konditionalsatzes (Wenn-dann- oder Je-desto-Satz) folgt ein *singulärer Satz E* (das *Explanandum*, also das zu Erklärende). G und A sind zusammen das *Explanans*. Das Gesetz G enthält wiederum A und E in der Form: »Wenn A, dann E«. Entweder sind die Dann-Komponente und E identisch oder die Dann-Komponente ist in E enthalten. Im Beispiel geht E logisch aus G und A hervor, denn die Dann-Komponente (kaum Einfluss) ist mit E identisch.

Die Adäquatheitsbedingungen

Hempel und Oppenheim (1948) formulierten vier sogenannte *Adäquatheitsbedingungen* für die Anwendung des Schemas zur Erklärung von Einzelfällen, drei logische und eine empirische.

Zunächst die drei *logischen* Bedingungen:

(R1) Das Explanandum muss eine logische Konsequenz des Explanans sein. Ein Gegenbeispiel: A: Herr Maier ist katholisch, G: Wenn jemand Mitglied einer Kirche ist, dann glaubt er an Gott, E: Herr Maier hat im Lotto gewonnen. A ist zwar logisch korrekt in der Wenn-Komponente enthalten, die Menge der Dann-Komponente ist jedoch nicht in E enthalten.

(R2) Das Explanans muss mindestens ein allgemeines Gesetz enthalten. Fehlt ein Gesetz, dann entsteht ein Unvollständigkeitsproblem. Die Erklärung wird so beliebig, dass sie unbrauchbar wird. Implizit sind in einer Erklärung immer Gesetze enthalten. Die mögliche Schwäche einer Erklärung wird nur dann deutlich, wenn man das Gesetz explizieren muss.

(R3) Das Explanans muss empirischen Gehalt haben, d. h. es muss so formuliert sein, dass es mittels eines Experiments oder durch Beobachtung geprüft werden kann. Gesetze müssen etwas über die Realität aussagen. Ein Gegenbeispiel: Das Gesetz »Wenn die Menschen willensschwach sind, dann stören sie die Ordnung« ist völlig unklar.

Die *empirische* Bedingung lautet:

(R4) Die im Explanans enthaltenen Sätze müssen wahr sein. Hempel und Oppenheim bestehen auf dieser Bedingung. Würde es genügen, dass die Sätze »gut bestätigt« sind, würde dies dazu führen, dass Erklärungen, die früher richtig waren, später einmal falsch sein können und umgekehrt.

Opp (2005) führt noch eine fünfte Bedingung ein.

(R5) Es muss mehr dafür als dagegen sprechen, dass E aufgetreten ist (denn auch bei singulären Aussagen empirischer Natur können wir uns nie 100 %ig sicher sein).

Diese Adäquatheitsbedingungen sind nicht vollständig (es ist nicht ausgeschlossen, dass dennoch mangelhafte Erklärungen zustande kommen).

Mögliche Fehler

Zwei verbreitete Fehler bei der Erklärung von Einzelfällen resultieren aus einer nicht-korrekten Anwendung des HO-Schemas.

Ad-hoc-Erklärungen

- Eine in einer Untersuchung gefundene Korrelation (Bsp.: Wer häufig Mozart hört, schneidet in Intelligenztests besser ab) wird als Explanandum verwendet.
- Bei der Erklärung werden Gesetzesaussagen nur angedeutet (etwa: »Musikhören regt den Geist an«).
- Das Vorliegen der Anfangsbedingungen wird angenommen, ohne dabei Daten zu benutzen (»Kluge Kinder hören doch oft klassische Musik«).

Dies wird oft als »Interpretation« bezeichnet, ist aber eine Ad-hoc-Erklärung.

Partielle Erklärungen

Zum Beispiel wird der Umstand, dass eine Person a mit Gegenständen schmeißt (E), mit dem »Gesetz« erklärt, dass Frustration zu Aggression führe und dass a frustriert worden sei (A). Das Schmeißen mit Gegenständen (E) ist jedoch allenfalls eine Teilmenge von Aggression (der Dann-Komponente des Gesetzes). Daher ist dies nur eine partielle Erklärung. Eine vollständige Erklärung müsste beinhalten, warum Person a ausgerechnet mit Gegenständen schmeißt (und nicht irgendeine andere Form von Aggression zeigt).

Prognosen

Das HO-Schema eignet sich gleichermaßen auch zur Vorhersage von Ereignissen. Bei Prognosen müssen die Gesetze so formuliert sein, dass der zeitliche Abstand zwischen den Bedingungen in der Wenn-Komponente und den zu erklärenden Ereignissen »hinreichend« lang ist (so dass eine Prognose vor Eintreten der Ereignisse überhaupt möglich ist). Die Gesetze müssen alle Bedingungen enthalten, die für das Auftreten eines Explanandums von Bedeutung sind. Die Beziehungen zwischen den Bedingungen und den Wirkungen müssen richtig angegeben sein.

Ein Beispiel für eine Prognose ist in ▸ **Tab. 2.2** dargestellt.

Tab. 2.2: Das HO-Schema bei der Prognose von Ereignissen

A	+ G	→ E
Der Teilnehmer einer vorbereitenden Bildungsmaßnahme macht in Folge einer bestimmten, beschriebenen Förderung Fortschritte im Bereich der sozialen Kompetenz und schließt seine Lücken in Mathematik.	Wenn der Teilnehmer einer vorbereitenden Bildungsmaßnahme in Folge einer bestimmten, beschriebenen Förderung Fortschritte im Bereich der sozialen Kompetenz macht und seine Lücken in Mathematik schließt, dann kann er die Ausbildung zum Bürokaufmann erfolgreich durchlaufen.	Der Teilnehmer durchläuft die Ausbildung zum Bürokaufmann erfolgreich.

Zu beachten ist hierbei jedoch: Es müssen alle Elemente der Wenn-Komponente gegeben sein. Wenn der Teilnehmer in der vorbereitenden Bildungsmaßnahme nicht gefördert wird, wird er keine Fortschritte machen und kann die Ausbildung nicht durchlaufen. Wenn der Teilnehmer gefördert wird, aber dennoch keine Fortschritte macht, kann er auch nicht die Ausbildung durchlaufen.

Vergangene Entwicklungen in die Zukunft zu projizieren ist nicht prognostizieren. Es fehlt hier nämlich die Theorie – auch wenn diese »Prognosen« öfters zutreffen als viele theoretisch begründete Prognosen. Implizit liegt auch diesen Pseudoprognosen eine Theorie zugrunden, nämlich die, dass die nicht spezifizierten Anfangsbedingungen auch in Zukunft fortbestehen.

Probabilistische Kausalerklärung einzelner Ereignisse

Das HO-Schema erweist sich in der Praxis der Sozialwissenschaften als nicht immer umsetzbar. Sozialwissenschaftliche Gesetzmäßigkeiten sind in der Regel nicht absolut, sondern sie geben nur eine Wahrscheinlichkeit an, mit der eine Folge eintritt. Beispielsweise wird ein Klient, der an einer bestimmten Intervention teilnimmt, eben nicht mit absoluter Sicherheit problemfrei, sondern nur wahrscheinlich. Dies bedeutet jedoch nicht, dass die Intervention für den

Erfolg irrelevant ist. Nur gibt es neben der Intervention zahlreiche andere Faktoren (das Alter des Klienten, seine Vorgeschichte, sein Umfeld u. v. m.), die den Erfolg begünstigen oder behindern. Viele dieser Faktoren sind uns im Einzelfall zudem gar nicht bekannt. Müssen wir deshalb auf eine Erklärung, warum es dem Klienten besser geht (oder nicht), verzichten? Humphreys (1989) erklärt Ereignisse mit dem sogenannten probabilistischen Modell:

»Y in S zum Zeitpunkt t trat auf aufgrund von Phi trotz Psi«.

Dabei ist Phi die (nicht-leere) Menge der Ursachen, die Y begünstigen, und Psi die (eventuell leere) Menge der Ursachen, die den Ursachen für Y entgegenwirken.

Ein Beispiel: Die autistischen Symptome eines Kindes bessern sich (Y) in der Behandlung (S/t) aufgrund der eingesetzten verhaltensanalytisch fundierten Methoden (Phi) trotz der vorliegenden Intelligenzminderung (Psi).

Humphreys' Modell erlaubt eine vorläufige Erklärung, wenn noch keine ausreichenden Informationen für eine vollständige Erklärung nach dem HO-Schema vorliegen. In der Anwendung ist jedoch Vorsicht geboten, da die Unschärfe des Modells zur Beliebigkeit der Erklärung führen kann. Prognosen – mit deren Hilfe sich die Gültigkeit einer Erklärung belegen lässt – sind mit Humphreys' Modell nicht möglich.

Verstehen als Alternative?

Die Vertreter einer eher geisteswissenschaftlich ausgerichteten Sozialarbeit grenzen sich von dem bis hier vorgestellten (von allen Naturwissenschaften geteilten) Wissenschaftsverständnis ab. Dabei wird auf das »Verstehen« im Gegensatz zum Erklären gesetzt. Erklären bedeutet so viel wie eine Ursache finden, Verstehen meint, die Bedeutung oder den Sinn zu erfassen.

Die bisher klarste Explikation, was »Verstehen« sein soll, stammt von Theodore Abel (1964). Er gibt ein Beispiel. Wir erfahren, dass die Temperatur gesunken ist. Wir sehen unseren Nachbarn durch das Fenster, wie dieser vom Schreibtisch aufsteht, Holz holt und Feuer im Kamin anzündet. Abel interpretiert diesen Vorgang in den drei Schritten des Verstehens:

1. Internalisierung des Stimulus: Hineinversetzen in den Nachbarn (»Dem ist wohl kalt«).
2. Internalisierung der Reaktion: Verbindung zwischen psychischen Vorgängen und Reaktion herstellen (»Der will es wärmer haben, also macht er Feuer«).
3. Verbindung der Gefühlszustände (»Dem ist kalt, also will er es wärmer haben«).

Verstehen bedeutet also, die Beziehung zwischen zwei Ereignissen dadurch herzustellen, dass man intervenierende psychische Zustände annimmt. Dabei ergeben sich jedoch einige Probleme, u. a.:

1. Wie stellt man fest, dass die behaupteten Sachverhalte (Stimuli, psychische Zustände, Reaktionen) vorliegen?
2. Wie stellt man fest, ob die behaupteten Beziehungen zwischen den Sachverhalten vorliegen?

Vertreter der Methode des Verstehens meinen, dass diese Feststellungen intuitiv oder aufgrund von Erfahrung hinreichend sicher getroffen werden können (also aufgrund von Evidenzgefühlen). Evidenzgefühle reichen jedoch keinesfalls aus. Zum Beispiel begehen Menschen intuitiv oft den Fehler des *post hoc ergo propter hoc* – wenn etwas zeitlich danach passiere, passiere es auch deswegen. Jedoch ist nur die zeitliche Reihenfolge kein Grund.

Für Hempel und Oppenheim (1948) ist das Verstehen (die Empathie) keine Alternative zur Erklärung nach den Regeln des HO-Schemas. Verstehen führt oft dazu, dass wir die Persönlichkeit eines anderen Menschen vollkommen falsch einschätzen oder aber dazu, dass wir zu unvereinbaren Ergebnissen kommen. Man kann z. B. »verstehen«, dass die Bevölkerung einer Stadt, die lange bombardiert wurde, »demoralisiert« ist, und daraus erklären, warum die Stadt kapitulierte. Ebenso kann man jedoch verstehen, dass die Bevölkerung einer Stadt, die lange bombardiert wurde, in ihrem Widerstandswillen gefestigt wurde und darum nicht kapitulierte.

2.1.3 Theorien

Eine Theorie ist nicht nur eine Ansammlung von mehreren Gesetzen. Als Theorie bezeichnet man eine Menge von Gesetzen (mindestens zwei), die durch logische Ableitung widerspruchsfrei miteinander verbunden sind. Zudem sollten die Bestandteile einer Theorie mehreren Anforderungen genügen.

Klarheit der Begriffe

Die in einer Theorie verwendeten Begriffe sollten möglichst klar definiert sein. Eine Definition ist immer eine Konvention. Sie kann daher weder wahr noch falsch sein. Die übliche Art der Definition ist die so genannte Nominaldefinition: Ausdruck 1 (das Definiendum, das zu Definierende) wird als gleichbedeutend mit Ausdruck 2 (dem Definiens, also dem Definierenden) gesetzt.

Idealerweise verwendet man in der Wissenschaft Begriffe als Definiendum, die in der Alltagssprache noch keine Bedeutung haben. Ein Beispiel hierfür ist der Begriff »Verstärker«, den man klar vom alltagssprachlichen Begriff der »Belohnung« unterscheidet (vgl. unten).

Eine *Operationale Definition* ist eine Übersetzung direkt nicht beobachtbarer Konstrukte in beobachtbare Ereignisse mittels Forschungsoperationen. Ein klassisches Beispiel ist die Definition von »Intelligenz« durch Boring (»das, was ein Intelligenztest misst«; Boring, 1923). Eine operationale Definition ist eine (un-empirische) Konvention. Vieles, was man salopp als operationale Definition bezeichnet, ist jedoch eine empirische Aussage über Indikatoren (oder eine *empirische Operationalisierung*). Ein Beispiel: In einem Restaurant sollen die männlichen Besucher gezählt werden. Wir »definieren« männlich als das Vorliegen einer bestimmten Kombination von Kleidung, Bartwuchs usw. Dies ist jedoch keine Konvention – sondern ein Zusammenhang, der sich prinzipiell empirisch prüfen ließe.

Einfachheit

Die methodologische Regel »Theorien sollten möglichst einfach sein« wird auch als Ockhams Rasiermesser oder das Sparsamkeitsprinzip bezeichnet (nach dem Scholastiker William von Ockham, 14. Jahrhundert). Man sollte in einer Theorie auf unnötige Annahmen verzichten. Wenn zwei Theorien denselben Realitätsbereich gleich gut erklären, sollte der sparsameren Theorie der Vorzug gegeben werden. Dieses Prinzip ist jedoch mit Vorsicht zu handhaben, denn es führt oft dazu, dass der Forscher eine (vereinfachte oder idealisierte) Phantomwelt annimmt, in der seine Gesetze gelten.

Informationsgehalt

Unter dem »Informationsgehalt« einer Theorie versteht man ihren empirischen Gehalt oder ihre Erklärungskraft. *Eine Aussage sagt viel über die Realität aus, wenn sie dabei vieles ausschließt, was der Fall sein könnte.*

Analytisch wahre (tautologische) Aussagen (»Alle Junggesellen sind unverheiratet«) haben den geringstmöglichen Informationsgehalt. Analytisch falsche (kontradiktorische) Aussagen (»Es regnet und zugleich gibt es keine Niederschläge«) haben den höchst möglichen Informationsgehalt (da sie alles ausschließen, was der Fall sein könnte). Wissenschaftliche Aussagen sollten einen möglichst hohen, aber nicht den höchst möglichen Informationsgehalt haben, sie sollen möglichst viel, aber nicht alles ausschließen.

Wenn-Dann-Sätze haben einen hohen Informationsgehalt, wenn in der Wenn-Komponente möglichst wenig und in der Dann-Komponente möglichst viel ausgeschlossen wird. Ein Beispiel (nach Opp, 2005):

»Wenn der Bildungsstandard oder das Familieneinkommen niedrig ist, dann kommt es zu Fällen von Kindesmisshandlung und zu Drogenmissbrauch«.

Die Wenn-Komponente enthält zwei Elemente, die durch ein »oder« verbunden sind. Die Wenn-Komponente trifft zu, wenn eines der beiden Elemente oder beide zugleich gegeben sind. Es wird relativ wenig Realität ausgeschlossen. Der Informationsgehalt der Wenn-Komponente ist relativ gering.

Die Dann-Komponente enthält zwei Elemente, die durch ein »und« verbunden sind. Die Dann-Komponente ist nur dann der Fall, wenn beide Elemente zugleich der Fall sind. Es wird relativ viel an Realität ausgeschlossen, der Informationsgehalt der Dann-Komponente ist relativ hoch.

Die Aussage »Wenn der Hahn kräht auf dem Mist, ändert sich's Wetter oder's bleibt wie's ist« sagt deshalb nichts über die Realität aus, da in der Dann-Komponente nichts ausgeschlossen wird (das Wetter ändert sich oder nicht).

Viele Hypothesen in den Sozialwissenschaften sind kaum informativ. Bei der Frustrations-Aggressions-Hypothese (Wenn Menschen frustriert werden, dann reagieren sie aggressiv) ist der Geltungsbereich der Dann-Komponente sehr groß, da nicht spezifiziert wird, welcher Art die Aggression sein soll.

Oft sind Aussagen in den Sozialwissenschaften viel zu unpräzise formuliert, als dass sie die konkrete Ableitung von Handlungsanweisungen erlauben würden. Dennoch werden solche Aussagen in den Sozialwissenschaften gerne benutzt und ernst genommen.

Widerlegbarkeit und Prüfbarkeit

Sir Karl Popper (1972, S. 33ff) berichtet, dass ihm um 1919 herum ein Unterschied zwischen einer Theorie wie der Einstein'schen Relativitätstheorie und den Theorien von Marx, Freud und Adler auffiel. Welcher Art dieser Unterschied war, konnte er selbst zunächst nicht beschreiben.

Er bemerkte, dass Freunde von ihm, die Anhänger einer der drei letztgenannten Theorien waren, vor allem von deren Erklärungskraft beeindruckt waren: Die Theorien schienen beinahe *alles* erklären zu können: »the world was full of *verifications* of the theory« (S. 35). So betonten auch die Anhänger Freuds immer, dass die Theorie ständig von der »klinischen Beobachtung« bestätigt würde.

Derartige Theorien sind so formuliert, dass sie *immer* bestätigt werden. Es gibt keinen denkbaren Fall, der sie widerlegen könnte. Dieser Umstand, der die Anhänger solcher Theorien so begeistert, ist in Wahrheit ihre große Schwäche.

Popper arbeitete zu dieser Zeit selbst gelegentlich für Alfred Adler in der Kinderfürsorge. Adler war ein ehemaliger Schüler von Freud und der Begründer der sogenannten Individualpsychologie. Einmal schilderte Popper ihm einen bestimmten Fall und sogleich konnte Adler ihn in den Begriffen seiner Theorie erklären. Popper fragte Adler, wieso er so sicher sei, den Fall richtig zu interpretieren, da er doch das Kind nie gesehen habe, und Adler antwortete, er könne das wegen seiner tausendfältigen Erfahrung. Popper erwiderte, dass Adlers Erfahrung durch diesen neuen Fall nun wohl tausend-und-ein-fältig geworden sei.

Popper kritisiert beispielsweise an den tiefenpsychologischen Theorien von Freud (der Psychoanalyse) und Adler (der Individualpsychologie), dass jedes denkbare Verhalten durch diese erklärt werden könnte. So sei ein Mann, der ein Kind ertränke, für Freud jemand, der seinen Ödipuskomplex nicht verarbeitet habe und irgendetwas verdränge. Für Adler müsse dieser Mann Minderwertigkeitsgefühle irgendeiner Art kompensieren. Ebenso ist ein Mann, der ein Kind vor dem Ertrinken rette, für die Psychoanalyse jemand, der »sublimiere«, d. h. die Energie seines Triebes in sozial akzeptierte Bahnen lenke. Für die Individualpsychologie muss der Mann wiederum seine Minderwertigkeitsgefühle kompensieren, indem er zeigt, dass er ein Kind retten kann. Beide tiefenpsychologischen Theorien sind schlichtweg nicht prüfbar und nur daher »unwiderlegbar«. Es gibt kein denkbares menschliches Verhalten, das sie widerlegen könnte. Möglicherweise beschreiben diese Theorien die psychische Wirklichkeit in einigen Punkten korrekt, jedoch wenn, dann nur mehr oder minder zufällig.

Bei Einstein, um ein Gegenbeispiel zu nennen, lag die Sache anders: z. B. sagte seine Relativitätstheorie voraus, dass das Licht von Fixsternen durch ein großes Gravitationsfeld wie das der Sonne abgelenkt würde. Eine Voraussage, die dann auch durch Eddingtons Beobachtungen während einer Sonnenfinsternis bestätigt wurde. Das Besondere an derartigen Voraussagen ist das damit verbundene

Risiko. Wenn Eddington (und alle anderen, die später seinen Versuch wiederholten) keine Abweichungen gemessen hätte, dann wäre Einsteins Theorie widerlegt worden.

So kam Popper zu folgenden Annahmen über die Merkmale von wissenschaftlichen und unwissenschaftlichen Theorien:

1. Es ist leicht, Bestätigungen für eine Theorie zu finden, wenn man nach Bestätigungen sucht.
2. Bestätigungen zählen nur dann, wenn sie das Ergebnis einer riskanten Voraussage sind, einer Voraussage, die auch hätte scheitern können.
3. Gute wissenschaftliche Theorien verbieten viele mögliche Zustände der Welt. Genau genommen machen gute Theorien weniger Aussagen darüber, was möglich ist als vielmehr darüber, was nicht möglich ist.
4. Eine Theorie, die durch nichts widerlegt werden könnte, ist nicht wissenschaftlich.
5. Jeder echte Versuch, eine Theorie zu prüfen, ist ein Versuch, sie zu widerlegen.
6. Augenscheinliche Bestätigungen zählen nicht, außer wenn sie das Ergebnis eines echten Versuches sind, die Theorie zu testen.

Popper fasst zusammen, dass das Kriterium für die Wissenschaftlichkeit einer Theorie ihre *Falsifizierbarkeit* (Widerlegbarkeit oder Testbarkeit) ist.

Zusammenfassend stellen wir also fest: Theorien sollten möglichst einfach sein, klare Begriffe verwenden und einen hohen Informationsgehalt aufweisen (also viel über die Realität aussagen, indem sie viele prinzipiell mögliche Zustände der Welt ausschließen).

2.2 Verhaltenswissenschaftliche Grundlagen

Verhaltensorientierte Soziale Arbeit ist eine angewandte Wissenschaft, die sich mit der Lösung sozialer Probleme befasst. Wenden wir uns nach den wissenschaftstheoretischen nun den inhaltlichen Grundlagen der Verhaltensorientierten Sozialen Arbeit zu. Verhaltensorientierte Soziale Arbeit ist *verhaltenswissenschaftlich fundierte* Soziale Arbeit. Der verhaltenswissenschaftliche Zugang zum »Erleben und Verhalten des Menschen« wurde zu Beginn des 20. Jahrhunderts vorwiegend in den USA begründet. Dabei entwickelten sich aus eher einfachen Reiz-Reaktions-Theorien komplexe und vollständige Ansätze zur Untersuchung des Verhaltens und Handelns.

Verhalten und Lernen

Mit Lernen bezeichnet man eine (zumindest mittelfristig stabile) *Änderung des Verhaltens aufgrund von Erfahrung*, die nicht auf Reifung, Drogeneinfluss, Fehlernährung, Müdigkeit oder Verletzungen zurückgeführt werden kann (nach

Chance, 1999, S. 32ff). Diese Definition ist nicht ganz befriedigend, kommt aber dem, was man landläufig unter Lernen versteht, recht nahe. Man mag einwenden (z. B. Kimble, 1961), dass Lernen nicht notwendigerweise eine Änderung des Verhaltens bedeutet, sondern eine Änderung der Möglichkeiten, sich zu verhalten. Wenn ein Kind in Gegenwart der Lehrerin nicht liest, heißt das ja nicht, dass es nicht lesen *kann*. Das Problem mit dieser Auffassung ist die Frage, wie man das Potenzial, sich zu verhalten, messen kann. Man kann ein Kind z. B. fragen, ob es lesen kann. Ob dies wirklich der Fall ist, weiß man aber erst dann, wenn es das tatsächlich tut.

Unter *Verhalten* versteht man alles, was eine Person tut, das man beobachten kann. Dies bedeutet nicht notwendigerweise, dass eine *andere* Person (z. B. ein Wissenschaftler) beobachten kann, was die Person tut. Dabei betrachtet man (vgl. Moore, 2008) auch innere Vorgänge wie Denken oder Fühlen als Verhalten (sogenanntes *verdecktes* oder *privates Verhalten*). Als *offenes Verhalten* bezeichnet man Verhalten, das von Außenstehenden leicht beobachtet werden kann. Viele komplexe Verhaltensweisen beinhalten sowohl privates als auch offenes Verhalten. Eine Person, die liest, tut dies größtenteils privat, d. h. man sieht ihr von außen kaum an, dass sie etwas tut. Wohl aber weiß sie selbst, dass sie liest und nicht nur gedankenverloren auf die Seiten des Buches blickt. Wenn man genau hinsieht, erkennt man jedoch auch als Außenstehender, dass etwas geschieht: Die Augen des Lesenden bewegen sich, sie wandern über den Text. Bei ungeübten Lesern und bei schwierigen Textpassagen sieht man eventuell, dass sich die Lippen des Lesenden bewegen. Man bezeichnet diese Formen von Verhalten als *subtiles Verhalten* (Miller, 1997). Wenn die Umstände es erfordern, zeigt der Lesende auch offenes Verhalten, das leicht von außen beobachtet werden kann: Er liest laut vor, wenn er z. B. seinen Sitznachbarn an dem Inhalt des Buches teilhaben lassen möchte.

Der Begriff *Erfahrung* bezieht sich auf Ereignisse in der Umwelt des Menschen, die das Verhalten beeinflussen können. Solche Ereignisse nennt man auch *Stimuli* oder *Reize*.

Weitere wichtige Begriffe für die Psychologie des Lernens sind die *Kontingenz* und die *Kontiguität*. Zwei Ereignisse sind kontingent zueinander, wenn sie in einer Wenn-Dann-Beziehung stehen. Der Grad des Zusammenhangs zwischen zwei Ereignissen kann variieren. Wenn man immer dann, wenn man sich einen Schnupfenvirus einfängt, eine Erkältung bekommt und niemals, wenn das nicht der Fall ist, dann ist die Beziehung zwischen den Ereignissen »Infektion mit Virus« und »Erkrankung« perfekt. Die wenigsten Beziehungen im Bereich des Verhaltens sind derart perfekt. Meist tritt ein Ereignis (z. B. ein Kind wird wütend) nur manchmal, aber nicht immer ein, wenn ein anderes Ereignis gegeben ist (z. B. dem Kind wurde ein Spielzeug weggenommen). Kontingenz kann sowohl zwischen Verhalten und Umweltereignissen bestehen (wie im obigen Beispiel) als auch zwischen verschiedenen Umweltereignissen (der Lehrer betritt immer dann das Klassenzimmer, wenn zuvor seine Schritte auf dem Flur zu hören waren).

Der Begriff *Kontiguität* bezieht sich auf die räumliche und zeitliche Nähe von Ereignissen. Vor allem die zeitliche Kontiguität entscheidet oft darüber, ob gelernt wird oder nicht. Gelernt wird meist nur dann, wenn das Verhalten und ein Reizereignis zeitlich dicht aufeinanderfolgen.

2.2.1 Klassisches Konditionieren

Das Prinzip der klassischen Konditionierung

Gegen Ende des 19. Jahrhunderts untersuchte der russische Physiologe Iwan Pawlow (1849–1936) den Prozess der Verdauung. Insbesondere interessierte er sich für die Speichelproduktion, die dann beginnt, wenn Nahrung in den Mund gelangt. Pawlow maß die Menge an Speichel, die von seinen Versuchstieren (Hunden) produziert wurde, wenn ihnen entweder Fleischpulver oder andere essbare und nicht essbare Gegenstände in den Mund gelegt wurden. Dabei stellte er fest, dass die Hunde oft schon dann Speichel produzierten, wenn der Versuchsleiter das Labor betrat. Er untersuchte dieses Phänomen, indem er jedes Mal, bevor er den Hunden Futter gab, ein Metronom ticken ließ. Bald schon begannen die Hunde bereits zu speicheln, sobald das Metronom tickte. Dies taten sie auch dann, wenn gelegentlich auf das Ticken des Metronoms kein Futter folgte.

Pawlow (Pavlov, 1927) folgerte, dass es offenkundig zwei Arten von Reflexen gibt. Wenn Nahrung in das Maul des Hundes gelangt, speichelt dieser. Dieser Reflex ist angeboren oder, wie Pawlow es bezeichnete, unbedingt (unkonditioniert, weil er keiner weiteren Bedingung außer dem Reiz, insbesondere keiner Erfahrung bedarf, um ausgelöst zu werden). Dabei bezeichnet man das Futter im Maul als unbedingten Reiz (oder UCS für *unconditioned stimulus*) und das Speicheln als unbedingte Reaktion (oder UCR für *unconditioned reaction*). Nun gibt es aber verschiedene Reizereignisse, die in Pawlows Labor regelmäßig der Futtergabe vorangingen. Der Versuchsleiter betrat den Raum, klapperte evtl. mit einer Schüssel, raschelte mit einer Tüte oder das Metronom tickte. Diese Reizereignisse künden den unbedingten Reiz »Futter im Maul« an und sind, wenn sie mit einer gewissen Kontingenz (regelmäßig) und Kontiguität (zeitlich kurz vorher) zum unbedingten Reiz auftreten, ebenso wie dieser in der Lage, die Reaktion »Speichelfluss« auszulösen. Pawlow bezeichnete diesen Vorgang als bedingten Reflex. Dabei ist das Ticken des Metronoms ursprünglich ein neutraler Reiz (NS für *neutral stimulus*), der kein Verhalten auslöst. Nach dem Vorgang der Konditionierung (nachdem der neutrale Reiz mehrfach mit dem unbedingten Reiz »Futter« gepaart worden war) wird das Ticken des Metronoms zum bedingten Reiz (oder CS für *conditioned stimulus*), das die nunmehr bedingte Reaktion (oder CR für *conditioned reaction*) Speichelfluss auslöst.

Man bezeichnet diesen Vorgang auch als respondentes Lernen oder klassisches Konditionieren. Wesentlich dabei ist, dass sich der Organismus rein passiv verhält. Das Auftreten der Reize ist unabhängig vom Verhalten. Zudem handelt es sich bei dem konditionierten Verhalten immer um einen Reflex, wie z. B. das Einspeicheln, den Lidschlagreflex oder den Schreckreflex bei einem lauten Geräusch. Unbedingte Reflexe sind angeborene Verhaltensmuster, die einen überlebenswichtigen Zweck erfüllen. Wenn sich das Auge automatisch schließt, sobald ein Luftzug auf es gerichtet wird, so ist das evolutionär sinnvoll, denn so wird das Auge geschützt.

Konditionierte Reize können wiederum als Grundlage für weitere Konditionierungen dienen. Ein Mitarbeiter Pawlows (Frolow in Pavlov, 1927) präsentierte den Hunden in einer Abwandlung des oben beschriebenen Experiments ein Bild mit einem schwarzen Quadrat unmittelbar, bevor das Metronom tickte. Nach einigen Durchgängen war dann auch das schwarze Quadrat in der Lage, den Speichelfluss auszulösen. Man bezeichnet dies als Konditionierung zweiter Ordnung. Auch Konditionierungen dritter Ordnung sind möglich. Vom Menschen sind Konditionierungen bis zur siebten Ordnung bekannt (vgl. Schermer, 2006, S. 30).

Die konditionierte Reaktion wird nicht nur durch den ursprünglichen konditionierten Reiz (z. B. das Ticken des Metronoms), sondern auch durch Reize, die diesem ähneln, ausgelöst. Man bezeichnet dies als *Reizgeneralisation*. Dabei ist, vereinfacht ausgedrückt, die Reaktion umso schwächer, je unähnlicher der Reiz dem ursprünglichen Reiz ist. Der Generalisation wirkt die *Reizdiskrimination* entgegen. Je länger die Übungsphase ist (je öfter der ursprüngliche Reiz mit der Reaktion gepaart wurde), desto »kleiner« ist der Bereich der Generalisation (desto ähnlicher muss ein Reiz dem ursprünglichen Reiz sein, um die konditionierte Reaktion auszulösen).

Faktoren, die das klassische Konditionieren beeinflussen

Allgemein gilt, dass der Konditionierungsprozess umso leichter erfolgt, je kürzer der zeitliche Abstand zwischen CS und UCS ist. Um etwa den Lidschlussreflex beim Menschen zu konditionieren, ist ein zeitlicher Abstand von etwa einer halben Sekunde optimal (Kimble, 1947). Jedoch lässt sich dies nicht auf alle Bereiche verallgemeinern. Bei der Konditionierung von Geschmack und Duft können zeitliche Abstände von mehreren Stunden erfolgreich sein (Revusky & Garcia, 1970).

Eine perfekte Kontingenz zwischen UCS und CS (immer wenn der UCS auftritt, tritt auch der CS auf) erleichtert die Konditionierung (Rescorla, 1968). Jedoch gibt es auch Beispiele für erfolgreiche Konditionierung, wenn keine Kontingenz gegeben war (wenn UCS und CS nur einmal gepaart wurden, z. B. Durlach, 1982). Generell gilt jedoch, je besser die Kontingenz, desto eher wird gelernt.

Auch die Eigenschaften der beteiligten Reize sind entscheidend. Ein bestimmter Geruch ist dann ein guter CS, wenn die konditionierte Reaktion Übelkeit ist. Dagegen sind visuelle und auditive Reize effektiver, wenn eine Schreckreaktion konditioniert werden soll. Aus evolutionärer Sicht erscheint dies sinnvoll. Übelkeit wird in der Natur gewöhnlich von Nahrung mit einem bestimmten Geruch verursacht, eine Schreckreaktion dagegen eher durch bestimmte Geräusche und Bilder.

Anwendungsaspekt

Auch heute noch werden die Vorgänge beim klassischen Konditionieren – vor allem beim Menschen – erforscht (z. B. Daum & Markowitsch, 1998). Doch kann mit dem klassischen Konditionieren nur ein Teilaspekt des Verhaltens erklärt werden. Dieses Lernprinzip spielt jedoch eine große Rolle bei der Entstehung und Modifikation von klinischen Ängsten. Auch in der Forschung zur Wirkung von

Pharmaka ist das klassische Konditionieren von Bedeutung. So wird die Wirkung von Heroin auf den Körper durch die den Konsum begleitenden Umstände beeinflusst. Drogenabhängige überleben eine Überdosis eher, wenn sie in vertrauter Umgebung erfolgte (Mazur, 2004). Die vertraute Umgebung, in der auch sonst der Konsum stattfand, wird dabei als konditionierter Stimulus betrachtet, der die anschließende unkonditionierte Reaktion auf das Heroin beeinflusst: Fehlt die »Vorwarnung« durch den CS der vertrauten Umgebung, kann der Körper schlechter auf das Heroin reagieren. Viele Todesfälle von Drogensüchtigen finden in einer für den Konsumenten unvertrauten Umgebung oder unter ungewöhnlichen Umständen statt.

Bernstein (1978) konnte zeigen, dass Kinder, die Chemotherapie erhielten (welche zu großer Übelkeit führt), anschließend eine Geschmacksaversion gegen das vor der Chemotherapie gegessene Speiseeis entwickeln. In einigen Fällen führt dieser Effekt zu Esstörungen, die behandelten Kinder entwickeln eine Abneigung gegen viele Speisen und verlieren generell den Appetit. Berücksichtigt man die klassische Konditionierung von Geschmacksaversionen, lässt sich dies vermeiden (Burish & Carey, 1986).

2.2.2 Operantes Konditionieren

Wirkung von Verhaltenskonsequenzen

Verhalten wird oft durch vorausgehende Reize ausgelöst. Dies gilt nicht nur im strengen Sinn wie bei den angeborenen und konditionierten Reflexen, wo die Auslösung des Verhaltens eher deterministisch verläuft. Auch anderes Verhalten wird durch auslösende Reize zumindest mitverursacht. Oft trinken wir dann einen Kaffee, weil wir gerade Kaffee sehen oder riechen. Rauchern mit Abstinenzwunsch empfiehlt man aus gutem Grund, die Gesellschaft anderer Raucher (vorübergehend) zu meiden und keine Zigaretten im Haus aufzubewahren, da diese das Auftreten des unerwünschten Verhaltens (zu rauchen) begünstigen. Doch geschieht dies nicht deterministisch: Nicht jedes Mal, wenn wir Kaffee riechen, trinken wir auch Kaffee und einige Ex-Raucher können trotz der Gesellschaft anderer Raucher abstinent bleiben.

Jedoch wird das meiste, was Menschen tun, nicht vorrangig durch Reize ausgelöst. Dass auch die dem Verhalten nachfolgenden Ereignisse (Konsequenzen) einen Einfluss auf das Verhalten haben, ist altbekannt. Wer mit seinem Tun Erfolg hat, wird es tendenziell beibehalten. Dabei wirken die Konsequenzen des Verhaltens (natürlich) nicht auf das vorherige Verhalten zurück (dies wäre unlogisch), sondern auf die Wahrscheinlichkeit, dass *ein Verhalten dieser Art* zukünftig wieder auftritt. Auf Vorarbeiten von Edward Lee Thorndike (1898, »Effektgesetz«) aufbauend, hat Burrhus Frederick Skinner (1938) die Wirkung der Konsequenzen auf das Verhalten eingehend untersucht. Verhalten, das weniger von vorausgehenden Bedingungen als vielmehr von zeitlich nachfolgenden Konsequenzen geformt wurde, nennt Skinner »operantes« Verhalten. Der Vorgang, bei dem Verhalten durch seine Konsequenzen geformt wird,

wird als *operantes Konditionieren* bezeichnet. Die Person verhält sich dabei im Gegensatz zum klassischen Konditionieren nicht rein reaktiv. Am Anfang steht für Skinner die Aktivität des Organismus. Diese Aktivität bewirkt bestimmte Konsequenzen, die wiederum auf das Verhalten wirken: »Men act upon the world, and change it, and are changed in turn by the consequences of their action« (Skinner, 1957, S. 1).

Das individuelle Verhalten (Englisch: *behavior*) einer Person ist immer das Resultat des Einflusses der vorausgehenden (*antecedents*) und nachfolgenden (*consequences*) Umweltbedingungen. Man veranschaulicht dies im ABC-Schema:

A(ntecedents) → B(ehavior) → C(onsequences)

Dabei fasst man unter »A« nicht nur die aktuelle Umwelt des Organismus, sondern auch seine Lerngeschichte und strenggenommen auch seine Biologie. Dass bestimmte Konsequenzen bestimmte Wirkungen auf das Verhalten haben, ist ein Resultat der biologischen Evolution: Ein Organismus, der ein Verhalten, das ihn schädigt (z. B. giftige Früchte essen, was zu Übelkeit führt), künftig unterlässt, hat größere Überlebenschancen. Ebenso, wenn er Verhaltensweisen, die dem Überleben förderlich sind, künftig häufiger zeigt. Skinner sieht die Formung des Verhaltens durch seine Konsequenzen als einen der biologischen Evolution analogen Vorgang an (»*selection by consequences*«), bei dem die biologische Evolution die Voraussetzungen dafür geschaffen hat, dass der Organismus sein Verhalten der aktuellen Umwelt anpassen kann. Biologische Grundlagen des Verhaltens werden von Skinner also nicht geleugnet, sondern als Bedingung des Lernens vorausgesetzt (vgl. auch Morris, Lazo & Smith, 2004).

Verstärker

Ein zentraler Begriff des operanten Konditionierens ist der des Verstärkers. Ein *Verstärker* ist ein Ereignis, das einem Verhalten zeitlich folgt und das bewirkt, dass dieses Verhalten zukünftig mit größerer Wahrscheinlichkeit (häufiger) auftritt (Skinner, 1953, S. 72f; vgl. auch Catania, 2007, S. 68ff). Den Vorgang, bei dem ein Verstärker auf ein Verhalten folgt und infolge davon die Auftrittswahrscheinlichkeit dieses Verhaltens erhöht, nennt man *Verstärkung*.

Dabei lässt sich im Voraus nicht angeben, welches Ereignis als Verstärker wirkt und welches nicht. Dies ist von mehreren Faktoren abhängig, wie etwa dem physiologischen Zustand des Organismus, der Lerngeschichte u. a. Im Folgenden sollen – um der Leserin und dem Leser eine Vorstellung davon zu geben – Beispiele für mögliche Verstärker genannt werden.

Der Zugang zu Nahrung, Trinkwasser, angemessener Temperatur und auch zu Sexualpartnern kann bei den meisten Menschen als Verstärker fungieren. In der Regel muss vorausgesetzt werden, dass der Organismus sich in einem entsprechenden Deprivationszustand befindet (einem Mangelzustand bezüglich der genannten Ereignisse und Dinge). Man bezeichnet diese Art von Verstärkern auch als *primäre Verstärker*. Man nimmt an, dass sie bereits biologisch angelegt sind. Primäre Verstärker werden in verhaltenswissenschaftlichen Interventionen eher selten eingesetzt. Beispielsweise lässt sich das Verhalten eines autistischen Kindes, Blickkontakt zur Bezugsperson aufzunehmen, dadurch verstärken, dass man dem Kind bei jedem Blickkontakt etwas zu essen gibt (Lovaas et al., 1966). Diese Methode hat jedoch den Nachteil, dass das Kind recht schnell satt ist und dass dann der Verstärker nicht mehr wirkt. Die Sättigung ist das große Problem beim praktischen Einsatz primärer Verstärker. Daher setzt man in der Regel andere Verstärkerarten ein.

Andere Reizereignisse werden durch einen Prozess ähnlich dem klassischen Konditionieren im Lauf der Lebensgeschichte zu *sekundären Verstärkern*. Dazu zählen vor allem die *sozialen Verstärker*, wie Lob und Anerkennung, sowie die *Aktivitätsverstärker*, wie der Zugang zu erwünschten Aktivitäten (z. B. ein Videospiel spielen dürfen). Unter »*materielle Verstärker*« fasst man einige der o. g. primären Verstärker wie Nahrung und Wasser zusammen, aber auch sekundäre Verstärker wie Wertgegenstände, Spielsachen oder Geld.

Eine Untergruppe der sekundären Verstärker sind die *generalisierten* Verstärker. Ein sekundärer Verstärker ist dann ein generalisierter Verstärker, wenn er mit mehreren primären (und ggf. auch anderen sekundären) Verstärkern in Verbindung steht. Ein prototypischer generalisierter Verstärker ist das Geld. Geld hat nur dann einen Wert, wenn man es gegen andere Gegenstände oder Dienstleistungen eintauschen kann. Diese anderen Gegenstände oder Dienstleistungen sind dann entweder primäre (z. B. Nahrung) oder sekundäre Verstärker (z. B. Bücher). Generalisierte Verstärker haben den Vorteil, dass sie nicht zur Sättigung führen. In verhaltensorientierten Interventionen werden oft sogenannte *Tokens* eingesetzt. Ein Token ist ein generalisierter Verstärker (z. B. in Form von Spielmarken oder von Punkten auf einer Liste), der analog zum Geld in andere Verstärker umgetauscht werden kann.

Sekundäre Verstärker sind ohne den letztlichen Bezug zu primären Verstärkern wirkungslos. Nur wenn sie zumindest gelegentlich direkt oder indirekt einen primären Verstärker (einen »Backup-Verstärker«) ankündigen, können sie als Verstärker wirken. Lob vom Vorgesetzten, das nie mit anderen Formen der Anerkennung (z. B. einer Gehaltserhöhung) verknüpft ist, wirkt mit der Zeit nicht mehr (und wird daher zu Recht als unglaubwürdig wahrgenommen).

Das Prinzip der operanten Konditionierung

Das Prinzip der operanten Konditionierung lässt sich folgendermaßen veranschaulichen: Jeder Mensch zeigt von Beginn seines Lebens an spontane Aktivität (er bewegt sich). Diese Aktivität hat Konsequenzen. Die Konsequenzen des Verhaltens haben wiederum Einfluss darauf, ob dieses Verhalten in Zukunft seltener oder häufiger gezeigt wird. Wird das Verhalten häufiger gezeigt, spricht man von der *Verstärkung* des Verhaltens, wird es seltener gezeigt, nennt man dies *Bestrafung*. Es liegt nahe, den Begriff Verstärkung mit dem umgangssprachlichen

Begriff Belohnung synonym zu setzen. Jedoch ist nicht jede (vom Geber so intendierte) Belohnung auch eine Verstärkung des zuvor gezeigten Verhaltens und auch nicht jedes Ereignis, das ein Verhalten verstärkt, mutet von außen betrachtet wie eine Belohnung an: Selbst »Bestrafungen« (wie z. B. eine Haftstrafe wegen ausländerfeindlichen Verhaltens) kann als Verstärker (der ausländerfeindlichen Einstellung) wirken.

Ein einfaches Beispiel für Verhalten, das durch Verstärkung aufrechterhalten wird, ist das Umdrehen des Zündschlüssels beim Auto. Die Konsequenz dieses Verhaltens ist, dass der Motor anspringt. Diese Konsequenz sorgt dafür, dass dieses Verhalten in Zukunft in der gleichen Situation (man sitzt im Auto und will den Motor starten) wieder gezeigt wird. Würde der Motor nach dem Umdrehen des Zündschlüssels nicht anspringen, würde der Autofahrer dieses Verhalten nicht zeigen.

Das Anspringen des Motors nach dem Umdrehen des Zündschlüssels ist zudem ein Beispiel, wie Verhalten durch eine *natürlich* oder *automatisch* eintretende Konsequenz dieses Verhaltens verstärkt wird (vgl. Ferster, 1967). Dies ist ein weiterer Unterschied zum »Belohnen«: Eine Belohnung wird explizit als solche von einer anderen Person ausgegeben. Verstärkung tritt dagegen auch unbeabsichtigt oder aufgrund der »Natur der Dinge« ein.

Die Änderung des Verhaltens aufgrund von Verstärkung geschieht schneller, wenn der Verstärker mit hoher Wahrscheinlichkeit und zeitlich möglichst unmittelbar auf das Verhalten folgt. Das Phänomen, dass ein Verstärker (eigentlich jede Verhaltenskonsequenz) weniger gut »wirkt«, wenn er erst verspätet und/ oder mit geringer Wahrscheinlichkeit auf das Verhalten folgt, bezeichnet man als »Verstärkerabwertung« (*delay/probabilistic discounting*, vgl. Critchfield & Kollins, 2001). Man nimmt hierbei an, dass ein Verstärker umso weniger »wert« ist, je später (nach dem Verhalten) er auftritt und/oder je unwahrscheinlicher es ist, dass er auftritt.

Verstärkerpläne

Die sogenannten *Verstärkerpläne* (Ferster & Skinner, 1957) entscheiden u. a. darüber, in welchem Maß ein Verhalten aufrechterhalten bleibt, auch wenn es nicht verstärkt wird. Die fünf wichtigsten Verstärkerpläne sind:

- *Kontinuierliche Verstärkung*: Wenn ein Verhalten jedes Mal, wenn es auftritt, verstärkt wird, spricht man von einer kontinuierlichen Verstärkung. In der Regel beginnt man beim Aufbau eines Verhaltens mit kontinuierlicher Verstärkung und geht dann zur sogenannten *intermittierenden Verstärkung* über. Dabei wird ein Verhalten nicht jedes Mal, wenn es auftritt, verstärkt, sondern nur ab und an.
- *Fixierter Quotenplan*: Wird ein Verhalten genau jedes zweite, dritte oder vierte (n-te) Mal verstärkt, dann bezeichnet man diesen Vorgang als festen Quotenplan. Das Verhalten wird nach einer bestimmten festgelegten Quote verstärkt. Das Verhalten eines Arbeiters, der nach Akkord bezahlt wird,

wird auf einem festen Quotenplan verstärkt (Hantula, 2005): Wenn er eine bestimmte Stückzahl produziert hat (Verhalten), erhält er einen bestimmten Betrag (Verstärker). Dieser Verstärkerplan führt zu eher »schubweisem« Verhalten. Bis zur Verstärkergabe wird das Verhalten häufig und schnell ausgeführt. Sobald die für die Verstärkung nötige Menge an Verhalten gezeigt wurde, ruht die Person kurz, ehe sie von neuem damit beginnt.

- *Variabler Quotenplan*: Auch hier wird ein Verhalten nur jedes n-te Mal verstärkt. Jedoch geschieht dies nicht exakt nach dem n-ten Mal, sondern nur im Schnitt. Bei einem variablen Quotenplan mit Verstärkung nach dem fünften Mal bedeutet dies etwa, dass der Verstärker auch schon nach dem ersten, zweiten, dritten usw. Auftreten des Verhaltens oder aber erst nach dem sechsten, siebten, achten usw. Mal gegeben wird. Im Schnitt aber wird der Verstärker nach der fünften Ausführung des Verhaltens gegeben. Dieses Verhalten führt nicht dazu, dass die Person nach der Verstärkung ruht und insgesamt zu einer häufigen Wiederholung des Verhaltens. Als Beispiel für ein menschliches Verhalten, das auf einem variablen Quotenplan verstärkt wird, kann das Verhalten eines Spielers am Geldspielautomaten angesehen werden. Dieser wirft Geld in den Automaten und drückt den Hebel oder Knopf der Maschine. Er wird dabei immer wieder mal gewinnen und er weiß nie, ob nicht auch gleich der nächste Einsatz wieder zum Gewinn führt, oder ob er sehr oft setzen muss, ehe er wieder gewinnt (vgl. Weatherly & Brandt, 2004).
- *Fixierter Intervallplan*: Bei den Intervallplänen ist das Eintreten der Verstärkung nicht nur an das Verhalten, sondern auch an die Zeit gebunden. Beim festen Intervallplan wird ein Verhalten nur dann verstärkt, wenn es zu einem bestimmten Zeitpunkt (z. B. genau alle 20 Sekunden) ausgeführt wird. Verhalten, das nur zu bestimmten Zeiten zu einem gewünschten Effekt führt, wird in der Regel auch nur zu diesen Zeiten oder kurz davor gezeigt.
- *Variabler Intervallplan*: Beim variablen Intervallplan erfolgt die Verstärkung nicht immer zu einem bestimmten Zeitpunkt, sondern nur im Schnitt in einem gewissen Zeitabstand, wenn auch das Verhalten gezeigt wird. Variable Intervallpläne führen zu gleichförmigem Verhalten, es gibt fast keine Pause nach der Verstärkergabe. Eine Überwachungstätigkeit kann als Beispiel für ein Verhalten auf einem variablen Intervallplan gelten. Der Mitarbeiter muss hier auf einen Monitor blicken (das ist das Verhalten). Wenn ab und an, zu nicht voraussagbaren Zeitpunkten, etwas auf dem Schirm zu sehen ist (z. B. eine auffällige Person; dies wäre der Verstärker), so wird das aufmerksame Betrachten des Monitors beibehalten.

Verschiedene Pläne können miteinander kombiniert und überlagert auftreten. Nach dem sogenannten *Matching Law* (etwa: Passungsgesetz) ist das Verhältnis der Häufigkeiten, mit denen zwei alternative Verhaltensweisen gezeigt werden, gleich dem Verhältnis der mit diesen Alternativen verbundenen Menge an Verstärkern.

Das gemeinsame Merkmal aller Formen von intermittierender Verstärkung ist, dass sie zu *extinktionsresistenterem* Verhalten führen als die kontinuierliche

Verstärkung. Dies bedeutet: Wenn bei kontinuierlicher Verstärkung der Verstärker plötzlich ausbleibt, endet das Verhalten recht schnell. Wurde zuvor jedoch nur intermittierend verstärkt, behält die Person das (dann gewissermaßen nutzlose) Verhalten noch länger bei. Je nachdem wie Verstärkerpläne realisiert werden, kann es sein, dass das Verhalten auch in Abwesenheit von Verstärkung noch lange Zeit beibehalten wird, etwa dann, wenn die Verstärkung über lange Zeit und »schleichend« ausgedünnt wurde. Die meisten Angestellten würden sehr schnell aufhören, zur Arbeit zu gehen, wenn sie plötzlich kein Gehalt mehr bekommen. Sie gehen aber noch länger zur Arbeit, wenn schon zuvor die Gehaltsauszahlung unregelmäßig erfolgte. Die Extinktionsresistenz bei intermittierender Verstärkung erklärt auch, warum manchmal ein Verhalten scheinbar ohne jegliche Verstärkung ausgeführt wird. Ein extrem ausgedünnter Plan intermittierender Verstärkung ist in der Praxis kaum als solcher zu erkennen, insbesondere dann, wenn der Verstärker unauffällig ist und von außen kaum wahrzunehmen.

Extinktion

Extinktion liegt vor, wenn ein Verstärker, der bislang auf ein Verhalten folgte, dauerhaft ausbleibt. Langfristig sinkt die Rate des Verhaltens dann wieder auf null oder aber auf das Niveau, das es vor dem Einsatz des Verstärkers hatte. Bis dahin aber kann es zu mehreren »Extinktionsausbrüchen« kommen (Lerman, Iwata & Wallace, 1999): Das Verhalten wird noch einmal mit sogar größerer Häufigkeit gezeigt als vor Beginn der Extinktion. Diese Extinktionsausbrüche erfolgen schubweise und werden nach und nach immer schwächer. Wenn der Aufzug nicht kommt, trotzdem man auf den Knopf gedrückt hat, neigen die meisten Menschen dazu, immer wieder auf den Knopf zu drücken, üblicherweise in Schüben. Ebenso, wenn das Auto nicht anspringt, nachdem der Zündschlüssel umgedreht wurde. Auch hier macht sich die Extinktionsresistenz bei intermittierender Verstärkung bemerkbar. Wer ein zuverlässiges Auto fährt, das jedes Mal ansprang (das Umdrehen des Schlüssels wurde kontinuierlich verstärkt), gibt schneller auf, wer dagegen schon gewohnt ist, dass das Auto oft erst nach mehreren Versuchen startet (dies entspricht der intermittierenden Verstärkung), der versucht es auch dann länger.

Negative Verstärkung und Bestrafung

Bislang haben wir nur den Fall der sogenannten *positiven Verstärkung* kennengelernt. Ein Verhalten wird häufiger gezeigt, weil auf das Verhalten kontingent ein positiver Verstärker folgt. Die Häufigkeit eines Verhaltens kann aber auch dadurch erhöht werden, dass ein (»aversives«) Ereignis durch das Verhalten beendet oder verhindert (vermieden) wird. Man spricht dann von *negativer Verstärkung*.

Die negative Verstärkung (»negativ« deutet nicht auf die Qualität des Verstärkers hin, sondern auf den Umstand, dass das Ereignis durch das Verhalten

»weggenommen« wird) gleicht der positiven in vieler Hinsicht: Auch hier gibt es primäre (z. B. Schmerzen) und sekundäre (z. B. Kritik) Verstärker, auch die beschriebenen Verstärkerpläne wirken in ähnlicher Weise. Die negative Verstärkung ist von besonderer Bedeutung bei Angst und Vermeidungsverhalten. Jemand, der (z. B. weil er gebissen wurde) Angst vor Hunden hat, vermeidet den Kontakt zu Hunden, indem er z. B. die Straßenseite wechselt, wenn ein Hund entgegenkommt. Dadurch vermeidet er eine mögliche weitere unangenehme Begegnung mit einem Hund. Das Vermeidungsverhalten wird so aufrechterhalten, die Person kann nie erfahren, dass die allermeisten Begegnungen mit Hunden neutral oder angenehm verlaufen.

Während sowohl die positive als auch die negative Verstärkung dazu führen, dass ein Verhalten häufiger auftritt, bewirkt die Bestrafung, dass die Rate des Verhaltens sinkt. *Bestrafung* bedeutet verhaltenswissenschaftlich betrachtet, dass ein Ereignis (ein aversiver Reiz) auf ein Verhalten folgt und die Rate dieses Verhalten infolgedessen *sinkt*. Bestrafung setzt nicht notwendigerweise das aktive Bestrafen durch eine andere Person voraus. Auch das Verhalten eines Kindes, das auf eine heiße Herdplatte fasst, wird im verhaltenswissenschaftlichen Sinn bestraft und das Kind zeigt dieses Verhalten künftig seltener. Ähnlich wie bei der Verstärkung gibt es auch bei der (»positiven«) Bestrafung ein »negatives« Gegenstück, die *Bestrafung durch Entzug*: Ein Verhalten hat zur Folge, dass ein bestimmtes Ereignis beendet wird; infolgedessen tritt dieses Verhalten künftig seltener auf. Ein Beispiel: Kinder, die sich während des Fernsehens streiten, werden dadurch bestraft, dass der Fernseher ausgeschaltet wird. Wenn dies zur Folge hat, dass die Kinder nun nicht mehr streiten, dann fand eine Bestrafung durch Entzug (des unterstellt angenehmen Ereignisses »Fernsehen«) statt. Man sieht an diesem Beispiel nochmals, dass nicht jede von Erziehungspersonen intendierte Bestrafung auch im verhaltenswissenschaftlichen Sinn wirkt (oft streiten sich die Kinder trotzdem weiter, weil dieses Verhalten unbeabsichtigt verstärkt wurde).

Beide Formen von Bestrafung haben zahlreiche »Nebenwirkungen« (Sidman, 1989). Durch Bestrafung wird zwar unerwünschtes Verhalten unterdrückt. Jedoch ist nicht sichergestellt, dass dann stattdessen das erwünschte Verhalten auftritt. Die Bestrafung »lehrt« dem Bestraften vor allem, die Bestrafung zu vermeiden. Dies kann auch bedeuten, dass die Person, die bestraft, und die Situation, in der die Bestrafung stattfand, gemieden werden. Die Wirkung der Bestrafung ist zudem oft nicht von Dauer. Sobald die Möglichkeit, bestraft werden zu können, wegfällt (z. B. indem die Erziehungsperson den Raum verlässt), kann das bestrafte Verhalten sofort wieder auftreten.

Verhaltensformung und Stimuluskontrolle

Der Ausgangspunkt des operanten Konditionierens ist die spontane Aktivität des Organismus. Durch die Verstärkung wird nicht nur die Häufigkeit des Verhaltens verändert (erhöht). Ebenso kann sich die Form des Verhaltens verändern. Man spricht dann von Verhaltensformung (*Shaping*), wenn das Verhalten gezielt (differentiell) verstärkt wird, um über mehrere Zwischenstufen ein definiertes Zielverhalten zu erreichen (vgl. Schermer, 2005b, 2006, 2011).

Verhalten wird auch beim operanten Konditionieren nicht nur von seinen Konsequenzen beeinflusst (vgl. das erwähnte ABC-Schema). Der sogenannten *Verstärkerkontrolle* steht die *Stimuluskontrolle* gegenüber. Wenn ein Verhalten nur in bestimmten Situationen zu bestimmten Konsequenzen führt, dann spricht man von *Diskrimination* (das Verhalten diskriminiert zwischen verschiedenen Situationen). Der Diskrimination steht die Generalisation gegenüber. Wenn ein Verhalten in vielen verschiedenen Situationen zu der gleichen Konsequenz führt, dann spricht man von *Generalisation* (das Verhalten generalisiert über verschiedene Situationen).

2.2.3 Sozial-kognitive Lerntheorie

Für menschliches Verhalten und Lernen ist das Nachahmen von Modellen (die Imitation) von besonderer Bedeutung. Lernprozesse liefen sehr langsam und ineffizient ab, wenn sie allein aufgrund der unmittelbaren Erfahrung des Individuums stattfänden. Für Skinner ist die Imitation ein Sonderfall des operanten Konditionierens, bei dem das Verhalten der anderen Person (des Modells) ein diskriminativer Reiz (Hinweisreiz) ist (Skinner, 1953, S. 119f). Imitatives Verhalten tritt demnach deshalb so oft auf, weil es für gewöhnlich früh in der Entwicklung als Verhaltensklasse erworben wird und oft erfolgreich ist (Baer, Peterson & Sherman, 1967).

Lernen am Modell

Albert Bandura (Bandura, 1976, 1977a, 1977b, 1979a, 1986) dagegen sah im *Lernen am Modell* einen eigenständigen Prozess, der prinzipiell unabhängig vom operanten Konditionieren ist. Seine Theorie zum Lernen am Modell wird auch als sozial-kognitive Lerntheorie bezeichnet, da Bandura kognitive Prozesse als eigenständige »Entitäten« (wirksame Faktoren bei der Entstehung offenen Verhaltens) nicht ausschließt.

Ein Grundlagenexperiment

Das prototypische Experiment der sozial-kognitiven Lerntheorie lässt sich so beschreiben (z. B. Bandura, Ross & Ross, 1961). Eine Gruppe von Kindern sieht einer Person dabei zu, wie diese mit verschiedenen Gegenständen hantiert. Unter einer Versuchsbedingung verhält sich dieses Modell aggressiv (schlägt z. B. eine Puppe mit einem Holzhammer u. ä.). Kontrollgruppen sehen dagegen kein Modell oder ein nicht-aggressives Modell. Die Kinder, die das aggressive Modell gesehen hatten, verhalten sich anschließend – als sie Gelegenheit haben, sich mit denselben Gegenständen zu beschäftigen – häufiger aggressiv als die Kinder aus den Kontrollgruppen.

Die Teilprozesse des Lernens am Modell

Das Interessante an Banduras Experimenten sind die zahlreichen Variationen. So konnten die Kinder auch noch nach Wochen das Verhalten des Modells beschreiben. Dies galt auch dann, wenn sie zwischenzeitig keine Gelegenheit hatten, das modellierte Verhalten selbst zu zeigen. Bandura sieht dies als einen Beleg dafür an, dass ein Verhalten auch dann gelernt wurde, wenn es nicht gezeigt wird. Ihm zufolge wird das Modellverhalten zunächst gespeichert, ehe es unter bestimmten Umständen abgerufen wird. Er nimmt verschiedene Prozesse an, die erforderlich sind, damit erfolgreich am Modell gelernt wird:

- Bei den *Aufmerksamkeits- oder Wahrnehmungsprozessen* wird das Modell beobachtet. Wie gut das Lernen am Modell gelingt, hängt unter anderem von den Eigenschaften des Modells und seiner (auch nur angenommenen) Beziehung zum Beobachter ab. Ein Modell, das dem Beobachter ähnelt, ist prinzipiell wirksamer als ein unähnliches Modell. »Mächtige« oder erfolgreiche Modelle sind wirksamer als schwache.
- Unter *Gedächtnisprozesse* beschreibt Bandura die Aufnahme der Modellinformation in das kognitive System des Beobachters. Diese Informationen werden so kodiert und organisiert, dass sie sich in dieses System einfügen. Auf Seiten des Beobachters sind seine kognitiven Fähigkeiten und die bereits bestehenden Strukturen für die erfolgreiche Übertragung (in das kognitive System) von Bedeutung.
- Die Ausführung des beobachteten Verhaltens fasst Bandura unter den *motorischen Reproduktionsprozessen* zusammen. Entscheidend sind hier die Fähigkeiten des Beobachters, das Verhalten überhaupt auszuführen. Diese Fähigkeiten sind wiederum abhängig von der Verfügbarkeit der einzelnen Komponenten dieses Verhaltens.
- *Motivationsprozesse* spielen eigentlich während des ganzen Prozesses eine Rolle. Hier ist der Einfluss der externen Verstärkung, der stellvertretenden Verstärkung und der Selbstverstärkung zu sehen: Nach Bandura wird Verhalten nicht nur deshalb gezeigt, weil es (wie bei der operanten Konditionierung beschrieben) durch ein Ereignis in der Umwelt der Person verstärkt wird. Ähnlich wie diese externe Verstärkung wirkt die beobachtete Verstärkung des Modells (der Beobachter sieht, wie das Verhalten des Modells verstärkt wird). Zudem kennt Bandura die Selbstverstärkung als wirksamen Faktor. Dabei handelt es sich nicht nur um das Selbst-Verabreichen externer Verstärker, sondern auch um einen internen, kognitiven Vorgang. Von großer Bedeutung für die Motivation zur Ausführung des Verhaltens sind die Erwartungseffekte: Ein beobachtetes Verhalten, das im kognitiven System des Beobachters »gespeichert« ist und das der Beobachter in motorischer Hinsicht zeigen kann, wird nur dann auch tatsächlich gezeigt, wenn der Beobachter *erwartet*, dass er das Verhalten tatsächlich richtig ausführen kann (*efficacy expectation*) und wenn er zugleich erwartet, dass er mit diesem Handeln erfolgreich ist, dass also der erwünschte Effekt auch tatsächlich eintritt (*outcome expectation*).

> Diese Selbstwirksamkeitserwartung (»ich kann handeln und ich erziele damit die erwünschten Effekte«) hat einen großen Einfluss darauf, ob ein Verhalten tatsächlich gezeigt wird oder nicht.

Neben der Nachahmung im engeren Sinn kann die Beobachtung eines Modells auch aktivierende oder hemmende Wirkungen auf ein bereits im Repertoire des Beobachters vorhandenes Verhalten haben. Wird etwa ein aggressives Modell beobachtet, zeigt der Beobachter eher aggressives Verhalten (auch ohne konkrete Handlungen des Modells zu imitieren; Bandura, 1979b).

II Methoden

3 Methoden der Verhaltensorientierten Sozialen Arbeit

Mathias Blanz und Franz J. Schermer

3.1 Zum Methodenbegriff

Die Herkunft des Begriffs ›Methode‹ liegt im griechischen Wort *medhodos*, das als Zusammenschluss von *meta* (zwischen, hinter, nach ... hin) und *hodos* (der Weg) mit »das Nachgehen« oder »der richtige Weg« übersetzt werden kann (lat. methodus, via, regular). Eine Methode stellt ein auf einem Regelsystem aufbauendes Verfahren zur Erlangung von wissenschaftlichen Erkenntnissen oder praktischen Ergebnissen dar und bezeichnet die Art und Weise eines Vorgehens (Duden, 2007, S. 877; s. a. Mittelstraß, 1995a, S. 876). Da wissenschaftliche Erkenntnis- oder Forschungsmethoden in Kapitel 2 behandelt wurden, konzentriert sich das vorliegende Kapitel auf den Aspekt von Methoden als Wege zur Herstellung praktischer Resultate (Handlungsmethoden).

3.1.1 Der Methodenbegriff in der Sozialen Arbeit

In der Sozialen Arbeit wurde der Begriff ›Methode‹ im deutschsprachigen Raum besonders nach dem 2. Weltkrieg vermehrt diskutiert (Brack, 1997), wobei die frühe Diskussion bis in die 1970er Jahre von der Trias Einzelfallarbeit – Gruppenarbeit – Gemeinwesenarbeit dominiert wurde (vgl. Kreft & Müller, 2010). Diese Trias bezeichnet jedoch keine Methoden im engeren Sinne, sondern Arbeitsfelder, denen diverse Methoden zugeordnet werden können. Bezieht man die o. g. Merkmale des Methodenbegriffs auf den Bereich der Sozialen Arbeit, so bezeichnen Methoden *Vorgehensweisen bei der Arbeit mit hilfsbedürftigen Menschen*, die folgende Eigenschaften aufweisen (siehe Schilling, 2008):

Regelbasierung: Methoden sind von übergreifenden fachlichen Erwägungen abzuleiten, die sich auf ein System allgemeiner Regeln beziehen. Jede Methode muss ihren Theoriebezug explizieren und anhand wissenschaftlicher Kriterien begründen.

Zielorientierung: Vor der Methodenwahl sind die angestrebten Ziele zu spezifizieren (»Methodisches Handeln ist – definitionsgemäß – zielgerichtetes Handeln«, Heiner, 1995, S. 35). Diese definieren einen Soll-Zustand, der vom bestehenden Ist-Zustand und seinem Erklärungsmodell sowie weiteren Variablen (wie z. B. berufsethischen Erwägungen oder dem »offiziellen Arbeitsauftrag«, Meinhold, 1998, S. 222) abzuleiten ist: »Der Methodeneinsatz muss gegenstandsadäquat erfolgen« (Geißler & Hege, 2007, S. 25). Unterschiedliche Ziele definieren unterschiedliche Arten von Methoden; eine gängige Differenzierung im Bereich der Handlungsmethoden ist die zwischen diagnostischen Methoden, Interventionsmethoden und Evaluationsmethoden.

Handlungsorientierung: Methoden implizieren eine eindeutige Beschreibung des konkreten Vorgehens im Sinne von Handlungsanweisungen (»Konkretisierungsbedürftigkeit«; Geißler & Hege, 2007, S. 28). Dabei sind auch Spezifika des jeweiligen Klientels zu berücksichtigen: Methoden sind immer »personenadäquat« (ebd., S. 25) anzuwenden.

Stimmer (2012) bezieht sich bei seiner Definition von Methoden der Sozialen Arbeit als »planbare, geregelte und zielorientierte sowie konsequent und reflektierend zu verfolgende ›Wege‹« (S. 25) auf die genannten Aspekte und ergänzt sie zugleich durch folgende Charakteristika:

Planbarkeit: Der Einsatz von Methoden impliziert die Erstellung eines Handlungsplanes (eine »Methode ist das planmäßige Vorgehen zur Erreichung eines Zieles«, Schilling, 2008, S. 105; siehe auch Ehrhardt, 2010), der festlegt, wie man ein Ziel erreichen möchte. Methodenpläne implizieren grundsätzlich einen Moment der Hypothesenbildung (Kaminski, 1970) bzw. der Prognose (von Stimmer, 2012, als »antizipatorisch« bezeichnet, S. 25).

Umsetzung: Methoden in der Sozialen Arbeit sollten grundsätzlich lehr- und lernbar sein. Dies kann durch eine *Standardisierung* der Handlungsanweisungen einer Methode erreicht werden (›Wiederholbarkeit‹, Michel-Schwartze, 2007, S. 9). Auf der anderen Seite sind Methodenpläne grundsätzlich revidierbar bzw. revidierungsbedürftig (»korrigieren und berichtigen«, Hoffmann, 1963, S. 81).

Evaluation: Für Methoden muss empirisch nachgewiesen sein, dass sie bei gleich ausgebildeten Anwendern (Objektivität) wiederholbare Effekte (Reliabilität) auf die Zielannäherung (Validität) aufweisen, bei gleichzeitiger Minimierung unerwünschter Nebenwirkungen (Jacobi, 1999). Durch eine Evaluation belegen Methoden, für welche Ziele sie indiziert bzw. kontraindiziert sind (Bartmann, 2010), was zu einem »Schutz der Klientel vor Kunstfehlern« (Krauß, 2008, S. 591) beiträgt.

Die Relevanz der genannten Punkte für den Methodenbegriff in der Sozialen Arbeit zeigt sich auch in dem Definitionsvorschlag von Galuske (2002), der Methoden als jene Aspekte von Konzepten auffasst, die »auf eine planvolle, nachvollziehbare und damit kontrollierbare Gestaltung von Hilfsprozessen abzielen und die ... zu reflektieren und zu überprüfen sind« (S. 28).

3.1.2 Die Trias: Konzept – Methode – Technik

Galuske bezieht sich bei seiner Definition – ebenso wie viele andere Publikationen zum Methodenbegriff in der Sozialen Arbeit (z. B. Ehrhardt, 2010; Kilb & Peter, 2009; Krauß, 2008; Kreft & Müller, 2010; Michel-Schwartze, 2007; Schilling,

2008; Stimmer, 2012) – auf die Differenzierung zwischen Konzept – Methode – Technik von Geißler & Hege (2007; die erste Auflage des Buches erschien 1978). *Konzept* wird dabei definiert als »ein Handlungsmodell, in welchem die Ziele, die Inhalte, die Methoden und die Verfahren in einen sinnhaften Zusammenhang gebracht werden« (S. 20), während eine *Methode* einen vorausgedachten »Plan der Vorgehensweise« (S. 22) bezeichnet und *Techniken* als konkrete Handlungsanweisungen »Einzelelemente von Methoden« (S. 25) darstellen; *Verfahren* bezeichnen ein Vorgehen, bei dem mehrere Techniken zum Einsatz kommen. Während der Konzeptbegriff (als proximaler Aspekt methodischen Handelns) demnach Methode und Technik umschließt, stellen Methoden einen Teil des Konzeptes dar und Techniken bzw. Verfahren einen Teil der Methode. Professionelle Interaktion und Kommunikation sind als distale Mittel zur Implementierung von Techniken anzusehen, sie werden häufig als *Intervention* (z. B. Brack, 1997) bezeichnet. Für den gesamten Ablauf – vom Konzept zur Methode zu den Techniken – wurde der Begriff *methodisches Arbeiten* (Kilb, 2009) bzw. *methodisches Handeln* in der Sozialen Arbeit vorgeschlagen (Stimmer, 2012). Ein Anwendungsbeispiel ist in Box 3.1 dargestellt.

Box 3.1: Anwendungsbeispiel für die Trias Konzept – Methode – Technik

In einer Falldarstellung von Schermer (1982) wird das methodische Arbeiten im Rahmen einer Erziehungsberatung bei schulverweigerndem Verhalten beschrieben. Das vorliegende Problem – das Kind vermied den Schulbesuch unter Verweis auf körperliche Beschwerden – wird darin zunächst auf der Basis einer lerntheoretischen *Konzeption* erklärt: durch klassische Konditionierung generalisierte die Angst, die im Rahmen einer Traumatisierung durch einen Schwimmunfall erstmals auftrat, auf den gesamten Unterricht; nachfolgend bildete sich durch operantes Konditionieren eine Tendenz zur Vermeidung des Schulbesuches aus (kurzfristige Angstreduktion). Um das Ziel einer Erhöhung der Häufigkeit des Schulbesuches zu erreichen, wurden diese beiden Lernprinzipien als *Methoden* der Verhaltensmodifikation ausgewählt (konzeptuelle Verankerung der Methoden): bei der Interventionsplanung wurde erwartet, dass (1) durch eine wiederholte Präsentation der kritischen Situation (Schule) ein Löschungseffekt auftritt (klassisches Konditionieren), d. h. sich die Angst zunehmend verringert, und (2) sich das Zielverhalten (Schulbesuch) durch eine kontingente (zeitnahe) positive Verstärkung aufbaut (operantes Konditionieren). Auf der Ebene der *Techniken* wurden (als Ableitungen von den gewählten Methoden) zum einen eine schrittweise Annäherung durch Verhaltensübungen in vivo mit ansteigender Schwierigkeit gewählt (also zunächst Bewältigung des Schulweges, dann Aufsuchen des Schulgebäudes und schließlich Teilnahme am Unterricht) sowie zum anderen eine differentielle Verstärkung durch Vergabe von Belohnungspunkten (sog. Tokens) durch die relevanten Sozialpartner (Eltern, Lehrer) eingesetzt. Den Abschluss bildete eine Evaluation der Intervention durch einen Vergleich der Häufigkeit der Unterrichtsteilnahme des Kindes vor und nach der Implementierung der Maßnahmen (Prä-Post-Vergleich).

Die Trias von Geißler & Hege (2007) erfuhr in der nachfolgenden Literatur über Methoden der Sozialen Arbeit vielfache Ausdifferenzierungen und Modifikationen. Stimmer (2012) beispielsweise unterscheidet für bestimmte Handlungsfelder sog. handlungsleitende Konzepte (wie Empowerment oder Case Management), während Schilling (2008) drei Konzeptbereiche differenziert (orientiert an Organisationen, Zielgruppen oder spezifischen Situationsanforderungen). Kilb (2009) subsumiert unter dem Konzeptbegriff, ebenso wie Stimmer (2012), auch Arbeitsprinzipien (Förderung von Selbsthilfe, Emanzipation etc.) und Arbeitsformen (Arbeit mit Einzelnen, Gruppen, Organisationen usw.). Diese und ähnliche Ausdifferenzierungen (siehe Kilb, 2009) bewirkten indessen keine größere Klarheit und Konsistenz in der Begriffsverwendung.

Auch der Methodenbegriff bei Geißler & Hege (2007) wurde unterschiedlich ausgelegt. So ordnet zum Beispiel Buchkremer (2009) die erwähnten klassischen Arbeitsformen dem Methodenbereich zu (ebenso wie Kreft & Müller, 2010), während Galuske (2002) unter der neuen Bezeichnung »Methodenkonzepte« (S. 160; siehe auch von Spiegel, 2008) drei Klassen von Vorgehensweisen differenziert, deren Zuordnung zu den Bereichen Konzept vs. Methode unklar bleibt: direkte Methoden, entweder Primärgruppen- oder Sozialraum-bezogene, indirekte Methoden wie z. B. Supervision und Struktur-bezogene Methoden wie Sozialmanagement. Ein weiteres Beispiel betrifft die Publikation von Schilling (2008), in der ein gruppendynamisches Vorgehen als »Verfahren« (S. 113) und nicht als Konzept (wie bei Geißler & Hege, 2007, S. 119) klassifiziert wird (ebenso bei Kreft & Müller, 2010). Fasst man den Methodenbegriff als »Kennzeichen der Wissenschaften« (Mittelstraß, 1995a, S. 876) auf, kann man die derzeitige Situation in der Sozialen Arbeit in diesem Punkt kaum als zufriedenstellend bezeichnen: wie Krauß (2006) es formuliert hat, besteht bis heute »in der Sozialen Arbeit erstens weder über den Methodenbegriff noch zweitens über einen Methodenkanon Konsens« (S. 119).

3.1.3 Verhaltensorientierung als Konzept der Sozialen Arbeit

Die ursprünglichen Definitionsvorschläge von Geißler & Hege (2007) sind aus der Perspektive der Verhaltensorientierten Sozialen Arbeit um die Gesichtspunkte der *empirischen Orientierung* bzw. der *Evidenzbasierung* zu ergänzen: zum einen sollte ein Konzept auf einer empirisch bestätigten allgemeinwissenschaftlichen Grundlage aufbauen (Grundlagenforschung) – bei Geißler & Hege (2007) wird dies als »Ausweis der Begründung« (S. 20) bezeichnet, dort aber auf die inhaltliche Sinnhaftigkeit der Ableitungen beschränkt –, zum anderen sollten sich Methoden und Techniken, die von diesem Regelsystem abgeleitet sind, in ihrer praktischen Funktionalität zur Zielannäherung in professionellen Kontexten empirisch bewährt haben (Wirksamkeits- und Effizienzstudien; »Ausweis der Rechtfertigung« bei Geißler & Hege, 2007, S. 20). Kilb (2009) definiert Methoden der Sozialen Arbeit deshalb konsequenterweise als »zielgerichtete, wissenschaftsgestützte und handlungserprobte Techniken, die sich im Rahmen einer Konzeption ... begründen lassen« (S. 25).

Die Verhaltensorientierte Soziale Arbeit kann unter Bezugnahme auf die Begrifflichkeit von Geißler & Hege (2007) als ein *empirisch begründetes Konzept der Sozialen Arbeit* aufgefasst werden, von dem ein umfangreicher Fundus an wirksamen Methoden und Techniken abgeleitet werden kann. Die verhaltensorientierte Konzeption konstituiert sich aus folgenden vier Teilaspekten:

(1) Sie basiert auf einem System empirisch bestätigter *grundlagenwissenschaftlicher Gesetzmäßigkeiten* (auch als Regel oder Regelmäßigkeit bezeichnet; siehe z. B. Mittelstraß, 1995b, S. 741 ff.), die als Erklärungen erster Ordnung (Schermer, 2011) durch übergreifende Theorien begründet werden (Erklärungen zweiter Ordnung). In der Verhaltensorientierten Sozialen Arbeit finden Gesetzmäßigkeiten aus unterschiedlichen erfahrungswissenschaftlichen Disziplinen Berücksichtigung wie zum Beispiel Pädagogik, Psychologie, Soziologie usw.
(2) Die verhaltensorientierte Konzeption beinhaltet des weiteren unterschiedliche aus diesen Gesetzmäßigkeiten abgeleitete *Methoden* im Sinne von erfahrungswissenschaftlich fundierten (Regelbasierung), zielbezogenen (Indikation), strukturierten (Standardisierung), planmäßig eingesetzten (Planbarkeit) und wirksamen (Evaluation) Handlungsbegründungen.
(3) Darüber hinaus umfasst die verhaltensorientierte Konzeption eine Reihe spezifischer *Techniken* als Handlungsanweisungen, die von den Methoden (widerspruchsfrei) abgeleitet sind und deren Funktionalität für die jeweilige Zielerreichung in professionellen Kontexten empirisch belegt ist. Techniken stellen dabei Anpassungen von Methoden z. B. auf die jeweiligen Ziele (diagnostische oder interventionsbezogene) oder Zielgruppe (Kinder, Erwachsene) dar. Sie implizieren häufig spezifische verbale Instruktionen (z. B. bei Entspannungstechniken), ein ritualisiertes Verhalten sowie gelegentlich bestimmte Instrumente, d. h. »technische Unterstützungshilfen« (Kilb, 2009, S. 31) wie beispielsweise Liegematten, Musikinstrumente, Malutensilien, Fragebögen, Selbstprotokollbögen usw., die für die jeweiligen Ziele, seien es diagnostische oder interventionsbezogene, eingesetzt werden.
(4) Die verhaltensorientierte Konzeption ist schließlich eingebettet in den *normativen Kontext* der Sozialen Arbeit, der sich in ihrer gesellschaftlichen Aufgabenstellung (z. B. Inklusionsvemittlung, Exklusionsvermeidung und Exklusionsverwaltung), ihren rechtlichen Grundlagen (z. B. Sozialgesetzgebung) und ihren berufsethischen Haltungen (z. B. Förderung von Menschenwürde, Menschenrechten und sozialer Gerechtigkeit) verdeutlicht.

3.1.4 Verhaltensorientierte Methoden der Sozialen Arbeit

In Anlehnung an das prozessuale Modell von Kanfer, Reinecker & Schmelzer (2012) lassen sich verschiedene Phasen professionellen Handelns – und damit verbundene Inhalte und Ziele – differenzieren (siehe ►**Tab. 3.1**). Für die Soziale Arbeit wurden vergleichbare Prozessmodelle methodischen Handelns z. B. von Kilb (2009, S. 33), Krauß (2008) und Stimmer (2012) expliziert.

Tab. 3.1: Phasen und Ziele professionellen Handelns (nach Kanfer u. a., 2012)

Phasen	**Ziele**
• günstige Ausgangsbedingungen und Arbeitsbeziehung • Veränderungsmotivation und Compliance	Schaffung von Voraussetzungen
• Erfassung des Ist-Zustandes • Erfassung des Ziel-Zustandes	Deskription / Explikation Deskription
• Interventionsplanung und Methodenauswahl • Interventionsdurchführung und -anpassung	Prognose Intervention
• Erfolgsbewertung	Evaluation

Abgeleitet von diesen Zielen können verhaltensorientierte Methoden in der Sozialen Arbeit vier übergeordneten Funktionen zugewiesen werden, die in ▸ **Abb. 3.1** veranschaulicht und im Folgenden konkretisiert werden.

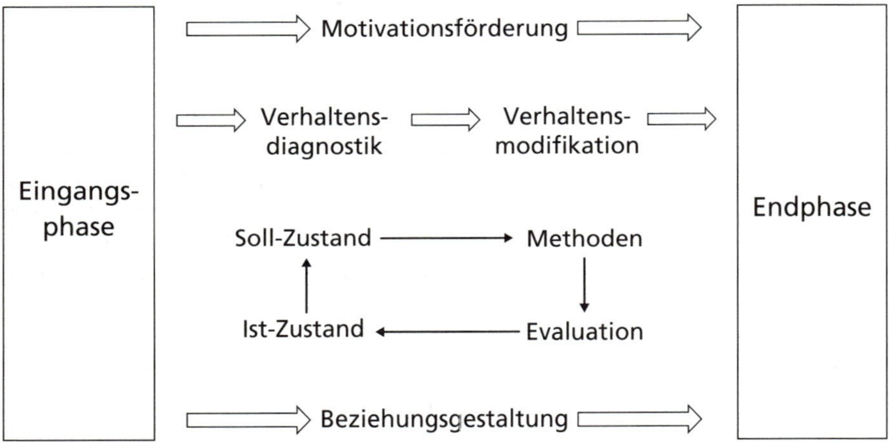

Abb. 3.1: Prozessdiagramm der Verhaltensorientierten Sozialen Arbeit (in Anlehnung an Schmelzer & Rischer, 2008; Kanfer et al., 2012)

Herstellung von Voraussetzungen: Als erstes Ziel steht die Installation professioneller Arbeitsbedingungen durch *Methoden der Gestaltung der Arbeitsbeziehung* im Vordergrund. Dazu zählen z. B. die Gestaltung von Settingvariablen (eine förderliche Arbeitsumgebung), Techniken der Gesprächsführung (ein professioneller Kommunikationsstil) und der Motivationsförderung (z. B. die Erhöhung von Erfolgserwartungen). Die Optimierung der Arbeitsbeziehung ist ein Ziel, das sich durch alle nachfolgenden Phasen des Modells erstreckt und auch die Beendigung des Kontaktes betrifft (Verabschiedung, weitere Generalisierung und Stabilisierung der erreichten Veränderungen).

Durchführung der Verhaltensdiagnostik: Das zweite Ziel bezieht sich auf eine Beschreibung (Deskription) und Erklärung (Explikation) des Ist-Zustandes mit Hilfe *diagnostischer Methoden*. Hier stehen die Erfassung der zu verändernden Bereiche (deskriptive Verhaltensanalyse) und die Erstellung einer funktionalen Verhaltensanalyse im Vordergrund. Diese betrifft die Erarbeitung eines hypothetischen Bedingungsgefüges, »um die Ereignisse in komplexen sozialen Situationen in einen systematischen Zusammenhang zu bringen« (Meinhold, 1998, S. 221). Zur Verhaltensdiagnostik zählt darüber hinaus die Zielbestimmung, welche aus einer Definition des Soll-Zustandes durch eine Wert- und Zielklärung besteht. Diagnostische Methoden ziehen sich durch die nachfolgende Phasen hindurch, insbesondere in der Interventionsphase ist eine fortlaufende Verlaufsdiagnostik notwendig, um Anpassungen zu ermöglichen. Auch die Evaluationsphase ist eine diagnostische Tätigkeit, sie wird von der Abschlussdiagnostik dominiert.

Implementierung der Verhaltensmodifikation: Anschließend steht die theoretisch begründete Auswahl (Indikation) einer oder mehrerer empirisch fundierter *Interventionsmethode/n* im Mittelpunkt, welche in der Skizzierung eines Interventionsplanes mündet. Auch diese Phase ist nicht mit dem Übergang zur nächsten abgeschlossen, da formulierte Interventionspläne eventuell revidiert oder ergänzt werden müssen. Das nächste Ziel besteht aus der eigentlichen Verhaltensmodifikation, d. h. einer professionellen Einflussnahme zur Veränderung des Ist- in den Soll-Zustand. Diese Phase konstituiert sich aus der Implementierung der ausgewählten Interventionsmethode/n in einem konkreten Handlungskontext durch die begründete Auswahl funktionaler (wirksamer) Techniken und Instrumente und deren praktische Umsetzung unter Berücksichtigung von Merkmalen des Klienten, des Settings und des jeweiligen Soll-Zieles.

Evaluierung der Wirksamkeit: Als letztes Ziel sieht das Prozessmodell von Kanfer et al. (2012) eine explizite Abschlussdiagnostik mit Hilfe von *Evaluationsmethoden* vor, bei denen unterschiedliche Techniken der Qualitätsentwicklung im Vordergrund stehen (z. B. die Erfassung subjektiver Einschätzungen und objektiver Indikatoren). Neben der schon erwähnten fortlaufenden Evaluation des zu verändernden Bereiches während der Interventionsphase kommt es bei der Abschlußmessung insbesondere zu einem Vergleich des Verhaltensbereiches mit dem Vorherzustand, was auch als Prä-Post-Evaluation bezeichnet wird. Zudem ist eine weitere Messung zu einem späteren Zeitpunkt sinnvoll (follow-up-Evaluation), um die Nachhaltigkeit der Zielerreichung sowie den Transfer (Generalisierung) auf neue Anliegen zu dokumentieren (Hilfe zur Selbsthilfe).

Auf diese unterschiedlichen Bereiche methodischen Arbeitens wird in den folgenden Abschnitten näher eingegangen. Dabei sollen die spezifischen Positionen der Verhaltensorientierten Sozialen Arbeit in Bezug auf professionelles methodisches Handelns weiter herausgearbeitet werden.

3.2 Methoden zur Gestaltung der Arbeitsbeziehung

Die Verhaltensorientierte Soziale Arbeit begreift methodisches Handeln von Sozialpädagogen als einen *Lernprozess* (Fiedler, 2009), welcher sich auf der Seite des Klienten (z.B. durch Veränderungen des Erlebens und Verhaltens) und der des Sozialpädagogen (z.B. durch die diagnostische Eindrucksbildung) vollzieht. Dieser Lernprozess ist in einen sozialen Kontext eingebettet (Bandura, 1976, 1977a, 1986, spricht in diesem Zusammenhang von *sozialem Lernen*), welcher durch die Beziehung zwischen beiden Parteien charakterisiert wird. Die Bedeutung der Beziehung in der Sozialen Arbeit wird von einer Vielzahl von Autoren betont (z.B. Bartmann, 2010; Galuske, 2002; Geißler & Hege, 2007; Kilb, 2009; Schilling, 2008; Stimmer, 2012) und dabei auf die notwendigen sozialen und kommunikativen Kompetenzen von Sozialpädagogen verwiesen (z.B. Erath, 2006; Kreft, 2010; Maus, Nodes & Röh, 2008; von Spiegel, 2008). Der Aufbau und die Gestaltung dieser Beziehung stellt selbst wiederum einen Entwicklungsprozess dar, bei dem in der Verhaltensorientierten Sozialen Arbeit bestimmte Methoden und Techniken zum Einsatz kommen – denn »eine gute Beziehung ist ... das *Ergebnis einer guten Interaktion*« (Bartmann, 2010, S. 18; Hervorhebung im Original). Dabei wird eine positive Beziehungsgestaltung als »notwendige, nicht aber schon hinreichende Grundbedingung« (Schmelzer & Rischer, 2008, S. 379) für weiterführende Lernerfolge aufgefasst.

Die Beziehung zum Klienten stellt keine Alltagsbeziehung (z.B. Freundschaft) dar, sondern ist als eine *Arbeitsbeziehung* zu verstehen, in der beide Parteien im Rahmen einer Dienstleistung an einer Annäherung an die gemeinsam definierten Ziele zusammenarbeiten (Bartmann, 2010). Diese Arbeitsbeziehung ist insbesondere durch ihre explizite Ausrichtung auf Lernziele (Themen- bzw. Problemorientierung), ihre zeitliche Begrenzung sowie eine »mangelnde Reziprozität« (Zimmer, 2006, S. 66) charakterisiert, die sich aus den unterschiedlichen Rollen der beteiligten Personen ergibt: während seitens des Klienten zum Beispiel Öffnungs- und Beteiligungsbereitschaft gefordert sind (Zimmer, 2006, S. 67), sollte das Auftreten des Sozialpädagogen u.a. durch Kompetenz, Aufmerksamkeit, Respekt, Zuverlässigkeit und Vertrauenswürdigkeit sowie einer professionellen Distanz gekennzeichnet sein (Noyon & Heidenreich, 2009). Ziele einer positiven Beziehungsgestaltung zum Klienten sind u.a. die Herstellung eines positiven emotionalen Verhältnisses (*Affiliation*; Wiemann & Giles, 1996) und die Förderung des gemeinsamen Arbeitsbündnisses (*Allianz*; Schmelzer & Rischer, 2008).

3.2.1 Konzeptuelle Grundlagen

Unterschiedliche psychologische Theorien bieten die wissenschaftlichen Grundlagen für eine Reihe von Prinzipien der Beziehungsgestaltung (Zimmer & Zimmer, 1992).

Lernpsychologische Grundlagen (Schermer, 2006, 2011; Wilson & Evans, 1977)

- *Klassisches Konditionieren:* Beispielsweise kann durch die Bereitstellung eines »straffreien Raumes« (Zimmer & Zimmer, 1992, S. 17) eine Angstreduktion beim Klienten eintreten, wodurch seine Bereitschaft steigt, zunehmend problematische Aspekte seines Erlebens und Verhaltens zu thematisieren.
- *Operantes Konditionieren:* Mittels Verstärkungen (verbale und nonverbale Zustimmung) kann Einfluss auf die Häufigkeit und den Inhalt von Klientenäußerungen genommen werden (z. B. Verplanck, 1955); ein Beispiel ist der Einsatz von positivem Feedback in Bezug auf Stärken und Fähigkeiten des Klienten (Stichwort »Ressourcenorientierung« bei Barth, 2011, S. 138). Durch ein Ausbleiben von Verstärkungen (Löschung) können zudem ungünstige Interaktionsangebote des Klienten (»Auch Sie werden mir nicht helfen können«) reduziert werden.
- *Modell-Lernen:* In dem Maße wie Sozialpädagogen die Eigenschaften, die Bandura (1976, 1977a, 1979a) wirksamen Modellen zuordnet, aufweisen, können sich Klienten im Laufe des Kontaktes an das positive Beziehungsangebot des Sozialpädagogen anpassen und dessen konstruktives, z. B. durch Respekt geprägtes Interaktionsverhalten übernehmen.

Sozialpsychologische Grundlagen (Brehm, 1980; Schindler, 1991)

- *Dissonanz- und Reaktanztheorien* (z. B. Festinger, 1957; Brehm, 1966): Werden Klienten ausführlich über die Sinnhaftigkeit anstehender Maßnahmen informiert und stimmen sie diesen freiwillig zu, ist die erlebte Freiheitseinengung (Reaktanz) geringer und sie reagieren positiver auf diese Angebote.
- *Theorien der Selbstregulation* (z. B. Theorie der Kontrollüberzeugungen; Rotter, 1990): Eine pädagogische Anleitung des Klienten mit dem Ziel, selbst Lösungswege für sein Anliegen zu entwickeln (vgl. Galuske, 2002), kann sich positiv auf seine erlebte Autonomie und Emanzipation auswirken (Stichwort »Lebensweltorientierung«; Barth, 2011, S. 138).
- *Attributionstheorien* (z. B. das Attributionsmodell nach Erfolg und Misserfolg von Weiner, Frieze, Kulka, Reed, Rest & Rosenbaum, 1971): Beispielsweise wirkt sich eine internale (auf die eigene Person gerichtete) Attribution (Erklärung) von zielbezogenen Fortschritten beim Klienten förderlich auf sein Selbstbild und die wahrgenommene Selbstwirksamkeit aus (Stichwort Empowerment).

Motivationspsychologische Grundlagen (Schermer, 2011)

- *Kognitives Motivationsmodell (Heckhausen, 1989):* Die Erwartungen des Klienten, dass die Ziele ohne professionelle Unterstützung nicht erreicht werden können bzw. dass sozialpädagogische Hilfe eine hohe Wirksamkeit besitzt, können sich förderlich auf die Motivation Hilfsangebote aufzusuchen auswirken.

- *Modell der Handlungskontrolle* (Kuhl, 1983): Ebenfalls motivationsfördernd erscheint eine Umstellung beim Klienten von einer sog. Lageorientierung – d.h. einer übermäßigen Betonung von Kognitionen (»Meine Situation ist aussichtslos«) und Emotionen (z.B. Ärger), die den unerwünschten Ist-Zustand betreffen – zu einer Handlungsorientierung, die durch eine zunehmende Betonung von Kognitionen (»Ich kann meine Situation verändern«) und Emotionen (z.B. Hoffnung), die sich auf wirksame Handlungen zur Problemlösung beziehen, charakterisiert ist.
- *Rubikon-Modell* (Heckhausen & Gollwitzer, 1987): Schließlich kommt es darauf an, den Klienten in einem ersten Schritt von einer motivationalen Bewusstseinslage, in der auf der Basis einer möglichst breiten Informationsaufnahme realitätsorientierte Ziele mit hohem Anreizwert auszuwählen sind, in einem zweiten Schritt zu einer volitionalen (willensorientierten) Bewusstseinslage zu führen, in welcher der kognitive Fokus eng auf handlungsförderliche Aspekte zur Umsetzung der Zielerreichung konzentriert ist (realisierungsorientiert).

3.2.2 Gestaltung des Settings

Häufig ist der erste Eindruck (Primacy-Effekt) von herausragender Bedeutung, da er die nachfolgende Personenwahrnehmung und Beziehungsformierung leitet (z.B. Bierhoff, 2006). Der Gestaltung von Rahmenbedingungen (*setting*) professionellen Handelns sollte deshalb stets besondere Aufmerksamkeit zukommen, was für die Soziale Arbeit z.B. von Gambrill (2006) herausgestellt wurde. Settingvariablen können nach Rief (2009) in die Bereiche Struktur-, Prozess- und Ergebnisqualität unterteilt werden. Dazu zählen u.a.:

- *Klärung der Zuständigkeit:* Methodisches Handeln umfasst eine klare Kommunikation darüber, welche Personen und welche Anliegen adressiert werden können (und welche nicht; ggf. Weitervermittlung).
- *Bereitstellung personaler Bedingungen:* Das Hilfsangebot sollte (Geißler & Hege, 2007, folgend) gegenstandsadäquat (Vorhandensein entsprechender Fachkenntnisse, z.B. durch Weiterbildungen) und personenadäquat sein (z.B. interkulturelle Kompetenz bei einem Klientel mit Migrationshintergrund).
- *Bereitstellung räumlicher Bedingungen:* Vorhandensein geeigneter Räume (schall- und blickdicht), Gewährleistung von Ungestörtheit (z.B. Abstellen des Telefons) und spezielle Ausstattung von Räumen (z.B. Spielzimmer für Kinder).
- *Klärung interaktiver Aspekte:* Kommunikation über geforderte (z.B. Pünktlichkeit) und unerwünschte Verhaltensweisen (z.B. Beleidigungen, Drohungen) beider Seiten.
- *Umgang mit Informationen:* Gewährleistung von Diskretion (Schweigepflicht), Umgang mit Berichten, Angehörigen, Supervision etc.
- *Klärung der formalen Struktur der Kontakte:* Information über den möglichen Zeitplan (Zeitpunkte, Dauer, Frequenz), Umgang mit Fehlzeiten und Kontakte zwischen Terminen.

- *Klärung der inhaltlichen Struktur der Kontakte:* Adressierung der Erwartungen des Klienten (und ggfs. Korrektur unangemessener Erwartungen; Fiedler, 1974) und der des Sozialpädagogen (z. B. an die Mitarbeitsbereitschaft des Klienten wie die Durchführung von Übungen, das Ausfüllen von Evaluierungsbögen etc.).

3.2.3 Professionelle Gesprächsführung

Zur Förderung einer positiven Affiliation und eines konstruktiven Arbeitsbündnisses stehen verschiedene empirisch bewährte kommunikative Techniken zur Verfügung (Fiedler, 1974, 1990; Margraf & Brengelmann, 1992; Schulte, 1998; Zimmer, 2006; Schmelzer & Rischer, 2008; Margraf & Schneider, 2009), die in Abhängigkeit von der aktuell gegebenen Phase des professionellen Handelns und den damit verbundenen Zielen variieren. Dieser *prozessuale Charakter* kann durch eine Entwicklung von Fremdhilfe zur Selbsthilfe beschrieben werden und ist in ▸ **Tab. 3.2** veranschaulicht.

Tab. 3.2: Prozessualer Verlauf der Beziehungsgestaltung (nach Zimmer & Zimmer, 1992; Zarbock, 2008)

frühere Phasen	spätere Phasen
maximale Hilfe	minimale Hilfe
Verantwortung übernehmen	Verantwortung an Klienten abgeben
Sprache des Klienten übernehmen	neue Sprache einführen
sich auf Klienten einlassen	Neuerfahrungen anregen
Leiden ernstnehmen	Hoffnung induzieren
Angstreduktion	Konfrontation

In den verschiedenen Phasen wertschätzen Klienten unterschiedliches Unterstützungsverhalten (Zimmer & Zimmer, 1992): zu Beginn sind es z. B. Unsicherheitsreduktion und positive Affiliation, später häufig motivations- und anleitungsbezogene Aspekte und gegen Ende Aspekte der Begleitung. Im Folgenden werden einige relevante Maßnahmen zur Herstellung eines positiven emotionalen Verhältnisses zum Klienten zusammengefasst:

- *aktive Zuwendung zum Klienten:* aufmerksames Interesse, Ernstnehmen, Achtsamkeit;
- sog. *Basisverhalten:* positive Wertschätzung (emotionale Wärme), einfühlendes Verstehen (Perspektiveübernahme, Empathie) sowie Transparenz (Echtheit);
- bei gleichzeitiger *Wahrung von Objektivität und Neutralität* (bei Maslach, 1982, als »distanzierte Anteilnahme« bezeichnet, S. 390);
- *Selbstwert-stützendes Vorgehen:* Respekt und Akzeptanz, Höflichkeit, Geduld, entlastende Formulierungen (»Anderen Menschen geht es ähnlich«), Validierung gesunder Aspekte des Klienten;
- *Förderung von Selbstexploration und Selbstöffnung:* Nachfragen, Zusammenfassen, Paraphrasieren (»Was ich verstanden habe ist…«), Sortieren, Einholen von Rückmeldung (ggfs. Korrigieren, Ergänzen).

Für die Ebene der Kommunikation können darüber hinaus vom Ansatz der Konversationslogik von Grice (1975) folgende Empfehlungen abgeleitet werden (sog. Kooperationsprinzip):

- *Maxime der Quantität:* Die Kommunikation mit Klienten sollte optimal informativ sein, d. h. nicht zu knapp oder verkürzend, aber auch nicht zu umfangreich oder überbordend;
- *Maxime der Qualität:* Die Kommunikation mit Klienten sollte dem Gebot der ›Wahrhaftigkeit‹ entsprechen, d. h. Aussagen sollten zutreffend sein, was auch die wahrgenommene Echtheit der Kommunikation erhöht;
- *Maxime der Relevanz:* Die Kommunikation soll darüber hinaus für den Klienten möglichst bedeutsam erscheinen (sowohl emotional wie kognitiv), also seine Motive und Erwartungen adressieren;
- *Maxime der Modalität:* Schließlich sollte die Kommunikation mit größtmöglicher Klarheit und Eindeutigkeit geführt werden, also geordnet, sprachlich exakt und unmissverständlich (z. B. Vermeidung suggestiver Formulierungen).

3.2.4 Förderung der Motivation

Das Kooperationsprinzip gilt auch für den Bereich der Förderung eines konstruktiven Arbeitsverhältnisses. Damit beide Seiten erfolgreich zusammenarbeiten, sollte der Klient in Entscheidungen einbezogen, Ziele gemeinsam definiert und Maßnahmen konsensual beschlossen werden. Nach Vorschlägen von Schmelzer & Rischer (2008, S. 405) erweist sich dabei folgendes Vorgehen von Vorteil:

- *Aufklärung:* stetes Informieren, Erklären, Begründen, damit ein maximal transparentes Vorgehen entsteht;
- *Mitbeteiligung:* möglichst frühe Übergabe der Verantwortung an den Klienten zur Optimierung seiner persönlichen Kontrolle;
- *Zielorientierung:* Herausarbeiten motivierender Ziele und deren kontinuierliche Thematisierung (dabei Vermeidung von Über- oder Unterforderung; schrittweises Herangehen wählen);
- *Lösungsorientierung:* stetes Konkretisieren der Gesprächsinhalte und In-Bezug-Setzen zu wirksamen Handlungen zur Annäherung an die Ziele;
- *Lebensweltorientierung:* Einbeziehen von Ressourcen und Interessen des Klienten mit dem Ziel, das Evidenzgefühl beim Klienten zu fördern (»Das hat mit mir und meinem Leben zu tun«);
- *Erfolgsorientierung:* Erhöhung von Erfolgserwartungen durch das Vermitteln von Erfolgserlebnissen mit dem Ziel, die wahrgenommene Bewältigungskompetenz und Selbstwirksamkeit des Klienten zu stärken (Bandura, 1997);
- *Zukunftsorientierung:* die Beziehung zum Klienten wird als ein »Angebot zur Weiterentwicklung« (Schmelzer & Rischer, 2008, S. 393) verstanden.

Die Mitarbeitsbereitschaft des Klienten variiert häufig über den Verlauf der Kontakte sowie in Abhängigkeit von der jeweiligen Situation bzw. Aufgabe; dazu zählen z. B. die Motivation wiederzukommen, die Motivation zur Selbsteinbringung, die Motivation zur Umsetzung von Aufgaben usw. (Schermer, 2011). Nicht selten können dabei Probleme beim Klienten auftreten, beispielsweise durch Angst vor Veränderung, Verhaltensträgheit (automatische Gewohnheiten), erlernte Hilflosigkeit oder Fähigkeitsdefizite (Kanfer et al., 2012). Häufig zeigen sich solche Motivationsschwierigkeiten eher indirekt, etwa durch das Versäumen von Terminen, das ›Vergessen‹ von Unterlagen oder Vereinbarungen, langes Schweigen oder belangloses Reden (Smalltalk; Margraf, 2009). Auch ein dysfunktionales Erklärungs- (»Die anderen sind schuld«) bzw. Veränderungsmodell (»Die anderen müssen meine Probleme lösen«) kann zu Motivationsproblemen beitragen (Schulte, 1998), ebenso wie ein unzureichender Leidensdruck (»Ich habe damit kein Problem«) oder ein zu starker »Gewinn« durch das Problemverhalten (z. B. durch soziale Aufmerksamkeit oder eine Selbstwertstabilisierung).

Im letzteren Fall kann es sich als günstig erweisen, zusammen mit dem Klienten die negativen und positiven Aspekte des Ist-Zustandes (Was stört mich daran? Welche Vorteile bringt es mir?) und des Soll-Zustandes (Was will ich erreichen? Was hält mich davon ab?) herauszuarbeiten und (eventuell neu) zu bewerten. Während die Vorteile des Problemverhaltens sehr kurzfristig eintreten (und als aufrechterhaltende Faktoren wirken) können, werden die negativen Aspekte meist erst verzögert spürbar, was den Leidensdruck reduziert. Auf der anderen Seite werden belastende Momente des Alternativverhaltens (z. B. die Annäherung an eine angstauslösende Situation) von Klienten mitunter früh antizipiert, dessen positiven Seiten stellen sich jedoch erst später ein (die erfolgreiche Bewältigung der Situation) – weshalb Klienten Veränderungen gegenüber häufig eine gemischte Motivation aufweisen (sog. Annäherungs-Vermeidungs-Konflikt; Lewin, 1963).

Schließlich können Motivationsprobleme beim Klienten auch durch ein ungünstiges Vorgehen des Sozialpädagogen gefördert werden: so kann ein Zuviel an Empathie zu einer Stagnation beitragen oder ein Übermaß an Veränderungsdruck »Widerstand« auslösen. Nach dem Selbstwertmodell des Hilfeerhaltens von Fisher, Nadler & Whitcher-Alagna (1982) ist optimale Hilfe durch ein Gleichgewicht an »Fördern« (Unterstützung geben) und »Fordern« (Veränderungen anregen) gekennzeichnet.

3.3 Verhaltensdiagnostische Methoden

Diagnostik bezeichnet das Vorgehen einer professionellen Person mit der Absicht, den problem-, verlaufs- oder zielbezogenen Ist-Zustand eines Klienten oder einer Klientengruppe zu erfassen (betrifft insbesondere die Definition, Operationalisierung und Quantifizierung der zu verändernden Verhaltens- und

Erlebensbereiche) und zu erklären (Identifikation und Inbezugsetzen von proximalen und distalen Bedingungsfaktoren des zu verändernden Verhaltens). Die Diagnostik erfolgt auf der Basis von diagnostischen Methoden. Eine *diagnostische Methode* kennzeichnet eine Handlungsbegründung, die mit der Absicht eingesetzt wird, den Ist-, Soll- bzw. Veränderungszustand zu erfassen und zu erklären. Eine diagnostische Methode beinhaltet logisch abgeleitete strukturierte (standardisierte) und planmäßig eingesetzte Handlungsanweisungen (diagnostische Techniken), die in ihrer Funktionalität für die jeweilige Zielerreichung in einem professionellen Kontext empirisch bewährt sind.

Mit Kratochwill und Shapiro (2000) kann Verhaltensdiagnostik im Kontext pädagogischer Anwendungsbereiche als »a hypothesis-testing process about the nature of problems, causes of problems, and evaluation of treatment programs« (S. 5) aufgefasst werden. Mit dieser Definition wird der handlungstheoretische Aspekt des Diagnostizierens betont, der u. a. im deutschsprachigen Bereich erstmals von Kaminski (1970, 1976, 1981) herausgearbeitet wurde. Das diagnostische und interventionsbezogene Handeln wird dabei als ein hypothesengeleiteter und -prüfender Arbeitsprozess verstanden, der durch den Rückgriff auf unterschiedliche Wissensbereiche wie das Wissen über Verursachungsfaktoren (Bedingungswissen), Veränderungsmöglichkeiten (Änderungswissen), professionelle Zuständigkeit (Kompetenzwissen) und normativ-ethische Grundlagen (Gewissen) zustande kommt. Wesentliches Moment dieser Sichtweise ist der gegenseitige Bezug von diagnostischer Tätigkeit einerseits und Kontrolle (Evaluation) dieser Tätigkeit andererseits.

3.3.1 Merkmale verhaltensorientierter Diagnostik

Als konstituierende Merkmale der Verhaltensdiagnostik gelten (vgl. z. B. Haynes & O'Brien, 2000; Röhrle, 2008; Schermer, 2005a; Shernoff & Kratochwill, 2004):

- *Orientierung am experimentellen Vorgehen:* Bei einem Experiment handelt es sich um die einzige erfahrungswissenschaftliche Methode, die es erlaubt, kausale Beziehungen zwischen Variablen aufzudecken (z. B. Huber, 2009). Interessiert z. B. die Frage, ob ein Verhaltenstraining zur sozialen Kompetenz (unabhängige Variable) zu einer Verbesserung der Selbstsicherheit (abhängige Variable) führt, nehmen die Mitglieder der Experimentalgruppe im Unterschied zu denen der Kontrollgruppe an einem solchen Training teil. Treten infolge dieses Vorgehens zwischen beiden Gruppen Unterschiede in der Selbstsicherheit auf, sind diese auf die Bedingungsvariation zurückzuführen und das Ergebnis kann kausal interpretiert werden. In Analogie zu diesem Vorgehen wird der verhaltensdiagnostische Prozess gesehen: Das Problemverhalten stellt dabei die abhängige Variable dar, dessen Ursachen (unabhängige Variablen) zu suchen sind. Im Unterschied zum Experiment verläuft die Bedingungsvariation jedoch nicht experimentell, sondern über das Erstellen und Prüfen von Hypothesen bei der Datenerhebung.

- *Verhaltens- bzw. Problembezug*: Verhaltensdiagnostik ist problembezogen und beginnt mit der intersubjektiv überprüfbaren Präzisierung des Anliegens in Termini des Verhaltens und Erlebens. Während in traditionellen diagnostischen Vorgehensweisen vom beobachtbaren Verhalten auf zugrunde- bzw. dahinterliegende verursachende Konstrukte geschlossen wird (z. B. Angst als Zeichen [Hinweis] für einen Konflikt; sog. Zeichenansatz), betrachtet die Verhaltensdiagnostik in Übereinstimmung mit verhaltensorientierten Modellvorstellungen zur Persönlichkeit (z. B. Bandura, 1986; Mischel, 1968, 1973) die beobachteten Verhaltensweisen (Anliegen, Probleme) als Stichprobe des in unterschiedlichen Situationen auftretenden Gesamtproblemverhaltens der Person (sog. Stichprobenansatz). Letzteres gilt es anhand vieler Beobachtungen (Stichproben) möglichst repräsentativ zu erfassen. Das Problemverhalten wird dabei ohne weitere Wertung oder theoretische Annahmen in einem ersten Schritt lediglich beschrieben. Das damit einhergehende niedrige Inferenzniveau schützt den Klienten vor Etikettierung und Pathologisierung.
- *Interventionsbezug:* Entsprechend der handlungstheoretischen Ausrichtung bilden Diagnose und Intervention im verhaltensorientierten Bezugsrahmen eine Einheit. Sie sind darüber hinaus durch Rückkoppelungsschleifen miteinander verbunden. Die diagnostischen Informationen hinsichtlich der Probleme und der zu verfolgenden Ziele münden unmittelbar in die Fallkonzeption ein (Haynes & Williams, 2003). So bestimmen die in der funktionalen Analyse ermittelten hypothetischen Kausalitätsannahmen die Auswahl der Interventionsmethoden und erfahren durch die Modifikation eine weitere Überprüfung (vgl. z. B. Nelson, 1988; Schulte, 1998).
- *Berücksichtigung von idiographischer und nomothetischer Perspektive:* Die möglichst interpretationsfreie, verhaltensbezogene Beschreibung des Problems oder Anliegens eines Klienten als Ausgangspunkt verhaltensorientierter Diagnostik stellt einen idiographischen Zugang dar, bei dem die individuelle, spezifische Lebenswirklichkeit des jeweiligen Klienten im Mittelpunkt steht. Neben der Beschreibung des Anliegens bemüht sich die verhaltensorientierte Diagnostik im Rahmen der funktionalen Analyse auch um eine Erklärung der Problemlage und nimmt dabei Bezug zu allgemeinen Gesetzmäßigkeiten des Erlebens und Verhaltens (nomothetischer Zugang; vgl. z. B. Cone, 1986).
- *Multimodalität als diagnostische Grundhaltung*: Bezüglich der zu berücksichtigenden Datenebenen, der genutzten Datenquellen und eingesetzten Erhebungsverfahren (vgl. Reinecker-Hecht & Baumann, 2005) wird ein multivariates Vorgehen favorisiert. Auf der Ebene der Daten gehen neben den verschiedenen Manifestationsebenen des Anliegens auch somatische, soziale und ökologische Aspekte ein. An Datenquellen werden außer dem identifizierten Klienten alle problemrelevanten Bezugspersonen und Institutionen genutzt. An Untersuchungsverfahren kommen Interview, Beobachtung und standardisierte Verfahren zum Einsatz.

Der verhaltensdiagnostische Prozess wird in drei Teilbereiche – die Verhaltensanalyse, die Zielanalyse und die Interventionsplanung – differenziert (vgl. z. B. Reinecker, 2006; Schermer, 2005a; Schulte, 1998). Die *Verhaltensanalyse* impliziert deskriptive, explikative und evaluative Aufgaben (vgl. Cone, 1997; Rost,

2010; Schermer, 2005a). Unter deskriptiver Sicht geht es um die intersubjektiv überprüfbare Beschreibung des Anliegens bzw. Problems. Die vom Klienten in der Alltagssprache vorgebrachten Problemlagen werden in eine Form gebracht, die einer Messung zugänglich ist und Grundlage für eine Veränderung sein kann. Die zweite Zielsetzung der Verhaltensanalyse besteht in der Entwicklung eines angemessenen Kausalmodells für die Probleme. Dieser explikative Aspekt stellt eine vorläufige Interpretation der Problemlagen im Lichte empirisch gesicherter Erkenntnisse dar und beansprucht das Änderungswissens des Sozialpädagogen. Zur Absicherung der angenommenen Erklärung werden unter evaluativer Sicht schließlich empirische Belege für die entwickelte Interpretation verlangt (Validierung). Für das Suchen und Überprüfen einer angemessenen, d. h. möglichen Erklärung hat sich die Bezeichnung »Funktionale Analyse« eingebürgert, sie ist ein Teilbereich der Verhaltensanalyse.

3.3.2 Deskriptive Verhaltensanalyse

Qualitative Analyse

Bei der Beschreibung geht es darum, die Problemlage möglichst präzise multimodal auf allen relevanten Ebenen zu erfassen. Dabei wird ein erweiterter Verhaltensbegriff zugrunde gelegt, der zwischen folgenden Manifestationsebenen differenziert (vgl. z. B. Cone, 1978, 1979; Eifert & Wilson, 1991; Lang, 1985; Nelson & Hayes, 1986, Staats, 1995; Schermer, 2005a):

- *Motorische Manifestation*: Hierunter versteht man das offen zutage tretende Verhalten, das der Fremdbeobachtung unmittelbar zugänglich und objektiv messbar ist. Ein Beispiel hierfür ist das Verweilen im elterlichen Haus während der Unterrichtszeit beim Fall des schulverweigernden Jungen der Box 3.1.
- *Physiologische Manifestation:* Die biologischen, d. h. physiologisch-anatomischen Prozesse umfassen diesen Aspekt. Sie sind über Messeinrichtungen wie EMG, EKG etc. erfassbar. Als Beispiele seien Übelkeit (Fall in Box 3.1), muskuläre Verspannung, erhöhter Blutdruck, Adrenalinausschüttung bei Stress genannt.
- *Kognitiv-emotionale (subjektive) Manifestation:* Bei diesem Bereich handelt es sich um das intersubjektiv nicht direkt zugängliche verdeckte Verhalten. Die das Problem kennzeichnenden Gedanken (z. B. »Das kann ich nicht«, »Da werde ich ausgelacht« etc.) und Gefühle (z. B. Angst, Ärger, Trauer etc.) sind hier von Bedeutung. Ein Zugang zu dieser Manifestationsebene ist – die Ausdruckskomponente der Gefühle ausgenommen – nur über die Selbstbeobachtung und den sprachlichen Bericht des Betroffenen möglich.

So notwendig die Beschreibung von Problemlagen auf den drei Ebenen ist, so schwierig kann sich im Einzelfall die Klärung von deren gegenseitigem Bezug gestalten, da die Manifestationen eines Anliegens asynchron verlaufen können. Aus diesem Grund werden im ersten Schritt der Verhaltensanalyse die verschiedenen Manifestationsebenen immer *vollständig und getrennt* erfasst und erst in der anschließenden funktionalen Analyse deren gegenseitiger Bezug geklärt.

Quantitative Analyse

Sind die Anliegen eines Klienten in eine intersubjektiv prüfbare Sprache übersetzt, geht es unter deskriptiver Sicht noch darum, geeignete Parameter zu entwickeln, welche zu quantitativen Aussagen über die problematischen Verhaltensweisen führen. Auf diese Weise können Änderungen im Verlauf der Beratung festgestellt und notwendige Modifikationen eingeleitet werden.

Als Grundlage für eine Quantifizierung von Verhalten können nach Johnston und Pennypacker (2009) das Wiederauftreten, die zeitliche Erstreckung und die zeitliche Einordnung von Verhalten dienen.

- Messung aufgrund des *Wiederauftretens* kann sich auf die *Rate oder Häufigkeit* eines Verhaltens beziehen. Die in einem definierten Zeitabschnitt auftretende Anzahl problematischer Verhaltensweisen stellt in der Praxis das am meisten verwendete Messkriterium dar.
- Die *zeitliche Erstreckung* eines Verhaltens wird über dessen *Dauer* gemessen. Diese kann entweder für einen bestimmten Zeitraum (z. B. Dauer aggressiver Verhaltensweisen während einer Spielstunde in Minuten) oder für eine einzelne Verhaltensepisode ermittelt werden.
- Soll die *zeitliche Einordnung* erfasst werden, gelten Reaktionslatenz und »Interresponse Time« als sinnvolle Möglichkeiten. Unter *Reaktionslatenz* versteht man die Zeitspanne, die verstreicht, bis auf einen Reiz hin eine Reaktion erfolgt (z. B. Zeit vom Aufgerufenwerden durch den Lehrer bis zur erfolgenden Antwort des Schülers). Wird *Interresponse Time (IRT)* als Kriterium herangezogen, muss die zwischen zwei nacheinander auftretenden Verhaltensweisen verstrichene Zeit protokolliert werden (z. B. nach 3 Minuten erneutes Melden im Unterricht).

Schließlich ist es häufig sinnvoll, die *Stärke und Intensität* der problematischen Verhaltensweisen zu berücksichtigen. Hierbei wird technisch meist auf eine mehrstufige numerische Ratingskala zurückgegriffen.

3.3.3 Explikative Verhaltensanalyse: Funktionale Analyse

Das Suchen und Generieren potentieller Verursachungshypothesen (unabhängige Variablen) für das problematische Verhalten (abhängige Variable) sowie die Überprüfung (Validierung) dieser Annahmen ist Aufgabe der funktionalen Analyse. Während im Allgemeinen für das Vorliegen funktionaler Beziehungen die Korrelation zweier oder mehrerer Variablen ausreichend ist, geht es in der verhaltensorientierten funktionalen Analyse also um einen Sonderfall funktionaler Zusammenhänge, die *kausalen* Beziehungen.

Allgemeine Bedingungen von Kausalität

Unter wissenschaftstheoretischer Sicht kann dann von Kausalität ausgegangen werden, wenn folgende Bedingungen vorliegen (vgl. Haynes, 1992; Haynes & O'Brien, 2000; O'Brien, Kaplar & McGrath, 2004):

- *Assoziativität,* d. h. Kovariation der in Frage stehenden Variablen: Damit zwei oder mehrere Variablen als kausal miteinander verknüpft angesehen werden können, müssen sie *gemeinsam auftreten.* Zeitliche Kovariation ist für den Nachweis von Kausalität eine notwendige, aber noch keine hinreichende Bedingung. Im Hinblick auf das diagnostische Vorgehen leitet sich aus dieser Prämisse die Betrachtung und Berücksichtigung gegenwärtiger Bedingungen ab.
- Die *ursächliche Variable muss der verursachten Variablen zeitlich vorausgehen.* Bei der Ursachensuche stehen deshalb in der Verhaltensdiagnostik die *proximalen Bedingungen* (Was geht dem problematischen Verhalten unmittelbar voraus, was folgt unmittelbar auf dieses?) im Mittelpunkt. Durch systematische Variation der als ursächlich angesehenen Bedingungen kann deren Einfluss auf das Problemverhalten überprüft werden. Distale Bedingungen sind demgegenüber für die Erklärung gegenwärtiger Anliegen von untergeordneter Bedeutung.
- Die Wirkung der unabhängigen Variable kann durch eine *gesetzmäßige Verknüpfung, d. h. eine empirische Regelhaftigkeit beschrieben werden.* Dieser Aspekt nimmt Bezug zu dem Bedingungswissen des Sozialpädagogen, d. h. seiner Kenntnis über regelhafte (gesetzmäßige) Zusammenhänge im Hinblick auf das zu analysierende Anliegen des Klienten.
- *Ausschluss alternativer Erklärungen*: Diese aus wissenschaftstheoretischer Sicht gestellte Forderung ist in der Praxis schwer umsetzbar, da die Erklärung von Anliegen über miteinander konkurrierende, sich aber gegenseitig ausschließende Ansätze erfolgen kann. Liegen konkurrierende, Erklärungsmöglichkeiten vor, soll entsprechend dem nach dem englischen Philosophen Wilhelm von Ockham (1285–1347) benannten Sparsamkeitsprinzip (sog. »Ockhams Rasiermesser«) jene herangezogen werden, die bei gleichem Erklärungswert mit weniger Grundannahmen (Hypothesen) auskommt.

Nach Haynes und O'Brien (1990) müssen die im Kontext der Verhaltensanalyse zu berücksichtigenden funktionalen Beziehungen neben Kausalität zwei weitere Bedingungen erfüllen, nämlich Kontrollierbarkeit, und Bedeutungshaltigkeit. Mit *Kontrollierbarkeit* ist gemeint, nur solche Beziehungen in der Analyse zu berücksichtigen, die grundsätzlich veränderbar sind, auf die also Einfluss genommen werden kann. *Bedeutungshaltigkeit* meint, dass es sich um kausale Beziehungen handelt, die in hohem Umfang für das problematischen Verhaltens verantwortlich sind.

Die Verhaltensgleichung als Bezugsrahmen der Ursachensuche

Für die inhaltliche Gestaltung funktionaler Analysen wurde seit Einführung der Verhaltensdiagnostik eine Vielzahl von Modellen vorgeschlagen, die sich hinsichtlich des berücksichtigten Verursachungswissens beträchtlich unterscheiden (siehe z. B. Haynes & O'Brien, 2000; Reinecker & Gmelch, 2009; Schermer, 2005a; Schulte, 1999). Für den Kontext sozialpädagogischer Einzelfall- und Gruppenarbeit erscheinen uns die auf Kanfer und Phillips (1970) zurückgehende Verhaltensgleichung (siehe ▸ **Abb. 3.2**) und die mittlerweile daran vorgenommenen Erweiterungen (z. B. Kanfer et al. 2012) als geeigneter Orientierungsrahmen.

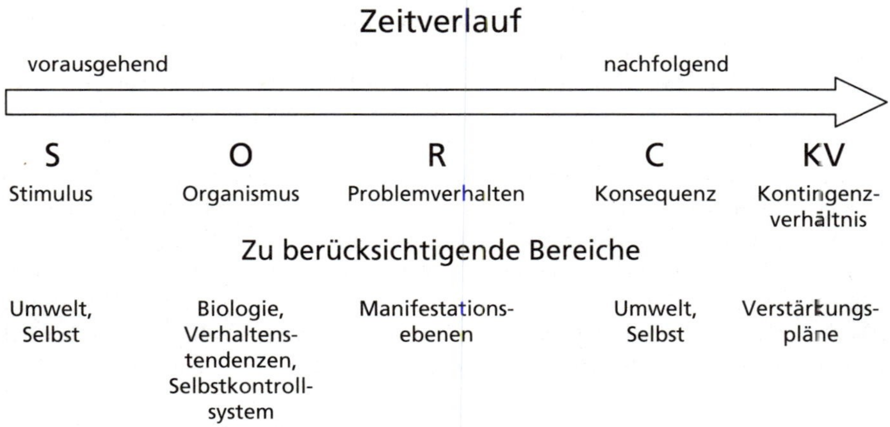

Abb. 3.2: Verhaltensgleichung (SORCKV-Schema)

Wie die Abbildung zeigt, wird das infrage stehende problematische Verhalten (R) auf der *aktuellen Zeitachse* analysiert und dabei zu den distal vorausgehenden (S) und distal nachfolgenden (C) Bedingungen in Beziehung gesetzt. Die Analyse beginnt immer mit der »Fixierung« der Gleichung auf die Komponente R, also der Präzisierung des problematischen Verhaltens. Die einzelnen Komponenten der »Gleichung« befassen sich dann mit folgenden Inhalten: Das Kürzel *S* steht für die dem problematischen Verhalten (R) *vorausgehenden externalen und internalen Stimulusbedingungen*. Umweltbezogene Aspekte sind dabei in physikalisch-räumlicher (z. B. Zeitpunkt des Auftretens, räumliche Gegebenheiten) und sozialer Hinsicht (Anwesenheit und Verhalten anderer Personen) zu differenzieren, während bei selbstbezogenen Auslösemomenten die jeweiligen Manifestationsebenen präzisiert werden müssen (z. B. die Wahrnehmung von Herzklopfen als Auslöser für Angst). Die *O-Variable* beinhaltete bei Einführung der Verhaltensgleichung lediglich die biologischen Charakteristika der Person soweit diese mit dem Problem in Zusammenhang stehen. Bei späteren Begriffspräzisierungen wurden unter die O-Variable auch individuell überdauernde Verhaltenstendenzen (Staats, 1996) oder das Selbstregulationssystem (Kanfer et al. 2012) gefasst. Mit *R* ist das Anliegen, d. h. die zu bearbeitende Problemlage angesprochen. Es geht hier um die Deskription auf den unterschiedlichen Manifestationsebenen. Auch bei den Konsequenzbedingungen *C* sind – analog zur Analyse der Stimulusbedingungen – sowohl die aus der Umwelt (materiell, sozial, aktivitätsbezogen) als auch von der Person (intrapersonale Manifestationsebenen) ausgehenden (unmittelbaren) Folgen des Problems zu berücksichtigen. Die Komponente *KV* ist lerntheoretisch begründet und bezieht sich auf das sog. Kontingenzverhältnis, d. h. die zeitlichen und reaktionsbezogenen Verhältnisse zwischen dem Problem und seinen Konsequenzen. Diese können hinsichtlich ihrer Häufigkeit (zu oft, zu selten), ihres Verhaltensbezugs (ein nicht relevantes Verhalten wird verstärkt) oder ihres zeitlichen Eintreffens (Verstärkung erfolgt zu spät) problematisch sein.

Werden die Stimulus- bzw. Konsequenzbedingungen lerntheoretisch interpretiert, kommt es zu einer Erklärung erster Ordnung (Nachweis klassischer, operanter oder sozial-kognitiver Lerngesetze). Auf der Ebene einer Erklärung zweiter Ordnung verweisen die Konsequenzbedingungen darüber hinaus auf die für die Aufrechterhaltung des Problems relevanten Motivbedingungen.

Die Orientierung der Verhaltensgleichung an der unmittelbaren Zeitachse berücksichtigt die ersten zwei der vier dargestellten Merkmale kausaler Bedingungen, nämlich Assoziativität (Kovariation) und zeitliche Anordnung von Ursache und Wirkung. Der logischen Verknüpfung mittels eines gesetzmäßigen Zusammenhanges (drittes Merkmal) wird in der funktionalen Analyse durch das *hypothesengeleitete und -prüfende Vorgehen* nachgegangen, welches formal folgendermaßen beschrieben werden kann (vgl. Schermer & Schmelzer, 1982):

- Es beginnt mit der Formulierung von Verursachungshypothesen, bei der die zur Verhaltensgleichung ermittelten Informationen im Lichte erfahrungswissenschaftlichen Verursachungswissens interpretiert werden.
- Zur Überprüfung der Validität dieser Interpretationen sind in einem anschließenden Schritt Sachverhalte zu formulieren, die bei Zutreffen der Interpretationen zu erwarten sind (Prognose: »Wenn die Interpretation zutrifft, dann müßte X der Fall sein«).
- Das tatsächliche Vorliegen der prognostizierten Sachverhalte ist verhaltensnah zu überprüfen (evaluativer Aspekt).
- Durch den Vergleich der erwarteten und der tatsächlich eingetretenen Sachverhalte erfolgt eine Validierung bzw. Falsifikation der Hypothesen: Die Interpretationen werden bei erwartungskonformem Ergebnis (vorläufig) beibehalten, bei erwartungswidrigem verworfen.
- Wurde eine Hypothese falsifiziert, beginnt der skizzierte Prozess erneut mit der Suche nach einer angemesseneren Hypothese.

Die auf diese Weise gesammelten Annahmen über die Problemverursachung stellen das *hypothetische Bedingungsmodell* dar, mit dessen Erstellung die Verhaltensanalyse abgeschlossen ist. Die Annahmen des Bedingungsmodells bilden die Grundlage für die Auswahl angemessener Modifikationsmaßnahmen. Da infolge der komplexen Kausalitätsbedingungen für die Problemverursachung auch andere als die vermuteten Gründe verantwortlich sein können, kann das Bedingungsmodell auch durch den erwartungskonformen Verlauf der Intervention nicht bestätigt werden. »Dennoch hat das Bedingungsmodell die Funktion einer Heuristik: Im Bedingungsmodell finden sich theoretisch fundierte Aussagen ebenso wie Angaben über individuelle Bedingungen zur Aufrechterhaltung der Problematik« (Reinecker & Gmelch, 2009, S. 15).

Lebensgeschichtlich-biographische, d. h. distale Daten sind im Kontext der Verhaltensdiagnose insofern relevant, als nur über sie die Problementstehung (Ätiologie) und der weitere Problemverlauf geklärt werden können. Die zu Beginn der Probleme wirksamen Faktoren lassen sich aber wegen der verstrichenen Zeit und damit zwangsläufig verbundener Erinnerungseinschränkung nicht mit der Genauigkeit eruieren, wie dies für die Analyse der aktuellen Bedingungen zu gelten hat.

3.3.4 Methoden der Zielbestimmung

Als Ergebnis der Verhaltensanalyse liegt für das vorgebrachte Anliegen, den Ist-Zustand, ein aus deskriptiven Sätzen abgeleiteter Erklärungsversuch vor. Die Frage nach den zu verfolgenden Zielen, dem Soll-Zustand, ist damit aber noch nicht beantwortet. Zwar wird die Zielbestimmung selbstverständlich auch durch die Problemlage und deren vermuteter Ursachen mitbestimmt, im Unterschied zur Verhaltensanalyse gehen in die Zielbestimmung aber *normative Aspekte* ein. In diesem Zusammenhang ist zwischen der Begründung und der Findung eines Zieles zu differenzieren.

Während die Frage der *Zielfindung* empirisch, d.h. erfahrungswissenschaftlich geklärt werden kann, ist dies bei der Frage der *Zielbegründung* nicht der Fall. Nach Stimmer (2012) ist bei letzterer »die normative (präskriptive) Ethik, über die konkretes Handeln hinterfragt, begründet, systematisiert und danach beurteilt werden kann, ob die ethischen Prinzipien dabei erfüllt werden (moralisches Handeln) oder nicht« (S. 54), grundlegend. So kann der Sozialpädagoge beispielsweise den anhaltenden Unterrichtsbesuch eines schulverweigernden Jugendlichen durch den Einsatz operanter Methoden herbeiführen (vgl. z.B. Kearney, 2007), da mittels dieser Methoden bei bestimmten Formen der Schulverweigerung nachweislich, d.h. evidenz-basiert, anhaltender Unterrichtsbesuch erreicht werden kann (Zielerreichung). Die Frage, *ob* der Sozialpädagoge einem Jugendlichen helfen *soll bzw. darf,* kontinuierlich den Unterricht zu besuchen, d.h. die Begründung des angestrebten Zieles, ist damit aber noch nicht geklärt. Hierzu muss auf normative Aspekte eingegangen werden und zwar dem doppelten Mandat der Sozialen Arbeit entsprechend sowohl aus allgemeiner gesellschaftlicher als auch aus klientenbezogener Sicht. So kann das verfolgte Ziel in dem Beispiel allgemein u.a. juristisch durch die bestehende Schulpflicht sowie pädagogisch durch den Hinweis auf die Notwendigkeit individueller Bildung begründet und legitimiert werden.

Bei der Zielbegründung ist aus allgemeiner Sicht an die ethischen Grundlagen der Sozialen Arbeit (siehe z.B. Eisenmann, 2006; Gambrill, 2006), ihre Berufs- und Praxisethik (z.B. Stimmer, 2012) zu denken, denen zu verfolgende Ziele entsprechen müssen. Die theoretischen und konzeptionellen Grundlagen für die hier zu treffenden Entscheidungen liegen deshalb bei den normativ ausgerichteten Bezugswissenschaften der Sozialen Arbeit: Philosophie/Ethik, Recht und Pädagogik.

Ziele sind *hierarchisch strukturiert* und können deshalb auf unterschiedlichen Abstraktionsniveaus formuliert werden. So dürfen auf einem sehr hohen Abstraktionsniveau im Kontext der Sozialen Arbeit verfolgte Ziele nicht gegen die ethischen Prinzipien des Ethik-Codes der National Association of Social Workers (NASW) wie die Würde des Menschen, Soziale Gerechtigkeit, Selbstbestimmung, Transparenz, informed consent verstoßen (siehe auch ▸ **Kap. 1**). Harnach-Beck (1997) verlangt u.a. Wahrung des Grundrechts auf informationelle Selbstbestimmung (Datenschutz), Klientenbeteiligung, koordiniertes Vorgehen und das Prinzip des kleinstmöglichen Eingriffs. Auf einem mittleren Abstraktionsniveau sind z.B. im Bereich der Kinder- und Jugendhilfe die Zielperspektiven der Lebenswelt-, Bewältigungs-, Entwicklungs-, Ressourcen- und Umweltorientierung angesiedelt. Auf einer niedrigen Ebene werden Ziele schließlich in Form konkreter Verhaltensweisen angegeben. An diesem Zugang ist die verhaltensorientierte Zielanalyse ausgerichtet.

Aus der Sicht des Klienten geht es bei der Zielbestimmung um die Entwicklung *persönlicher Ziele*, welche nach Brunstein und Maier (1996) anzeigen, »wie eine Person ihre Lebenssituation gestalten will, welche Anforderungen sie meistern möchte, welche Fähigkeiten sie erwerben will und welche Veränderungen sie in einzelnen Lebensbereichen anstrebt« (S. 146). Die im Rahmen einer Verhaltensmodifikation entwickelten und verfolgten konkreten Ziele sind deshalb immer im Hinblick auf die allgemeine Lebenssituation des bzw. der Klienten und deren Bewältigung zu sehen. Hierbei spielen relativ zeitstabile und invariante Einstellungen eine Rolle, die in Form von Plänen und Erwartungen auf das Verhalten Einfluss nehmen können. Zur Analyse dieser Bedingungen wurden die Bezeichnungen »Plananalyse«, »vertikale« bzw. »kontextuelle Verhaltensanalyse«, »Schemaanalyse« vorgeschlagen (Bartling, Echelmeyer & Engberding, 2007; Caspar, 1989; Grawe, Grawe-Gerber, Heiniger, Ambühl & Caspar, 1996; Kanfer et al. 2012) und die damit implizierten diagnostischen Strategien als ergänzender Teil der hier vorgestellten »horizontalen Verhaltensanalyse« betrachtet (zur Kritik siehe Schermer, 2005a). Unserer Meinung nach kann die Berücksichtigung von Plänen sinnvoller im Kontext der Zielanalyse erfolgen.

Da es sich bei der Zielfindung um einen motivational-volitionalen Prozess handelt, gelten auch hier die in Abschnitt 3.2.1 aufgeführten konzeptuellen sozial- und motivationspsychologischen Grundlagen.

Die verhaltensdiagnostische Methode der Zielklärung ist formal in die Phasen Zielfindung, Zielanalyse und Herstellung von Zielkonsens gegliedert (siehe hierzu für die Arbeit mit Erwachsenen: Kanfer et al., 2012; Schmelzer, 1994; für die Arbeit mit Kindern und Jugendlichen: Michels & Borg-Laufs, 2007). Bei der *Zielfindung* geht es darum, vorläufige Zielperspektiven zu sammeln, um spezifische Beratungs- bzw. Interventionsziele mit den allgemeinen (Lebens-)Zielen des Klienten zu verbinden. Hierbei wird explizit auf das subjektive Wertesystem des Klienten Bezug genommen. Die dabei notwendigen und unumgänglichen Sinnfragen (vgl. z. B. Baumeister, 1991; Frankl, 1982; Klinger, 1977; Tausch, 2004) sind in jedem Fall konstituierender Bestandteil des verhaltensdiagnostischen Prozesses.

Die mit dem (den) Klienten gemeinsam durchgeführte *Zielanalyse* hat die Überprüfung von innerer Konsistenz, Kompatibilität und Realitätsgehalt der Ziele aller Beteiligten zum Gegenstand und muss klären, ob die Ressourcen und Kapazitäten des (der) Klienten zu deren Erreichung genügen. Darüber hinaus gehen in diese Analyse die erwähnten ethisch-moralischen Aspekte ein. Über die zu verfolgenden Zielperspektiven muss schließlich im Diskurs zwischen allen Beteiligten Konsens hergestellt werden.

Der konkreten Formulierung von Zielen kann die *SMART-Regel* zugrunde gelegt werden (vgl. z. B. Drucker, 1998), d. h. Ziele sollen *spezifisch* (in Termini des dargelegten Verhaltensbegriffs, wenn nötig hinsichtlich der Manifestationsebenen differenziert), *messbar* (in Zahlen auszudrücken, d. h. quantifizierbar), *aktiv* herbeiführbar (d. h. die Zielerreichung steht in der Macht des Klienten und wird nicht von unkontrollierbaren Einflüssen bestimmt), *realistisch* (die Ziele sind mit Hilfe der gewählten Methoden unter gegebenen Umständen tatsächlich einlösbar, gleichzeitig sollten sie nicht trivial sein) und *trag- bzw. transferfähig* (die Ziele sollen auch nach Beendigung der professionellen Arbeit zu Verstärkung führen bzw. in neue Annäherungsbereiche generalisieren) sein, zudem sollten sie – um Annäherungsverhalten zu erleichtern – *positiv* formuliert sein.

3.4 Datenerhebungsverfahren

Das *verhaltendiagnostische Interview* stellt die in der Praxis am häufigsten genutzte Form der Datenerhebung dar (siehe z. B. Barbour & Davison, 2004; Bartling et al., 2007; Kanfer & Grimm, 1977; Lutz, 1978). Stieglitz (2008) definiert das Interview als »eine geplante Interaktion zwischen mindestens zwei Personen mit dem Ziel, Informationen zu einem bestimmten Thema zu erhalten« (S. 342). Je nach Ausmaß der Vorgabe (Strukturierung) der Gesprächsinhalte unterscheidet man das freie, teilstrukturierte, halbstrukturierte und standardisierte Interview. Das verhaltensdiagnostische Interview lässt dem Sozialpädagogen in der Ausgestaltung einen vergleichsweise großen Spielraum, verlangt aber die aufgeführten Inhalte der Verhaltensanalyse (qualitativ, quantitativ, explikativ, evaluativ) zu berücksichtigen. Im angloamerikanischen Raum wurde eine Vielzahl teilstandardisierter verhaltensdiagnostischer Interviews entwickelt und empirisch validiert. So erfassen die von Bergan und Kratochwill (1990) entwickelten Techniken die verschiedenen Aspekte der Verhaltensanalyse (qualitative und qualitative Analyse: *Problem Identification Interview, PII*; funktionale Analyse: *Problem Analysis Interview, PAI*; sowie Modifikationsevaluation: *Treatment Evaluation Interview, TEI;* zu weiteren Techniken siehe: Umbreit, Ferro, Liaupsin & Lane, 2007). Auch im deutschsprachigen Bereich sind teilstandardisierte verhaltensdiagnostische Leitfäden im Rahmen standardisierter komplexer Interventionsprogramme gelegentlich zu finden (siehe z. B. Lauth & Schlottke, 2002).

Die im Interview zu verwirklichende Gesprächsführung ist problem- und zielorientiert, d. h. vom aktuellen Beratungsstand abhängig. Als Leitlinie für die technische Durchführung der Verhaltensanalyse gelten präzise und konkrete Fragen (wie, was wo, wann etc.). Da im Interview das zu analysierende Problem naturgemäß nur auf der sprachlichen Ebene, d. h. über seine kognitive Repräsentation betrachtet wird, ist es notwendig, diese Informationsquelle durch weitere Verfahren zu ergänzen.

Von besonderer Relevanz sind dabei Methoden der *direkten Beobachtung*, mit Hilfe derer das Anliegen zum Zeitpunkt seines Auftretens erfasst werden kann. Nach Bodenmann (2006, S. 151) »spricht man von systematischer oder wissenschaftlicher Beobachtung, wenn die Beobachtung zielgerichtet ist und klar festgelegten Regeln folgend, zeitlich, örtlich, inhaltlich und methodisch eindeutig definiert ist«. Das jeweils eingesetzte Verfahren legt somit genau fest, wann, wo, was wie beobachtet wird (vgl. auch Mees & Selg, 1977). Systematische Beobachtung liefert Informationen zu allen in der Verhaltensanalyse unterschiedenen Aspekten wie Topographie, Frequenz, zeitliche Erstreckung bzw. Einordnung, Intensität, situative Bedingungen etc. Die Methode der Beobachtung dient im Rahmen der Verhaltensanalyse der Präzisierung des Problems und seiner Bedingungen (Validierung) sowie der Ermittlung der sog. Ausgangs- oder Grundrate (Baseline), worunter man die vor Modifikationsbeginn bestehende Problemausprägung versteht. Letztere bildet die Grundlage für die Beurteilung des Verlaufs im Rahmen der modifikationsbegleitenden Diagnostik. Die am individuellen Fall abgeleitete technische Umsetzung kann nominal- (z. B. Beobachtung der Häufigkeit distinkter Verhaltensaspekte), ordinal- bzw. intervall- (z. B. Intensitätsrating oder Amplitudenerfassung) und ratioskaliert (z. B. Dauer, Latenzzeit betreffend) ausgerichtet sein.

Dient die Verhaltensbeobachtung der Präzisierung des Problems und seiner funktionalen Bedingungen, kommt als Technik im Regelfall ein einfach einsetzbarer Protokollbogen zur Anwendung, in dem über einen festgelegten Zeitraum das problematische Verhalten (R), die vorausgehende Situation (S) und die nachfolgenden Bedingungen (C) vom Beobachter festgehalten werden (siehe ausführlich z. B. Umbreit et al., 2007; ▸ **Kap. 4**). Bei der Bestimmung der Grundrate sind nur noch die aufgeführten quantifizierbaren Merkmale des Problemverhaltens (R) Gegenstand der Beobachtung. Sie können technisch einfach über Zählung (Strichlisten) bzw. Einschätzung (Rating) oder aufwendig über Messung von Zeitspannen erfolgen.

Einen Sonderfall der Beobachtung stellt die *Selbstbeobachtung* dar, bei der der Klient sein eigenes Verhalten beobachtet. Bei dieser Beobachtungsform können Anliegen unter ihren häufig einem externen Beobachter nicht zugänglichen natürlichen Auftretensbedingungen registriert werden. Darüber hinaus sind auf diesem Weg auch verdeckte Verhaltensweisen (Gedanken und Gefühle) zugänglich. Diesen beiden Vorteilen steht als Nachteil die mit Selbstbeobachtung stärker als mit Fremdbeobachtung verbundene Reaktivität entgegen, d. h. durch den Selbstbeobachtungsvorgang wird das Beobachtungsergebnis gelegentlich verzerrt (vgl. Hecht,1979; Mace & Kratochwill, 1985). Trotz dieser Einschränkung hat die Selbstbeobachtung in der Verhaltensdiagnostik eine zentrale Bedeutung (Cole & Bambara, 2000). Ihre technische Umsetzung umspannt ein weites Spektrum und reicht vom Einsatz der kontrollierten Tagebuchaufzeichnung und graphischer Darstellungsformen bis zum Ausfüllen differenzierter Beobachtungsbögen (siehe z. B. Wendlandt, 2002).

Über die Güte sowohl eines Fremd- als auch eines Selbstbeobachtungsverfahrens entscheiden deren Objektivität, Reliabilität im Sinne von Beobachterübereinstimmung und Validität (siehe hierzu ausführlich z. B. Krohne & Hock, 2007). Infolge des für den deskriptiven Aspekt der Verhaltensanalyse typischen niedrigen Inferenzniveaus und der damit verbundenen Verhaltensnähe und sprachlichen Konkretheit können Objektivität und Reliabilität vergleichsweise leicht hergestellt und überprüft werden. Die Validität steht und fällt mit der Relevanz der jeweils ausgewählten Verhaltensaspekte.

Standardisierte Skalen (Checklisten) und Fragebogen stellen weitere Methoden dar, die im Zuge der verhaltensdiagnostischen Datenerhebung Anwendung finden. Als Breitbandverfahren geben Checklisten einen raschen Überblick zu einem umfangreichen Verhaltensspektrum (z. B. Child Behavior Checklist, Aschenbach & Arbeitsgruppe Deutsche Child Behavior Checklist, 1991), als auf spezifische Verhaltensbereiche fokussierende Verfahren (z. B. sozialer Angst, Hyperaktivität, Verstärkungsbedingungen etc.) können sie die deskriptive Verhaltensanalyse bereichern. Psychometrisch kontrollierte verhaltensdiagnostische Fragebogen liegen im deutschsprachigen Bereich nur für schulverweigerndes Verhalten (Overmeyer, Schmidt & Blanz, 1994) und Leistungsangst (Rost & Schermer, 2007) vor. Die Bedeutung standardisierter Fragebogen im Zuge des verhaltensdiagnostischen Vorgehens liegt deshalb primär in der modifikationsbegleitenden und katamnestischen Überprüfung von Verhaltens- und Erlebensmerkmalen, die zwar nicht das unmittelbare Problemverhalten darstellen müssen, aber im Kontext der spezifischen Fallkonzeption von Bedeutung sind. An Vorteilen dieser Methoden sind die überprüften psychometrischen Eigenschaften, der ökonomische und breite Einsatzbereich sowie die Möglichkeit zum ipsativen und interindividuellen Vergleich zu nennen.

3.5 Verhaltensorientierte Interventionsmethoden

Die Ergebnisse der Verhaltens- und Zielanalyse – insbesondere diejenigen zum hypothetischen funktionalen Bedingungsmodell – münden unmittelbar in die strategische *Planung der Intervention*. Die für eine Indikationsentscheidung relevanten Kriterien, nämlich Phänomenologie der zu bearbeitenden Problemlage (deskriptive Verhaltensanalyse), deren aufrechterhaltende Bedingungen (funktionale Verhaltensanalyse) sowie der angestrebte Zielzustand (Zielanalyse), wurden im verhaltensdiagnostischen Prozess erhoben. Jetzt geht es um die Richtung der Modifikation und die Auswahl der für eine Veränderung als notwendig erachteten Veränderungsprinzipien. Bei dieser *Indikationsentscheidung* werden gezielt und begründbar spezifische Interventionstechniken zur Reduktion der problematischen Verhaltensweisen bzw. dem Aufbau von Zielverhalten ausgewählt. Dabei kommen funktional abgeleitete Methoden bzw. eine Kombination derselben zum Einsatz. Sind mehrere Methoden für die Zielerreichung notwendig, muss deren zeitliche Abfolge (simultan, sukzessiv) bestimmt werden. Neben dieser grundsätzlichen (strategischen) Planung und Entscheidung sind die Interventionstechniken für den Klienten individuell – quasi ›maßgeschneidert‹ – auszugestalten (sog. taktische Planung; z. B. Suche nach individuell wirksamen Verstärkern im Rahmen einer operanten Interventionstechnik).

Neben der Indikationsklärung besteht eine wichtige Aufgabe der Interventionsplanung in der Vermittlung eines *plausiblen Ätiologie- und Interventionsmodells*. Beim Ätiologiemodell geht es darum, dass der Klient auf der Grundlage seiner biographischen Erfahrungen Einsicht und Verständnis in die Verursachung seiner Probleme gewinnen kann. Als Folge muss er sich den Problemen nicht mehr ausgeliefert fühlen. Die Vermittlung eines plausiblen Interventionsmodells, d.h. die Vermittlung der Wirkungsweise der eingesetzten Techniken, hilft dem Klienten das Beratungskonzept nachzuvollziehen. Da er die Wirkung der Techniken während der Intervention selbst erlebt, kann die Änderungsmotivation positiv beeinflusst werden.

Bei der Planung ist schließlich noch zu klären, mit Hilfe welcher *Evaluationsmethoden und -verfahren* Verlauf und Zielerreichung der Intervention dokumentiert werden sollen. Damit sind die Voraussetzungen für die Implementierung von Modifikationsmethoden, deren Fokus auf einer Veränderung des Ist-Zustandes liegt, gegeben.

Eine *Intervention* bezeichnet das Vorgehen einer professionellen Person mit der Absicht, den problem-, verlaufs- oder zielbezogenen Ist-Zustand (Diagnostik) eines Klienten oder einer Klientengruppe in Richtung eines zuvor definierten Soll-Zustandes (konsensuale Zielanalyse) zu verändern. Die Intervention erfolgt auf der Basis von Interventionsmethoden. Eine *Interventionsmethode* kennzeichnet eine Handlungsbegründung, die mit der Absicht eingesetzt wird, ein konsensual definiertes Ziel (z.B. ein konsistenteres Erziehungsverhalten) zu erreichen. Eine Interventionsmethode beinhaltet von empirisch gesicherten Gesetzmäßigkeiten logisch abgeleitete strukturierte (standardisierte) und planmäßig eingesetzte Handlungsanweisungen (Interventionstechniken; z.B. Rollenspielinstruktionen), die in ihrer Funktionalität für die jeweilige Zielerreichung in einem professionellen Kontext empirisch bewährt sind. Ein *Interventionsprogramm* stellt eine theoretisch begründete und in ihrer Wirksamkeit für die jeweilige Zielerreichung (Indikation) empirisch überprüfte Kombination von Einzelinterventionsmethoden bei komplexen Anliegen oder im Rahmen von Gruppeninterventionen dar.

Verhaltensorientierte Interventionsmethoden fußen konzeptuell auf empirisch abgesicherten Lerntheorien (vgl. ▸ **Kap. 2**; sog. »Begründungsausweis« nach Geißler & Hege, 2007, S.20), deren Wirksamkeit in Praxiskontexten empirisch belegt ist (»Rechtfertigungsausweis«, ebd.; siehe z.B. Grawe, Donati & Bernauer, 1994). Zu diesen zählen insbesondere das klassische Konditionieren (respondentes Lernen), das operante Konditionieren, das Modell-Lernen und Theorien des kognitiven Lernens (Bodenmann, Perrez & Schär, 2011; Schermer, 2006; 2011), auf die sich die im Folgenden angesprochenen Interventionsmethoden beziehen. Deren Darstellung kann an dieser Stelle jedoch nur skizzenhaft geschehen, für eine nähere Beschreibung – insbesondere für den Kontext der Sozialen Arbeit – siehe Schermer et al. (2005) und Bartmann (2010).

3.5.1 Respondente Methoden

Respondente Methoden fußen auf dem Prinzip der klassischen Konditionierung, einem fundamentalen Lerngesetz. Dabei wird infolge mehrmaliger Koppelung eines Reflexes mit einem neutraler Reiz dieser zum Auslöser der Reflexreaktion

(z. B. Angst, Schreck oder Ekel; vgl. z. B. Mazur, 2004; Schermer, 2006, 2011). Aus den Gesetzmäßigkeiten der klassischen Konditionierung wurden zwei Methoden der Verhaltensänderung abgeleitet, die im Rahmen der Verhaltensorientierten Sozialen Arbeit Anwendung finden.

Die erste Methode wird als *Löschung* bezeichnet und betrifft das Abschwächen bzw. die Auflösung des gelernten Reizes für die Reflexreaktion. Bei einem Löschungstraining wird der gelernte (sog. bedingte) Reiz so oft ohne den natürlichen Reflexauslöser (sog. unbedingter Reiz) dargeboten, bis er keine Reflexreaktion mehr auslöst (z. B. Ausbleiben der Angst). Löschung wird oft in Verbindung mit der Technik *der schrittweisen Annäherung (sukzessiven Approximation)* eingesetzt. Diese beruht auf dem allgemeinen didaktischen Prinzip, bei dem das Lernziel in kleine, aber erreichbare Teilziele untergliedert wird (Schilling, 2008).

Eine zweite respondente Methode betrifft die sog. *Gegenkonditionierung* (Wolpe, 1958), bei der eine erlernte bedingte Reaktion (Angst) durch eine neue, angemessene und mit der gelernten unvereinbare Reaktion ersetzt wird. Dies kann durch den Einsatz von *Entspannungstechniken* erreicht werden (Vaitl & Petermann, 2004). Entspannung ist ein von den meisten Menschen positiv erlebter Zustand, der sich insbesondere auf den beiden folgenden Ebenen manifestiert (Lutz, 1995):

- *kognitiv-emotionale Ebene:* positive Befindlichkeit, Ruhe, Ausgeglichenheit, Zufriedenheit, Dämpfung negativer Emotionen (z. B. Angstreduktion), erhöhte Selbstkontrolle;
- *physiologische (körperliche) Ebene:* Reduktion der Muskelspannung und der Reflextätigkeit, periphere Gefäßerweiterung (sog. Vasodilatation), Verringerung des (arteriellen) Blutdruckes, Verlangsamung der Atemfrequenz, Veränderung der hirnelektrischen Aktivität (Vaitl, 2004).

Zum Erlernen eines Entspannungszustandes stehen heute unterschiedliche Techniken zur Verfügung. Die einfachste ist die Atemtechnik, bei der durch langsames und bewusstes Ein- und Ausatmen Entspannung gefördert wird. Die Implementierung von Entspannungstechniken kann in die vier Phasen Einleitung, Vorbereitung, Instruktion und Beendigung gegliedert werden (Jungnitsch, 2005). In Deutschland sind die beiden Entspannungstechniken Progressive Muskelrelaxation (PMR; Jacobson, 1938, die Erstauflage erschien 1923; Kurzversion von Bernstein & Borkovec, 1975) und das Autogene Training (AT; Schultz, 1979, die Erstauflage erschien 1932) weit verbreitet. Während die PMR sich in ihren Instruktionen auf den Muskelsinn bezieht, betrifft das AT das vegetative Nervensystem.

Die Wirksamkeit von Entspannungsverfahren wie der Progressiven Muskelrelaxation und des Autogenen Trainings kann als gut gesichert angesehen werden, sowohl als Einzel- wie als Gruppenverfahren (z. B. Vaitl & Petermann, 2004). Ein vertiefender Überblick über beide Techniken findet sich bei Jungnitsch (2005), ein Trainingsbuch speziell für Interessenten aus der Sozialen Arbeit stammt von Wendlandt (1995).

3.5.2 Operante Methoden

Die konzeptuelle Grundlage der operanten Methoden bildet der lernpsychologische Ansatz von Burrhus F. Skinner (1904–1990). Analyseeinheit stellt dabei die in der Verhaltensgleichung implementierte Kontingenz mit den Komponenten S (vorausgehende Situation), R (interessierendes Verhalten) und C (Konsequenzbedingungen) dar. Vier grundlegende Gesetzmäßigkeiten bzw. Prinzipien des operanten Lernens lassen sich unterscheiden, nämlich positive Verstärkung, negative Verstärkung, Bestrafung durch die Darbietung eines aversiven Reizes sowie Bestrafung durch die Wegnahme eines positiven Reizes (siehe Bördlein in diesem Band; Gambrill, 2006, ► **Kap.** 7; Mazur, 2004; Schermer, 2005b; 2006; 2011). Auf der Grundlage der mit diesen Lernprinzipien verbundenen Regelhaftigkeiten wurden Techniken entwickelt, mit Hilfe derer drei Ziele erreicht werden können: (a) *Festigung* eines bereits bestehenden Verhaltens, (b) *Aufbau* neuer, bislang noch nicht im Verhaltensrepertoire vorliegender Verhaltensweisen, sog. Verhaltensdefizite, und (c) *Abbau* bzw. Reduktion von zu häufig auftretenden problematischen Verhaltensweisen, sog. Verhaltensexzesse.

Exemplarisch werden nachfolgend einige grundlegende Techniken zu diesen Zielsetzungen genannt. Aus Platzgründen muss auf eine Darstellung der Voraussetzungen und Durchführungsregeln der jeweiligen Vorgehensweisen verzichtet werden. Ausführliche Hinweise zu diesen Aspekten finden sich z. B. bei Adameit, Heidrich, Möller und Sommer (1978), Cooper, Heron und Heward (2007), Grant und Evans (1994) oder Schermer (2005b, 2006; 2011).

ad a: Festigung eines bereits bestehenden angemessenen Verhaltens durch positive Verstärkung

Veränderung des Verstärkungsplanes: Da über den einem Verhalten zugrundeliegenden Verstärkungsplan die Rate (Häufigkeit) und die Löschungsresistenz dieses Verhaltens (mit)bestimmt wird, kann durch eine gezielte und systematische Veränderung des Verstärkungsplans ein bereits bestehendes Verhalten gefestigt werden. Hierbei wird das Verhältnis von gezeigtem Verhalten und erhaltener Verstärkung gezielt und systematisch »gestreckt«, d. h. entsprechend der Logik des jeweiligen Planes folgt der Verstärker zunehmend seltener auf das Verhalten.

ad b: Aufbau neuer Verhaltensweisen durch positive Verstärkung

Verhaltensformung (Shaping): Shaping dient dem Aufbau neuen Verhaltens und besteht aus den Komponenten ›schrittweise Annäherung‹ (sukzessive Approximation) und ›differentielle Verstärkung‹. Schrittweise Annäherung bedeutet, dass das Zielverhalten über Zwischenschritte erreicht wird, welche dem Zielverhalten zunehmend ähnlicher werden (vgl. respondente Methoden). Mit differentieller Verstärkung ist in diesem Zusammenhang gemeint, dass jeweils nur die aktuellste Annäherung an das Zielverhalten verstärkt wird. Die Formung eines Verhaltens kann sich inhaltlich auf so unterschiedliche Aspekte wie seine Topographie (zunehmend zielführendere motorische Verhaltensweisen werden verlangt z. B. beim Erwerb sportlicher Fertigkeiten wie Tennis oder Golf etc.),

Dauer (die Zeitspanne, die ein Schüler mit Lernen verbringt, wird Zug um Zug ausgedehnt) oder Stärke (ein selbstunsicherer Klient lernt, zunehmend lauter zu sprechen) beziehen.

Reaktionsverkettung (Chaining): Beim Chaining werden die Einzelkomponenten eines komplexen noch nicht beherrschten Verhaltens (z. B. Schuhbinden, Autofahren, Halten eines Vortrages etc.) miteinander verbunden. Dieses Vorgehen verlangt als Voraussetzung die Bestimmung der notwendigen Teilkomponenten durch eine Aufgabenanalyse und basiert auf drei Merkmalen, nämlich der Beherrschung und Ausführung der beteiligten Teilkomponenten, deren korrekter Aneinanderreihung sowie der Verknüpfung durch Verstärkung. Letzteres erfolgt innerhalb der Kette dergestalt, dass die Ausführung jeder Teilkomponente für die ihr vorausgehende einen sekundären Verstärker darstellt und zugleich für die auf sie folgende einen diskriminativen Hinweisreiz. Nach Ausführung des Gesamtverhaltens erfolgt die externe Verstärkung, z. B. in Form der Vergabe eines primären Verstärkers. Mit der Ausführung jeder Einzelreaktion kommt man also dem Ziel näher (sekundäre Verstärkung) und erhält auch einen Hinweis für die nächste Reaktion (diskriminativer Reiz).

ad c: Reduktion bzw. Abbau von Verhalten

Löschung (Extinktion): Diese Technik besteht aus dem systematischen und kontrollierten Entzug bzw. der Unterbindung desjenigen Verstärkers, der die zu ändernde Verhaltensweise aufrecht erhält (funktionaler Verstärkerentzug). Da die Ursache des Verhaltens ausbleibt, bildet es sich zurück. Die alleinige Anwendung dieser Methode ist wegen der mit ihr häufig verbundenen negativen Begleiterscheinungen (kurzfristige Zu- satt Abnahme des Verhaltens; milde Formen aggressiven Verhaltens seitens des Betroffenen; Spontanerholungen) jedoch nur in Ausnahmefällen vertretbar. Als allgemeine Regel sollte Löschung immer in Verbindung mit der nachfolgend beschriebenen Methode durchgeführt werden.

Differentielle Verstärkung (differential reinforcement, DR): Bei den Techniken der differentiellen Verstärkung geht es darum, ein erwünschtes Verhalten positiv zu verstärken und gleichzeitig den Verstärker für ein unerwünschtes Verhalten vorzuenthalten (Löschung). Diese Methode zur Verhaltensreduktion umgeht die Nachteile, die mit der Anwendung von Löschung und anderen Bestrafungsmethoden verbunden sind, da sie eine positive Alternative zum Problemverhalten verstärkt. In Abhängigkeit von der Art des verstärkten (positiven) Verhaltens unterscheiden Cooper et al. (2007, ▸ **Kap. 22**) Differentielle Verstärkung von inkompatiblem Verhalten (DRI), Differentielle Verstärkung von alternativem Verhalten (DRA) und Differentielle Verstärkung anderer Verhaltensweisen (DRO; O steht für other behavior bzw. zero responding). Bei DRI ist das verstärkte Verhalten mit dem zu unterlassenden Problemverhalten inkompatibel, d. h. beide Verhaltensweisen können nicht gleichzeitig ausgeführt werden (z. B. während des Unterrichts auf dem Stuhl sitzen versus Herumlaufen). Bei DRA stellt das verstärkte Verhalten eine (beliebige) positive Alternative zum Problemverhalten dar (z. B. die Hand heben statt dazwischen zu schreien). Bei DRO wird schließlich die vollständige oder in einem festgelegten Ausmaß unter dem Niveau der Grundrate liegende Unterlassung des Problemverhaltens verstärkt, weshalb dieses Vorgehen auch als Unterlassungstraining bezeichnet wird.

Nicht funktionaler Verstärkerentzug: Bei den hierunter fallenden Techniken *Response Cost* und *Time Out* (Aus-Zeit) steht der entzogene bzw. vorenthaltene Verstärker zu dem Verhalten in einem willkürlichen, d.h. beliebigen Verhältnis. Cooper et al. (2007) definieren Response Cost als »a form of punishment in which the loss of a specific amount of reinforcement occurs, contingent on an inappropriate behavior, and results in the decreased probability of the future occurrence of the behavior« (p. 364). Wie dieses Zitat zeigt, ist diese Technik – wie alle operanten Methoden – funktional und nicht intentional definiert. Response Cost liegt nur dann vor, wenn mit dem geschilderten Vorgehen tatsächlich eine Reduktion im Verhalten eintritt. Während bei Response Cost der Betrag entzogener Verstärkung entscheidend ist, wird bei *Aus-Zeit (time-out [from positive reinforcement])* Verstärkung für einen gewissen Zeitraum möglichst vollständig unterbunden. Hierzu muss ein anregungsarmer Aus-Zeit-Raum zur Verfügung stehen, in dem sich der Klient unmittelbar nach Äußerung des problematischen Verhaltens für wenige Minuten aufhalten muss.

Bestrafung (durch einen aversiven Reiz): Der diese Technik kennzeichnende verhaltenskontingente Einsatz eines aversiven Reizes zur Reduktion problematischen Verhaltens bedarf der besonderen Begründung und ethischen Legitimation und ist im Bereich der verhaltensorientieren Sozialen Arbeit sicher die Ausnahme. Er verlangt neben der spezifischen Indikation Aufklärung und Zustimmung des Klienten oder seines gesetzlichen Vertreters (informed consent) sowie ausführliche Dokumentation seitens des Durchführenden (siehe Schermer, 2011).

Neben den aufgeführten Techniken zählen noch Stimuluskontrolle und Kontingenzmanagement zu den operanten Methoden. Bei der *Stimuluskontrolle* wird eine Änderung der situativen (vorausgehenden) Bedingungen eines Verhaltens vorgenommen, um dessen Auftretenswahrscheinlichkeit zu beeinflussen. Zum *Kontingenzmanagement* zählen z.B. Techniken wie der Verhaltens- oder Kontingenzvertrag , die Münzökonomie (token economy) oder die Mediatorenintervention (siehe hierzu ausführlich Cooper et al. 2007; Rost, 1983; Rost & Buch, 2010).

Alle operanten Techniken können auf dreierlei Art zur Anwendung kommen: Zu Beginn der Beratung gezielt und systematisch durch den Sozialpädagogen eingeleitet, im Beratungsverlauf im Zuge des Aufbaus von Selbstmanagement vom Klienten übernommen und nach Abschluss der Beratung ohne gezielte Steuerung durch die »natürliche Umgebung« des Klienten stabilisiert.

3.5.3 Methoden des Modell-Lernens

Die in diesem Abschnitt behandelten Methoden fußen konzeptuell auf einem weiteren empirisch begründeten Lerngesetz, dem Modell- oder Beobachtungslernen. Im Rahmen der sozial-kognitiven Lerntheorie von Albert Bandura (1969,

1977a, 1986) bezeichnet Modell-Lernen die Übernahme wahrgenommener Verhaltensweisen einer Modellperson (Vorbild) durch einen Beobachter. Der Lernprozess kann sich dabei sowohl auf den Erwerb neuer Verhaltensweisen, die sich bislang nicht im Repertoire des Beobachters befanden, beziehen als auch auf die Modifikation bestehender Verhaltensweisen, z. B. durch deren Hemmung bzw. Enthemmung, und vollzieht sich auch bei persönlicher Abwesenheit der Modellperson (Bandura, Ross & Ross, 1963).

Eine zentrale Technik dieser Methode ist das *Rollenspiel*, das in der Sozialen Arbeit häufig im Rahmen von Einzelfall- und Gruppenarbeit eingesetzt wird und dessen allgemeine Indikation insbesondere bei Verhaltensdefiziten und -exzessen (bevorzugt im Sozialbereich) besteht. Ziele von Rollenspieltechniken sind u. a. der Aufbau, die Entwicklung, Übung, Verfestigung und Überprüfung erwünschten Verhaltens. Rollenspiele sind an die jeweiligen Gegebenheiten des individuellen Falles anzupassen, d. h. sie variieren in Hinblick auf ihre strukturellen Merkmale wie z. B. die Anzahl beteiligter Personen (mindestens zwei, in Gruppen ca. sechs bis zehn), die Verteilung unterschiedlicher Aufgaben (Spieler, Mitspieler, Beobachter, Trainer), das Ausmaß der Standardisierung (interaktionsorientiert, halb- bzw. vollstandardisiert) und die Fokussierung auf Wissensaspekte (Informationsvermittlung als kognitive Voraussetzungen für zielorientiertes Verhalten) bzw. Verhaltensaspekte (Einübung konkreter Verhaltensweisen in möglichst realistisch nachgebildeten Situationen; Feldhege & Krauthan, 2006).

Darüber hinaus differenzieren Drinkmann & Schiebel (2004) folgende prozessuale Phasen von Rollenspielen: (individuelle) Verhaltensanalyse, Zielanalyse, Indikationsstellung, Durchführung und Evaluation. Die Durchführungsphase kann weiterhin in folgende Teilschritte untergliedert werden: Auswahl einer konkreten Situation (Festlegung von Zeit und Ort der Handlung und der beteiligten Übungspartner), Operationalisierung der Übungsziele (Festlegung des eigenen Verhaltens), Planung des Aufbaus des Rollenspiels (Eingrenzung des Verhaltensbereichs, Festlegung der Choreographie der Handlung einschließlich des Verhaltens des/der Übungspartner/s), Modellvorgabe, Durchführung, Evaluation und Abschluss bzw. Wiederholung (mit schrittweiser Annäherung an das Zielverhalten). In Bezug auf die Modellvorgabe erwiesen sich sog. *Bewältigungsmodelle* (coping models) häufig geeigneter als *meisterhafte Modelle* (mastery models), da sie die Schwierigkeiten im Umgang mit der Belastung thematisieren. Die Evaluationsphase umfasst (a) die situative Rückmeldung im Anschluß an die Übung, (b) das Erreichen von Sitzungszielen, (c) die Annäherung an die eingangs definierten (individuellen) Trainingsziele sowie (d) den Transfer in die Lebenswelt des Klienten.

Für die Wirksamkeit von Rollenspielen liegen unterstützende empirische Befunde vor, sowohl als Einzelintervention (z. B. Clore & McMillan, 1972) wie auch im Rahmen von Programmevaluationen sozialer Kompetenztrainings (Drinkmann, 2005), in denen üblicherweise weitere Lernprinzipien (wie das klassische und operante Konditionieren) Berücksichtigung finden. Ausführliche Beschreibungen des Einsatzes von Rollenspieltechniken in der Sozialen Arbeit (bei der Arbeit mit Klienten sowie in Ausbildung und Supervision) finden sich bei Wendlandt (1977) und Drinkmann (2005).

3.5.4 Methoden des kognitiven Lernens

Die konzeptuellen Grundlagen der in diesem Abschnitt skizzierten evidenzbasierten Vorgehensweisen bilden unterschiedliche Modellvorstellungen und empirische Befunde der kognitions-, handlungs- und sozialwissenschaftlichen Grundlagenforschung bzw. der Praxis der kognitiv-behavioralen Psychotherapie, die zumeist im Rahmen des Informations-Verarbeitungs-Paradigmas gewonnen wurden (kognitives Lernen). Sie befassen sich u. a. mit dem verhaltenssteuernden Einfluss von Instruktion und Selbstgespräch (sog. internaler Dialog; Luria, 1961; Vygotsky, 1962), dem Problemlösen (Dörner, 1987), der Ursachenzurückführung von Handlungen (Heider, 1958; Weiner et al., 1971) oder der Bedeutung von unangemessenen – sog. dysfunktionalen – Gedanken (Beck, 1976; Ellis, 1962). Alle Methoden verbindet die Annahme, dass über die Veränderung kognitiver Faktoren Einfluss auf die Anliegen eines Klienten genommen werden kann. Da die konkrete Umsetzung dieser Methoden immer auch verhaltensorientierte Aspekte wie die Durchführung von Übungen, die Ausführung von Hausaufgaben, den Einsatz von Entspannungstechniken oder Rollenspielen beinhaltet, bleibt bis heute unklar, inwieweit die erzielten Effekte tatsächlich auf die kognitiven Anteile der Techniken zurückgehen.

Instruktion. Die systematische Informationsvermittlung im Sinne einer Anweisung (Instruktion) kommt bei allen Interventionstechniken zum Einsatz. Der Umfang der Anweisung reicht dabei von der vollständigen Aufgaben- bzw. Handlungsvorgabe (z. B. im Selbstinstruktionstraining) bis hin zur nur im Bedarfsfall gegebenen Hilfestellung (z. B. beim gelenkten Entdeckenlassen).

Selbstinstruktionstraining. Bei dieser Technik steht die Veränderung der Selbstverbalisation, d. h. der Art, wie ein Klient mit und zu sich selbst spricht, im Mittelpunkt. Das Selbstinstruktionstraining wurde ursprünglich für hyperaktive, impulsive Kinder entwickelt (Meichenbaum & Goodman, 1971) und vermittelt ihnen über Modellernen einen angemessenen Umgang mit einer Aufgabe. Folgende Stadien kennzeichnen das praktische Vorgehen: (a) Modellvorgabe: Das Modell führt das Zielverhalten aus und gibt sich durch lautes Sprechen selbst die Instruktionen, (b) das Kind führt die Aufgabe aus, der Anleiter verbalisiert die Anweisungen laut, (c) das Kind wiederholt die Aufgabe und gibt selbst die Instruktionen laut an (offene Selbstanleitung), (d) wie (c), jedoch werden die Instruktionen nur noch geflüstert, (e) die Selbstinstruktion wird vom Kind nur noch verdeckt (inneres Sprechen) vorgenommen. In der Arbeit mit Kindern und Jugendlichen kommt das Selbstinstruktionstraining insbesondere bei Störungen der Aufmerksamkeit und Impulskontrolle, des Arbeitsverhaltens sowie bei Ängsten zur Anwendung. Zumeist bildet es einen Baustein innerhalb eines komplexen Interventionsprogrammes.

Stressimpfungstraining: Im Zentrum dieser Technik (Meichenbaum, 1977, 2003) steht die Vermittlung von Bewältigungskompetenz im Umgang mit aktuellen Belastungen (Stress). Hierzu werden für folgende Phasen der Auseinandersetzung mit einer Belastungssituation stressinkompatible Selbstverbalisationen entwickelt und eingeübt: (a) Vorbereitung auf die Belastungssituation, (b) Konfrontation mit der Situation, (c) Umgang mit dem Gefühl, überwältigt zu werden, sowie (d) abschließende Selbstverstärkung. Neben der Änderung der Kognitionen kommen auch Entspannungstechniken und in-vivo-Übungen zum Einsatz. Das Stressimpfungstraining kann sowohl präventiv als auch kurativ in den Anwendungsfeldern der Sozialen Arbeit (Schulsozialarbeit, Gesundheits-, Familien-, Jugendhilfe etc.) eingesetzt werden.

Problemlösetraining: D'Zurilla und Goldfried (1971) haben als erste systematisch Erkenntnisse der Denk- und Kreativitätsforschung für die Entwicklung von Strategien des Problemlösens genutzt. In dem von ihnen entwickelten Problemlösetraining werden folgende Stufen differenziert: (a) Allgemeine Orientierung (eine angemessene Einstellung zum anstehenden Problembereich entwickeln und diesen als Herausforderung interpretieren), (b) Problembeschreibung (d.h. verhaltensnahe Operationalisierung des Anliegens), (c) Auflistung von Alternativen (Suche nach unterschiedlichen potentiellen Lösungsmöglichkeiten), (d) Treffen einer Entscheidung (Auswahl einer der generierten Alternativen), (e) Anwendung und Überprüfung (Erprobung und Bewertung der ausgewählten Lösungsalternative). Problemlösetrainings haben einen breiten Indikationsbereich und wurden zwischenzeitlich für unterschiedliche Klientengruppen (Kinder, Jugendliche, Erwachsene) und Einsatzfelder (z.B. Erziehungs- und Familienhilfe, Arbeit mit psychisch kranken Menschen, Gesundheitshilfe, Soziales Management, Rehabilitation etc.) entwickelt (vgl. D'Zurilla & Nezu, 2010). Wie alle kognitiven Methoden kommen sie in Verbindung mit anderen Techniken (z.B. operanten) zum Einsatz.

Kausalattributionstraining: Diese Techniken basieren u.a. auf dem empirischen Sachverhalt, dass die Art der Ursachenzurückführung einer Handlung für die damit einhergehende subjektive Emotionskomponente (Gefühl) und die weitere Handlungsbereitschaft von entscheidender Bedeutung sind (z.B. Weiner et al., 1971). Dies kann genutzt werden, indem bei ungünstigen Attributionsgewohnheiten von Klienten (z.B. external auf Glück nach Erfolg und internal auf mangelnde Begabung nach Misserfolg) ein Reattributionstraining eingesetzt wird, durch das selbstwertsteigernde Attributionen gefördert werden (z.B. internal bei Erfolg und external bei Misserfolg). Die Wirksamkeit solcher Trainings ist in unterschiedlichen Kontexten belegt.

Modifikation irrationaler Annahmen (Ellis, 1962) *bzw. automatischer Gedanken* (Beck, 1976): Aus der Praxis der Psychotherapie stammen diese weitgehend ohne expliziten Bezug zur Grundlagenforschung entwickelten Interventionsverfahren, die sich vor allem im klinischen Kontext bei der Behandlung von depressiven und ängstlichen Patienten empirisch bewährt haben. Beck und Ellis gehen davon aus, dass problematisches Verhalten primär durch dysfunktionale Gedanken bzw. irrationale Einstellungen verursacht wird. Für die Soziale Arbeit sind die aus diesem Konzept abgeleiteten Techniken von untergeordneter Bedeutung und besitzen bestenfalls im Bereich der Klinischen Sozialarbeit eine gewisse Validität. Über ein Gedankentagebuch, in dem die auslösende Situation, deren gedankliche Interpretation und das folgende Gefühl protokolliert werden (sog. Dreispaltentechnik), sollen irrationale bzw. dysfunktionale, d. h. problemstabilisierende Gedanken entdeckt werden. Im Interventionsprozess wird anschließend über die sokratische Gesprächsführung (siehe z. B. Stavemann, 2002) versucht, diese Gedanken zu hinterfragen und angemessenere Gedanken bzw. Überzeugungen aufzubauen (vgl. z. B. Weber, 2005; Wilken, 1998).

3.6 Evaluationsmethoden

Im Folgenden geht es um die Frage, wie aus einem Vergleich zwischen diagnostischen Daten, die zu unterschiedlichen Zeitpunkten bzw. unter unterschiedlichen Bedingungen erfasst wurden, begründete Schlussfolgerungen auf die Qualität einer Intervention, sowohl im Rahmen einer interventionsbegleitenden Evaluation als auch bei Wirksamkeits- und Effizienzstudien, gezogen werden können.

Die angemessene Interpretation evaluativer Daten setzt voraus, dass die *Grundbedingungen* für die Wirksamkeit von Interventionsmethoden gegeben sind. Dazu zählen u. a. notwendige Settingsvariablen (räumliche und personelle Ausstattung, Instrumente usw.), das Vorliegen einer Indikation für die jeweilige Methode (Bezug zur Verhaltens- und Zielanalyse), eine Beteiligungsmotivation seitens des/der Klienten sowie die standardisierte Implementierung der verwendeten Technik. Letzteres schließt ein, dass Dauer (zeitliche Erstreckung) und Intensität (Häufigkeit der Wiederholung) einer Methodenumsetzung so zu gestalten sind, dass die Methode eine realistische Chance zur Entfaltung ihrer angenommenen Wirkung erhält. Als potentielle Fehler bei professionellen Interventionen nennt Rief (2009) ein Nachlassen von Sorgfalt und Engagement seitens des Anwenders z. B. aufgrund fehlender oder zu großer Routine, ökonomische Zwänge (z. B. eine Indikationsstellung zum Zwecke der optimalen Auslastung einer Einrichtung), das Vorliegen persönlicher Präferenzen für bestimmte Techniken (z. B. eine Vorliebe für emotionsbezogenes oder biographisches Arbeiten) sowie eine Orientierung am sog. »Gießkannenprinzip« (S. 812), bei dem ohne genauere Indikationsstellung ein eklektisches (bzw. integratives) Vorgehen gewählt wird (vgl. Barth, 2011).

3.6.1 Interventionsbegleitende Evaluation

Die kontinuierliche Überprüfung des Ist-Zustandes während des gesamten Verlaufs einer Modifikation zählt zu den konstitutiven Merkmalen des verhaltensorientierten Ansatzes. Mithilfe dieses Vorgehens ist es dem Sozialpädagogen im Sinne des hypothesenprüfenden Vorgehens möglich, den Verlauf der Intervention zu beurteilen und Fortschritte, Stagnationen sowie Rückschläge zeitnah zu erkennen und angemessen darauf reagieren zu können. Die Entscheidung für eine Methodenmodifikation – im Sinne einer Anpassung, Ergänzung oder eines Wechsels von Methoden während ihres Einsatzes – kann auf diese Weise in Abhängigkeit von der Annäherung an das angestrebte Ergebnis getroffen und begründet werden. Neben der Überprüfung und der Regulation des modifikatorischen Prozesses führt die interventionsbegleitende Evaluation auch zu der notwendigen Transparenz des Interventionsgeschehens. Sie liefert Informationen zur fallbezogenen Effektivität und Effizienz (vgl. Thyer & Meyers, 2007) und erfüllt damit für die zuständige und verantwortliche Institution Funktionen des Qualitätsmanagements. Schließlich liegt ihre Bedeutung für den Klienten darin, dass er zu jedem Zeitpunkt der Modifikation Rückmeldung über die Auswirkungen seiner Anstrengungen erhält.

Narrative Fallstudie. Diese in der Sozialen Arbeit wohl am häufigsten praktizierte Form der Evaluation wird von Thyer (2008) charakterisiert als »a qualitative evaluation methodology that uses verbal narratives, diagrams, and pictures to assess and evaluate client changes« (S. 101). Wegen ihrer idiographischen Ausrichtung führt sie jedoch sehr selten zu generalisierbaren Einsichten und der Aufdeckung kausaler Beziehungen. Rost (2005) sieht den Vorteil von Fallanalysen lediglich in ihrem heuristischen Wert: »Allenfalls können sie, neben ihrer schon erwähnten illustrativen Funktion, Forschungsideen anregen und Hinweise auf zu überprüfende Hypothesen geben« (S. 97). Im Rahmen der Evaluation Verhaltensorientierter Sozialer Arbeit kommt der narrativen Fallstudie keine besondere Bedeutung zu. Anstatt einer qualitativen Evaluation bevorzugt die Verhaltensorientierung eine quantitativ ausgerichtete Überprüfung. Diese kann in der einfachsten Form durch die Technik der Ziel-Erreichungs-Skalierung erreicht werden.

Ziel-Erreichungs-Skalierung (goal attainment scaling GAS; Kirusek, Smith & Cardillo, 1994). Bei der Ziel-Erreichungs-Skalierung werden problematische oder zielbezogene Verhaltensweisen (z. B. pro Tag gerauchte Zigaretten) hinsichtlich ihrer Erwünschtheit eingestuft und mit einer Ratingskala (z. B. –2 = wesentlich schlechter als erwartet; –1 = schlechter als erwartet; 0 = wie erwartet; +1 = besser als erwartet; +2 = wesentlich besser als erwartet) verknüpft. Auf diese Weise können Änderungen festgestellt werden. Über die der Veränderung zugrundeliegende Kausalität lassen sich jedoch keine Angaben machen.

Prä-Post-Vergleich. Die Gegenüberstellung quantitativer Daten wie Häufigkeitsauszählungen der Problemlage (z. B. Anzahl der besuchten Schulstunden eines schulverweigernden Jugendlichen), die vor Beginn und bei Beendigung der Beratung erhoben wurden (sog. Prä-Post-Vergleich), stellt eine weitere Möglichkeit einer evaluativen Quantifizierung dar. Zur Überprüfung der Stabilität der Veränderungen nach Abschluss des Interventionsprozesses ist es darüber hinaus sinnvoll, ein sog. *Follow-up* durchzuführen. Es handelt sich hierbei um katamnestische Nacherhebungen, z. B. einige Wochen, Monate oder Jahre nach Interventionsende. Allerdings erlauben auch der Prä-Post-Vergleich und die Follow-up-Erhebung noch keinen Rückschluss über kausale Bedingungen, d. h. in diesem Zusammenhang beobachtete Veränderungen lassen keinen Schluss darauf zu, ob die Intervention die Ursache der Veränderung darstellt.

Einzelfall-Designs. Zur Überprüfung funktionaler Zusammenhänge wurden als Königsweg der Evaluation spezifische Einzelfall-Designs (single-case-designs) entwickelt. Gambrill (2006, S. 600) gibt hierzu folgende Definition: »Single-case designs are a kind of interrupted time-series design involving repeated measurement of some outcomes of interest over time. ... They differ from case studies and anecdotical reports in carefully tracking clearly described outcomes of interest over time.« Grundlegend für alle Einzelfalldesigns sind (a) die quantifizierbare Operationalisierung des Problem- bzw. Zielverhaltens, (b) die Unterscheidung verschiedener Beobachtungsphasen sowie (c) die kontinuierliche Erfassung der interessierenden Variablen während der differenzierten Phasen (vgl. z. B. Fisher & Orme, 2008; Gambrill, 2006, ▸ **Kap. 22**; Thyer, 2008; Thyer & Thyer 1992). Nachfolgend werden zwei grundlegende Designs vorgestellt.

A-B Design: Mit diesem Design wird die abhängige Variable (Problem- bzw. Zielverhalten) während zweier Zeitphasen gemessen und zwar *vor Beginn* sowie *während der Intervention.* Die Phase vor Beginn der Modifikation gilt als Kontrollbedingung, sie wird Grundrate (Baseline) genannt und durch den Buchstaben A symbolisiert. Der Buchstabe B steht für die experimentelle Bedingung, d. h. die Modifikations- oder Interventionsphase. Zeigt sich während der Grundratenphase ein stabiles Muster in der abhängigen Variable und erfolgt mit Beginn der Interventionsdurchführung eine signifikante Veränderung in die erwartete Richtung (Zunahme bei Verhaltensdefiziten bzw. Abnahme bei Verhaltensexzessen) sowie ein Anhalten dieser Änderung im Verlauf der Modifikation, kann angenommen werden, dass dies auf die Maßnahme zurückgeht.

Umkehrdesign (A-B-A bzw A-B-A-B Design): Johnston und Pennypacker kennzeichnen diese Art der Evaluation folgendermaßen: »A revearsal design involves a pair of control and experimental conditions in which one or both conditions repeat at least once« (2009, S. 263). Das Umkehrdesign erweitert somit das A-B Design, indem entweder nur die Phase A (A-B-A Design) oder die Phasen A und B (A-B-A-B Design) erneut durchgeführt werden. Kehrt beim A-B-A Plan in der zweiten A-Phase das Problemverhalten auf das Niveau der ersten A-Phase zurück, gilt dies als stärkerer Beleg für die Wirksamkeit der Intervention als der Nachweis durch das A-B Design. Gelingt es mit dem A-B-A-B Design in der zweiten B-Phase das problematische Verhalten wieder demjenigen der ersten B-Phase anzugleichen, wird die Annahme einer modifikationsbezogenen Änderung gleich durch drei Belege gestützt: (a) der modifikationskontingenten Veränderung in der ersten B-Phase, (b) der Rückkehr zum Ausgangsniveau in der zweiten A-Phase sowie (c) der erneuten Verbesserung in der zweiten B-Phase. Die Logik des Umkehrdesigns basiert auf der kurzfristigen Wirkung von Interventionseffekten und stößt dann auf Schwierigkeiten, wenn langfristige Wirkungen – wie sie bei zunehmendem sozialpädagogischem Interventionsverlauf nach dem Übergang zur Selbstkontrolle üblich sind – eine Rolle spielen. Bei Erreichen eines bestimmten Niveaus an Selbstkontrolle wird deshalb trotz Ausblendens der Intervention, d. h. der Rückkehr zu Phase A, kein Problemanstieg erfolgen. Der Einsatz von Umkehrplänen ist deshalb ausschließlich in den frühen Phasen des Interventionsprozesses sinnvoll, wenn es um die Überprüfung der dem Modifikationsprozess zugrunde gelegten Hypothesen geht.

3.6.2 Wirksamkeits- und Effizienzstudien

Haben sich Interventionsmethoden im Rahmen einer interventionsbegleitenden Evaluation als wirksam für die Zielannäherung erwiesen, ist es für einen »Rechtfertigungsausweis« (Geißler & Hege, 2007, S. 20) in einem zweiten Schritt sinnvoll, umfangreichere Studien zu ihrer Effektivität bei größeren Stichproben an Klienten durchzuführen. Während sich der *Effektivitätsbegriff* (Wirksamkeit) am Ausmaß der Zielannäherung orientiert (z. B. Prä-Post-Vergleich), berücksichtigt der *Effizienzbegriff* zusätzlich den zu leistenden Aufwand bei der Implementierung einer Methode (z. B. Kosten aufgrund der Interventionsdauerdauer, notwendigem Personal und Infrastruktur wie Räume, Instrumente usw.; bei Heiner, 1998, als »Wirtschaftlichkeit« bezeichnet, S. 173): So ist bei zwei gleich wirksamen Interventionen diejenige effizienter, die mit einem vergleichsweise geringeren Investment auskommt.

Qualitätsanforderungen an Wirksamkeits- und Effizienzstudien

Um die Zielannäherung bei einer interventionsbegleitenden Evaluation auf die Intervention zurückführen zu können (und nicht z. B. auf Einflüsse, die sich zufällig in der Umwelt des Klienten ergeben haben), ist in einer experimentellen Evaluation eine *Interventionsgruppe* (Klienten, die an der Intervention teilnehmen) mit einer Kontrollgruppe ohne Intervention zu vergleichen. Die Zuteilung der Klienten zu einer der beiden Gruppen geschieht idealerweise zufallsbasiert (randomisiert; z. B. durch Los), damit sich keine systematischen Unterschiede in den Merkmalen der Stichproben ergeben, sonst müssen Maßnahmen zur Parallelisierung, d. h. Gleichhaltung der Gruppen ergriffen werden. Zumeist besteht eine solche Kontrollgruppe aus einer *Wartegruppe*, deren Mitglieder erst später an der Intervention teilnehmen. Ist das Ausmaß der Zielannäherung in der Interventionsgruppe statistisch bedeutsam (d. h. signifikant) höher als in der Wartegruppe, so ist das Ergebnis nicht auf eine natürliche Veränderung oder Testwiederholung zurückzuführen. Signifikant bedeutet in diesem Zusammenhang, dass die Wahrscheinlichkeit dafür, dass der Unterschied zwischen den beiden Gruppen rein zufällig aufgetreten ist, höchstens 5 % betragen darf.

Ein nächster Qualitätsschritt bei Wirksamkeits- und Effizienzstudien besteht in dem Nachweis, dass die Überlegenheit der Interventionsgruppe tatsächlich auf jene Regelhaftigkeiten zurückgeht, auf die sich die jeweilige Methode beruft («Begründungsausweis« bei Geißler & Hege, 2007, S. 20), und nicht auf alternative Ursachen wie z. B. Interessantheit oder Zuwendung. Dazu ist es notwendig, die Interventionsgruppe mit einer speziellen Kontrollgruppe zu vergleichen, deren Mitglieder in ähnlich interessanter Weise beschäftigt werden und die mit dieser Beschäftigung eine positive Erwartung an die Zielannäherung verbinden. Je nach Kontext können solche Kontrollgruppen als *Aufmerksamkeits- oder Anstrengungsgruppen* bezeichnet werden. Erst wenn die Interventionsgruppe bei diesem Vergleich eine signifikant (überzufällig) stärkere Zielannäherung aufweist, liegt sowohl ein Rechtfertigungs- als auch ein Begründungsausweis für die jeweilige Methode vor.

Nach einem erfolgreichen Wirksamkeitsnachweis ist es zur Erbringung eines zusätzlichen Effizienznachweises in einem letzten Schritt erforderlich, die Interventionsgruppe mit einer Kontrollgruppe zu vergleichen, in der eine bereits evaluierte *Standardintervention* implementiert wird. Eine neue Interventionsmethode gilt dann als effizient, wenn sie bei gleichem Aufwand (z. B. Interventionsdauer) wirksamer ausfällt bzw. bei gleichem Effekt die Zielannäherung mit geringerem Aufwand oder früher erreicht (und die Effekte in einer Katamnese nachhaltig ausfallen und einen positiven Transfer in andere Bereiche der Lebenswelt des Klienten aufweisen). Auf ähnlichen Erwägungen basiert der Vorschlag von Reid, Kenaley & Colvin (2004), in der Sozialen Arbeit mehr Evaluationsstudien zum Vergleich *zwischen* unterschiedlichen Interventionsmethoden (comparative experimental designs) durchzuführen.

Für eine hohe Objektivität solcher wissenschaftlicher Methodenevaluationen ist es von Vorteil, wenn sich die Datenerhebung auf mehrere Institutionen verteilt und sie von unabhängigen Beurteilern durchgeführt wird. Von Langfeldt (2008) stammt eine »Checkliste« (S. 17) von zehn Fragen, an der sich Anwender bei der Entscheidung, ob sie eine bestimmte Methode (z. B. ein Trainingsprogramm) einsetzen möchten oder nicht, orientieren können. Diese ist in Box 3.2 dargestellt.

Box 3.2: Zehn Fragen vor dem Einsatz von Interventionsmethoden (nach Langfeldt, 2008)

1. Sind die Ziele der Interventionsmethode explizit beschrieben?
2. Stellt die Methode einen theoretischen Bezug zum Zielverhalten her?
3. Ist angegeben, für wen die Interventionsmethode geeignet ist?
4. Sind die von der Methode abgeleiteten Techniken rational begründet?
5. Wurde die Wirksamkeit überprüft?
6. Ist mit unerwünschten Nebenwirkungen zu rechnen?
7. Sind die Techniken und Instrumente (Materialien) adressatengerecht?
8. Ist die Methode klar strukturiert (standardisiert) und übersichtlich?
9. Ist angegeben, welche Rahmenbedingungen erfüllt sein müssen?
10. Kann durch explizite Anleitungen die Qualifikation zur Anwendung erworben werden?

Metaanalytische Wirksamkeitsstudien in der Sozialen Arbeit

Die Ergebnisse einzelner Wirksamkeitsstudien können in sog. Metaanalysen zusammengefasst werden, was die Berechnung eines durchschnittlichen Effektes für eine sehr große Stichprobe ermöglicht. Diese *Effektstärke* kann beispielsweise durch den Korrelationskoeffizienten r (für relationship) ausgedrückt werden. Eine

Korrelation kennzeichnet das Ausmaß des Zusammenhanges zweier Variablen: *r* kann zwischen 0 (kein Zusammenhang) und 1 (starker Zusammenhang) variieren. In Wirksamkeitsstudien definiert die erste Variable die Gruppenzugehörigkeit (Interventionsgruppe versus Kontrollgruppe) und die zweite den Grad der Zielannäherung. Eine Korrelation von Null bedeutet demnach, dass die Zielannäherung in beiden Gruppen gleich ausfällt, was die Wirksamkeit bzw. Effizienz einer Intervention in Frage stellt. Je mehr *r* positiv von Null abweicht, desto größer fällt die Zielannäherung in der Interventionsbedingung im Vergleich zur Kontrollbedingung aus. Es gilt: ab $r = 0.10$ spricht man von einem schwachen Effekt, ab $r = 0.30$ von einem mittleren und ab $r = 0.50$ von einem starken Effekt.

Eine weitere Möglichkeit zur Darstellung der Effektstärke ist das Maß *d* (für difference; Cohen, 1988): Es bezeichnet die Differenz der Mittelwerte (in der Zielannäherung) zwischen Interventions- und Kontrollgruppe, welche anschließend durch die mittlere Standardabweichung beider Gruppen geteilt (standardisiert) wird. Ein Wert von 1 für *d* bedeutet, dass die durchschnittliche Zielannäherung in der Interventionsgruppe eine Standardabweichung über dem Wert der Kontrollgruppe liegt und damit 84 % der Personen der Interventionsgruppe eine höhere Zielannäherung aufweisen als der Durchschnitt der Kontrollgruppe. Es gilt: ab $d = 0.20$ spricht man von einem schwachen Effekt, ab $d = 0.50$ von einem mittleren und ab $d = 0.80$ von einem starken Effekt. Eine Anleitung zur Durchführung von Metaanalysen in der Sozialen Arbeit stammt von Cournoyer (2004).

Für die Soziale Arbeit erscheinen an dieser Stelle zwei Metaanalysen erwähnenswert. Die erste von Gorey (1996) beruht auf 88 Einzelstudien, die in den Jahren 1990 bis 1994 in internationalen Fachzeitschriften der Sozialen Arbeit publiziert worden waren und die sich mit der Frage der Wirksamkeit sozialpädagogischer Arbeit beschäftigten. Es wurden weder in Bezug auf die berücksichtigten Konzepte (verhaltensorientiert, systemisch usw.) oder Arbeitsfelder (Einzelfall-, Gruppen- und Gemeinwesenarbeit) noch hinsichtlich der Anwender (Sozialpädagogen und Angehörige anderer Berufsgruppen) Einschränkungen vorgenommen. Die Befunde zeigen eine durchschnittliche Effektstärke von $r = 0.36$, was einen mittleren Effekt kennzeichnet und die grundsätzliche Wirksamkeit sozialpädagogischer Interventionen belegt: ca. 78 % der Klienten in der Interventionsgruppe zeigen eine stärkere Zielannäherung als der Durchschnitt der Kontrollpersonen ohne sozialpädagogische Intervention. Bezieht man die Frage, ob die Evaluation auf Urteilen der Anwender (interne Evaluation) oder unabhängigen Beurteilern (die nicht mit der Einrichtung affiliert waren; externe Evaluation) beruht, in die Analyse mit ein, zeigt sich ein deutlicher Unterschied: der Effekt fällt bei der internen Evaluation wesentlich höher aus ($r = 0.52$) als bei der externen ($r = 0.19$); die Effektstärke ist im letzteren Fall nur noch als schwach einzuschätzen.

Die zweite Metaanalyse von Gorey, Thyer & Pawluck (1998) beruht auf demselben Pool an Einzelstudien, allerdings wurden nur Arbeiten selegiert, die sich auf den Vergleich unterschiedlicher Konzepte der Sozialen Arbeit (social work practice models) bezogen und sich nicht ausschließlich auf Klientenzufriedenheit (interne Evaluation) stützten. Als Arbeitsfelder wurden Einzelfallarbeit sowie Arbeit mit Familien und Kleingruppen berücksichtigt und als Anwender ausschließlich Sozialpädagogen. Für Konzepte, die in mehr als zwei Einzelstudien untersucht worden waren, ergaben sich folgende Ergebnisse:

- kognitiv-verhaltensorientiertes Konzept (22 Einzelstudien): $r = 0.39$
- problemlöseorientiertes Konzept (8 Einzelstudien): $r = 0.26$
- familiensystemisches Konzept (5 Einzelstudien): $r = 0.17$

Einen vergleichbaren Trend fanden de Smidt & Gorey (1997) in unveröffentlichen Studien zur Wirksamkeit sozialpädagogischer Interventionen, was gegen einen reinen *publication bias* (Überschätzung des Effektes aufgrund der ausschließlichen Berücksichtigung veröffentlichter Daten) spricht. Ähnliche Schlussfolgerungen ergaben sich zudem in einem Überblicksartikel von MacDonald, Sheldon & Gillespie (1992), der eine Analyse der Wirksamkeit Sozialer Arbeit unter Berücksichtigung unterschiedlicher konzeptueller Orientierungen und Arbeitsfelder vornimmt (Behavioural, Familiy Therapy, Casework, Groupwork) und sowohl externe wie interne Evaluationen thematisiert. Auch in einem Überblicksartikel über 42 Metaanalysen im Bereich der Klinischen Sozialarbeit konstatiert Reid (1997) »the apparent superiority of behavioral and cognitive behavioral (BCB) interventions over alternative methods« in den unterschiedlichsten Problembereichen. Insgesamt unterstützen diese Ergebnisse den Anspruch der Verhaltensorientierten Sozialen Arbeit, eine empirisch begründete Konzeption mit erfolgreichem Wirksamkeitsnachweis darzustellen (siehe auch Reid & Hanrahan, 1982; Rubin, 1985; Thomlison, 1984).

III Handlungsfelder

4 Verhaltensorientierte Soziale Arbeit mit Menschen mit Behinderungen

Förderung des Arbeits- und Sozialverhaltens bei Lernbehinderung

Friedrich Linderkamp

4.1 Einleitung

Die Gruppe der Menschen mit Behinderungen zu klassifizieren fällt im Zuge des sich seit nunmehr über 15 Jahren vollziehenden Paradigmenwechsels von der Integration zur Inklusion nicht leicht.

2006 wurde auf der UNO-Generalversammlung ein Übereinkommen über die Rechte von Menschen mit Behinderungen, die sogenannte Behindertenrechtskonvention (BRK), verabschiedet, die in Deutschland am 26. März 2009 in Kraft trat. Inhaltlich wird dabei die »Achtung vor der Unterschiedlichkeit von Menschen mit Behinderungen und die Akzeptanz dieser Menschen als Teil der menschlichen Vielfalt und der Menschheit« betont. Heterogenität wird also als normale Gegebenheit gesehen, Klassifizierungen gemäß funktionaler Tüchtigkeit widersprechen diesem Grundgedanken.

Historisch betrachtet hat Deutschland nach dem zweiten Weltkrieg ein sehr weitreichend spezialisiertes System von Sonder- bzw. Förderschulen und Sondereinrichtungen für Menschen mit Behinderungen entwickelt. Hintergrund dieser Bemühungen waren selbstverständlich keine Anliegen der Separation und Ausgrenzung, sondern der Einrichtung hoch spezialisierter Institutionen zur Bereitstellung von speziellen Hilfen gemäß den Unterstützungsbedürfnissen beeinträchtigter Menschen, um individuell ein maximales Maß an Autonomie zu erreichen. Es blieb allerdings der Fokus auf die Andersartigkeit von Menschen mit Behinderung mit der praktischen Konsequenz der Aussonderung und damit Stigmatisierung sowie gesellschaftlichen Segregation.

Die Weltgesundheitsorganisation (WHO) hat 1980 und später 1999 zum Zweck der Kategorisierung von Krankheiten und Behinderungen die »International Classification of Impairments, Disabilities and Handicaps« entwickelt. Gleichwohl erfolgte hierdurch ein Perspektivwechsel, indem nicht mehr nur Schäden und Beeinträchtigungen (impairment) zur Klassifikation einbezogen wurden, sondern die Ebene der Fähigkeiten und Möglichkeiten der Aktivität eines Menschen (disability; activity) mit in den Blick genommen wurden, ergänzt durch Aspekte sozialer Benachteiligung und dem Maß der Teilhabe am gesellschaftlichen Leben (handycap, partcipation).

Bis heute nimmt das deutsche Rechtssystem eine kategoriale Einteilung von Menschen mit Behinderungen vor. Im Sozialgesetzbuch IX, § 2, Abs. 1 heißt es: »Menschen sind behindert, wenn ihre körperliche Funktion, geistige

Fähigkeit oder seelische Gesundheit mit hoher Wahrscheinlichkeit länger als sechs Monate von dem für das Lebensalter typischen Zustand abweichen und daher ihre Teilhabe am Leben in der Gesellschaft beeinträchtigt ist. Sie sind von Behinderung bedroht, wenn die Beeinträchtigung zu erwarten ist.« Die Gewährung von öffentlichen Hilfen ist formal von der Einstufung als Behinderter abhängig. Schulische Hilfen zur Förderung von Schüler/innen mit Förderbedarfen werden etwa in NRW gemäß AOSF (Verordnung über die sonderpädagogische Förderung, den Hausunterricht und die Schule für Kranke; Ausbildungsordnung gemäß § 52 SchulG – AO-SF, vom 29. April 2005, zuletzt geändert durch Gesetz vom 10. Juli 2011, SGV NRW 223) bei Beeinträchtigungen in den Bereichen Lernen, Sprache, emotionale und soziale Entwicklung, Hören und Kommunikation, Sehen, geistige Entwicklung sowie körperliche und motorische Entwicklung gewährt, wenn eine Schülerin oder ein Schüler wegen der Behinderung oder wegen erheblich beeinträchtigten Lernvermögens nicht am Unterricht einer allgemeinen Schule (allgemein bildende oder berufsbildende Schule) teilnehmen kann.

Die Idee der Inklusion steht diesen Klassifikationen entgegen und betont gleichsam die Normalität aller und berücksichtigt dabei die Vielfalt bzw. Diversität menschlichen Verhaltens.

Sofern allerdings zur Linderung physischen und/oder psychischen Leids Hilfen gewünscht sind, ist die diagnostische Abklärung der individuellen Leistungsmöglichkeiten und der weiteren Konstitution eines Menschen erforderlich, um zu individuellen Plänen der Unterstützung und Förderung zu kommen.

Ein wichtiges Feld der Sozialen Arbeit stellen Familien aus sozio-ökonomisch benachteiligten Kontexten dar. Ein großes Problem sind hier häufig ein schwaches Bildungs- und Einkommensniveau. Aufgrund von Anhäufungen biologischer Risiken (z. B. pränatale Toxen aufgrund von Alkoholmissbrauch) und deprivierenden Lebensbedingungen erleiden viele Kinder aus solchen Lebenskontexten bereits pränatal Schäden im Zentralnervensystem, auf deren Grundlage sich weitreichende kognitive Retardierungen entwickeln (Esser, Ihle, Schmidt & Blanz, 2000). Im Ergebnis stellen sich generalisierte Lernstörungen bei den Kindern ein, die bis ins Erwachsenenalter persistieren können.

Lernstörungen in der Qualität bzw. Schwere einer Behinderung zeigen sich bereits früh in der Schule, wenn die Kinder beträchtliche Minderleistungen beim absichtsvollen Wissenserwerb aufweisen, welche »deutlich (mindestens eineinhalb bis zwei Standardabweichungen) unterhalb des Altersdurchschnitts bzw. des Niveaus liegen, das aufgrund der allgemeinen intellektuellen Begabung zu erwarten ist oder wenn die auftretenden Rückstände von der entsprechenden Lehrkraft als so gravierend eingestuft werden, dass anscheinend kein darauf aufbauendes Weiterlernen möglich ist« (Linderkamp & Grünke, 2007, S. 14). Wie einschlägige empirische Metaanalysen zeigen, sind zur Förderung bei Lernbehinderungen kognitiv-behaviorale Trainings angezeigt (vgl. Grünke, 2006).

4.2 Verhaltensorientierte Einzelfalldarstellung

Der 18-jährige Dominik hat die Förderschule Lernen beendet und möchte gerne einen Ausbildungsplatz im Handwerksbereich bekommen. Derzeit besucht er eine Förderberufsfachschule. Er ist praktisch, handwerklich durchaus geschickt und begabt, allerdings fällt ihm schulisches Lernen sehr schwer.

Dominik wurde mit 6 Jahren regulär eingeschult, tat sich aber von Anfang an beim Aneignen von Lehrinhalten ausgesprochen schwer. Mit 8 Jahren wurde bei ihm mit Hilfe eines IQ-Tests eine Lernbehinderung festgestellt; er erreichte einen IQ von 76. Es folgte die Umschulung in die Förderschule, in der er zunächst gut zurecht kam. Das Lernen fiel ihm dort leichter, Dominik hatte allerdings auch einige Probleme, sich im sozialen Miteinander zu regulieren und zu steuern, so dass er öfters in Konflikten mit seinen Mitschülern und in der Folge über Strecken sozial recht isoliert war. Seit der Adoleszenz hat sich dieses Problem noch verstärkt, so dass er sich zu einem Einzelgänger entwickelt hat.

Dominik hat seit jeher Probleme sich zu konzentrieren. Es fällt ihm schwer zuzuhören und über einen längeren Zeitraum aufmerksam zu sein. Bei der Lösung von Aufgaben zeigt er kein ausreichendes Regelverständnis und er ist nicht in der Lage, bei komplexen Aufgaben vorausschauend, geordnet und reflexiv vorzugehen (fehlende Metakognition). Seine Leistungsergebnisse sind entsprechend fehlerhaft oder unvollständig.

Im zwischenmenschlichen Bereich wirken sich die mangelnde Impulskontrolle und Neigung zu überschießenden emotionalen Reaktionen wie Wutausbrüchen oft problematisch aus. Mit 16 hatte Dominik eine Freundin. Die Beziehung gestaltete sich jedoch konfliktreich und hielt nur ein paar Wochen. In seinem letzten Praktikum in einem Malereibetrieb zeigte sich Dominik schlecht organisiert, mit ungünstigem Zeitmanagement (inklusive Unpünktlichkeiten), vergesslich, nur gering konzentrationsfähig und leicht ablenkbar und er hatte nur geringe Ausdauer bei der Bewältigung von längeren Arbeitsvorhaben. Er zeigte Stimmungsschwankungen, eine schwache Frustrationstoleranz und ein nur geringes Selbstwertgefühl.

Qualitative Analyse

Ein verhaltensdiagnostisches Interview mit Dominik und danach – mit Dominiks Erlaubnis – mit seinem Fachlehrer ergaben folgende Problemhierarchie aus dem Lern- und Sozialbereich, wobei insbesondere seine Steuerungsprobleme im Sozialverhalten von beiden als besonders gravierend eingeschätzt wurden. Im Einzelnen ergab sich folgende Ordnung:

- Impulsive Wutausbrüche aus scheinbar nichtigem Anlass (emotionale Ebene). Dominiks Lehrer sagt: »Wenn Dominik nur länger angeschaut wird, reagiert er, als wäre er bedroht worden, und blafft sein Gegenüber an.« In dem Zusammenhang gibt Dominik selbst eine sehr geringe Frustrationstoleranz und Selbstwertprobleme an (»Wenn mich einer länger anguckt, denk ich, dass der schlecht über mich denkt.«; kognitive Ebene). Diese Probleme der Affektsteuerung zeigen sich auch durch eine starke körperliche Anspannung, z.T. mit kühlen, zittrigen Händen (physiologische Ebene). Im Wechsel führt dies zu Konflikten mit anderen oder zu Rückzugsverhalten bei Dominik (Verhaltensebene).

- Schlechte Organisation beim Lernen (Metakognition, wie z.B. schlechtes Zeitmanagement, keine Vorausplanungen, kein schrittweises Vorgehen, kaum Strategien, kaum Reflexivität, viel »trial and error«- und Ad-hoc-Verhalten, statt geordnetes Aufgaben- oder Problemlösen) sowie mangelndes Konzentrationsvermögen (kognitive Ebene). So werden Problemlösungen bei mehrschrittig zu lösenden Aufgaben aus Frustration (emotionale Ebene) abgebrochen (geringes Ausdauerverhalten) bzw. wichtige Schritte übersprungen; beim Schreiben eines längeren, einseitigen Textes nimmt die Fehlerzahl ab der Hälfte immens zu. Daraus resultieren Wissenslücken in wesentlichen Bereichen wie Lesen, Schreiben und Rechnen (Verhaltensebene).

Quantitative Analyse

Nach den Angaben des Klassenlehrers von Dominik »kann man auf die Wutausbrüche warten«. Sie kämen täglich irgendwann in einem Unterricht, sobald z.B. die Leistungsanforderungen Dominik an seine Grenze brächten. Auch seien täglich wütende Konflikte mit Mitschülern zu beobachten. Diese Konflikte wechselten sich dann mit Rückzugsverhalten ab, so dass beides täglich mehrfach zu beobachten sei. Seine schlechte Organisation beim Lernen und sein mangelndes Konzentrationsvermögen seien Fächer übergreifend ebenfalls mehrfach täglich beobachtbar (vgl. ► **Abb. 4.1**, Baseline). Sein ungünstiges Zeitmanagement zeige sich weniger beim Einhalten des Stundenplans als vielmehr bei der Einhaltung von Terminen außer der Reihe, die von Seiten der Schule angesetzt werden (z.B. Besuche in Betrieben) und bei Verabredungen mit Mitschülern, die aufgrund seines Problemverhaltens zwar selten (und immer weniger) stattfinden, aber dann werden sie von Dominik auch noch »verschusselt«.

Funktionale Analyse

Eine Problemanalyse von Dominiks Verhalten erfolgte auf Grundlage seiner eigenen Angaben und jenen seines Klassenlehrers in der Förderberufsfachschule in verhaltensdiagnostischen Interviews.

Dabei wurden vor der eigentlichen funktionalen Analyse die besonderen Stärken von Dominik erfasst, auf die im Rahmen der Förderung angeknüpft und Bezug genommen werden kann (z.B. Eigenschaften wie seine Ehrlichkeit, besondere Kompetenzen wie seine Sportlichkeit, individuelle Interessen wie seine Liebe zu Pferden und Hunden u.ä.m.). Zudem wurde analysiert, welche Funktionen die problematischen Verhaltensweisen haben können. Hier wurde z.B. deutlich, dass einige impulsive soziale Verhaltensweisen (untaugliche) Versuche der Aufmerksamkeitserregung (Kontaktaufnahme) darstellten.

Funktionale Analysen ergaben ungünstige Verstärkungsmuster seitens seiner Bezugspersonen und insbesondere seines Klassenlehrers. So wird Dominiks Störverhalten (Beispiel 1) negativ verstärkt, sein negatives oder positives Leistungsverhalten (Beispiel 2 und 3) hingegen ignoriert. Den nachfolgenden Beispielen liegen als Organismusvariable (O) insbesondere Wissens- und Strategiedefizite in Zusammenhang mit der bestehenden Lernbehinderung zugrunde. Die Abkürzungen bezeichnen den Stimulus (S), die Reaktion (R) auf den Manifestationsebenen (motorisch, physiologisch, kognitiv, emotional) und die Konsequenzen (C).

Beispiel 1: negatives Sozialverhalten
S Der Lehrer schaut Dominik über längere Zeit direkt an.
R_{mot} Dominik sagt zum Lehrer »Komm doch her!« und holt mit dem Federmäppchen zum Wurf aus.
R_{phy} Dominik ist angespannt.
R_{kog} Dominik denkt »Der Lehrer denkt schlecht über mich.«
R_{emo} Dominik fühlt sich bedroht.
Ȼ- Der Lehrer wendet den Blick von Dominik ab (und fährt mit dem Unterricht fort).
C+ Die Mitschüler lachen (Aufmerksamkeit).

Beispiel 2: negatives Leistungsverhalten
S Dominik erhält im Unterricht den Auftrag einen Arbeitsbogen zu bearbeiten.
R_{mot} Dominik bearbeitet die Aufgaben nicht, sondern blättert in seinen Papieren, sucht sein Mäppchen, dreht sich zum Nachbarn usw.
R_{phy} Dominik ist körperlich angespannt.
R_{kog} Dominik denkt »Ich weiß nicht, was ich tun soll.«
R_{emo} Dominik verspürt Angst vor einem Scheitern.
Ȼ- Die Angst lässt nach.
C+ Die Lerndefizite werden größer.

Beispiel 3: positives Leistungsverhalten
S Dominik erhält im Unterricht den Auftrag einen Arbeitsbogen zu bearbeiten.
R_{mot} Er macht sich an die Aufgabenbearbeitung heran.
R_{phy} Er zeigt körperliche Aktivierung.
R_{kog} Er fokussiert seine Aufmerksamkeit, beginnt mit Vergleichs- und metakognitiven Planungsprozessen.
R_{emo} Dominik ist erfolgszuversichtlich und stolz.
Es folgen keine äußeren Konsequenzen (der Lehrer reagiert nicht darauf).

Zielanalyse

Dominik hat sowohl im Bereich des Lern- als auch des Sozialverhaltens Unterstützungs- und Förderbedarf.

Sein Lernproblem liegt im Bereich eines eingeschränkten Regelverständnisses und er verfügt neben inhaltlichen Wissenslücken über nur wenig Strategiewissen. Dominik zeigt eine nur mangelnde Handlungsorganisation und Handlungssteuerung. Folgende verhaltensbezogene Ziele lassen sich formulieren:

- Beherrschung von notwendigen kognitiven Grundfertigkeiten/Operatoren (z. B. verbesserte Diskriminationsfähigkeit, tiefere Vergleichsprozesse).
- Steuerung der Handlungsausführung (z. B. das Ziel nicht aus den Augen verlieren, das eigene Vorgehen überwachen, Rückmeldungen einholen und verarbeiten, Handlungsergebnisse mehr kontrollieren). Dies führt dazu, dass Handlungsvollzüge fehlerfreier werden.
- Handlungsplanung bzw. -organisation (z. B. Vorüberlegungen anstellen und nicht einfach darauf losarbeiten, übergeordnete Strategien einsetzen, die Aufgabenstellung näher analysieren, Reflexionsphase einhalten).
- Metakognitive Kompetenzen (z. B. sich Fragen zum eigenen Handeln stellen, über Problemlösestrategien verfügen, systematische Überwachung und Korrektur der Tätigkeit gelingen).

Im Rahmen eines Lerntrainings soll Dominik die hier relevanten kognitiven Fertigkeiten erlernen und einüben. Übergeordnetes Ziel ist dabei eine Reduktion externer Hilfestellungen durch den Lehrer.

Steuerungs- und Organisationsprobleme zeigen sich auch im sozialen Bereich, so dass Dominik zudem Unterstützung im Bereich des Selbstmanagement erhalten soll. Im Einzelnen werden hier folgende Ziele verfolgt:

- Impulskontrolle und Aufmerksamkeitslenkung in sozialen Situationen (d. h. einzuüben, in sozialen Anforderungssituationen nicht ad hoc zu handeln, sondern sich zunächst sozial zu orientieren und gezielte Aufnahme sozialer Hinweisreize, die zuvor eine Reaktionskontrolle erfordert).
- Entschlüsseln sozialer Hinweisreize (hierzu gehört die Enkodierung bzw. Interpretation der wahrgenommenen sozialen Reize, z. B. bedeutet anhaltender Augenkontakt durch einen Interaktionspartner nicht immer provokatives Verhalten).
- Entwickeln von Verhaltensalternativen (Reflektieren und Erproben verschiedener Reaktionsmöglichkeiten bspw. auf wahrgenommene provozierende Verhaltensweisen).
- Reflektion (aufmerksame Bewertung der Reaktionen bzw. sozialen Konsequenzen des eigenen Handelns bei Interaktionspartnern).

Allgemeine Ziele im Bereich des Sozialverhaltens sind somit eine Reduktion der Wutausbrüche und des Rückzugsverhaltens.

Durchführung der Verhaltensmodifikation

Das indizierte Lerntraining mit zusätzlichen Selbstmanagementelementen lehnt sich in seiner Grundkonzeption an ein aktuelles manualisiertes Lerntraining an (»LeJA – Lerntraining für Jugendliche mit ADHS«; Linderkamp, Hennig & Schramm, 2011; vgl. Hennig & Schramm, 2011). Schwerpunkt des Lerntrainings ist eine wiederholte, vertiefte Übungsbehandlung anhand konkreter (Schul-)Aufgaben zur Erarbeitung eines systematischen Stils der Aufgabenbearbeitung bzw. Problemlösung (»explicit practice«, vgl. Swanson & Deshler, 2003). Dabei unterstützt der Trainer den Klienten, selbst die richtige Lösung zu erreichen, gemäß der Leitidee *Helfen so wenig wie möglich und so viel wie notwendig* (vgl. Wood, Bruner & Ross, 1976). Der Trainer hilft dabei z. B. durch Vorstrukturierung der Aufgabe, handlungsleitende Fragen und Verstärkung richtiger Lösungsschritte. Basierend auf Ergebnissen der empirischen Wirksamkeitsforschung kommen dabei folgende Interventionsmethoden und -techniken zur Anwendung (vgl. Grünke, 2006; Linderkamp 2007a, 2007b):

- *Soziale Verstärkung.* Der Trainer verstärkt gelungene Verhaltensteile in Verhaltensfeedbacks im Anschluss an die Übungseinheiten und während des Trainierens durch prozessbegleitende Verstärkungen. Dies geschieht durch Kopfnicken und kurze verbale Bestätigungen (»mhm«, »super«), wenn der Klient auf dem richtigen Lösungsweg ist (*Prompting*).
- *Selbstverstärkung.* Im Trainingsverlauf hebt der Trainer immer wieder positive Seiten und Stärken des Klienten hervor und hält diesen dazu an, sich ebenso zu loben und stolz auf sich zu sein, z. B. nach der erfolgreichen Bearbeitung einer Aufgabe. Selbstwertdienliche Attributionsmuster bzw. Ursachenzuschreibungen werden unterstützt, insbesondere indem Lernerfolge auf die Kompetenz und Anstrengungen des Klienten zurückgeführt werden. Auch Eltern und Lehrer werden angeleitet, auf Stärken des Klienten zu achten und ihm diese rückzumelden.
- *Verhaltensfeedback.* Im Anschluss an eine abgeschlossene Aufgabe bzw. Trainingseinheit hebt der Trainer differentiell alle gelungenen Handlungsschritte hervor und macht deutlich, dass gerade das trainierte systematische Vorgehen des Klienten zum Erfolg geführt hat. Das Feedback erfolgt positiv verstärkend und wird nicht durch gleichzeitige Ermahnung oder Kritik entwertet.
- *Modelllernen.* Der Trainer demonstriert adaptive Verhaltensweisen (z. B. die Umsetzung von Lernstrategien) als Modell und verbalisiert sein Vorgehen und seine Gedanken dabei laut und nachvollziehbar. Der Klient wird angehalten, das Modellverhalten zu imitieren.
- *Erkenntnisdialog.* Zur Erarbeitung neuer Strategien oder bei der Suche nach Wegen zur Problemlösung kommen modellierende Dialoge zum Einsatz. Dabei vermittelt der Trainer Erkenntnisziele nicht unmittelbar vorgebend und direktiv, sondern arbeitet sie im Dialog mit dem Klienten schrittweise heraus. Der Trainer leitet in die Thematik ein und moderiert die Äußerungen des Klienten durch Paraphrasieren und gezielte Fragen in Richtung des angestrebten Erkenntnisziels. Auch gegenläufige Äußerungen des Klienten werden kommentierend und abwägend einbezogen. Somit kommt der Klient schließlich selbst auf die angestrebte Erkenntnis.

- *Strategieinstruktion.* Dem Klienten werden Lernstrategien vermittelt, die ihm helfen, seine Lernaufgaben besser eigenständig zu bewältigen.
- *Problemlösetraining.* Es wird ein idealer Problemlöseablauf erarbeitet, der auf Aufgaben jeder Art anwendet werden kann. Dieser Ablauf wird immer wieder angewendet und trainiert und schließlich verinnerlicht, wobei Prozesse der Selbstinstruktion zum Einsatz kommen.
- *Direkte Instruktion.* Um den Klienten bei der Anwendung der Strategie zu unterstützen, lenkt der Trainer durch direkte Instruktionen die Aufmerksamkeit des Klienten, wenn dieser von der korrekten Strategieanwendung bzw. Aufgabenbearbeitung abweicht (»Lies dir die Aufgabenstellung noch einmal genau durch und überlege, was du als nächstes tun musst!«). Bei sehr lernschwachen Klienten geht der Trainer stärker direktiv vor und nimmt im Voraus eine starke Vorstrukturierung vor. Dazu zergliedert er größere Aufgaben in Teilschritte und gibt kleinschrittige Handlungsanweisungen, ohne jedoch inhaltlich zu viel vorweg zu nehmen.
- *Selbstinstruktion.* Durch kurze Selbstanfragen und -anweisungen steuert der Klient sein Verhalten selbst (z. B. »Mache ich alles richtig?« oder »Ich mache jetzt erst mal eines nach dem anderen!«). Der Trainer kann dabei solcher Art Selbstanweisungen laut vorgeben und somit von außen das Verhalten des Klienten steuern. Anschließend instruiert sich der Klient selbst, indem er sich die Instruktionen laut vorsagt und dann immer mehr internalisiert, so dass die erwünschten Handlungsschritte schließlich internalisiert automatisiert ablaufen.

Den Verhaltensproblemen Dominiks im Sozialbereich wird mit dem Selbstmanagementansatz begegnet (vgl. Linderkamp, Hennig, Schramm, 2011). Dabei werden individuell bedeutsame soziale Probleme wie Konflikte mit Gleichaltrigen, Eltern oder Lehrern bearbeitet. Gemäß dem Selbstmanagementansatz ist das Vorgehen hier weniger direktiv als andere verhaltensorientierte Methoden. Dem Klienten werden Problemlösealternativen nicht direktiv angeboten, sondern er wird zur Selbstregulation und einer eigenen Problembewältigung angeleitet (Ressourcenaktivierung). Auf Grundlage geringer Vorstrukturierung soll der Klient in Eigenverantwortung mit weit reichender Entscheidungsfreiheit Lösungswege seines Problems entwickeln, erproben und reflektieren. Konkret bemüht sich der Trainer, zusammen mit dem Klienten Probleme zu identifizieren (Problemaktualisierung; im Falle Dominiks z. B. seine Wutausbrüche), um anschließend in einem dialogischen Vorgehen nach Lösungsmöglichkeiten zu suchen und Lösungswege zu erörtern (Problembewältigung). In entsprechenden Verhaltensübungen werden die in der Zielanalyse explizierten sozialen Fertigkeiten eingeübt.

Zusammenarbeit mit Lehrern

Zur Generalisierung der Trainingserfolge auf den Schulkontext wird eng mit Dominiks Lehrern in der Förderberufsfachschule zusammengearbeitet. Im Erstgespräch wird in Absprache mit Dominik überlegt, welcher Lehrer als primäre Kontaktperson fungieren kann. Im Zeitraum der ersten vier Sitzungen meldet sich der Trainer telefonisch bei dem Kontaktlehrer und erfragt Informationen zum Arbeits- und Sozialverhalten von Dominik sowie zu inhaltlichen Schulleistungsschwächen und -stärken. Darüber hinaus erfragt der Trainer aktuelle schulische Aufgaben bzw. Aufgabentypen, anhand derer die im Training vermittelten Strategien und Techniken eingeübt werden können. Im Falle Dominiks zeigte sich sein Lehrer sehr kooperativ und stellte dem Trainer direkt Aufgaben zur Verfügung; z.T am Wochenanfang per E-Mail oder er gab sie Dominik zum Training mit. Durch diese Abstimmung zwischen Schule und Training wird der Transfer der Trainingserfolge auf den Schulkontext erleichtert und die Motivation zur Mitarbeit vieler Klienten steigt, da für sie ersichtlich wird, dass das Training tatsächlich an den Punkten ansetzt, die gerade aktuell und wichtig für schulische Erfolge sind. Auch die Motivation des Lehrers kann angehoben werden, da durch die explizite Nachfrage auch nach Stärken des Schülers – bei Dominik etwa sein großes Interesse an sportlichen Themen und am Sachunterricht und Biologie im Zusammenhang mit Tieren, die er mag – dessen positive Seiten ins Licht gerückt werden, die durch eine oft vorherrschende Problemsicht bzw. Fokussierung auf das Störverhalten z. T. kaum noch wahrgenommen werden. Mit Dominiks Lehrer und seinem Trainer wurden zudem regelmäßige Telefonkontakte realisiert, die zur Prozess- und Ergebnisevaluation des Trainings beitrugen. Die Inhalte des Trainings wurden eng mit dem Unterrichtsstoff verzahnt und vom Lehrer wahrgenommene Fortschritte über den Trainer unmittelbar an Dominik zurückgemeldet.

Evaluation

Im Ergebnis zeigt sich, dass Dominik sehr vom Training profitiert hat. Gemäß Lehrereinschätzung hat sich die Anzahl seiner Wutausbrüche in der Schule halbiert. Im Abschlussgespräch gibt sein Kontaktlehrer an, es sei zwar »aus dem Windhund kein Bernhardiner geworden«, aber Dominik komme jetzt deutlich besser mit seinen Mitschülern und auch mit den Lehrpersonen klar, was diese auch positiv registriert hätten und somit sein Kontaktlehrer auch von weiteren Fortschritten ausgeht, in dem Maße wie Dominik merke, dass seine Mitmenschen ihm mit weniger Ausbrüchen bzw. kontrollierter und reflektierter wesentlich positiver begegneten.

An seinem Rückzugsverhalten habe sich allerdings kaum etwas geändert, was einerseits wohl daran liegt, dass dieses Problemverhalten von vornherein seltener auftrat. Andererseits interpretiert Dominiks Lehrer dessen Rückzugsverhalten nun auch in der Weise, dass Dominik sich bewusst ab und zu ruhige Auszeiten nehme, was ja durchaus positiv zu bewerten sei.

Seine verbesserten Fertigkeiten der Selbststeuerung und Selbstorganisation führten nach Angaben von Dominiks Kontaktlehrer auch zu einer leichten Notenverbesserung und auch zu stabilerem Leistungsverhalten. So hat sich die Anzahl der nötigen Hilfestellungen im Unterricht deutlich reduziert und sich seine Leistungen in den Hauptfächern auf dem Notenlevel befriedigend/ausreichend stabilisiert.

▸ **Abb. 4.1** ist zu entnehmen, in welchem Ausmaß sich die Auftretenshäufigkeiten der problematischen Verhaltensweisen reduziert haben. Im

Durchschnitt nahmen die Wutausbrüche im Unterricht von 9,7 mal täglich (vor dem Training bzw. während der Baseline) auf 4,7 mal täglich ab, während sich das Rückzugsverhalten in seiner Häufigkeit weniger reduzierte (6 mal täglich vorm Trainings und 4 mal täglich am Ende). Die Anzahl der notwendigen Hilfestellungen im Unterricht hat sich deutlich von 5,8 auf 2,3 reduziert. Effektgrößenberechnungen nach Cohens d ergaben:

Wutausbrüche im Unterricht	2,1	(hoher Effekt)
Anzahl der Hilfestellungen	2,1	(hoher Effekt)
Rückzugsverhalten	0,2	(kleiner Effekt)

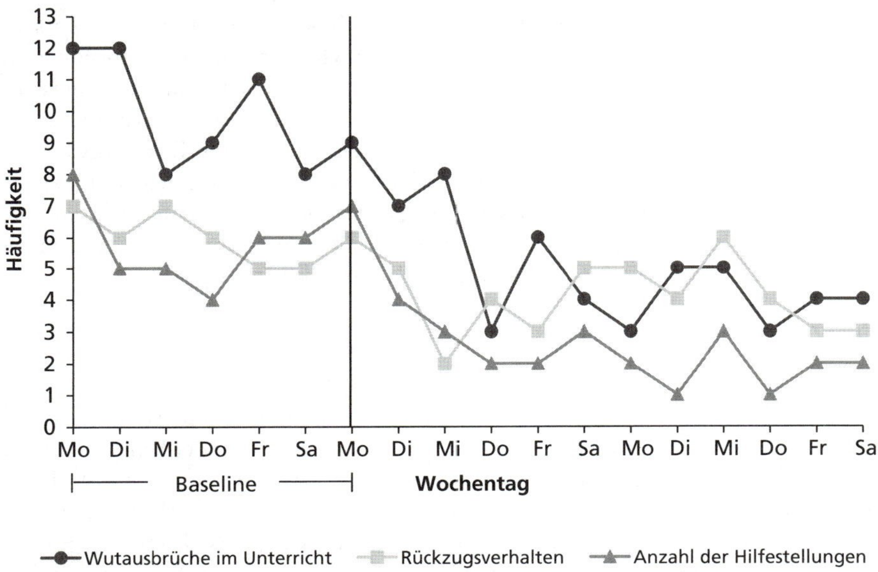

Abb. 4.1: Baseline- und Verlaufsmessungen für das Sozial- und Leistungsverhalten von Dominik

4.3 Verhaltensorientiertes Trainingsprogramm

Verhaltenstheoretische Modellvorstellungen

Unter Berücksichtigung von Wirksamkeitsstudien sind zur Förderung bei Lernbehinderungen verhaltensorientierte, kognitiv-behaviorale Trainings angezeigt. Gemäß einschlägiger Metaanalysen werden mittels dieser Trainings gute Effekte erzielt. So kommt beispielsweise Grünke (2006) in einer Zusammenschau von 26 Metaanalysen über Studien zur Effektivität von Fördermaßnahmen bei Lernstörungen zu dem Fazit, dass eine wirksame Förderung übungsbetont, schrittweise aufeinander aufbauend, explizit Strategien vermittelnd und Feedback gebend sein sollte.

In einer Studie von Baer und Nietzel (1991) wurde aus insgesamt 36 kontrollierten Studien zur Behandlung eines wesentlichen Merkmals von Lernstörungen, nämlich der kognitiven Impulsivität, die höchste Effektstärke (d = 1.98) für eine Kombination aus Strategieinstruktion und operanter Verstärkung gefunden. Auch die Kombination aus Selbstinstruktionstraining und anderen kognitiv-behavioralen Verfahren (z. B. Problemlösetraining oder Verstärkung) erzielte gute Wirksamkeiten (d = 0.70). Swanson und Hoskyn (1998) bestimmten über insgesamt 180 Studien zur Förderung kognitiver Leistungen die höchste Effektstärke (d = 0.84) für eine Kombination aus direkter und Strategieinstruktion, gefolgt von reiner Strategieinstruktion (d = 0.72) und reiner direkter Instruktion (d = 0.68). Darüber hinaus konnten Swanson und Deshler (2003) effektive Elemente aus Lerntrainings extrahieren und zu acht Faktoren zusammenfassen. In Regressionsanalysen klärte nur der Faktor »Organization/Explicit practice« signifikant Varianz bei der Vorhersage der Effektstärke auf. Die Autoren leiten daraus ab, dass Lerntrainings die Vermittlung von Organisationskompetenzen beinhalten sollten, die durch wiederholtes Einüben mit ständigen Überprüfungen und Feedback trainiert werden. Angaben zur differentiellen Wirksamkeit der Elemente von Lerntrainings ermittelten auch Forness, Kavale, Blum und Lloyd (1997). Die Autoren fassten 18 Metaanalysen zusammen. Als besonders effizient erwiesen sich Techniken der kognitiven Verhaltensmodifikation (d = 0.71), die direkte Instruktion (d = 0.84), die direkte Rückmeldung (d = 0.70) sowie die Vermittlung von Gedächtnisstrategien (d = 1.62) und von systematischen Lesestrategien (d = 1.13).

Beim Lerntraining kommen noch weitere Interventionsaspekte hinzu, die es zu berücksichtigen gilt.

So analysierten Smith, Regli und Grawe (1999) 8000 dokumentierte Interventionssitzungen. Zunächst wurden solche ausgewählt, die sich durch eine besonders starke Problemaktualisierung auszeichneten. Daraus wurden anschließend 30 Sitzungen mit (aus Sicht der Klienten) positivem Ergebnis (produktive Sitzungen) und 30 Sitzungen mit negativem Ergebnis (unproduktive Sitzungen) ausgewählt. Im Vergleich der Mittelwerte der einzelnen Prozessmerkmale zeigten sich bei allen Indizes, die sich auf die Arbeitsbeziehung und auf Ressourcen bezogen, signifikante Unterschiede zwischen produktiven und unproduktiven Sitzungen. Diese Merkmale waren in produktiven Sitzungen deutlich stärker realisiert worden, was sich in sehr hohen Unterschieden in den ermittelten Effektstärken widerspiegelt. Eine positive Arbeitsbeziehung zum Klienten und die erfolgreiche Ressourcenaktivierung beim Klienten werden von Grawe (2005) auf Grundlage dieser und anderer Studien als unbedingt notwendige Grundbedingungen für eine erfolgreiche Intervention festgestellt.

Ableitung der Trainingskomponenten

Die Probleme der Selbstorganisation und die mangelnden metakognitiven Kompetenzen bei Menschen mit Lernbehinderungen haben Auswirkungen auf den schulischen bzw. beruflichen Leistungskontext und führen auch zur eingeschränkten sozialen Teilhabe. Ein Interventionsprogramm muss entsprechend die Ausbildung (meta-)kognitiver Fertigkeiten zum Ziel haben. Es muss aber auch die Autonomieentwicklung unterstützen. Ein effektives Programm hat entsprechend vielfältige Bausteine aufzuweisen:

1. Zu Beginn des Trainings wird unter Berücksichtigung der empirischen Erkenntnisse von Grawe (2004) ein Schwerpunkt auf den *partnerschaftlichen Beziehungsaufbau* gelegt. Im Verlauf des Trainings werden auf dieser Grundlage u.a. sokratische bzw. Erkenntnisdialoge durchgeführt. *Ressourcenaktivierungen* nehmen einen weiteren wichtigen Stellenwert ein. Basierend auf den Daten der Studie von Smith, Regli und Grawe (1999) bestimmte Grawe (2004) hohe Effektstärken für den Einfluss verschiedener Prozessmerkmale aus dem Bereich Ressourcen: (a) explizite Verstärkung von Zielen und Werten, (b) explizite Verstärkung von Kompetenzen, (c) prozessuale Aktivierung der Ziele des Klienten, (d) prozessuale Aktivierung der Fähigkeiten des Klienten, (e) Unterstützung der Wahrnehmung der eigenen positiven Seiten durch den Klienten sowie (f) explizites Ansprechen der positiven Seiten des Klienten.
2. Aufgrund einer Vielzahl von Wirksamkeitsstudien stellen sich *operante Methoden* als besonders effektiv dar. Dabei werden Effekte sozialer, verbaler Verstärkung initiiert und im Kontext von Verbalisierungs- und Selbstinstruktionstechniken insbesondere die (verbale) Selbstbekräftigung und -verstärkung trainiert. Soziale Verstärkungen erfolgen sowohl Lernprozess begleitend (häufige prozessorientierte Verstärkung) als auch in Form von Verhaltensfeedbacks nach (teil-)erfolgreichen Problemlöseschritten.
3. Neben *Methoden des Modell-Lernens* werden *kognitive Methoden* verwendet, vor allem Techniken der Selbstinstruktion im Zusammenhang mit einem Problemlösetraining, das durch Prozesse der sozialen bzw. verbalen Selbst- und Fremdverstärkung ergänzt wird.
4. Des Weiteren kommen *direkte Instruktion* und *Stategieinstruktion* zum Einsatz: das wiederholte Einüben von Lerninhalten bzw. das Einüben konkreter Strategien hat sich als sehr effektiv erwiesen. Dem Üben gehen Phasen des Modelllernens voran. Es werden Direkte Instruktionen und Strategieinstruktionen eingesetzt.
5. Im Rahmen eines effektiven Trainings werden neben den Leistungsproblemen auch andere individuell bedeutsame Probleme wie die Beziehungsgestaltung zum Partner oder die Erarbeitung einer Berufsperspektive bearbeitet. Gemäß dem *Selbstmanagementansatz* (Kanfer, Reinecker & Schmelzer, 2011) ist das Vorgehen hier wenig direktiv. Der Trainer bemüht sich, zusammen mit dem Klienten Probleme zu identifizieren, sodann werden in einem dialogischen Vorgehen nach Lösungsmöglichkeiten gesucht und Lösungswege erörtert (Problemaktualisierung). Der Klient wird darin unterstützt und angeleitet, Probleme selbständig zu lösen (Ressourcenaktivierung). Das Selbstmanagement wird auf Grundlage einer gut entwickelten Trainer-Klient-Beziehung im späteren Verlauf des Trainings eingesetzt.

Implementierung des Trainings

Das Training erfolgt in einem Umfang von 20 Sitzungen. Im Fall Dominiks wurden pro Woche zwei Sitzungen realisiert. Die Inhalte basieren auf den vorgestellten konzeptionellen und methodischen Bausteinen und sind in ▸ **Tab. 4.1** dargestellt.

Tab. 4.1: Ablauf eines Lerntrainings bei Lernbehinderungen

Sitzung	Thema / Trainingsbaustein	Sitzungsinhalte
1–2	Beziehungsaufbau	• Formelles, Organisation, Fragen • Motivations- und Kognitionsanalyse • Trainingsvereinbarung
3–4	Problem- und Zieldefinition erarbeiten	• Funktionale Analyse des Lern- und Sozialverhaltens • Ableitung der Interventionsziele
5–15	Lerntraining / Verbesserung des Lern- und Arbeitsverhaltens	• Lernorganisation (Zeit- und Terminplanung, Arbeitsplatzgestaltung, Ritualisierung der Lernsituation) • Systematisches Aufgabenlösen anhand beispielhafter Aufgaben • Spezifische Lernstrategien
16–19	Coaching individueller Probleme	• Probleme mit Bezugspersonen und Partnern • Probleme bei der beruflichen Orientierung etc. • Vorbereitung einer Berufsperspektive u. ä.
20	Abschluss	• Reflektion zur Stabilisierung und Generalisierung der Trainingserfolge
Follow-up	(optionale) Katamnese	• Auffrischung relevanter Inhalte

Das Ablaufschema stellt einen Orientierungsrahmen dar. Es ist durchaus möglich, dass z. B. individuelle Probleme des Klienten eher behandelt werden, wie auch dass Interventionsmethoden und -techniken sitzungsübergreifend Relevanz besitzen.

4.4 Zusammenfassung und Ausblick

Soziale Arbeit mit Menschen mit Behinderungen zielt einerseits darauf ab, ihnen maximale Teilhabe am gesellschaftlichen Leben in all seinen Facetten zu ermöglichen und zum anderen durch gezielte Interventionen funktionalen Beeinträchtigungen zu begegnen, um resultierenden Handicaps entgegen zu wirken bzw. um letztlich maximalen Autonomiegewinn für die jeweilige Person zu erreichen. Der erste Aspekt wird aktuell vor dem Hintergrund der Inklusionsidee diskutiert, welche alle Menschen mit ihren jeweiligen Leistungsmöglichkeiten und Wesenszügen ganz individuell und insgesamt in ihrer Vielfältigkeit und Heterogenität betrachtet und bestrebt ist, die für die Menschen mit Behinderungen bestehenden Barrieren im öffentlichen Leben abzuflachen und wenn möglich abzubauen. Dem zweiten Aspekt kann effektiv Rechnung getragen werden, indem Evidenz basierte Interventionskonzepte zur Anwendung kommen, und dies sind gemäß den Ergebnissen der Wirksamkeitsforschung verhaltensorientierte bzw. behaviorale und kognitiv-behaviorale Verfahren.

Menschen mit Behinderungen sind aufgrund von Entwicklungsrückständen oder Schäden gehandicapt. Entscheidende Problemfelder stellen allerdings weniger spezifische funktionale Beeinträchtigungen etwa in der Grobmotorik oder Sprachproduktion dar, sondern sind einerseits Leistungsbeeinträchtigungen in Schule, Ausbildung und Erwerbsleben, andererseits Beeinträchtigung im sozialen Miteinander, welches sich je nach Lebensphase wiederum in der Schule und in der weiteren Ausbildung mit den Mitschülerinnen und Mitschülern, später mit Kolleginnen und Kollegen und schließlich beim Aufbau von Partnerschaften manifestiert. Insofern kommt den Förderbereichen des »Lernen Lernens« sowie der Vermittlung sozialer Kompetenzen zentrale Bedeutung zu. Das vorgestellte Lerntraining setzt genau hier an und hat die übergreifende Verbesserung der Selbstregulation und -organisation zum Ziel. Es dient insofern der Entwicklungsförderung junger Menschen, denn es verbessert die Lernfähigkeit und vermittelt Kompetenzen zum erfolgreichen Aufbau und zur Pflege wichtiger sozialer Beziehungen.

5 Verhaltensorientierte Soziale Arbeit mit alten Menschen

Förderung bei beginnender Alzheimer-Demenz

Anita Plattner

5.1 Einleitung

Dementielle Erkrankungen im Frühstadium

Mit zunehmendem Alter häuft sich der Auftritt dementieller Erkrankungen, welche eine besondere Herausforderung für die Soziale Arbeit mit älteren Menschen darstellen. Unter dementiellen Prozessen versteht man den fortschreitenden Verlust zunächst des Kurzzeit-, später des Langzeitgedächtnisses und anderer Gehirnfunktionen. Zu Beginn sind höhere Funktionen der Informationsverarbeitung und des -abrufs betroffen, während in späteren Stadien zunehmend niedrigere wie die Kontrolle körperlicher Funktionen, z. B. die Kontinenz, betroffen sind.

Die Ursachen dementieller Prozesse, der Beginn der Erkrankung und die Geschwindigkeit von Abbauprozessen sind sehr unterschiedlich (Van Duijn et al., 1991, McGeer et al., 1994). Bekannt sind bisher genetische Ursachen, entzündliche Prozesse im Gehirn, Schilddrüsenunterfunktion, Depressionen in der Vorgeschichte sowie ein unselbständiger Lebensstil. Vor allem die beiden letztgenannten Entstehungsbedingungen weisen darauf hin, dass psychosoziale Interventionen, die auf eine Verbesserung der emotionalen Befindlichkeit und des Aktivitätsniveaus abzielen, insgesamt zu einer Verlangsamung der Erkrankung beitragen können. Auch zeigte eine große Studie in Großbritannien, dass ältere Menschen, die ein gut funktionierendes Netz sozialer Kontakte haben, seltener an einer Demenz erkranken (Fratiglioni et al., 2000; Plattner, 2000). Ergebnisse aus der Grundlagenforschung zeigen, dass weder die Genexpression, noch die Anatomie oder Physiologie des Gehirns statisch sind (Gehrtz, 1989).

Emotionale Faktoren sind für Vorgänge der Informationsverarbeitung und damit für die Leistungsfähigkeit des Gedächtnisses von Bedeutung. Vor allem bei der Aufnahme von Information spielen psychologische Parameter, wie Einstellung, Interesse und Aufmerksamkeit eine große Rolle. Das emotionale Wohlbefinden von Klienten mit Alzheimer-Demenz kann durch eine Vielzahl von verhaltensorientierten Techniken wie Aktivitätsaufbau, Kognitive Techniken und die Unterstützung einer emotionalen Bewältigung verbessert werden.

Die Verfügbarkeit eines breiten Methodenrepertoires und die Möglichkeit, komplexe Verhaltensziele in einzelne – einfach zu vermittelnde – Teilziele zu zerlegen, favorisieren verhaltensorientierte Strategien bei der Demenzbehandlung (Ehrhardt & Plattner, 1999; Ehrhardt et. al., 1997; Ehrhardt et al., 1998, Miller, 1989). Verhaltensorientierte Interventionen bieten außerdem den Vorteil, den

Verbleib des Klienten in der Familie zu ermöglichen bzw. die Pflegeroutine in einer Klinik oder in einem Altenheim wesentlich zu erleichtern.

Verhaltensorientierte Handlungsmöglichkeiten können zum einen das Fortschreiten der Erkrankung etwas abbremsen. Ein weiteres Ziel in der Arbeit mit Demenzkranken ist zum anderen der Umgang mit Depressionen, Ängsten und anderen psychiatrischen Begleitsymptomen. Auch kann der Alltag für die Betroffenen und für Pflegekräfte – Verwandte oder Professionelle – durch einen einfühlsamen Umgang mit den Betroffenen erleichtert werden. Nicht zuletzt geht es um eine emotionale Unterstützung der Demenzkranken und deren Angehörigen.

Sozialpädagogen treffen in unterschiedlichen Berufsfeldern auf Demenz-Klienten. Hieraus ergeben sich verschiedene Schwerpunkte für die oben genannten Aufgabenstellungen und Handlungsfelder, da in den unterschiedlichen Krankheitsstadien unterschiedliche Symptome – wie Depression, Angst, Antriebsstörungen und Aggressivität – auftreten (Haupt, 1996).

Im Anfangsstadium begegnen Sozialpädagogen Demenzklienten häufig in Zusammenhang mit Einrichtungen der Tagespflege oder in sogenannten »Demenz-WGs«. In dieser Phase der Erkrankung geht es um die Betreuung und Aktivierung der Betroffenen, wobei es wichtig ist hervorzuheben, dass neben einem ersten Abbau der Merkfähigkeit viele Fähigkeiten häufig gut erhalten sind. Insbesondere die sozioemotionalen Aspekte der Persönlichkeit, einschließlich der Bedürfnisse nach Nähe, Sicherheit und Wertschätzung, die soziale Umgangsformen sowie die Wahrnehmung und der Ausdruck von Gefühlen sind kaum beeinträchtigt. Eine beginnende Demenz kann sich zeigen als Vergesslichkeit oder Zerstreutheit, als Unentschlossenheit, als Schwierigkeit beim Sprechen oder Rechnen, als nachlassendes Geschick beim Autofahren. Alltägliche Verrichtungen wie Kochen bereiten Schwierigkeiten, es wird mühsam, Diskussionen zu folgen, Termine werden vergessen oder Gegenstände verlegt.

Vor allem aus Scham werden schon bei einer beginnenden Demenz gesellschaftliche Kontakte und Hobbies eingeschränkt. Wir haben es häufig mit depressiven Reaktionen zu tun, da der an Demenz Erkrankte den zu Beginn charakteristischen Abbau des Kurzzeitgedächtnisses, d. h. die Unfähigkeit, sich Neues zu merken, noch in vollem Bewusstsein wahrnimmt. Aufgabe in diesem Handlungsfeld ist es, das depressive Verhalten abzumildern und Aktivitäten zu fördern.

In stationären Einrichtungen wie Altenheimen und Kliniken finden sich meist alte Menschen in mittleren bis späten Demenzstadien. Hier geht es neben einem »Abbremsen« des Gedächtnisverlusts um einen einfühlsamen und wirkungsvollen Umgang mit der diesbezüglichen Angst sowie psychotischen Begleitsymptomen wie Wahn und Halluzinationen, die bei einem Teil der Betroffenen zusätzlich auftreten. Typisch sind zudem auch Antriebsstörungen, Reizbarkeit, Unruhe und Aggressivität, die immer wieder im Verlauf auftreten und denen verhaltensorientiert begegnet werden kann (Burgio et al., 1988; Burgio et al., 1994).

In diesem Kapitel wird – aufgrund der notwendigerweise knappen Darstellung – vor allem der professionelle Umgang mit Demenz-Klienten im Frühstadium beleuchtet. Quantitative Auswertungen im Sinne von Gruppen-Erfolgsstudien stehen bisher in diesem Bereich noch aus, so dass im Folgenden exemplarisch das verhaltensorientierte Vorgehen bei einem Klienten mit beginnender Alzheimer-Demenz (im Folgenden kurz »AD«) dargestellt wird (entnommen Ehrhardt & Plattner, 1999).

5.2 Verhaltensorientierte Einzelfalldarstellung

Der 60jährige Klient ist von Beruf kaufmännischer Angestellter. Er habe seinen Beruf bis zur AD-Erkrankung als sehr stützend erlebt, stehe jetzt jedoch vor der Frühberentung. In der Vergangenheit habe es immer wieder Schwierigkeiten mit der Ehefrau – einer 12 Jahre jüngeren Dolmetscherin – gegeben. Sie ließe ihn kaum noch etwas alleine machen. Die dominante, ehrgeizige und engagierte Ehefrau sei aber andererseits gerade jetzt eine wichtige Stütze. In dem gemeinsamen Haushalt leben noch zwei Kinder, 20 und 22 Jahre, die gerade dabei seien, sich vom Elternhaus abzulösen. Die ersten Gedächtnisprobleme seien etwa vor zwei Jahren aufgetreten. Seither habe sich der Klient zunehmend aus seinen zahlreichen Hobbys (z. B. Squash und Skifahren) und Kontakten zurückgezogen.

Qualitative Analyse

Der Klient führt aus, dass seit etwa zwei Jahren »etwas nicht mehr mit ihm stimme«. Er habe zunächst unter allgemeinem Energieverlust und großer Müdigkeit gelitten. Danach habe er eine Abnahme seines Gedächtnisses, seines Konzentrationsvermögens und seiner Koordination bemerkt (kognitive Ebene). Er müsse sich Absprachen von Terminen sofort notieren und könne in Gesprächen bei raschem Themawechsel häufig nicht mehr folgen, worauf er sich zurückzieht (Verhaltensebene). Die Orientierung in fremder Umgebung falle ihm im Gegensatz zu früher erheblich schwerer. Auch in seinem Beruf habe er Probleme, die er bisher mit Hilfe kompetenter Mitarbeiter habe kompensieren können. Er habe Angst (emotionale Ebene) vor der weiteren Entwicklung und den Folgen seiner Gedächtnisprobleme und sei deshalb an einer Beratung sehr interessiert. Nach einer stationären Abklärung der dementiellen Symptomatik wurde dem Klienten von dem behandelnden Klinikarzt zu einer ambulanten verhaltensorientierten Beratung geraten.

Der Klient wirkte im Erstkontakt unnahbar und sehr verschlossen. Er bemühte sich aber, heiter und gelassen zu erscheinen. Im weiteren Verlauf der Kontakte machte der Klient einen belasteten Eindruck, war zum Teil ratlos, dabei jedoch schwingungsfähig. Er war wach, bewusstseinsklar, jedoch nur mäßig örtlich, aber zeitlich und zur Person gut orientiert. Im formalen Denken zeigte der Klient die Tendenz vorbeizureden und zu perseverieren. Inhaltlich stand die Sorge um die Gedächtnisstörung im Vordergrund. Deutlich waren die kognitiven und mnestischen (gedächtnisbezogenen) Beeinträchtigungen. Im Vordergrund stand eine Störung der Aufmerksamkeit und der Konzentration, des Kurzzeitgedächtnisses, der Wortfindung und -flüssigkeit sowie visuokonstruktiver und praktischer Leistungen. Hinweise auf eine drohende Suizidalität ergaben sich nicht.

Quantitative Analyse

Die Veränderungsmessung des Schweregrades kognitiver Demenzsymptome erfolgte mittels des Kognitiven Leistungstests der Alzheimer's Disease Assessment Scale (ADASCOG; Rosen, Mohs & Davis, 1984), um einen etwaigen Einfluss der verhaltensorientierten Intervention auf die kognitive Symptomatik nachweisen zu können (vgl. Abschnitt Evaluation).

Funktionale Analyse

Im Folgenden werden zwei Beispiele einer funktionalen Analyse dargestellt. Die Abkürzungen bezeichnen den Stimulus (S), den Organismus (O), die Reaktion (R) auf den Manifestationsebenen (motorisch, physiologisch, kognitiv, emotional) und die Konsequenzen (C).

Beispiel 1: Die erste Analyse bezieht sich auf den Fall, in dem der Klient in der unangenehmen Situation verbleibt und sich nur »innerlich« zurückzieht.

S	Der Klient kann beim Abendessen mit Freunden dem lebhaften Gespräch nicht mehr folgen.
O	Eingeschränkte kognitive Informationsverarbeitung infolge der AD-Erkrankung.
R_{mot}	Der Klient beteiligt sich nicht mehr an dem Gespräch.
R_{phy}	Der Klient erlebt steigende Nervosität und schwitzt.
R_{kog}	»Die anderen sprechen so unzusammenhängende Sätze, dass ich nicht mehr mitkomme.«
R_{emo}	Der Klient ist deprimiert und hilflos.
$\not{C}-_{kurz}$	Der Klient vermeidet, sich vor den anderen zu blamieren.
C+	Die belastende Situation bleibt bestehen und verstärkt die Hilflosigkeit.
$C-_{lang}$	Der Klient nutzt seine noch vorhandenen Verhaltensressourcen nicht, die durch mangelnde Übung schneller verloren gehen.

Beispiel 2: Das zweite Beispiel einer funktionalen Analyse betrifft den Fall, in dem sich der Klient auf der Verhaltensebene zurückzieht, indem er die Situation verlässt.

S	Der Klient kommt in der Kommunikation mit einem Squashpartner nicht mehr mit.
O	Eingeschränkte kognitive Informationsverarbeitung infolge der AD-Erkrankung.
R_{mot}	Der Klient verlässt die Situation und zieht sich aus dem Kontakt mit dem Squashpartner zurück.
R_{phy}	Der Klient verspürt körperliche Angespanntheit.
R_{kog}	»Was wird der andere von mir denken?«
R_{emo}	Der Klient fühlt sich genervt und gequält.
$\not{C}-_{kurz}$	Die unangenehme Situation wird beendet.

C- Der Klient verliert Verstärkungsmöglichkeiten durch den Abbruch des sozialen Kontaktes.

C^-_{lang} Der Klient verliert bestehende Ressourcen, die durch Nicht-Gebrauch schneller verloren gehen.

Für beide funktionalen Analysen kommt noch als weiteres erschwerendes Element hinzu, dass die dementielle Erkrankung in besonders starkem Gegensatz zu dem vorherrschenden kognitiven Bewertungsmuster des Klienten steht. Dieses lautet: »Nur wenn ich überdurchschnittliche Leistungen bringe, erhalte ich ausreichend Anerkennung und vermeide meine Angst vor Ablehnung und Liebesverlust.« Der Klient hat daher keinerlei geeignete Bewältigungs-Strategien für den Umgang mit dieser Erkrankung zur Verfügung. Alle prämorbiden Selbstwertquellen, wie berufliche Arbeit, Autofahren und Squashspielen, kann er nicht mehr nutzen. Wegen der Erkrankung musste er seine Arbeit aufgeben. Seither ist er in einen Zustand zunehmender Bemutterung und Fremdbestimmung durch seine Frau geraten. Durch die dementielle Erkrankung kommt es zu weiterer Handlungsunfähigkeit und Passivität, zum Zusammenbruch der Selbstregulation und zum sozialen Rückzug. Vorhandene Ressourcen bleiben ungenutzt.

Zielanalyse

Auf der Grundlage der Selbstbeobachtung und Selbstauskunft des Klienten sowie ergänzenden Informationen durch die Ehefrau wurde eine detaillierte Zielanalyse durchgeführt. Im Vordergrund stand zunächst eine Stabilisierung der kognitiven Beeinträchtigungen. Des Weiteren ging es um eine Bewältigung der Belastungen, die sich aus der Erkrankung selbst sowie aus der Konfrontation mit der Diagnose ergeben. Ziele sind dabei der Aufbau von Selbstakzeptanz für die eigenen Leistungseinbußen und eine Veränderung der Lebensgestaltung im Zusammenhang mit der Gedächtnisproblematik. Darüber hinaus war eine Mobilisierung vorhandener persönlicher Ressourcen und ein Aufbau mehrerer erfüllender Aktivitäten, die trotz der Gedächtnisproblematik ausgeübt werden können, anzustreben. Unter Berücksichtigung der starken Leistungsorientierung des Klienten erschien die Bearbeitung der Selbstakzeptanz ebenfalls besonders wichtig.

Als prognostisch ungünstig war der zu erwartende progrediente Verlauf der dementiellen Symptomatik zu betrachten. Hingegen waren die Unterstützung durch die Ehefrau, die große Motivation und der Leidensdruck des Klienten prognostisch günstig zu bewerten. Äußerer Beweggrund für die Intervention waren die auftretenden Schwierigkeiten bei der Gestaltung des Alltags. Innerer Beweggrund waren die massiven Ängste und Sorgen, die sich mit Beginn der Erkrankung eingestellt hatten.

Interventionsplanung

Der Klient nahm an einer ambulanten verhaltensorientierten Intervention teil, die innerhalb von acht Wochen mit 15 Einzelsitzungen durchgeführt wurde. Die Methode richtete sich nach dem Konzept des Verhaltensorientierten

Kompetenztrainings (VKT) für Klienten mit einer beginnenden AD von Ehrhardt und Mitarbeitern (1997).

Das VKT ist für ein Einzel- oder Kleingruppensetting mit 12–40 50-minütigen Interventionseinheiten konzipiert und setzt sich aus sechs Modulen zusammen (siehe ▸ **Tab. 5.1**): (1) Interventionsplanung und Verhaltensanalyse, (2) Psychoedukation, (3) Aktivitätsaufbau, (4) Stressmanagement, (5) Förderung sozialer Kompetenz und (6) Modifikation dysfunktionaler Kognitionen. Die Elemente 1 bis 3 sind obligatorisch, während 4 bis 6 je nach Schwerpunkt und Dauer der Intervention variabel eingesetzt werden.

Tab. 5.1: Die Module des VKT (nach Ehrhardt u. a., 1997)

Modul		Inhalt
1	Therapieplanung und Verhaltensanalyse	Erfragen der Biographie und Krankheitsgeschichte, Verhaltensanalyse mit Hilfe des SORCKV-Modells, Formulieren der Therapieziele und des Behandlungsplans
2	Psychoedukation	Aufklärung des Klienten und ggf. der Angehörigen über mögliche Ursachen und Verlauf der Krankheit sowie Behandlungs- und Hilfemöglichkeiten
3	Aktivitätenaufbau	Erarbeiten geeigneter positiver Aktivitäten gemeinsam mit dem Klienten und ggf. Angehörigen
4	Stressmanagement	Fokussierung auf Emotionen, Erarbeitung von Gedächtnisstützen
5	Förderung sozialer Kompetenz	Paargespräche und Unterstützung freundschaftlicher Kontakte sowie sozialer Netzwerke
6	Modifikation dysfunktionaler Kognitionen	Sog. »Kognitives Umstrukturierung« als Hilfe zur Akzeptanz der Erkrankung; hierdurch wird Resignation und Depressivität entgegengewirkt.

Für den Klienten wurden die ersten drei Arbeitstechniken und Punkt 6 ausgewählt.

Der Schwerpunkt lag bei diesem Klienten zunächst auf dem Aufbau von Einsicht und Akzeptanz im Zusammenhang mit einer dementiellen Erkrankung sowie mit dem großen Leistungsanspruch des Klienten und auf dem Aufbau alternativer Aktivitäten. Im Rahmen der Psychoedukation sollte die Ehefrau des Klienten in die Intervention mit einbezogen werden.

Durchführung der Verhaltensmodifikation

Der Klient machte im Erstkontakt einen unnahbaren und eher verschlossenen Eindruck. Im weiteren Verlauf der Intervention wirkte er zunächst bedrückt und ratlos, jedoch gut motiviert. Ein hervorstechendes Merkmal des Klienten war seine starke Leistungsorientierung, der Wunsch, möglichst überall perfekt zu sein. In diesem Zusammenhang gelang es ihm nur zögernd, die Expertenrolle des Beraters zu akzeptieren.

Im interaktiven Vorgehen wurde ein der AD angepasster Stil gewählt. Informationsvermittlung und Interventionsgestaltung wurden dazu besonders stark strukturiert. Die Grundgedanken und Ziele der Intervention wurden immer wieder transparent gemacht. Der Berater bemühte sich um kurze und prägnante Ausführungen und benutzte bildhafte Beispiele zur Veranschaulichung. Die Interventionsmaterialien waren in besonderem Maße für AD-Klienten aufbereitet. Die verwendeten Arbeitsvorlagen waren besonders übersichtlich gestaltet und in Großschrift gedruckt.

Tab. 5.2: Themen der Interventionssitzungen und angewandte Techniken

Stunde	Thema der Sitzung	Angewandte Techniken
1	Psychoedukation/Erstgespräch	Nondirektive Exploration
2	Psychoedukation/Anamneseerhebung	Verhaltensdiagnostik-System (Sulz, 1992)
3	Psychoedukation/Verhaltensanalyse	SORCKV-Modell
4	Psychoedukation	Interaktive didaktische Methoden
5	Loslassen/Abschiednehmen/Trauern	Fokussierung der Emotionen
6	Loslassen/Abschiednehmen/Trauern	Fokussierung der Emotionen
7	Umgang mit der Krankheit	Kognitive Umstrukturierung
8	Umgang mit der Krankheit	Rollenspiel
9	Paargespräch	Fördern des Dialoges
10	Paargespräch	Fördern des Dialoges
11	Registrierung des Aktivitätsniveaus	Liste angenehmer Aktivitäten
12	Aktivitätsaufbau	Tagesprotokolle, Selbstverstärkung
13	Aktivitätsaufbau	Tagesprotokolle, Selbstverstärkung
14	Aktivitätsaufbau	Tagesprotokolle, Selbstverstärkung
15	Abschluss der Intervention	Interaktiver Dialog

▸ **Tab. 5.2** verdeutlicht die Strukturierung der Intervention. Der erste Termin stand im Zeichen gegenseitiger Information: von Seiten des Beraters bezüglich der angebotenen Interventionsstrategie, von Seiten des Klienten zu seinen Erwartungen und Beschwerden. Es erfolgte eine Aufklärung des Klienten und seiner Frau darüber, dass die verhaltensorientierte Intervention einer möglichst weitgehenden Ausschöpfung der noch vorhandenen Ressourcen des Klienten dienen soll.

In der nächsten Stunde wurde gemeinsam die Anamnese erhoben, welche die Ehefrau fremdanamnestisch bestätigen konnte. In der dritten Stunde stand das Erstellen einer Verhaltensanalyse im Mittelpunkt. Dabei wurde immer wieder die eingeschränkte Einsicht des Klienten in die durch die Krankheit entstandenen Einschränkungen deutlich: er wich Antworten aus und stritt seine Vergesslichkeit ab. Daher war es wichtig dieses Vermeidungsverhalten zu thematisieren. Besonderen Raum in den ersten Gesprächen nahmen immer wieder Reflexionen über die Alzheimersche Erkrankung ein. Der Klient war schon vor Beginn der Intervention von ärztlicher Seite über seine Diagnose informiert worden.

In den folgenden Stunden gelang es im Rahmen der Psychoedukation, dem Klienten zu verdeutlichen, dass die AD im Frühstadium keineswegs ausschließt, viele Bereiche der persönlichen Lebensführung weiterhin selbständig zu gestalten. Gerade unter dem Aspekt seiner starken Leistungsorientierung litt der Klient besonders unter seiner Frühpensionierung und dem Verlust der Fähigkeit zum Autofahren und Squashspielen; diese Emotionen wurden im Gespräch fokussiert. Dem Klienten war es dabei zwar nicht möglich, zum Beispiel durch Weinen seinen Emotionen offen Ausdruck zu verleihen, er wirkte jedoch am Ende der Stunden emotional sichtlich erleichtert und war nachfolgend in der Lage, alternative Aktivitäten aufzubauen.

Als Vorbereitung für eine veränderte Lebensführung war es von Bedeutung, die Selbstakzeptanz des Klienten in Bezug auf die Erkrankung wiederherzustellen. Ein erster Schritt dazu war zunächst die Erkenntnis, wie sehr das heutige Selbstbild noch von früheren (prämorbiden) Grundannahmen geprägt wird. Einige seiner Lebenskonzepte wurden herausgearbeitet. In der kognitiven Restrukturierung wurden die dysfunktionalen Schemata bezüglich des leistungsorientierten Weltbildes (»Wenn ich bei meiner Arbeit versage, dann bin ich als ganzer Mensch ein Versager«) modifiziert. Die zugrunde liegende Kognition wurde so lange kritisch hinterfragt, bis der Klient sie umformulieren konnte. Die Grundannahme lautete: »Nur wenn ich perfekt den Normen eines Mannes entspreche, d. h. überdurchschnittlich beruflich aktiv und emotional zurückhaltend bin, kann ich durch die Umwelt anerkannt werden.« Alternative Gedanken, wie »Auch ohne Leistung kann ich Anerkennung bekommen«, wurden mittels sokratischem Dialog (vgl. Stavemann, 2007) gefunden und führten zu Gefühlen von Erleichterung und Stimmungsverbesserungen.

Ein zweiter Schritt zur Verbesserung der Selbstakzeptanz war das Eingestehen seiner Erkrankung, auch seiner Umwelt gegenüber. Mit dem Klienten wurden verschiedene Arten des Verhaltens gegenüber anderen erarbeitet. Der Klient gelangte schließlich zu der Überzeugung, dass es ihn entlasten könnte, offen über seine Krankheit zu sprechen. Mit dem Klienten wurden in Rollenspielen konkrete Dialoge eingeübt. Dem Klienten gelang daraufhin die Anwendung im Alltag. So war es ihm möglich, mit einem Freund auch über die Krankheit zu sprechen. Mit der außerordentlich verständnisvollen und unterstützenden Reaktion des Freundes hatte der Klient nicht gerechnet. Neben der emotionalen Erleichterung hatte dies auch den Effekt, dem sozialen Rückzug des Klienten entgegenzuwirken.

Da der Klient nach der Frühpensionierung nun den Großteil der Zeit zu Hause verbrachte, wurde eine Integration der Ehefrau in die Intervention angestrebt. Es ging darum, den Dialog zwischen den Partnern zu fördern. Im Gespräch entstand der Eindruck, dass es der Ehefrau darum ging, die Kontrolle über das, was mit ihrem Mann vor sich ging, zu behalten. Sie ergriff häufig für ihren Mann das Wort und unterbrach ihn. Sie entwickelte im Laufe der beiden Gespräche zunehmend Verständnis für ungünstige Interaktionsmuster innerhalb der Partnerschaft (nämlich die zunehmende Übernahme von den Klienten betreffenden Entscheidungen), nachdem sie von dem Therapeuten auf diese dysfunktionalen Verhaltensweisen vorsichtig hingewiesen worden war.

Auf der Grundlage einer speziell für AD-Klienten geeigneten Liste angenehmer Aktivitäten (Teri & Logsdon, 1991) wurden gemeinsam mit dem Klienten verschiedene Tätigkeiten geplant. Der Klient wurde vom Berater immer wieder auf seine Kompetenzen hingewiesen. Mit dem Freund ging er nun regelmäßig zum Schwimmen. Er unternahm täglich Spaziergänge und ordnete seine Fotos in Alben ein. Das Selbstbewusstsein und die Selbstakzeptanz erschienen durch diese neuen Möglichkeiten selbstverantwortlichen Handelns gestärkt.

Gegenstand der letzten Stunde waren wahrscheinliche zukünftige Krisen und Belastungen und die Möglichkeiten des Umgangs damit. Es wurden noch einige Treffen in monatlichen Zeitabständen vereinbart (Katamnese). Darüber hinaus wurde auf Hilfsmöglichkeiten durch Alzheimer-Gesellschaften aufmerksam gemacht.

Evaluation

In der durchgeführten verhaltensorientierten Intervention konnte die kognitive Symptomatik insgesamt stabilisiert werden. Der Ausgangswert in der Demenz-Testbatterie wurde in der Katamnese nach viereinhalb Monaten wieder erreicht.

Der ADAS-COG enthält 11 Untertests, welche Beeinträchtigungen in Gedächtnisleistungen und in praktischen, handlungsorientierten Leistungen sowie Beeinträchtigungen der Orientierung und Sprache erfassen. Die Untertests 1–8 bilden den aktiven Testteil, die Untertests 19–21 dienen der Verhaltensbeobachtung – nämlich der sprachlichen Beeinträchtigung – während der Untersuchung. Ein erhöhter Wert im ADAS-COG bedeutet eine Verschlechterung der kognitiven Parameter. Als kritischer »Cut-Off«-Wert für dementielle Vorgänge gilt ein Gesamtwert von größer oder gleich 12 Punkten (z. B. Anderson, 2004). Der hier beschriebene Klient zeigte zu Beginn einen Gesamtwert von 26, so dass sich auch im Test eine dementielle Veränderung zeigte.

Die Messzeitpunkte lagen zu Interventionsbeginn (t1), in der Mitte (t2 nach vier Wochen), am Ende (t3 nach acht Wochen) und zehn Wochen nach Beendigung der Therapie (t4).

Der Verlauf des ADAS-COG-Gesamtwertes wird durch ▸ **Abb. 5.1** verdeutlicht.

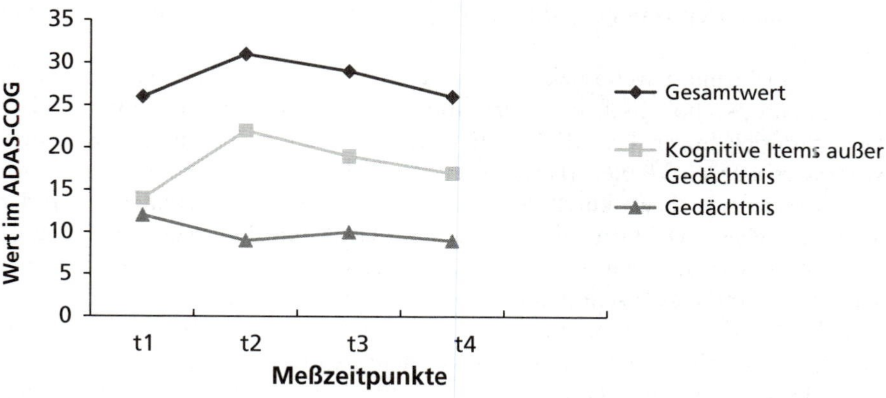

Abb. 5.1: Verlauf der ADAS-COG-Werte

Der Gesamtwert zeigt einen stabil gebliebenen Wert zwischen erstem Messzeitpunkt t1 und Katamnese. Zum Messzeitpunkt t2 ergab sich ein erhöhter Wert, der über den noch leicht erhöhten Wert bei Messzeitpunkt t3 wieder auf den Ausgangswert zurück abfiel. Insgesamt konnte also über den Interventionszeitraum von 4½ Monaten eine Stabilisierung der kognitiven Symptomatik erreicht werden. Die Symptomprogression wird von Kramer-Ginsberg und Mitarbeitern (1988) mit jährlich sieben Punkten im ADAS-COG angegeben.

5.3 Zusammenfassung und Ausblick

Über eine verhaltensorientierte Intervention bei beginnender Demenz liegen bisher keine umfangreichen Erfolgsstudien vor. Studien mit Demenz-Klienten sind auch deswegen schwierig (Überblick bei Van't Leven et al., 2011), da die Krankheit unterschiedlich schnell voranschreitet und nicht jeder Demenz-Klient im Frühstadium bereit dazu ist, an einer aufwendigen wissenschaftlichen Untersuchung teilzunehmen.

Von der psychosozialen Seite her wurden in den vergangenen Jahren immer wieder Programme entwickelt, die dann jedoch quasi »in den Ansätzen steckenblieben«. Grund ist einerseits, dass eine dementielle Entwicklung nicht dauerhaft verhindert werden kann, so dass für Berater eine hohe Frustrationstoleranz notwendig ist, die man bei anderen Klientengruppen weniger benötigt. Das an obigem Einzelfall geschilderte Vorgehen ist dennoch beispielhaft und einzelne Bausteine, z. B. die Förderung angenehmer Aktivitäten, können sicher erfolgreich bei vielen Demenzklienten angewendet werden.

Einzelne Studien belegen, dass eine kombinierte Behandlung von Demenz-Klienten mit Pharmaka und psychosozialen Interventionen zu additiven Effekten führen kann (z.B. Teri et al., 1997). Dabei geht es in frühen Krankheitsstadien um eine Stabilisierung der Gedächtnisfunktionen sowie um eine Besserung von Apathie und Depressionen, die zu Beginn der Erkrankung meist begleitend auftreten.

Das Spektrum psychosozialer Interventionen bei Demenz ist sehr groß. Den neuropsychologischen Interventionsstudien ist zu entnehmen, dass Gedächtnisleistungen bei AD-Klienten prinzipiell durch Trainingsmaßnahmen verbessert werden können (Hofman et al., 1995; Meier et al., 1995). Jedoch sind die Effekte eher kurzfristig und haben keine Auswirkungen auf der Verhaltensebene. Die Generalisierbarkeit auf Gedächtnisleistungen im Alltag ist kaum nachweisbar. Neuropsychologische Interventionen, die sich auf ein reines kognitives Trainings beschränken, haben sich somit nur bedingt bewährt.

Jeder Versuch, Lernvorgänge zu fördern, ist mit Konfrontationen verbunden. Ein wesentlicher Kritikpunkt an Gedächtnistrainingsprogrammen und am Realitäts-Orientierungs-Training, das auf die Verbesserung von Orientierung, Gedächtnis und Verhaltensstörungen abzielt (ROT; Noll & Haag, 1992;

Kaschel et al., 1992), ist die zu starke Konfrontation mit den wachsenden kognitiven Defiziten. Demenz-Klienten reagieren auf Konfrontationen häufig mit Angst, Depressionen oder aggressivem Verhalten. Dermaßen starke Emotionen haben bekannterweise wiederum einen negativen Effekt auf kognitive Leistungen.

Auch wenn in der Demenzbehandlung eine vollständige Rückbildung der Krankheitssymptome durch eine psychosoziale Intervention unrealistisch ist, kann dennoch durch eine einfühlsame verhaltensorientierte Aktivierung und Motivierung des Klienten erreicht werden, die Progression der kognitiven Symptomatik zu verlangsamen. Es sollte weiterhin die Zielsetzung einer verhaltensorientierten Intervention mit Demenz-Klienten sein, einen Leistungsverlust zu akzeptieren und zu bewältigen.

Angehörige sollten mit Fortschreiten der Symptomatik zunehmend in die Interventionsmaßnahmen eingeschlossen werden. Eine künftige Entwicklung wird es sein, Angehörige und Pflegende in ausgewählten verhaltensorientierten Methoden und Techniken zu schulen, um stationäre Unterbringungen der Betroffenen zu vermeiden und die Lebensqualität für alle Betroffenen zu steigern. Erste Studien belegen, dass dieser Ansatz vielversprechend ist (z. B. Graff et al., 2006; Jost et al., 2006).

6 Verhaltensorientierte Soziale Arbeit mit psychisch erkrankten Menschen

Förderung chronisch erkrankter Klienten in der stationären Psychiatrie

Georg Jungnitsch und Silke Lederbogen

6.1 Einführung

Der im Folgenden beschriebene Fall fand im Setting einer geschlossenen allgemein-psychiatrischen Station in einem Bayerischen Bezirksklinikum (Psychiatrie) statt. Das Klientel der Station besteht aus psychisch kranken Menschen mit chronifizierten Krankheitssymptomen, vor allem chronisch verlaufenden Schizophrenien oder sonstigen psychiatrischen Erkrankungen. Daher wird auf dieser Station auch keine psychotherapeutische Behandlung über Psychologen angeboten. Die allgemeinen Behandlungsziele sind neben einer Besserung des aktuellen psychischen Befindens auch eine Stärkung und Vermehrung der sozialen Fähigkeiten, damit eine Wiedereingliederung in das häusliche Umfeld oder in eine therapeutische Einrichtung erreicht werden kann. Gerade auf dieser Station spielt der Sozialpädagoge und dessen reibungslose und intensive Zusammenarbeit in einem multidisziplinären Team mit Ärzten, Pflegepersonal, Ergotherapie und anderen am Patienten tätigen Therapeuten eine besondere Rolle.

Hintergrund hierfür ist der Paradigmenwechsel 2001 der Weltgesundheitsorganisation (World Health Organisation, WHO), die ein für den Bereich »behinderte Menschen« anzuwendendes Klassifikationssystem, die International Classification of Functioning, Disability and Impairment, kurz ICF, verabschiedet hat. Damit wurde das bis dahin geltende Krankheitsmodell durch ein biopsychosoziales Modell abgelöst. Es werden verstärkt sogenannte Kontextfaktoren, also der gesamte Lebenshintergrund der Patienten, neu berücksichtigt (Deutsches Institut für Medizinische Dokumentation und Information, DIMDI, 2005). Der kranke Mensch steht im Mittelpunkt seiner sozialen Bezüge, seine Umwelt und Lebenswirklichkeit sowie seine Ressourcen spielen eine wesentliche Rolle in der Beurteilung seiner Erkrankung oder Störung. Zur Heilung oder Gesundung eines insbesondere chronisch kranken Patienten gehört seither nicht mehr nur die Linderung oder Heilung der klinischen Symptome, sondern auch das »sich Gesund- und Wohlfühlen« des Patienten in der individuellen Lebenswelt. Teilhabe und individuelle Lebensqualität für die Patienten nach der Entlassung zu ermöglichen ist wesentliches Ziel der Behandlung.

Die Arbeit des Sozialpädagogen mit dem Patienten sieht zu Beginn des Hilfeprozesses eine verhaltensorientierte Diagnostik vor, die die Ressourcen des Patienten, dessen soziale Funktionsstörungen, die psychische Störung, die eventuellen Verhaltensprobleme sowie körperliche Erkrankungen berücksichtigt.

Damit wird eine Bestandsaufnahme in den verschiedenen Lebensbereichen wie Familie, Arbeitsplatz, Wohnen, Finanzen und soziale Absicherung durchgeführt. Gleichermaßen werden die Umstände außerhalb der Person und Probleme im Gemeinwesen betrachtet. Bei den meisten Patienten bestehen Probleme sowohl hinsichtlich sozialer Verhaltensweisen als auch auf der Ebene der Umgebungsfaktoren. Die Grundlagen dieser verhaltensorientierten Diagnostik finden sich ausführlich bei Schermer (2005a), weiterführende Konzepte wie das Modell der Bedingungsanalyse bei Jungnitsch (2009).

Die aus dieser Bestandsaufnahme abzuleitenden Interventionen zielen unter dem Grundsatz der Vorrangigkeit der Hilfe zur Selbsthilfe darauf ab, ausgehend von den individuell vorhandenen Fähigkeiten und Möglichkeiten Alltagsbewältigung aufzubauen bzw. zu reaktivieren. Es können größere Umstrukturierungen im häuslichen und sozialen Umfeld oder der Umzug in eine therapeutische oder anderweitig orientierte Einrichtung erforderlich werden. Der Sozialpädagoge hat als Aufgabe, direkt verhaltensbezogene Maßnahmen durchzuführen. Außerdem hat er eine Vermittlerfunktion im sozialen Netz. Dies bedeutet zu Angehörigen, verschiedenen Einrichtungen und Ämtern Kontakt aufzunehmen sowie gegebenenfalls sozialrechtliche Fragen zu klären.

6.2 Verhaltensorientierte Einzelfalldarstellung

Frau D. kam in Begleitung der Polizei nach Artikel 10 Abs. 1 Bay. UnterbrG zur ersten stationären Aufnahme in die Psychiatrie. Das Gesetz besagt, dass psychisch kranke Menschen auch sofort, vorerst ohne richterlichen Beschluss, gegen ihren Willen in einem psychiatrischen Krankenhaus untergebracht werden können, wenn sie sich selbst- oder fremdgefährdend verhalten. Die Einweisung der 64-jährigen Patientin wurde vom Gesundheitsamt veranlasst. Dieses wiederum wurde von Frau D.s Schwägerin informiert. Sie teilte dem Amt in einem Schreiben mit, dass Frau D. seit längerer Zeit weder ihr noch anderen bekannten Personen das Haus öffnen würde und dass das Grundstück, das sonst sorgfältig bestellt sei, völlig verwahrlose. Den Nachbarn, die sie gelegentlich zu Gesicht bekämen, falle auf, dass sie stark abgemagert sei und lange ungepflegte Haare habe. Bei der Aufnahme bestätigte sich diese Darstellung. Frau D. wirkte stark vorgealtert, sie erschien ungepflegt und extrem abgemagert. Gedanklich war sie darauf eingeengt, von der Polizei »aus dem Haus geschleppt worden zu sein wie ein Schwerverbrecher«. Im Kontakt war sie dennoch freundlich, angepasst und kooperativ, zu allen Qualitäten orientiert und ohne mnestische Defizite. Die Stimmung war schwer gedrückt, im Affekt war sie weinerlich und verzweifelt bei völlig fehlendem Antrieb. Sie war psychomotorisch unruhig, ihre psychophysische Belastbarkeit war deutlich reduziert, sie beklagte erhebliche Schlafstörungen.

Anamnestische Angaben

Frau D. wuchs bei ihren Eltern auf einem kleinen Bauernhof zusammen mit ihrem zwei Jahre jüngeren Bruder auf. Sie besuchte acht Klassen der Grund- und Hauptschule und arbeitete danach als angelernte Kraft in einer Fabrik. Als Frau D. ca. 15 Jahre alt war, erhängte sich ihr Vater auf dem Dachboden des Elternhauses. Als sie 21 Jahre alt war, verunglückte ihr damaliger Freund bei einem Autounfall tödlich. Anschließend scheiterte eine weitere Beziehung, so dass Frau D. im Elternhaus verblieb und sich ganz auf die Mutter und später auf die Tochter ihres Bruders, der mit dieser und seiner Lebensgefährtin ebenfalls im Elternhaus wohnte, fixierte. Als Frau D. 49 Jahre alt war, starb die Mutter eines natürlichen Todes. Nachdem sich seine Lebensgefährtin wegen dessen Alkoholabhängigkeit von dem Bruder getrennt und mit der gemeinsamen Tochter ausgezogen war, suizidierte sich dieser durch Erhängen. Frau D., damals 59 Jahre alt, fand ihn und schnitt ihn herunter. Er lebte noch, starb aber einige Stunden später im Krankenhaus. Seit dieser Zeit ging es Frau D. zunehmend schlechter, vor ungefähr zwei Jahren brach sie dann sämtliche sozialen Kontakte ab. Sie unternahm nichts mehr mit ihren Freundinnen, mit denen sie vorher regelmäßig Tanzcafés besucht hatte, und brach auch eine bis zu diesem Zeitpunkt über fünf Jahre bestehende Beziehung zu einem Mann ab. Schließlich vernachlässigte sie Haus und Garten und sich selbst. Diagnostiziert wurde bei ihr eine rezidivierende Depression, derzeit schwere Episode ohne psychotische Symptome (ICD-10, F33.2; Dilling, Mombour, Schmidt & Schulte-Markwort, 2005).

Qualitative Analyse

Die Symptomatik von Frau D. wird im Folgenden qualitativ auf den verschiedenen Manifestationsebenen im Sinne der deskriptiven Verhaltensanalyse beschrieben.

Motorische Ebene:

- Die Körperpflege wird komplett vernachlässigt, selbst die Grundpflege wie sich Waschen und Zähneputzen.
- Grundsätzliche Alltagstätigkeiten werden nicht mehr durchgeführt (z. B. Wäsche waschen, Wohnung reinigen). Sie öffnet ihre Post nicht mehr, erledigt keine Bankgeschäfte und bezahlt keine Rechnungen. Notwendige Einkäufe werden nicht getätigt, Versicherungen und Steuer nicht bezahlt. Zudem pflegt sie die Gräber von Vater, Mutter und Bruder nicht mehr.
- Rückzug von allen sozialen Kontakten und Aktivitäten: Die Patientin schließt sich in die Wohnung ein, öffnet die Tür auch für Bekannte bzw. Verwandte nicht. Es finden keine Treffen mehr mit Freundinnen statt, keine gemeinsamen Besuche in Tanzcafés, kein Einkaufen in Geschäften, keine Arztbesuche. Schließlich hat sie die Beziehung zum Freund und zu den Nachbarn sowie zur Nichte und Schwägerin abgebrochen.

Physiologische Ebene

Vielfache Mangelfolgen durch unzureichende Ernährung, insbesondere Verlust aller Zähne sowie Anämie, massive Ein- und Durchschlafstörungen. Eine Hyperthyreose, d. h. Unterfunktion der Schilddrüse, ist diagnostiziert.

Kognitiv-emotionale Ebene

Die Patientin fühlt sich betrogen, ist misstrauisch gegenüber der Umwelt; sie hat die Idee, dass die Leute über sie reden, fühlt sich unfähig zu planvollem Handeln, fühlt sich von Allem überfordert, beklagt eine stark gedrückte Stimmung, fühlt sich von allen relevanten Bezugspersonen, vor allem der Mutter, verlassen.

Quantitative Analyse

Die personellen und umgebungsbedingten Leistungsmöglichkeiten, wie sie als Bezugspunkte im ICF vorgegeben werden (DIMDI, 2005), lagen vor der Erkrankung für die relevanten Bereiche Körperpflege, Alltagsaktivitäten und soziale Kontakte bei 100 % (Angaben von Angehörigen und Nachbarn), bei Einlieferung in die Klinik (siehe ▸ **Abb. 6.1**) hingegen bei nahezu Null (Angaben von Ärzten, Pflegern, Sozialpädagogen). Diese Einschätzungen sowie weitere Parameter der Erkrankung wurden mit Hilfe der folgenden Skalen überprüft:

(a) Die »Global Assessment of Functioning« (GAF) Skala erfasst das allgemeine Funktionsniveau einer Person (als Teil des Diagnosesystems DSM–IV TR; Saß, Wittchen & Zaudig, 2003). Die psychischen, sozialen und beruflichen Funktionen werden dabei auf einem hypothetischen Kontinuum von psychischer Gesundheit bis Krankheit gedacht. Bei Aufnahme lag der GAF-Wert bei 25 (die Skala rangiert von 0 = unzureichende Information bis 100 = hervorragende Leistungsfähigkeit).

Die »Clinical Global Impression« (CGI) Skala (National Institute of Mental Health, 1970) hingegen wird als Globalmaß für den Therapieerfolg eingesetzt. Sie besteht aus acht Items, die Einschätzung erfolgt jeweils bei Aufnahme und bei Entlassung. Zusammen mit der GAF-Skala wird sie innerhalb der routinemäßigen Basisdokumentation (BADO) verwendet (Cording, 1995). Bei Aufnahme lag ein CGI-Wert (Teil 1) von 7 vor (die Skala reicht von 1 = nicht beurteilbar bis 8 = extrem schwer krank).

(b) Aufgrund der Hauptdiagnose rezidivierende Depression wurde das Beck-Depressionsinventar (BDI; siehe z. B. Beck, Rush, Shaw & Hautzinger, 2001) eingesetzt, das einen Wert von 57 aufwies (ab einem Punktwert von 27 liegt nach Beck et al., 2001, eine schwere Depression vor).

Funktionale Analyse

Im Folgenden wird die funktionale Analyse im SORC-System dargestellt, wie sie in wesentlichen Punkten handlungsleitend für die entsprechenden sozialpädagogischen Interventionen war. Die Abkürzungen bezeichnen den Stimulus (S), den Organismus (O), die Reaktion (R) auf den Manifestationsebenen (motorisch, physiologisch, kognitiv, emotional) und die Konsequenzen (C).

S Suizid des Vaters und des Bruders sowie Tod der Mutter; ländliches Wohnumfeld mit traditionell konservativen Normen; Nachbarn und Bekannte befürchten einen Suizid von Frau D. in dem »Geisterhaus«; Haus, Garten und Forst stellen große Anforderungen an die alleinstehende Frau D.

O Hypothyreose (Schilddrüsenunterfunktion, kann Depressionen auslösen); Schwerhörigkeit (Gefahr von Missinterpretationen und Kommunikationshemmung).

R_{mot} Rückzug ins Haus; Verweigerung jeglicher Kontakte; Vernachlässigung von Garten, Einkaufen und der eigenen Person (nichts mehr essen, keine Körperpflege).

R_{phy} Körperliche Auszehrung; zeigt Schwindel, Schwäche und Austrocknung (Exsikkose); vollständiger Zahnverfall.

R_{kog} »Ich bin für alle verantwortlich« (z. B. Unterstützung der Schwägerin); »Ich habe versagt« (konnte Alkoholismus des Bruders nicht verhindern); »Jetzt ist keiner mehr da, wofür soll ich noch leben?« (z. B. Suizidversuche mit Nägel in Steckdose); »Alle wollen mir doch nur ans Geld und sind falsch«; »Eine richtige Beziehung kriege ich ja doch nicht«; »Wenn ich mich schon nicht umbringen kann, dann tue ich einfach gar nichts mehr, dann kann ich das Ende wenigstens schneller erreichen« (z. B. durch Verhungern).

R_{emo} »Ich fühle mich einsam, wertlos, hilflos und unfähig zu allem.«

$\not{C}\text{-}_{kurz}$ Frau D. erlebt keine Konfrontation mehr mit der als feindselig erlebten Umwelt.

$\not{C}\text{-}_{kurz}$ Muss sich nicht in Auseinandersetzung um Geld mit der Schwägerin begeben.

$\not{C}\text{-}_{kurz}$ Unerträgliche negative Gefühle werden »abgeschnitten«.

$C\text{-}_{lang}$ Keine vorher wichtigen Außenkontakte mehr, insbesondere zur Nichte (Modell des Verstärkerverlustes nach Lewinsohn, 1974).

$C\text{-}_{lang}$ Vernachlässigung ihres sozialen Bildes (gepflegte Person, gepflegter Garten usw.).

$C\text{+}_{lang}$ Körperlicher Verfall bestätigt den Todeswunsch.

Ätiologisches funktionales Modell

Frau D. ist in einer Situation aufgewachsen, in der eigene Bedürfnisse niemals eine Rolle spielten. Der Versuch, ein eigenes Leben zu führen, wurde lerntheoretisch bestraft, in dem es zu keiner tragfähigen eigenen Beziehung kam. Positive Verstärkungen konnte sie daher nur aus dem Kontakt mit ihrer

Ursprungsfamilie ziehen. Dieser gelang jedoch auch nicht, da sich sowohl Vater als auch Bruder suizidierten. Der Tod der Mutter ist daher gleichbedeutend mit dem Verlust der einzigen Verstärkungsquelle; die kurzfristigen Beziehungen, die sie auch nach wie vor einging, konnten demnach keine tragfähige Beziehung ersetzen. Zum Zeitpunkt der Klinikeinweisung hatten wohl auf der kognitiv-emotionalen Ebene die Gefühle des Ausgenutztwerdens und des Misstrauens so überhandgenommen, dass die Klientin keinerlei persönlichen Kontakt mehr zuließ. Durch den Rückzug, die Fixierung auf dieses Misstrauen und die körperlichen Mangelerscheinungen ergab sich eine Ablenkung von extremen negativen Gedanken und Gefühlen und damit eine unmittelbare negative Verstärkung ihres Verhaltens. Im Sinne eines Teufelskreises schnitt sie sich zudem von den letzten verbliebenen Verstärkerquellen ab, was zu einer immer deutlicheren Ausprägung der Depression führte (Modell des Verstärkerverlustes nach Lewinsohn, 1974).

Zielanalyse

Im Vordergrund steht der Abbau des depressiven Zustandes und die Wiedereingliederung der Patientin möglichst in ihr ehemaliges soziales Umfeld. Im Einzelnen:

- Ziele auf der Verhaltensebene: Aufbau von (Gruppen-)Aktivitäten innerhalb des stationären Rahmens (z. B. Kontaktaufnahme zu Pflegepersonal und Mitpatienten, Erledigung von Alltagsaufgaben (wie Körperpflege, Ernährung). Später Kontaktaufnahme außerhalb des Stationsrahmens (zu Personen aus dem vormaligen sozialen Umfeld) und Erfüllung von Alltagsaktivitäten (z. B. Einkaufen, Haushalt und Garten versorgen, Bankgeschäfte tätigen). Als Leitziel soll die Patientin ihr früheres Aktivitätsniveau wieder erreichen sowie ein sozialbezogenes Leben führen.
- Ziele auf der kognitiv-emotionalen Ebene: Reduzierung der Wahrnehmung, die Umwelt sei ihr feindlich gesonnen, Verbesserung der Grundstimmung, die Klientin soll sich wieder als selbsteffizient (Bandura, 1977b, 1997) erleben.
- Ziele auf der physiologischen Ebene: ausreichende Ernährung, körperliche Selbstfürsorge (z. B. Zahnsanierung und Hörhilfe).

Interventionsplanung

Für das Erreichen dieser Ziele werden von der zuständigen Sozialpädagogin folgende Vorgehensweisen geplant:

(1) Schaffung von Grundlagen für nachfolgende Interventionen: mit der Patientin wird regelmäßige Körperpflege betrieben und regelmäßige Mahlzeiten werden zur Verfügung gestellt, beides soll operant durch das gesamte Team verstärkt werden (kontinuierlich mittels Lob). Dann Aufbau der Alltagsaktivitäten durch schrittweise Annäherung an das Stationsleben: Einnahme der Mahlzeiten in der Gemeinschaft (zunächst kontinuierliche, dann intermittierende operante

Verstärkung; Mitpatienten dienen als Modelle), Förderung von sozialen Verhaltensweisen (Teilnahme am Patientenforum, wird durch das Pflegepersonal und die Sozialpädagogin durch Lob verstärkt).

(2) Aufbau und Gestaltung einer tragfähigen Beziehung zur Sozialpädagogin: schrittweise Erhöhung des Affiliationsgrades (Nähe, Offenheit, Sympathie) durch kontinuierliche Verstärkung jeder Annäherung, von erstem Blickkontakt zum Grüßen bis zum ersten Wortwechsel (Chaining). Anschließend durch klientenzentrierten Gesprächsstil (Weinberger, 2011) Aufklärung von Frau D. über ihre Einweisung und ihre Erkrankung. Weitere vertrauensbildende Maßnahmen über Anteilnahme an ihren konkreten Lebensbedingungen wie gemeinsames Betrachten von Familienfotos und Begleitung in ihre Wohnung sowie Unterstützung bei von Frau D. geäußerten Hilfethemen wie z. B. Kleidung zu Hause besorgen, Blumen gießen oder die Post der letzten zwei Jahre erledigen. Die Motivierung zur Kontaktaufnahme mit Bank und Ärzten erfolgt über motivierende Gesprächsführung (Arkowitz, Westra, Miller & Rollnick, 2010).

(3) Training von generellen Problemlösungsfähigkeiten und kognitiven Funktionen über ein Gruppentraining zur mentalen Aktivierung (MAT; Lehrl, Lehrl & Weickmann, 1994) sowie Abbau der Hilflosigkeitsüberzeugung durch Aktualisieren ihrer früheren Fähigkeiten und Kompetenzen bezüglich aller Lebensbereiche durch ressourcenorientierte Gesprächsführung (Langosch, 2012). Zur Erhöhung von Körperwahrnehmung und Selbstfürsorge Teilnahme an der Gruppe zur progressiven Muskelentspannung.

(4) Aktivierung zur Teilnahme am Haushaltstraining (ressourcenorientiertes Handeln, Tagesstruktur, positive Verstärkung). Später Übernahme von im Patientenforum verteilten Stationsämtern (Tische eindecken, Einkaufen für Mitpatienten usw.) als tagesstrukturierende Maßnahmen durch zunächst kontinuierliche, dann intermittierende Verstärkung vor allem durch das Pflegepersonal (und Modellfunktion und stellvertretende Verstärkung der anderen Patienten).

(5) Zur Wiederherstellung des Kontaktes zu Angehörigen und Freundinnen werden Angehörigengespräche zur Aufklärung über die Erkrankung der Patientin geplant. Dabei werden konkrete Anleitungen für den Umgang mit der Patientin und zur Kontaktgestaltung gegeben.

(6) Unterstützung bei der Bewältigung konkreter Aufgaben (z. B. Instandsetzung des Autos, Erledigung der Steuer) mit Hilfe eines Problemlösungstrainings (Liebeck, 2011). Im Rollenspiel wird Frau D. angeleitet, sich Unterstützung vor Ort zu holen, z. B. bei Bankangestellten und Mechanikern. Diese Personen sollen zunächst über die konkrete Vermittlung der Sozialpädagogin gewonnen werden, die als Modell für die Kontaktaufnahme fungiert. Zur Durchführung der Kontakte wird die Patientin zunächst nach kognitiver Vorbereitung in sensu zu den Kontakten begleitet und die Durchführung der Aufgaben evaluiert. In gleicher Weise Unterstützung bei der Gesundheitsfürsorge (insbesondere bei der Zahnbehandlung).

(7) Anregung der Errichtung einer gesetzlichen (ehrenamtlichen) Betreuung nach §87b SGB XI beim Betreuungsgericht, um weitere konstante Hilfe nach der

Entlassung zu gewährleisten, solange diese benötigt wird. Die Aufgabenkreise sollten die Bereiche Gesundheitsfürsorge, ambulante Nachbetreuung und Hilfe bei Ämtern und Behörden umfassen.

Durchführung der Verhaltensmodifikation

Die Arbeit mit Frau D. erfolgte gemäß den geplanten Interventionen, die in ihrem Ansatz bereits eine chronologische Abstufung enthalten. Die Sozialpädagogin beschränkte sich die ganze erste Woche darauf, Frau D. zu beobachten und sie im Vorbeigehen mit einem Lächeln und einem Nicken zu grüßen. Es bedurfte großer Anstrengung des Pflegepersonals, Frau D. zum Duschen und Haarewaschen zu motivieren. Um die starke Gewichtsreduktion zu kompensieren, bekam sie in der ersten Zeit zu allen Mahlzeiten zwei Portionen, die sie auch jedes Mal aufaß. Dies wirkte gleichzeitig als positive Verstärkung auf Verhaltensweisen, die auf Kontakt mit anderen Personen bezogen waren sowie auf die Körperpflege (Premack-Prinzip). Nach einer Woche bot die Sozialpädagogin ein erstes Gespräch an, das Frau D. annahm. Sie bekam Gelegenheit, sich nach der Rechtslage zu erkundigen, und konnte berichten, was sie belastet (z. B. dass ihr Hund weggelaufen war). Über das Thema Hund konnte eine Brücke gebaut werden, da die Sozialpädagogin ebenfalls einen Hund besaß.

Das Thema Hund eröffnete darüber hinaus eine weitere Verstärkungsquelle: der Hund der Sozialpädagogin begleitete sie bei ihrem ersten Besuch in ihrem Haus. Im Laufe des 10-wöchigen Klinikaufenthalts wurden viele Fahrten unternommen, z. B. zur Zahnklinik, Bank und Autowerkstatt, in ein nahe gelegenes Pflegeheim (um zu sehen, was die Alternative zum Leben im eigenen Haus ist), zur Freundin und zur Nichte usw.

Alle anstehenden Aufgaben wurden gemeinsam mit der Sozialpädagogin geplant und besprochen. In sensu wurden die einzelnen Schritte und Handlungsabläufe durchgesprochen und Worst-Case-Szenarien entworfen mit den entsprechenden Möglichkeiten der Reaktion bzw. Bewältigung der Situation. Anschließend wurden die Situationen im Rollenspiel so oft geübt, bis Frau D. sich sicher fühlte. Danach folgte die Ausführung in Begleitung der Sozialpädagogin in vivo. Zunächst unterstützte letztere Frau D. im Sinne eines Modells sehr ausgeprägt (sie führte z. B. im Beisein von Frau D. Gespräche mit der Bank, Frau D. stimmte anschließend den Lösungen zu), nahm sich jedoch zunehmend zurück, d. h. Frau D. wurde bei den Beratungsgesprächen mit einbezogen und um ihre Meinung gefragt, die Sozialpädagogin überließ ihr schließlich gänzlich die Gesprächsführung und machte auch keine Vorschläge mehr.

Das positive Meistern dieser Aufgaben verschaffte Frau D. zunehmend Erfolgserlebnisse, was Prozesse der Selbstverstärkung auslöste. Von Mal zu Mal hatte sie weniger Angst und fühlte sich sicherer und konnte so an ihre vorbestehenden Fähigkeiten anknüpfen. Im Laufe des Klinikaufenthalts übernahm sie Ämter auf der Station (z. B. Esstische zu den Mahlzeiten eindecken und abräumen, Einkäufe für Mitpatienten übernehmen), sie stellte

Kontakte zu ihren Zimmermitbewohnerinnen her, die heute noch bestehen. Vor der Entlassung, vor der sie immer noch Angst hatte, fanden zwei soziale Wiedereingliederungsversuche (SEV) – d. h. zwei Tage und eine Übernachtung in ihrem Haus – statt, die in sensu vorbereitet wurden. Die Nichte von Frau D. wurde als Unterstützung dafür gewonnen, den Tag zu strukturieren und in der Nacht bei der Tante zu bleiben. Als weitere soziale Bezugsperson konnte die frühere Freundin von Frau D. mit eingebunden werden, die mit ihr Aktivitäten ausführte, die sie bislang vernachlässigt hatte (z. B. das Grab von Mutter und Bruder zu besuchen, ein Café aufzusuchen usw.). Während der erste SEV noch durch Nichte und Freundin weitgehend unterstützt wurde, konnte sie den zweiten dann weitgehend selbst gestalten.

Evaluation

Es wurden Prä-, Post- und Follow-up-Messungen der Verhaltensbereiche Körperpflege, Alltagsaktivitäten und soziale Kontakte sowie von CGI, GAF und BDI vorgenommen. Im CGI bezieht sich der zweite Teil der Einschätzung auf die Beurteilung des Behandlungserfolges: hier war ein Wert von 2 (= sehr viel besser) festzustellen. Bei der GAF–Skala erreichte die Patientin zum Abschluss einen Wert von 65. Dies bedeutet, es liegt nur mehr eine leicht begrenzte Einschränkung vor. Im Beck-Depressionsinventar (Beck et. al., 2001) erzielte sie einen Wert von 12: dieser Punktwert liegt am untersten Ende der Beurteilung zu »schwache Depression« (12–19 Punkte).

Die zur Aufnahme problematischen Verhaltensbereiche wurden unter dem Aspekt eingeschätzt, inwieweit sie im stationären Rahmen gezeigt werden können und in welchem Ausmaß sie im Behandlungsverlauf in ihrem häuslichen Umfeld bereits realisiert wurden. In diesen Bereichen zeigt sich bei Entlassung folgendes Bild:

- Körperpflege: wird wieder selbständig durchgeführt. Frau D. ist stets sauber und gepflegt, ihre Ernährung ist regelmäßig und ausreichend. Die Zahnsanierung wurde begonnen, eine entsprechende Versorgung mit einer Hörhilfe wurde genutzt. Die Funktionstüchtigkeit der Klientin wird als 100 % eingeschätzt.
- Alltagsaktivitäten: Aktivitäten wie Einkaufen, die Post versorgen, Bankgeschäfte tätigen, Instandsetzung und Anmeldung des Autos wurden von Frau D. zum Teil mit Unterstützung erledigt, ebenso Pflege von Haus und Garten. Damit kann die Funktionstüchtigkeit in diesem Bereich auf 80 % eingeschätzt werden.
- Soziale Kontakte: die Klientin nahm am Stationsalltag in vollem Umfang teil. Die sozialen Kontakte nach außen waren gebahnt, sie konzentrierten sich zum Zeitpunkt der Entlassung auf ihre engste Freundin, die Nichte und die Schwägerin. Auch in diesem Bereich kann deshalb von einer Funktionsfähigkeit von 80 % ausgegangen werden.

Der gesamte Verlauf der problematischen Verhaltensweisen und der Depression ist in ► **Abb. 6.1** veranschaulicht.

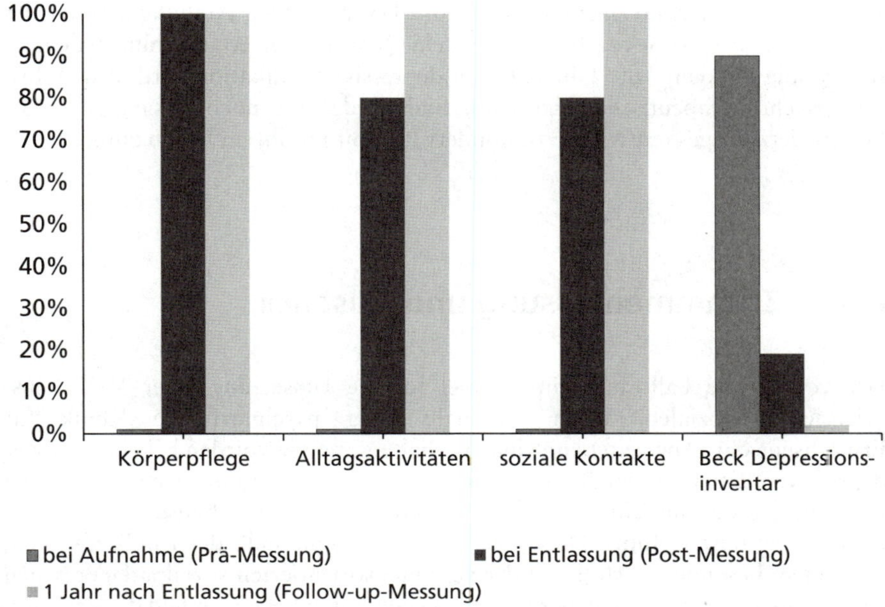

Abb. 6.1: Verlauf der problematischen Verhaltensweisen und der Depression

Nachsorge und Katamnese (follow-up)

Zur Nachsorge wurde bezüglich der Unterstützung bei Alltagsaktivitäten (Vermögensverwaltung, Behördengänge und Gesundheitsfürsorge) eine ehrenamtliche Betreuung ermöglicht, die nach einem halben Jahr nicht mehr nötig war und beendet wurde. Die weitere ärztliche Versorgung erfolgte über die Psychiatrische Institutsambulanz (PIA) des Klinikums. Darin enthalten ist auch die Anbindung an eine Pflegekraft mit fachpsychiatrischer Ausbildung. Diese kam nach der Entlassung zunächst einmal pro Woche bis zuletzt einmal im Quartal zu ihr. Die PIA stellt keine neuerliche Verschlechterung des Krankheitsbildes fest, es wurde daher weder eine Veränderung der Medikation, die fortgeführt wird, noch eine weitere Krankenhauseinweisung in über einem Jahr notwendig.

Bei einem Termin zur Ein-Jahres-Katamnese (follow-up) zeigte sich bei der Klientin ein stabiler Zustand. Sie selbst war in bester gesundheitlicher Verfassung, gutem Ernährungszustand und gepflegt. Im Beck-Depressionsinventar erzielte sie einen Punktwert von 3, d.h. es liegt keine Depression mehr vor. Sie berichtet, wieder Freude an ihrem Leben zu haben, sich im Garten zu betätigen, viel zu unternehmen und sich Katzen zugelegt zu haben. Sie hat wieder Kontakt zu ihrem ehemaligen Freund, der ihr jetzt regelmäßig für schwerere Arbeiten zur Hand geht, sowie zwei Freundinnen. Damit ist die Klientin in allen Bereichen wieder auf dem Niveau wie vor ihrer Erkrankung.

Frau D. ist weiterhin angebunden an die Psychiatrische Ambulanz (PIA) des Klinikums, dort hat sie regelmäßig in jedem Quartal einen Arzttermin, zu dem sie selbständig mit dem Auto fährt. Die antidepressive Medikation wird fortgeführt. Eine psychotherapeutische Behandlung finde weder statt noch sei sie geplant. Sie komme jetzt insgesamt wieder zu hundert Prozent mit ihrem Leben zurecht.

6.3 Zusammenfassung und Ausblick

Der vorliegende Fall stellt ein Beispiel für die Umsetzung einer Verhaltensorientierten Sozialen Arbeit innerhalb einer psychiatrischen Klinik für Erwachsene dar. Abgeleitet von einer Verhaltensanalyse wurden bei einer schwer depressiven Patientin von der Sozialpädagogin auf der Grundlage einer positiven Beziehungsgestaltung eine Vielzahl von Maßnahmen der Alltagsgestaltung und Aktivierung durchgeführt. Diese wurden sowohl innerhalb der Klinik als auch, was einem besonderen Merkmal der verhaltensorientierten sozialpädagogischen Arbeit entspricht, außerhalb der Klinik im gewohnten Lebensumfeld der Patientin durchgeführt. So konnten lebenspraktische Aufgaben immer auch direkt vor Ort realisiert und deren Erfolg unmittelbar überprüft werden. Die sozialpädagogische Arbeit wurde in Kombination mit einer medikamentösen Therapie und unter Einbeziehung der medizinischen Behandler und des Pflegepersonals durchgeführt. Diese schrittweise Zurückführung in den Alltag und das intensive Training alltagspraktischer Fertigkeiten hat ohne Zweifel einen erheblichen Anteil daran, dass die Depression praktisch vollständig zurückgeführt werden konnte.

Ein Hand in Hand mit einem psychotherapeutischen Zugang wäre von der Grundkonzeption aus nicht nur möglich gewesen, sondern hätte im Wesentlichen aus denselben Schritten bestanden. Eine enge Verzahnung mit der Psychotherapie hätte dabei unseres Erachtens sicherlich einen positiven Einfluss auf Dauer und Notwendigkeit der medikamentösen Behandlung haben können. Die Hypothese, ob in diesem Fall die Tatsache, dass die Intervention von einer weiblichen Fachkraft durchgeführt wurde, sich möglicherweise günstig auf den Vertrauensaufbau ausgewirkt hat, konnte nicht geprüft werden. Dafür spricht die Überlegung, dass in der Lebensgeschichte der Klientin die gravierendsten belastenden Lebensereignisse mit männlichen Bezugspersonen in Zusammenhang standen. Auf der anderen Seite bestand bei Frau D. zu keiner Zeit eine spezifische Angst oder Vermeidung von männlichen Personen. Prinzipiell ist davon auszugehen, dass bei gleichgearteter Durchführung der Interventionen das Geschlecht der durchführenden Person(en) sich nicht auf den Erfolg auswirkt. Für die Verhaltensorientierte Soziale Arbeit sei dies als Hinweis darauf zu verstehen, dass in einer differentiell ausgerichteten Wirkfaktorenforschung sich im Sinne wissenschaftlich gestützter und auch wissenschaftlich begleiteter Praxis ein interessantes Tätigkeitsfeld eröffnen kann.

7 Verhaltensorientierte Soziale Arbeit mit suchtkranken Menschen

Reduktion alkoholassoziierten Gewaltverhaltens

Michael Klein

7.1 Einführung

Gegen mit Alkohol verbundene Gewalt – hier verstanden als ein Verhalten, das häufig über einen längeren Zeitraum (Persistenz) in einer durch ein Machtgefälle charakterisierten Situation mit der Absicht auftritt, den anderen (auch) körperlich zu schädigen – wurden bisher nur wenige Interventionsprogramme entwickelt, die sich an die Täter richten. Dies überrascht umso mehr, da bekannt ist, dass es sich hierbei um ein ernst zu nehmendes und häufig vorkommendes Problem handelt. In ihrer Übersicht zu Aggression in Zusammenhang mit Intoxikation kommen Graham et al. (1998) zu dem Schluss, dass ein Bedarf nach Interventionen existiert, die gewalttätiges Verhalten in Verbindung mit Alkohol reduzieren, und dabei nicht nur Standardverfahren (z. B. Ärgerkontrolltechniken) einsetzen, sondern das Wissen über die Wirkungen von Alkohol in der Interaktion mit der Entstehung gewalttätigen Verhaltens nutzen. Hierin besteht das Ziel von TAVIM (Treatment of Alcoholic Violent Men; das Programm wurde in den Jahren 2007–2009 im Rahmen eines europäischen Forschungs-und Praxisprojekts der DAPHNE-Förderung entwickelt). Das Programm wendet sich gegen Gewalt in Verbindung mit Alkohol und zielt darauf ab, Änderungen auf individueller und sozialer Ebene herbeizuführen.

Alkohol und Gewalt

Gewalt wird von der Weltgesundheitsorganisation (2002) als ein wichtiges Gesundheitsproblem angesehen, wobei ein enger Zusammenhang zu alkoholassoziierter Jugendgewalt, Kindesmissbrauch, häuslicher Gewalt, sexueller Gewalt und Autoaggression zu finden ist. In einer Studie untersuchten Håggard-Grann, Hallqvist, Långström und Möller (2006) Gewalttäter und fanden bei denjenigen, die 24 Stunden vor dem Ereignis Alkohol getrunken hatten, eine 13-fache Erhöhung des Risikos, eine Gewalttat zu begehen. In einer Längssschnittstudie mit einer Geburtenkohorte in Neuseeland konnten Fergusson und Horwood (2000) zeigen, dass es eine signifikante direkte Beziehung zwischen Alkoholmissbrauch und Gewalttaten gab, wobei schwere Trinker mit drei mal höherer Wahrscheinlichkeit gewalttätig wurden als leichte Trinker.

Die Häufigkeit von Alkoholkonsum bei Fällen häuslicher Gewalt ist ebenfalls hoch. In ihrer Befragung von verurteilten Tätern bemerkten Gilchrist et al. (2003), dass 73 % der späteren Gewalttäter im Vorfeld der Tat Alkohol konsumiert hatten und 49 % in der Vergangenheit schon Gewaltverhalten unter Alkoholeinfluss gezeigt hatten. In einer Studie zu Trinken und häuslicher Gewalt fand Fals-Steward (2003), dass die Wahrscheinlichkeit von körperlicher Gewalt gegenüber Partnern an Tagen, an denen die Männer getrunken hatten, 8-mal höher war als an Tagen, an denen nicht getrunken worden war. Die Wahrscheinlichkeit für schwere Gewalt war an Tagen, an denen getrunken wurde, 11-mal höher. Leonard (2001) kommt in seiner Übersicht zu häuslicher Gewalt und Alkohol zu dem Schluss, dass Alkohol ein Faktor hoher Relevanz ist, der zu häuslicher Gewalt beiträgt.

Diese und ähnliche Studien weisen darauf hin, dass es einen deutlichen Zusammenhang zwischen Alkohol und Gewalt gibt. Festzuhalten bleibt aber, dass Alkohol weder notwendig noch hinreichend ist, um Gewalt zu erklären. Es ist jedoch durch zahlreiche Studien nachgewiesen worden, dass Alkoholintoxikation mit erhöhten Quoten gewalttätigen Verhaltens im häuslichen und öffentlichen Bereich assoziiert ist.

7.2 Verhaltenstheoretische Modellvorstellungen

Grundannahmen

Ziel von TAVIM ist es zu erklären, wie kognitive, emotionale und behaviorale Aspekte bei der Entstehung von alkoholbezogener Gewalt interagieren und wie sie angegangen werden können, um alkoholverbundene Gewalt möglichst effektiv zu behandeln. Das beinhaltet natürlich die Berücksichtigung von persönlichen und biographischen Aspekten, da diese die Grundlage für kognitive und emotionale Prozesse bilden. Auf diesen Annahmen basierend können Methoden angewendet werden, um die Motivation zur Veränderung, Selbstkontrolle und Selbstwirksamkeit zu verbessern.

Alkoholverbundene Gewalt wird auch durch soziale Faktoren ausgelöst. Es ist bekannt, dass Menschen, die glauben, dass Alkohol eine Entschuldigung für ihr Verhalten sein kann, häufiger und intensiver unter dem Einfluss von Alkohol gewalttätig werden (Klein, 1995). Außerdem wurde festgestellt, dass Opfer, die im Erwachsenenalter nicht in der Lage sind, sich selbst wirksam zu schützen, in der Zukunft mehr Gewalttaten beim Täter hervorrufen könnten. Diese sozialen Aspekte werden ebenfalls im TAVIM-Programm berücksichtigt.

Das TAVIM-Modell

Das TAVIM-Programm basiert auf einem Modell, das ein in sich verbundenes Alkohol-Aggressions-System durch folgende Komponenten beschreibt: (1) ein vorhergehendes, auslösendes Ereignis (S für Stimulus), (2) die Einschätzung dieses Ereignisses im Licht der Einstellungen und Erfahrungen einer Person (R für

Reaktion, kognitive Ebene), (3) die Auslösung von Emotionen (emotionale Reaktion) sowie (4) die Wahl des Verhaltens (motorische Reaktion) und dessen Folgen (C für Konsequenzen). Im Modell wird den Auswirkungen von Alkohol auf dieses System Rechnung getragen; die einzelnen Schritte werden im Folgenden skizziert.

Stimulus

Gewalt in Zusammenhang mit Alkohol wird üblicherweise durch unangenehme Erregung wie beispielsweise Ärger oder Empörung in Reaktion auf eine Frustration oder eine wahrgenommene Provokation gesteuert. Der Ausgangspunkt ist hier das Ereignis, das frustriert. Dies kann etwas sein, das eine Person provoziert, ein Gedanke oder eine Erinnerung an ein unangenehmes Ereignis. Auch verbale Äußerungen und Gesten (z. B. des Partners) wie eine Bloßstellung sind häufig derartige Ereignisse.

Kognitive Reaktion

Das Ereignis selbst wird vor dem Hintergrund der Überzeugungen, Erfahrungen und Einstellungen der Person interpretiert. Bestimmte Überzeugungen können Ärger auslösen bzw. verstärken, etwa eine feindselige Einstellung gegenüber anderen, der Glaube daran, dass Aggressionen eine gute Methode sind, um Probleme zu lösen oder dass es vorgeschriebene, unabänderliche Rollen in der Beziehung gibt.

Physiologische und emotionale Reaktion

Die Ereignisse können, gefiltert durch die Kognitionen der Person, zu aversiver physiologischer Erregung führen, die als Ärger interpretiert wird. Ärgerliche Erregung beeinflusst das eigene Denken indem sie die verfügbaren Reaktionsmöglichkeiten einschränkt. Komplexe Lösungen für das vorangegangene Ereignis sind dann nicht verfügbar und einfachere Reaktionen, die früher verstärkt wurden (wie Gewalt), treten in den Vordergrund.

Motorische Reaktion und Konsequenzen

Im Vordergrund steht eine (häufig körperliche) Schädigung des Opfers, wobei nicht selten auch eine Gefährdung oder Schädigung der eigenen Person durch den Täter in Kauf genommen wird. Gewalt kann unmittelbar effektiv sein, um Frustrationen und die aversive Erregung zu reduzieren (negative Verstärkung), was ein Grund dafür sein könnte, dass Menschen wiederholt diese Reaktionen wählen. Es gibt jedoch auch andere Formen von Aggression, bei denen der instrumentelle Charakter (und weniger die Ärgerreaktion) im Vordergrund steht (positive Verstärkung).

Die Rolle von Alkohol

Alkohol kann Probleme in jedem Teil des Alkohol-Aggressions-Systems verstärken. In Verbindung mit Alkohol sagen und tun Menschen z. B. mit höherer Wahrscheinlichkeit provokante Dinge, Trinker nehmen mit höherer Wahrscheinlichkeit Beleidigungen und Provokationen wahr, das Gefühlsleben wird labiler, d. h. Trinken reduziert den Zugang zu komplexen Problemlösestrategien.

7.3 Ableitung der Programmkomponenten

Eine TAVIM-Intervention soll Menschen helfen, ihre Aggressionen zu kontrollieren. Dies erreicht sie, indem sie den Menschen lehrt, riskante Ereignisse zu identifizieren und angemessen mit ihnen umzugehen, indem sie feindliche Einstellungen und Überzeugungen ändert, den Menschen beibringt, wie sie mit ärgerlicher Erregung umgehen können, und sie dazu anleitet, konstruktivere Lösungen für schwierige zwischenmenschliche Situationen zu finden sowie ihren Alkoholkonsum zu ändern. Die Teilnehmer werden über dieses Modell unterrichtet, um ihnen ein Rahmenmodell zu geben, anhand dessen sie ihr Verhalten verstehen und lernen können, es zu verändern. Diese Psychoedukation legt zugleich den Grundstein für weitere Komponenten, die im Folgenden näher erläutert werden.

Selbstkontrolle und Rückfallprävention

Selbstkontrolle und Rückfallprävention werden sowohl dazu eingesetzt, Gewalt zu kontrollieren als auch zur verbesserten Trinkkontrolle. Eine Verbreiterung des Konzepts der Rückfallprävention hat sich bei der Behandlung von Gewalttätigkeit als erfolgreich erwiesen (Laws, 1999). Individuen werden dazu angeleitet, ihre persönlichen Auslöser für Gewalt, zum Beispiel Konflikte, Frustration, schlechte Stimmung und Trunkenheit zu identifizieren. Ein individuelles Profil von hoch riskanten Situationen wird erstellt und Copingstrategien wie Konfliktvermeidung, angemessener Umgang mit zwischenmenschlichen Problemen, Gefühlsmanagement und Modifikation der Trinkgewohnheiten werden gelehrt.

Kognitive Restrukturierung von Überzeugungen und Einstellungen

Im Folgenden werden einige kognitive Strukturen und Prozesse beschrieben, die ein erhöhtes Risiko für Gewaltverhalten darstellen.

Einstellungen gegenüber Partnerschaft

Die Themen Macht und Kontrolle stellen wichtige Faktoren bei häuslicher Gewalt dar. Täter, die häusliche Gewalt ausüben, sind keine homogene Gruppe. Das Thema Kontrolle kann bei einigen Tätern im Hinblick auf Unsicherheit und Eifersucht, bei anderen im Hinblick auf das Bedürfnis nach Dominanz angesprochen werden (Tweed & Dutton, 1998).

Feindselige Attributionen

Menschen, die schon seit ihrer Jugend Verhaltensprobleme zeigen, haben mit hoher Wahrscheinlichkeit wiederholt Zurückweisungen von Seiten ihrer Eltern, Lehrer, Peers und später Vorgesetzten erlebt. Das Erleben von Strenge und Ausgrenzung kann zur Bildung von feindseligen Voreingenommenheiten, also dem Glauben daran, dass die Welt ihnen gegenüber antagonistisch und unfreundlich eingestellt ist, führen. Feindselige Voreingenommenheiten korrelieren mit Ärger und Aggression bei Kindern und Jugendlichen. Sie können dazu führen, dass neutrale oder mehrdeutige Ereignisse mit höherer Wahrscheinlichkeit als provozierend eingeschätzt werden.

Alkohol-Ergebnis-Erwartungen

Alkohol-Ergebnis-Erwartungen beziehen sich auf die Auswirkungen, von denen Personen lernen, sie als Folge ihres Trinkens zu erwarten, und die sich durch Erfahrungen und Beobachtungen entwickeln und verfestigen (Bandura, 1997; Goldman, Del Boca, & Darkes, 1999). Diese Erwartungen können positiv sein oder negativ (Jones, Corbin, & Fromme, 2001; Leigh & Stacy, 2004).

Eine größere Zustimmung zu positiven Alkohol-Ergebnis-Erwartungen korreliert signifikant mit einem höheren Alkoholkonsum, eine größere Zustimmung zu negativen geht signifikant mit einem niedrigeren Alkoholkonsum einher (Fromme, Stroot, & Kaplan, 1993; Leigh & Stacy, 2004). Es ist daher wichtig, unrealistische oder übertrieben positive Erwartungen in Frage zu stellen und die Aufmerksamkeit auf die negativen Folgen des Trinkens zu lenken.

Alkohol-Aggressions-Ergebnis-Erwartungen

Die spezifische und auch häufige Alkohol-Aggressions-Ergebnis-Erwartung, insbesondere bei Männern, ist: »Wenn ich trinke, werde ich aggressiv und kann mich besser durchsetzen.« Die Überzeugung, dass Alkohol selbst zu Aggressionen führt, korreliert mit alkoholverbundener Aggression bei jungen männlichen Studenten, moderiert durch das Bedürfnis, einen Eindruck von Macht zu vermitteln (Quigley, Corbett, & Tedeschi, 2002). Bei jungen Straftätern spielen aggressionsbezogene Alkoholerwartungen eine vermittelnde Rolle zwischen starkem Trinken und Gewalt. Zudem korrelierten sie mit stärkerem Trinken vor der Tat, was den Schluss zulässt, dass die Täter möglicherweise getrunken haben, um Mut für die Tat zu gewinnen oder um nach dem Ereignis eine Entschuldigung für ihre Tat zu haben (Zhang, Welte, & Wieczorek, 2002).

Eine Abschwächung der ›Alkohol macht mich gewalttätig‹-Erwartung könnte durch den in der Kognitiven Verhaltensmodifikation bekannten Sokratischen Dialog erreicht werden, wobei der Berater darauf abzielt, Beweise – oder den Mangel an Beweisen – für die Überzeugungen des Klienten hervorzulocken (Beck, Wright, Newman, & Liese, 1993).

Ärgermanagement

Eine Metaanalyse der Effektivität von Behandlungsprogrammen für Ärgerprobleme ergab mittlere bis hohe Effektstärken für alle Behandlungsarten, wobei Entspannungstraining, soziales Kompetenztraining und kognitive Behandlung insbesondere positive und dauerhafte Effekte zeigten (Edmondson & Conger, 1996). Novacos (1975) Ärgermanagement-Intervention nimmt alle in der Metaanalyse als effektiv identifizierten Komponenten auf, wie zum Beispiel das Identifizieren von Auslösern für Ärger, Techniken zur Reduktion des Arousals, kognitive Restrukturierung, das Lehren von nicht-aggressiven Copingtechniken und Stressimpfungstraining in Vorbereitung auf den Umgang mit schwierigen Situationen. Mit dem Ärgerbewältigungstraining (ÄBT) von Schwenkmetzger, Steffgen & Dusi (1999) liegt dazu auch ein deutsches Programm vor.

Soziales Problemlösen

Impulsivität, Hyperaktivität und Aggression sind sowohl mit späteren Straftaten als auch mit problematischem Alkoholkonsum verbunden (z. B. Af Klinteberg, Andersson, Magnusson, & Stattin, 1993). Diese Merkmale können direkt mit Defiziten in exekutiven kognitiven Funktionen, d. h. mit unterschiedlichen höhergeordneten mentalen Fähigkeiten wie Aufmerksamkeit, Abstraktion von relevanten Informationen, logisches Denken, Problemlösen oder Selbstregulation, verbunden sein. Diese Fähigkeiten werden benötigt, um Verhalten zu kontrollieren und planvoll zu handeln sowie nicht vorschnell seinen Impulsen und negativen Emotionen zu folgen.

Soziales Problemlösen ist die Fähigkeit, Probleme im zwischenmenschlichen Bereich zu erkennen, zu definieren und zu lösen (vgl. D'Zurilla & Goldfried, 1971; D'Zurilla & Nezu, 2006). Sie ist für Menschen mit den beschriebenen Problemen im Bereich exekutiver Funktionen besonders wichtig. Ansätze, die sich auf Problemlösefähigkeiten konzentrieren, leiten Menschen zum ›Aufhören und Nachdenken‹ an und sind für die Behandlung von Impulsivität relevant.

Modifikation des Trinkverhaltens

Alkohol wirkt auf vier unterschiedlichen Arten dergestalt auf das Gehirn, dass es die Wahrscheinlichkeit von Gewalttätigkeiten erhöht (Pihl & Hoaken, 2002).

(1) Alkohol aktiviert das Belohnungssystem, was bedeutet, dass er, weil Alkohol mit positiven Ergebnissen verbunden wird, die psychomotorische Aktivität erhöht, was wiederum die Wahrscheinlichkeit erhöht, dass sich der Organismus biologisch relevanten Reizen zuwendet. Durch diese gesteigerte Aktivität erhöht sich, besonders in bestimmten Kontexten, die Wahrscheinlichkeit, Aggressionen zu provozieren. (2) Alkohol beeinflusst das Bestrafungs-System, da er den pharmakologischen Effekt aufweist, Ängstlichkeit zu reduzieren. Da Ängstlichkeit insofern vor Bestrafung schützt, als dass es Verhalten in Anwesenheit von neuen oder bedrohlichen Reizen unterdrückt, erhöht Alkohol die Wahrscheinlichkeit von riskanten Verhaltensweisen, Aggressionen eingeschlossen. (3) Alkohol übt außerdem einen Einfluss auf das Schmerzsystem aus. Eine geringe Dosis hat eine erhöhte Schmerzempfindlichkeit zur Folge, was dazu führen könnte, dass die Signifikanz einer Bedrohung höher eingeschätzt wird, und zu einer vorbeugenden Handlung, um die Bedrohung zu entfernen, führen kann. Bei einer hohen Dosis nimmt die Schmerzempfindlichkeit ab, was zu einer erhöhten Risikobereitschaft führen oder ein Zustand sein kann, der aktiv von denjenigen, die Gewalttätigkeiten beabsichtigen, herbeigeführt wird. (4) Alkohol stört auch das kognitive Kontrollsystem (Pihl & Hoaken, 1997). Wie bereits beschrieben, beeinträchtigt Alkohol exekutive kognitive Funktionen, die mit Planung, Antizipation und Entscheidungsverhalten verbunden sind.

Zusätzliche TAVIM-Programmelemente

Motivation

Das motivationserhöhende Interview nach Miller & Rollnick (2002) stellt eine Interventionsstrategie dar, durch die die Ambivalenz eines Klienten in Bezug auf Veränderung in Richtung Handeln gelenkt werden kann. Diese Technik ist nicht-konfrontativ und zielt darauf ab, dem Klienten Argumente zugunsten der Veränderung zu entlocken. Eine kurze Motivations-Erhöhungs-Intervention für Problemtrinker hat günstige Effekte – vergleichbar mit denen von intensiveren, breiter gefassten Interventionen – gezeigt und ist besonders effektiv bei Klienten, die hohe Ärgerwerte aufweisen (Project MATCH Research Group, 1997).

Beziehungen

Gewaltopfer sind oft betrunken, ebenso wie die Täter (Lindqvist, 1991; Pernanen, 1991). Es ist wahrscheinlich, dass nüchterne Menschen besser in der Lage sind, Bedrohungen zu ignorieren oder das Eskalieren von Konflikten zu verhindern, während Betrunkene die »Herausforderung« annehmen. Auch berichten Partnerinnen von Trinkern, dass sie bei chronischem Erleiden von Gewalt häufiger selbst einen Alkohol- oder Medikamentenmissbrauch entwickeln.

Die Behandlung von häuslicher Gewalt kann die Themenbereiche Kommunikation, Konfliktlösung und die Fähigkeit zu Nähe (Markman, Renick, Floyd, Stanley, & Clements, 1993) sowie den Alkoholkonsum einer oder beider Parteien ansprechen.

Änderungen des Lebensstils

Die langfristige Erhaltung der Interventionsfortschritte ist äußerst wichtig. Bei einer Konzentrierung auf den Lebensstil ermutigt der Berater den Klienten, seine Verhältnisse (z. B. Routinen, Aktivitäten und Beziehungen), Verpflichtungen (z. B. Ziele, Werte und Prioritäten) und Identität (z. B. die Resozialisation in einen neuen Lebensstil) zu ändern (Walters, 1998). Ein positives Selbstkonzept und ein positiver Lebensstil machen während der Intervention gewonnene Veränderungen zu etwas, das es sich zu erhalten lohnt.

7.4 Implementierung des Programms

Ziele des Programms

Durch die Anwendung des TAVIM-Programms sollen die Teilnehmer zu mehr Selbstbeobachtung (self monitoring, Bewusstheit) über ihre problematischen Gedanken, Gefühle und Verhaltensweisen, besonders als Ursache oder Konsequenz ihres alkoholbezogenen Gewaltverhaltens in der Familie, gelangen. Es gibt drei Hauptaspekte, die dabei von besonderer Bedeutung sind:

Selbstbeobachtung

Teilnehmer müssen in der Lage sein, spezifische Gedanken, Gefühle und Verhaltensweisen, die Ärger auslösen und zu aggressiven und/oder gewalttätigen Verhaltensweisen führen können, zu identifizieren. Das Ziel ist, den Teilnehmern zu helfen, ihre automatischen Annahmen wie auch ihre Annahmen, die sich auf Gewalt und Alkohol beziehen, zu reorganisieren und neue Denkweisen zu entwickeln.

Copingstrategien

Haben die Teilnehmer über Selbstbeobachtung ein Bewusstsein für die oben genannten Faktoren entwickelt, können sie Copingstrategien anwenden und nutzen, um aggressivem und/oder gewalttätigem Verhalten vorzubeugen oder es zu reduzieren. Copingstrategien beinhalten das Hinterfragen von Gedanken, die Reduktion von psychologischem Arousal und die Modifikation von Verhaltensweisen. Durch die Anwendung von Methoden der Verhaltensmodifikation können neue Fähigkeiten der Selbstkontrolle und des Selbstmanagements entwickelt werden, wodurch neue kognitive Fertigkeiten entstehen.

Transfer in den Alltag und Zukunftsaussichten

Die Teilnehmer übertragen die Methoden und Techniken, die sie gelernt haben, auf ihr Alltagsleben, um sie dort anzuwenden und zu erhalten.

Aufbau des Programms

TAVIM besteht aus zehn Gruppensitzungen, vier Einzelsitzungen und zwei Sitzungen mit Familienmitgliedern. Während der Gruppensitzungen werden die Teilnehmer dazu ermutigt, ihre Gefühle auszudrücken und die Befriedigung ihrer Bedürfnisse auf eine effektivere und weniger aggressive/gewalttätige Art und Weise zu suchen. Das bedeutet, dass die Teilnehmer alternative Verhaltensmuster entwickeln und ihre Fähigkeit, mit Ärger umzugehen, verbessern. Weiterhin spielt es eine entscheidende Rolle, sich auf Muster und Themen, die mit dysfunktionalem Problemlösen und Kommunikation verbunden sind, zu konzentrieren, z.B. Konfliktlösen in Paarbeziehungen. Die Behandlung von alkoholbezogener Gewalt gegen Familienmitglieder muss die Familie des Teilnehmers oder andere wichtige Personen – real oder imaginativ – mit einbeziehen.

TAVIM wurde entwickelt, um »alkoholbezogene Gewalt« als Ganzes zu verändern. Es ist wichtig für den Anwender, sich klarzumachen, dass alle Teilnehmer ein zweifaches Problem haben: mit Alkohol und mit Gewalt, besonders bei intensiven Interaktionen zwischen diesen beiden Bedingungen. TAVIM widmet sich der Behandlung beider Probleme gleichzeitig und trennt nicht zwischen diesen Problemen des Teilnehmers.

TAVIM bietet ein Trainingsprogramm für Männer mit Alkohol- und Gewaltproblemen an. Es wurde als ein geschlechtsspezifisches Behandlungsprogramm entwickelt, weil (1) die meisten Täter, die unter dem Einfluss von Alkohol gewalttätig werden, männlich sind, und (2) Frauen unter dem Einfluss von Alkohol oft eher depressiv als aggressiv reagieren.

Einschluss- und Ausschlusskriterien

Nur Männer, die bestimmte Kriterien erfüllen, können in das TAVIM-Programm einbezogen werden. Die Einschluss- und Ausschlusskriterien können sowohl durch psychometrische Skalen als auch durch Instrumente, die bereits in verschiedenen Einrichtungen benutzt werden, erfasst werden. Diese Daten werden beim Eingangsscreening und bei der tiefergehenden Erfassung (vgl. Abschnitt Behandlungsmanual) vor Beginn der Behandlung gesammelt.

Zu den Einschlusskriterien zählen: (1) männlicher Klient über 21 Jahre, (2) Alkoholmissbrauch oder -abhängigkeit, (3) alkoholbezogene körperliche Aggression bzw. Gewalt, (4) gegen die Partnerin und/oder Kinder, (5) mehr als ein Vorfall der Kriterien 3 und 4 innerhalb der letzten zwölf Monate, (6) Zusammenleben mit der betroffenen Partnerin und/oder den betroffenen Kindern für mindestens drei Monate innerhalb der letzten zwölf Monate und

(7) ausreichendes Sprachverständnis. Es bestehen folgende Ausschlusskriterien: (1) schwere psychische Störungen, d. h. akute Psychose oder schwere depressive Episode, (2) ausschließlich oder vorwiegend sexuelle Gewalt und (3) vorwiegend Gewalt ohne den Gebrauch von Alkohol.

Organisatorische Aspekte

Empfohlen wird eine Gruppengröße von sechs bis zehn Teilnehmern. Die Gruppe sollte nicht aus mehr als zehn Teilnehmern bestehen. Die empfohlene Dauer der Gruppensitzungen beträgt 120–150 Minuten, einschließlich einer Pause. Die empfohlene Dauer der Einzelsitzungen beträgt 50–60 Minuten. Die Häufigkeit der Gruppensitzungen kann an die Abläufe in unterschiedlichen Settings und Institutionen angepasst werden. Es ist wünschenswert, dass die Reihenfolge der Gruppen- und Einzelsitzungen gewahrt bleibt, da die Einzelsitzungen die Inhalte der Gruppensitzungen ergänzen und vertiefen. Es ist wünschenswert, dass alle Gruppensitzungen in dem gleichen Raum zum gleichen Zeitfenster stattfinden.

Gruppenzusammensetzung und Gruppenregeln

Das TAVIM-Programm sollte in einem geschlossenen Gruppensetting stattfinden, d. h. eine konstante Gruppe von Teilnehmern sollte vom Anfang bis zum Ende an dem Programm teilnehmen. Zudem bildet eine geschlossene Gruppe eine vertraulichere Umgebung, um sensible Themen wie Alkohol und Aggression anzusprechen. Wenn geschlossene Gruppen nicht möglich sind, wird empfohlen, halboffene Gruppen zu bilden. Es erscheint am effektivsten, wenn die Teilnehmer nur zu bestimmten Sitzungen (z. B. zur ersten, nach der vierten und nach der siebten) die Möglichkeit haben, der Gruppe beizutreten. In halboffenen Gruppen müssen einige Elemente, z. B. die Vorstellung und das Ende der Behandlung, den Bedürfnissen der Gruppe entsprechend modifiziert und angepasst werden.

Bei einer Gruppenintervention profitieren die Teilnehmer von der Behandlung persönlicher Probleme in einer unterstützenden, vertraulichen Umgebung, in der sie einander gegenseitig dabei helfen, sich zu verändern. Die Berater sollten die Gruppe dazu ermutigen, sich auszutauschen, sich zu öffnen und einander zu unterstützen. Die Entwicklung von Zusammenhalt und Vertrauen in der Gruppe ist ein wichtiges Ziel. Die folgende Liste fasst wichtige Leitlinien und Regeln für eine effektive Kommunikation zusammen. Die Berater sollten sich frei fühlen, bei Bedarf zusätzliche Punkte hinzuzufügen.

- Drücken Sie Ihre Absichten, Vorstellungen und Ansichten offen und ehrlich aus.
- Hören Sie den anderen zu und respektieren Sie deren Ansichten und Bedürfnisse.
- Machen Sie keine beleidigenden Bemerkungen über andere.
- Greifen Sie die anderen nicht an und übertreiben Sie nicht.
- Vermeiden Sie Seitengespräche.
- Seien Sie pünktlich und nehmen Sie regelmäßig an der Gruppe teil.
- Nehmen Sie nüchtern an der Gruppe teil.

Die Teilnahme an dem Gruppenprogramm erfolgt ausschließlich auf freiwilliger Basis. Für eine regelmäßige und beständige Durchführung ist die Betonung der folgenden Aspekte wesentlich: (a) die Entscheidung für das Behandlungsprogramm, (b) die Entscheidung für den Berater, (c) die Entscheidung für die anderen Teilnehmer, und (d) die Entscheidung für die begleitende Forschung. Die schriftliche Einverständniserklärung des Klienten muss vor Beginn der Intervention vorliegen. Zudem kann um eine informelle Vereinbarung oder einen schriftlichen Vertrag, je nach Setting und den üblichen Vorgehensweisen in jedem Setting, gebeten werden.

Anwender und Reihenfolge der Inhalte von Sitzungen

Die Gruppen sollten (im Idealfall) von zwei Beratern durchgeführt werden (oder einem Berater und einem Co-Berater), vorzugsweise von einer männlichen und einer weiblichen Person. Die Berater, die sich an der Pilotphase beteiligen, werden die erste Version des TAVIM-Programmes testen und evaluieren. Das Projektteam kann bei Fragen oder Problemen während der Durchführung kontaktiert werden. Die Berater in der Interventionsphase werden zu Beginn der Behandlungsphase trainiert und sollten während der Durchführung des Programms fortlaufend in ihrer Institution supervidiert werden. Zum Zwecke von detaillierten Analysen und zur Evaluation könnten Sitzungen gefilmt oder aufgenommen werden, wenn die Klienten hierzu ihre Zustimmung geben.

Um die Vergleichbarkeit sicherzustellen, sollte der vorgeschlagene Inhalt in jeder Sitzung vollständig bearbeitet werden und jede Sitzung sollte die nachfolgend beschriebene Struktur aufweisen.

Behandlungsmanual (gekürzte Darstellung)

Innerhalb des TAVIM-Programms wird jede Sitzung nach folgendem Aufbau vorgestellt und erklärt: (1) Hintergrund der Sitzung, (2) Ziele der Sitzung, (3) Überblick über die Sitzung, (4) Material und (5) Kommentare. Jede Sitzung besteht aus den folgenden Teilen:

Begrüßung und »Bewältigungscheck«

Die Berater begrüßen die Teilnehmer zu der Sitzung und fassen die vorhergehende Sitzung zusammen. Sie erklären, wie sie mit der aktuellen Sitzung verbunden sein wird. Falls im Anschluss an die vorherige Sitzung Probleme aufgetreten sind, werden diese geklärt.

Der Bewältigungscheck wird jede Woche zu Beginn der Sitzung durchgeführt, indem die Teilnehmer darum gebeten werden, Beispiele für relevante Konflikte zu nennen, die sich seit der letzten Sitzung ereignet haben. Diese Beispiele sollten von den Teilnehmern (detailliert) hinsichtlich Gefühlen, Gedanken, Copingverhalten und auch dysfunktionalen Copingstrategien beschrieben werden. Das wichtigste Ziel des Konfliktlösungschecks ist es, einen Einblick in das Selbstmanagement-Verhalten der Teilnehmer zu erlangen, wobei der Schwerpunkt auf der Identifikation von erfolgreichen Kontrollstrategien liegt, um die Selbstwirksamkeit der Patienten zu erhöhen.

Evaluation der letzten Wochenaufgabe

Nachdem die letzte Wochenaufgabe anhand der Ergebnisse der Teilnehmer bearbeitet wurde, geben die Berater positives Feedback. Wenn es Probleme bei der Aufgabe gab oder die Aufgabe nicht erfolgreich war, ziehen die Berater Zwischenschritte und -lösungen in Betracht, die aus den Erfahrungen der Teilnehmer abgeleitet werden können.

Vorstellung und Behandlung der neuen Sitzungsinhalte

Die Berater stellen die Ziele der Sitzung vor und geben einen kurzen Überblick über den Verlauf der Sitzung. Jede Sitzung umfasst einen Teil, in dem der Hintergrund des TAVIM-Bedingungsmodells erklärt wird, und einen Übungsteil.

Aushandeln neuer Aufgaben

Die Wochenaufgabe sollte detailliert besprochen werden (was, wer, wie oft?). Dann können Möglichkeiten, wie die Aufgabe Nutzen bringen kann, besprochen werden. Mögliche Schwierigkeiten und Probleme sollten vorweggenommen und Lösungen angeboten werden. Die Berater können den Teilnehmern helfen, realistische Erfolgserwartungen zu entwickeln.

Klären von Fragen, Schlussfolgerungen

Am Ende jeder Sitzung werden die wichtigsten Inhalte wiederholt. Die aktuelle Aufgabe wird noch einmal herausgestellt und die Berater können die Teilnehmer an die vorherigen Aufgaben erinnern und sie dazu motivieren, sie weiterhin zu üben. Die Berater geben einen kurzen Ausblick auf die folgende Sitzung und Organisatorisches (Tag, Ort, Zeit) wird geklärt.

»Stimmungscheck«

Das Hauptziel des Stimmungschecks ist es, einen Eindruck von der Stimmung und möglicherweise vorhandenen Sorgen des Klienten zu bekommen. Der Stimmungscheck sollte höchstens fünf Minuten lang dauern und kann als eine Runde durchgeführt werden, in der jeder Teilnehmer 1–2 Sätze sagt. Jeder Teilnehmer wird dann danach gefragt, was er in der Sitzung gelernt hat, was er für sich mitnimmt.

Inhalte und Verlauf der Gruppen- und Einzelsitzungen

► Tab. 7.1 gibt einen Überblick über die Gruppen- und Einzelsitzungen von TAVIM. Das Programm kann sich über einen Zeitraum zwischen fünf und zwölf Wochen (bei ein bis drei Gruppensitzungen pro Woche) erstrecken.

Tab. 7.1: Überblick über die Gruppen- und Einzelsitzungen von TAVIM

Gruppensitzungen (G)
G1: Die ganze Geschichte: Meine Geschichte mit Alkohol und Gewalt
G2: Alkoholbezogene Aggressionen und Gewalt erklären
G3: Stress und Anspannung managen
G4: Risikofaktoren managen
G5: Negative Gedanken managen
G6: Positives Selbstbild entwickeln
G7: Ärger managen
G8: Fertigkeitentraining
G9: Rückfälle vermeiden
G10: Zusammenfassung und Ausblick
Einzelsitzungen (E)
E1: Veränderungsmotivation aufbauen
E2: Alkoholbezogene Aggression und Gewalt verstehen
E3: Negative Gedanken analysieren
E4: Weiterentwicklung aufrechterhalten

Exemplarische Beraterinstruktionen aus dem TAVIM-Programm (in Ausschnitten)

- Beispielformulierung aus Sitzung 1 (Die ganze Geschichte): »Das übergeordnete Ziel dieses Trainings ist es, Ihren Ärger, Ihre Aggressionen bzw. Gewalt gegen Ihre Partnerin oder Kinder zu kontrollieren, v.a. wenn Sie Alkohol getrunken haben. Deshalb wird der Umgang mit Ärger, starken Gefühlen, Stress und Alkohol thematisiert. Wir möchten uns auch mit Ihren ganz persönlichen Wünschen und Zielen beschäftigen, mit dem, was Sie in Ihrem Leben noch erreichen möchten und Sie dabei unterstützen, diese Ziele auch zu erreichen.«
- Beispielformulierung aus Sitzung 2 (Alkoholbezogene Aggressionen und Gewalt erklären): »Letzte Woche haben wir über die Beziehung zwischen Gedanken, Gefühlen und Verhalten gesprochen. Heute wollen wir dieses Modell benutzen, um alkoholbezogene Aggression zu erklären. Wenn Sie auf die Interaktion zwischen Gedanken, Gefühlen und Verhalten achten, werden Sie leichter die Annahmen und automatischen Gedanken bemerken, die Verlangen nach Alkohol, Ärger und Aggressionen hervorrufen. Zweitens würden wir Ihnen gerne mehr Informationen über Alkohol und darüber, wie er Ihre Gedanken, Gefühle und Reaktionen beeinflusst, geben.«
- Beispielformulierung aus Sitzung 3 (Stress und Anspannung managen): »Im Umgang mit Ärger ist es gut, sich entspannen zu können, d.h. ruhig zu bleiben, ein wichtiger Faktor und kann so helfen, aggressives und gewalttätiges Verhalten zu vermeiden. Beides gleichzeitig – entspannt sein und ärgerlich sein – geht nicht. Die Progressive Muskelentspannung (PMR) ist eine sehr effektive Methode,

Anspannungen zu vermindern und ruhiger zu werden. Es handelt sich dabei um eine verbreitete Methode, die sehr effektiv und leicht zu erlernen ist. Wir werden Sie heute genauer vorstellen und auch gleich mal zusammen ausprobieren.«

7.5 Evaluation

Erste Hinweise dafür, dass integrierte Behandlungsprogramme wie TAVIM erfolgreich sein können, stammen aus Pilotuntersuchungen eines Behandlunsgsprogramms für alkoholbezogene Gewalt, auf dem das TAVIM-Programm basiert (McMurran & Cusens, 2003). Control of Violence for Angry Impulsive Drinkers (COVAID) ist ein strukturiertes, kognitiv-behaviorales Interventionsprogramm für Menschen, die wiederholt aggressiv oder gewalttätig geworden sind, wenn sie betrunken waren. Über 10 Sitzungen deckt COVAID die folgenden Komponenten ab: (1) Erklärung der Aggression unter Alkoholeinfluss, (2) Reduktion verbrechensbedingter Schäden (crime harm reduction), (3) Managen von Stress und Erregung, (4) Modifizierung des Trinkverhaltens, (5) Veränderung der »Trigger« (Auslöser), (6) Abschwächung der Überzeugungen über die Auswirkungen von Alkohol, (7) Identifikation von und Umgang mit hochriskanten Situationen, (8) Verbesserung der Problemlösefähigkeiten und (9) Änderung des Lebensstils. Eine Pilotstudie zeigte, dass COVAID die angestrebten Effekte auf die Zielbereiche Ärger, Impulsivität, und alkoholverbundene Aggression aufwies.

Die bisherigen Evaluationen des TAVIM-Programms beziehen sich auf die einzelnen Module und die Gesamteffekte des Programms. 58 Teilnehmer nahmen bislang daran teil. Auf einer jeweils fünfstufigen Skala (von 1 = gar nicht bis 5 = ganz und gar) wurden folgende Werte erreicht (Mittelwerte und Standardabweichungen in Klammern): (1) Wie interessant waren die Sitzungen, Inhalte und Übungen? (M = 4.15, SD = 0.64), (2) Wie nützlich waren die Sitzungen, Inhalte und Übungen zur Veränderung Ihres Trinkverhaltens? (M= 3.73, SD = 0.91), (3) Wie nützlich waren die Sitzungen, Inhalte und Übungen zur Veränderung Ihres Aggressions- und Gewaltverhaltens? (M= 3.96, SD = 0.71).

Bezogen auf Verhaltensdaten ist festzustellen, dass während der Sitzungen keine Rückfälle der Teilnehmer bekannt wurden. Im ARAQ (Alcohol-related Aggression Questionnaire), einem Instrument zur Messung der aggressiven Alkoholwirkungserwartungen (McMurran et al., 2006), ergab sich im Prä-Post-Vergleich eine signifikante Reduktion der problematischen Werte (p = .013). Dies deutet darauf hin, dass die Teilnehmer ihre problematischen Kognitionen in Bezug auf die aggressionsfördernden Wirkungen von Alkohol deutlich reduzieren konnten. Außerdem berichteten die Teilnehmer über eine signifikante Zunahme des Schamgefühls in Zusammenhang mit bisherigem Gewaltverhalten. Eine längerfristige Follow-up-Erhebung zur Überprüfung der Nachhaltigkeit der Effekte des Programms ist geplant. Zusammenfassend weisen die Ergebnisse darauf hin, dass integrierte Programme für Täter von alkoholbezogener Gewalt vielversprechend sind.

8 Verhaltensorientierte Soziale Arbeit mit straffälligen Menschen

Reduktion und Prävention deliktrelevanten Verhaltens

Klaus Mayer

8.1 Einführung

Das zentrale Ziel professioneller Sozialer Arbeit mit straffälligen Menschen besteht in deren Resozialisierung. Dieser Aufgabe widmen sich Mitarbeitende in allen Bereichen und Institutionen in Strafvollzug, stationären und ambulanten Diensten sowie den Gerichts-, Bewährungs- und freien Straffälligenhilfen (Cornel, Kawamura-Reindl, Maelicke & Sonnen, 2008). Auch wenn sich Resozialisierung als Begriff nicht scharf definieren lässt (Cornel, 2008), so lassen sich doch mit der Förderung der sozialen Integration und der Prävention von Rückfällen zwei grundlegende inhaltliche Schwerpunkte festmachen (Maelicke, 2008; Zobrist, 2010). Während aus der Sicht von Strafzwecktheorien Resozialisierung im Kontext positiver Spezialprävention ein Strafzweck unter mehreren ist (Schwarzenegger, Hug & Jositsch, 2007), gilt für den Vollzug von Sanktionen Resozialisierung als das Ziel aller Bemühungen schlechthin (vgl. Deutsches Strafvollzugsgesetz § 2, Abs. 1; Schweizerisches Strafgesetzbuch Art. 75, Abs. 1; Österreichisches Strafvollzugsgesetz § 20, Abs. 1).

Soziale Integration und Rückfallprävention hängen als Arbeitsziele eng miteinander zusammen, müssen auf methodischer Ebene jedoch differenziert betrachtet werden (Klug &Schaitl, 2012; Mayer, 2007b). Ein Resozialisierungsprozess kann nicht als erfolgreich betrachtet werden, wenn die betreffende Person rückfällig wird oder von grundlegenden sozialen Prozessen und Bindungen ausgeschlossen bleibt. Während jedoch ohne eine gelingende Rückfallprävention soziale Integration nicht möglich ist, erstere also eine notwendige Bedingung für letztere darstellt, führt eine Förderung von sozialer Integration nicht notwendigerweise zu einem Leben ohne weitere Straftaten, da es neben sozialer Desintegration und Benachteiligung eine Reihe weiterer Ursachen und Motive für Straftaten gibt. Individuelle Rückfallprävention stellt also, wie z. B. im Zürcher Konzept des Risikoorientierten Sanktionenvollzugs formuliert (Mayer, 2008; Zobrist, 2010), neben der Förderung der sozialen Integration ein wichtiges Ziel der Arbeit mit straffälligen Personen dar.

Eine Analyse deliktischen Verhaltens zeigt, dass Straftaten kein zufälliges Ergebnis unglücklicher Umstände sind, sondern Verhaltensweisen darstellen, die mit der individuellen Lerngeschichte, den Zielen und Bedürfnissen zusammenhängen und unter den situativen Umständen der Tat eine bestimmte Funktionalität für die handelnde Person haben. Interventionen, die rückfallpräventiv wirksam sein sollen, müssen also an diesen funktionalen Zusammenhängen der deliktischen Handlung ansetzen. Im Rahmen des verhaltensorientierten Konzepts können risikorelevante Problembereiche identifiziert und bearbeitet werden sowie Problembewältigungskompetenzen aufgebaut werden, um auf diese Weise, einen Beitrag zur Resozialisierung straffälliger Menschen zu leisten.

8.2 Verhaltensorientierte Einzelfalldarstellung

Peter F., 25 Jahre, wurde wegen gemeinschaftlichen unbewaffneten Raubes, Tätlichkeit und Hausfriedensbruchs zu einer mehrmonatigen Freiheitsstrafe verurteilt, deren Vollzug für die Dauer einer zweijährigen Probezeit aufgeschoben wurde. Im Gerichtsurteil wurde Bewährungshilfe angeordnet. Aus der Vorgeschichte sind Verurteilungen wegen Körperverletzung und Fahren in fahruntüchtigem Zustand bekannt.

Anamnestische Angaben

Im Erstgespräch berichtet der Klient von Gewalterfahrungen in der Kindheit, die er, als ältestes von insgesamt vier Kindern, in einer ländlichen Region verbrachte. Er habe seinen Vater als aufbrausend und unberechenbar erlebt, seine zugewandte Mutter habe ihn oft nicht vor den gewalttätigen Übergriffen durch den Vater schützen können. Als schlechter Schüler habe er oft den Zorn des Vaters auf sich gezogen, der, zumal wenn er alkoholisiert gewesen sei, plötzlich gewalttätig werden konnte und auch seine Mutter und seine Geschwister geschlagen habe.

Derzeit lebe er in einer eigenen Wohnung. Es falle ihm schwer, regelmäßig zur Arbeit zu gehen, besonders nach den Wochenenden, an denen er regelmäßig »Party machen« würde und mit Freunden etwas erleben wolle. Er würde dabei größere Mengen Alkohol und bei Gelegenheit auch »Party-Drogen« konsumieren. Seit einigen Monaten habe er mit seinem Vorgesetzten einen anhaltenden Konflikt wegen seiner Arbeitsleistungen und befürchte, seine Anstellung zu verlieren. Dies sei ungünstig, da er wegen nicht bezahlter Rechnungen und eines Unfalls, den er mit dem Fahrzeug eines Freundes verursacht habe, einige tausend Franken Schulden habe, die er zurückzahlen müsse. Der Freund würde wegen des Geldes seit einiger Zeit »richtig Druck machen«.

Peter F. berichtet, dass er bereits als Jugendlicher eine Reihe von »Dummheiten« begangen habe. Dazu haben unter anderem der Konsum von Alkohol, Cannabis, so genannten »Party-Drogen«, aber auch Diebstähle und Schlägereien gehört. So habe sich er und seine Jugendlichen-Clique die Zeit damit vertrieben, andere in alkoholisiertem Zustand anzupöbeln, um Gelegenheiten für gewalttätige Auseinandersetzungen zu provozieren. Man habe gemeinschaftlich Mopeds gestohlen und zu Schrott gefahren, auch sei man bei Gelegenheit in Gartenlauben und freistehende Kioske eingestiegen. Erwischt worden sei er damals nie. Nach einer abgeschlossenen Berufsausbildung zum Metallbauer habe sich seine

Freizeitgestaltung mehr in Gaststätten und Diskotheken verlagert. Hierbei habe der Konsum von Alkohol, das Ansprechen junger Frauen und die Suche nach geeigneten Opfern für gewalttätige Auseinandersetzung im Vordergrund gestanden. In dieser Zeit sei er auch wegen Alkohol am Steuer und Körperverletzung verurteilt worden.

Die Anlasstat betrachte er im Nachhinein als »dumm gelaufen«, er habe mit einigen Kollegen bei einem Konzert zu viel getrunken, man habe sich mit »irgendwelchen Ausländern« gestritten, sei von diesen mit Waffen bedroht und dann angegriffen worden, so dass man sich habe verteidigen müssen. Dabei sei man auch unter Missachtung der Anweisungen des Sicherheitspersonals in den Veranstaltungssaal eingedrungen. Schließlich habe man einen der »Provokateure« alleine unweit des Konzertortes angetroffen und diesem Jacke, Geldbeutel und Handy abgenommen. Er sehe sich als Mitläufer, habe nur seine Freunde unterstützt, sei provoziert und angegriffen worden. In der Clique gebe es zwei Personen, die immer gute Ideen hätten, aber auch häufig für Streit mit anderen Personen sorgen würden. Er sei natürlich zur Unterstützung verpflichtet und würde auch eine gewisse Genugtuung verspüren, siegreich aus einer Schlägerei hervorzugehen. Zudem sei er alkoholisiert gewesen, er habe darum spontan gehandelt, ohne nachzudenken. Die Verurteilung laste er der schlechten Leistung seines Anwalts und der Voreingenommenheit des Gerichts an.

Qualitative Analyse

Die Angaben des Klienten lassen insbesondere zwei Problembereiche erkennen, nämlich: (1) Risikoreicher Alkoholkonsum und der Konsum illegaler Subtanzen (mit den Folgerisiken für erneute Gewalttaten in alkoholisiertem Zustand, für erneuten Verstoß gegen das Betäubungsmittelgesetz, für erneutes deliktisches oder selbstgefährdendes Verhalten unter Drogeneinfluss); (2) Kontakt zu prokriminellem sozialem Umfeld und Gewaltbereitschaft (mit den Folgerisiken für erneute Verwicklung in Straftaten wie Tätlichkeiten, Hausfriedensbruch und Körperverletzung v.a. unter Alkoholeinfluss).

Quantitative Analyse

Peter F. trinkt an Wochentagen mindestens drei Flaschen Bier pro Abend, an den Wochenenden steigert sich der Konsum auf sechs bis zehn Flaschen Bier und zusätzlich zwei bis vier Gläser Wodka pro Abend (siehe ▸ **Abb. 8.1**). Illegale Drogen werden an ein bis zwei Abenden pro Woche konsumiert. Der Konsum findet nur an Wochenenden statt.

Der Kontakt zu prokriminellen Bekannten findet an zwei bis drei Abenden pro Woche und an jedem Abend an Wochenenden statt. In Konflikte mit anderen Personen, in deren Verlauf andere Personen unter Beteiligung von Peter F. bedroht und geschlagen werden, gerät Herr F. nach eigenen Angaben jeden Abend an Wochenenden, es sei denn, es finden sich keine geeigneten Gegner bzw. Opfer. Herr F. hat auch Kontakt zu Personen, die keine Drogen konsumieren und auch nicht in Schlägereien verwickelt sind. Diese Kontakte sind jedoch eher selten und finden höchstens einmal pro Woche statt.

Funktionale Analyse

Die folgende funktionale Analyse umfasst die wichtigsten deliktrelevanten Verhaltensweisen und deren auslösende und aufrechterhaltende Bedingungen, die im Gespräch mit dem Klienten exploriert werden konnten (Schermer, 2005a; Tuschen, 2009). Es bildet die Grundlage für ein individuelles Fallverständnis, das die weiteren Planungs- und Interventionsschritte leitet. Die Abkürzungen bezeichnen den Stimulus (S), den Organismus (O), die Reaktion (R) auf den Manifestationsebenen (motorisch, physiologisch, kognitiv, emotional) und die Konsequenzen (C).

S	Im Ausgang mit »Kollegen«, Pöbeleien mit anderen Personen; in aggressiver und angriffslustiger Stimmung (Vorfreude auf »Action«).
O	Körperlich gesunder, kräftiger und kampftrainierter junger Mann im alkoholisiertem Zustand.
R_{mot}	Alkohol trinken, dann pöbeln, drohen, schlagen, treten.
R_{phy}	Positive Erregung und Anspannung.
R_{kog}	»Wir werden die anderen provozieren«, »Wir werden von denen angegriffen«, »Ich bin bereit zu kämpfen«, »Ich werde die anderen zusammenschlagen und fertigmachen«, »Gewalt anzuwenden ist gerechtfertigt«, »Gewalt fühlt sich geil an«.
R_{emo}	Vorfreude, aber auch etwas Sorge.
$C+_{kurz}$	Gefühl von Macht, Lust, Selbstwertsteigerung, positive Bestätigung und Anerkennung durch die »Kollegen« (»Ich gehöre dazu«).
$C-_{lang}$	Angst vor Anzeigen, Zivilklagen von Opfern, Verurteilung, Stigmatisierung, Probleme am Arbeitsplatz, Ablehnung durch Eltern und Geschwister.

Zielanalyse

Auf der Grundlage dieser funktionalen Analyse des Problemverhaltens des Klienten, wurden gemeinsam mit Peter F. die nachfolgend genannten Ziele der Intervention vereinbart. Der Klient war nicht zu einer umfassenden Drogen- und Gewaltfreiheit bereit, hat sich jedoch auf kontrollierten Alkoholkonsum, eine Testphase mit Drogenabstinenz sowie eine Reduktion des aggressiven Verhaltens festgelegt.

- Ausgang an den Wochenenden ohne Gewalttaten, d. h. beispielsweise sich den Kollegen gegenüber von Gewalt distanzieren, riskante Situationen verlassen,
- sich nach weiteren nicht-kriminellen Freunden umsehen,
- Förderung prosozialer Kontakte,
- angemessener Alkoholkonsum und eingeschränkter Drogenkonsum, z. B. nach drei Standard-Drinks auf nichtalkoholische Getränke umsteigen, einen Test-Monat ohne Partydrogen.

Viele dieser gemeinsam festgelegten Ziele lassen sich nicht in einem Schritt erreichen, sondern müssen im Sinne einer stufenweise Approximation in Teilschritte im Rahmen der Intervention geplant und durchgeführt werden.

Interventionsplanung

Die Interventionsplanung zur Rückfallprävention erfolgte unter Einbeziehung des Klienten und ordnet den vereinbarten Veränderungszielen konkrete Interventionsschritte zu, mit denen die o.g. Ziele erreicht werden sollen. Dabei wurden Peter F. die aus der Verhaltensanalyse abgeleiteten Interventionsschritte und -methoden transparent erläutert, so dass er dem Interventionsplan eine informierte Zustimmung geben konnte.

Zur Erreichung der Ziele »weitere nicht-kriminelle Freunde suchen«, »Distanzierung von Gewalt und rechtzeitiges Verlassen von Risikosituationen« und »Förderung prosozialer Kontakte« wurden folgende Interventionen geplant: Rollenspiele zur Förderung sozialer Fertigkeiten, kognitive Erarbeitung der Gründe sowie der Vor- und Nachteile von Gewalt, Rollenspiele zu konkretem Verhalten in Risikosituationen formulieren, Erprobung der erlernten Fähigkeiten im Rahmen selbständiger in-vivo-Übungen. Zur Erreichung der Ziele »Reduzierung des Alkoholkonsum« und »vorläufiger Verzicht auf Drogenkonsum« wurden folgende Interventionen geplant: Selbstbeobachtung des Alkoholkonsums mit einer Alkohol-Strichliste, Selbstbeobachtung des Drogenkonsums mit einer Drogen-Strichliste, Rollenspiele zu konkretem Verhalten in Situationen, in denen dem Klienten Alkohol und Drogen für Alkoholkonsum angeboten werden, Selbstmanagementfähigkeiten üben. Dabei sind selbständige in-vivo-Übungen im der alltäglichen Lebensumwelt des Klienten ein zentraler Bestandteil (Fehm & Helbig, 2008; Wendlandt, 2002).

Durchführung der Intervention

Mit Peter wurden Rollenspiele durchgeführt, in denen er zielführendes Sozialverhalten entwickelte. So übte er z.B., die bisherigen Kollegen über sein zukünftiges Verlassen von Gewalt-Risiko-Situationen, seine Reduktion des Alkoholkonsums und den vorläufige Verzicht auf Drogen zu informieren und auf deren ggf. kritisch-abwertenden Kommentare zu reagieren (vgl. Drinkmann 2005, Fliegel 2009).

Geübte Situationen im Rollenspiel:

(1) »Ziel: Risikosituationen verlassen«; Situation: Es beginnt mit Pöbeleien von Dritten und jemand sagt »Feigling« zu mir; Verhalten: ich verlasse sofort die Situation und gehe nach Hause; Konsequenz: Ȼ- Vermeidung einer Schlägerei, C+ erfolgreiche Selbstkontrolle.
(2) »Ziel: Alkoholkonsum reduzieren«; Situation: ich habe bereits drei Bier getrunken und steige dann auf Red Bull um; jemand aus meiner Clique bietet mir Alkohol an, aber ich bleibe bei Red Bull; Konsequenz: C+ erfolgreiche Selbstkontrolle.

Kompetenzförderung bezieht sich zwar häufig, aber nicht ausschließlich auf soziale Fertigkeiten. Ein weiterer wichtiger Aspekt bestand in der Ressourcenaktivierung. Häufig verfügen Klienten über Ressourcen, sind aber ambivalent, ob sie diese nutzen wollen oder wissen nicht, wie sie diese nutzen können. Für Peter war die Familie eine dieser schwierigen Ressourcen. Die aktuellen Kontakte waren eher schlecht, aber er wünschte sich mehr und vor allem unbeschwerte Kontakte und erhoffte sich Unterstützung bei der Gestaltung freier Zeit und der Bewältigung seiner Geldprobleme. Er wusste aber nicht, wie er den Kontakt auf eine gute Weise herstellen kann. Die im Rollenspiel aufgebauten Verhaltenskompetenzen wurden schließlich mittels in-vivo-Übungen und Hausaufgaben in der Realsituation erprobt und gefestigt.

Viele problematische Verhaltensweisen werden durch dysfunktionale Einstellungen und Haltungen von Klienten aufrechterhalten. Diese müssen identifiziert und thematisiert werden, um längerfristige Verhaltensänderungen zu unterstützen. So war es fraglich, ob es Peter F. gelingt, mit dem »Feigling«-Vorwurf umzugehen, mit dem gerechnet werden musste, wenn er seine geplanten Verhaltensänderungen ankündigt. Seine dysfunktionale Kognition »Ein Mann, der nicht schlägt, ist ein Feigling« ist risikofördernd und musste genauso wie diejenigen »Nur mit Drogen macht ein Wochenende richtig Spaß« oder »Wer provoziert wird hat ein Recht zu schlagen« etc. im Rahmen kognitiver Verhaltensmodifikation (Weber, 2006; Winiarski, 2012) hinterfragt und modifiziert werden.

Um eine längerfristige Aufrechterhaltung von Verhaltensänderungen zu unterstützen, ist die Förderung von Selbstmanagementfertigkeiten sinnvoll. Im Beispielfall wurden deshalb Selbstmanagementstrategien für Situationen, in denen auf Alkohol und Drogen verzichtet werden soll, eingeübt. Peter lernte einzuschätzen, wann er in einer Versuchungssituation verbleiben kann und wann es für ihn notwendig wird, die Situation zu verlassen. Zur Selbstwahrnehmung wurde ein einfaches Ampel-System verwendet, bei dem der Klient zwischen »grün« (Alles in Ordnung), »gelb« (Ich muss sehr auf mich aufpassen) und »rot« (Ich muss die Situation verlassen) unterscheiden lernte.

Auch die Förderung von Problemlösekompetenzen (D'Zurilla & Goldfried, 1971) spielt in der Arbeit mit Peter F. eine bedeutsame Rolle (Besozzi, 1999; Mayer, 2005). Der Schwerpunkt des Problemlösetrainings lag dabei auf zwei Bereichen: Peter lernte, sich nicht mit einer »erstbesten« Lösung einer schwierigen Situation zufrieden zu geben, sondern immer nach Alternativen zu suchen (alternativen-orientiertes Denken) und Lösungsideen zu prüfen, indem er jeweils überlegte, welche Folgen eine Lösungsalternative hat (konsequenzen-orientiertes Denken). Die Stärkung der Fähigkeit zur autonomen Problembewältigung wurde schließlich durch einen Notfallplan ergänzt. Hier wurde überlegt, was der Klient tun kann, wenn es zu einem Rückfall gekommen ist. Es geht beim Notfallplan nicht darum, Rückfälle vorzubereiten oder zu verharmlosen, sondern ihre für den gesamten Arbeitsprozess zum Teil sehr destruktive Wirkung zu minimieren (Lindenmeyer, 2009). Mit Herrn F. wurde vereinbart, sich bei einem Rückfall sofort mit seiner Mutter oder der älteren Schwester in Verbindung zu setzen, einen außerplanmäßigen Gesprächstermin zu suchen und den Kontakt zu den Personen, mit denen der Rückfall stattgefunden hat, vorerst abzubrechen.

Evaluation

Herrn F. gelang es innerhalb weniger Wochen, seinen Alkoholkonsum auf ein Niveau zu reduzieren, das er in der Zielerreichungsskalierung als »besser als erwartet« bewertete, nämlich nur 3 Flaschen Bier pro Abend am Wochenende. Er zeigte sich selbst positiv überrascht von den positiven Begleiterscheinungen der Konsumreduktion. Nach einigen Monaten jedoch wurde deutlich, dass sich sein Konsumniveau nicht mit dem Lebensstil seines alten sozialen Umfelds vereinbaren ließ. Es kam wiederholt zu Rückfällen, die jedoch rasch im Sinne des Notfallplans unterbrochen werden konnten. Durch eine Freundin fand Herr F. Zugang zu einer Clique, in der deutlich weniger Alkohol und keine Drogen konsumiert wurden, was sich als entscheidend für eine längerfristige Aufrechterhaltung seines reduzierten Konsums erwies. Auch das aggressive Verhalten von Peter F. reduzierte sich in diesem Zeitraum, so dass er Risikosituationen vermeiden konnte und seit Beginn der Intervention in keine Schlägereien mehr verwickelt wurde.

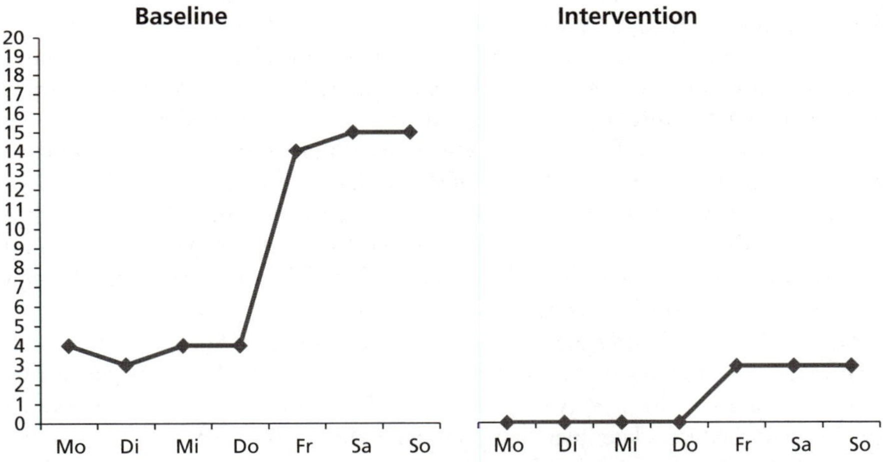

Abb. 8.1: Durchschnittlicher Alkoholkonsum (Einheiten: Bier und Wodka) im Wochenverlauf

8.3 Zusammenfassung und Ausblick

Das dargestellte Fallbeispiel illustriert die Anwendung des verhaltensorientierten Konzepts in der Arbeit mit straffälligen Menschen im Rahmen der Bewährungshilfe als einem typischen Tätigkeitsfeld Sozialer Arbeit. Die dargestellten Vorgehensweisen sind jedoch nicht nur in der Bewährungshilfe einsetzbar, sondern auch im Rahmen milieu- und sozialtherapeutischer Strafvollzugssettings, im Vollzug richterlich angeordneter stationärer Maßnahmen oder der freien Straffälligenhilfe. Es hat sich bewährt, das im Fallbeispiel auszugsweise dargestellte Vorgehen in Form eines strukturierten Programms durchzuführen. Das strukturierte Risikoorientierte Interventionsprogramm »RISK« (Mayer, 2007a; Mayer 2009b) befindet sich derzeit in der Evaluation, so dass hinsichtlich seiner spezifischen Wirksamkeit noch keine Aussagen gemacht werden können. Es integriert jedoch sowohl im Hinblick auf seine prozessuale Struktur als auch auf seine Methoden und Arbeitsprinzipien Verfahren, deren Wirksamkeit in Bezug auf die Zielgruppe straffälliger Menschen sehr gut belegt ist (Andrews & Bonta, 2010; Endrass, Rossegger & Braunschweig, 2012). Kombiniert mit einem Risiko-und Bedarfs-Assessment und einer funktional abgeleiteten individualisierten Interventionsplanung realisiert es zentrale Prinzipien der verhaltensorientierten Arbeit mit Straftätern (Bonta & Andrews, 2007; Klug & Schaitl, 2012). Viele Gründe sprechen für eine strukturierte Auseinandersetzung mit dem Delikt in Kombination mit dem Einsatz verhaltensorientierter Verfahren zur Förderung von Problembewältigung und Rückfallprävention. So ist eine deliktpräventive Intervention angezeigt, wenn ein Täter psychisch krank ist oder wenn bei ihm eine Rückfallgefahr vorliegt, die durch eine Therapie positiv beeinflusst werden kann (Urbaniok, 2003). Nach dieser Logik besteht auch bei Personen, die nicht psychisch krank, aber dennoch gefährlich sind, ein Behandlungsbedarf für eine deliktpräventive Therapie. Viele Straftäter weisen einen Unterstützungsbedarf im Hinblick auf Rückfallprävention auf. Es ist nicht sinnvoll, alle diese Straftäter einer forensisch-deliktpräventiven Therapie zuzuweisen. Vielmehr ist es angemessen, möglichst direkt und effektiv an der Motivation und der Förderung von Kompetenzen zur Bewältigung von Risikosituationen zu arbeiten und so das Risiko möglicher Rückfälle zu mindern. Dabei ist die Auseinandersetzung mit dem eigenen Verhalten bei der Straftat von entscheidender Bedeutung. Die Einsicht in die funktionalen Zusammenhänge der eigenen Handlungen und Konstellationen, in denen die Gefahr von Rückfällen droht, schafft häufig erst die Basis für bewältigungsorientierte Interventionen.

Das verhaltensorientierte Konzept ist im Rahmen der Sozialen Arbeit mit straffälligen Menschen in vielen Kontexten anwendbar, das zeigt die mehrjährige Erfahrung in der Aus- und Weiterbildung von Sozialarbeiterinnen und Sozialarbeitern. Die hier dargestellten Methoden grenzen sich sowohl hinsichtlich ihrer Anwendung, ihrer Zielgruppe, ihrer Zielsetzung als auch ihrer inhaltlichen Schwerpunktsetzung und ihrer Durchführungsintensität klar von therapeutischen Angeboten ab. Sie stellen ein strukturiertes verhaltensorientiertes Beratungs- und Trainingsprogramm dar, welches das Ziel verfolgt, bei straffälligen Menschen sowohl die Motivation als auch die Kompetenzen zur Bewältigung von Risikosituationen und individuell bedeutsamen Problembereichen zu fördern. Dies zeigt die Anwendung in der Bewährungshilfe, zum Beispiel bei »Neustart.org« sowohl in Österreich als auch in Baden-Württemberg oder bei verschiedenen Behörden in der Schweiz (vgl. Amt für Justizvollzug Zürich; Massnahmen-Zentrum Bitzi; Vollzugs- und Bewährungsdienste Luzern).

9 Soziale Arbeit bei tiefgreifenden Entwicklungsstörungen

Förderung von Kindern mit Autismus-Spektrum-Störungen

Hanns Rüdiger Röttgers

9.1 Einführung

Autismus-Spektrum-Störungen (ASS) gehören zu den tiefgreifenden Entwicklungsstörungen und sind durch qualitative Beeinträchtigungen der Kommunikation und sozialen Interaktion sowie ein eingeschränktes und/oder stereotypes Interessen- und Handlungsrepertoire gekennzeichnet.

Leo Kanner und Hans Asperger beschrieben unabhängig voneinander in den 40er Jahren des letzten Jahrhunderts zwei Gruppen von Kindern bzw. Jugendlichen als »autistisch« (in der Begrifflichkeit der Psychopathologie: auffällig auf sich bezogen). Bei Kanner waren dies Kleinkinder, deren auffälligstes Merkmal eine verzögerte oder ganz ausbleibende Sprachentwicklung war, hinzu kam eine reduzierte oder scheinbar fehlende Interaktion mit den Müttern. Die meisten Kinder wirkten zudem geistig behindert. Asperger hingegen beschrieb Jugendliche, deren Sprach- und Intelligenzniveau altersgerecht, deren Bedürfnis nach und Kompetenz bei sozialen Interaktionen aber massiv beeinträchtigt schien. Mittlerweile werden autistische Störungen als kontinuierliches Spektrum mit gemeinsamen Grundcharakteristika, aber individuell sehr stark variierender Ausprägung verstanden.

Die Diagnosefindung verzögert sich oft bis zum Vorschul- oder sogar Schulalter, da die Symptome wie ausbleibende Sprachentwicklung häufig anderen Erkrankungen zugeordnet werden. In Deutschland folgt nach der Diagnosestellung meist die Verweisung an ein sog. Autismus-Therapie-Zentrum (ATZ). Viele Kommunen finanzieren im Rahmen von Leistungsvereinbarungen das, was der jeweilige Anbieter vor Ort für sinnvoll erachtet. Nicht alle ATZ allerdings setzen ausschließlich oder zumindest überwiegend evidenzbasierte, also in ihrer Wirksamkeit belegte Interventionen ein. Die Spannweite der Qualität ist sehr weit, eine externe Qualitätskontrolle oder Evaluation der Ergebnisse findet in der Regel nicht statt. Die Landschaft ist also von einer großen Beliebigkeit geprägt, fachlich spricht man von »Eklektizismus« (vgl. Dillenburger, 2011). Aktuelle Untersuchungen der Fachhochschule Münster illustrieren, dass fachlich zweifelhafte Entscheidungen keine Ausnahme sind und längst nicht alle ATZ den vorbildlichen Standard etwa des ATZ Köln oder des ATZ der Universitätsklinik Frankfurt/Main aufweisen (Lechtenböhmer, 2011; Porta, 2010; Röttgers & Nedjat, 2012; Wend-Erdel, 2011).

9.2 Verhaltensorientierte Modelle zum Autismus und psychosoziale Versorgungsituation

Einigkeit besteht heute darüber, dass es sich bei ASS um neurobiologisch verursachte Störungen handelt. Kern der zugrundeliegenden Neurobiologie ist nach gegenwärtigem Kenntnisstand eine verminderte Verbindungsdichte und Intensität bestimmter Neuronengruppen. Dies wirkt sich messbar auf die Funktionsfähigkeit des Gehirns aus. Als Beispiel sei genannt, dass bei einer komplexen Aufgabe wie dem Verständnis eines gesprochenen Satzes die beteiligten Hirnareale ein hohes Maß an »Synchronisierung« aufweisen. Die Nervenzellen arbeiten sozusagen »im Takt«. Bei autistischen Menschen ist diese gemeinsame »Taktung« der beteiligten Areale deutlich schwächer ausgeprägt.

Ebenso verändert ist die Funktion der Spiegelneuronen, die beobachtete Handlungen anderer Personen nachvollziehen und eine bedeutende Rolle beim Modelllernen zu spielen scheinen. Diese Lernart, mit der durch Beobachten und Nachahmen spontan Alltagsfähigkeiten erworben werden, ist bei autistischen Kindern beeinträchtigt, weswegen sie eine maßgeschneiderte Lernumgebung und ein ihren Besonderheiten angepasstes Konzept benötigen, um ihr Potential auszuschöpfen.

Da eine Veränderung in der Gehirnanlage vorliegt, existieren ursächliche Therapien im Sinne einer »Heilung« nicht. Das Angebot an wohlklingenden Versprechungen ist dennoch beachtlich. Als verbreitete nicht evidenzbasierte Pseudo-Interventionen seien die »gestützte Kommunikation« (nicht: Unterstützung bei der Kommunikation, das ist Bestandteil jeder sachgerechten Intervention), Delphintherapien, das sog. Tomatis-Verfahren, Behandlungen mit menschlichen Stammzellen sowie Angebote zu Nahrungsergänzungsmitteln, Diäten und »Schadstoffausleitungen« genannt.

Im Spektrum der seriösen Angebote ist die Differenzierung zwischen spezifischen und unspezifischen Verfahren und Interventionen von Bedeutung. Spezifische Verfahren beziehen sich auf die Besonderheiten der jeweiligen Störung, beseitigen diese im Idealfall oder bekämpfen deren Folgen gezielt, unspezifische Verfahren sind solche, die begleitend Symptome abmildern, hilfreich oder wohltuend sein können, aber nicht gegen die Störung ursächlich oder zumindest in ihrer Besonderheit angehen.

Im Bereich der Autismustherapien ist diese Unterscheidung für Laien schwer zu treffen: Selbstverständlich sind Aufklärung der Umgebung, Lobbying für eine höhere Akzeptanz autistischer Menschen, Information der Eltern und Verwandten, aber auch Freizeit- und Entspannungsangebote für die Betroffenen hilfreich und nützlich. Dies gilt auch für allgemeine Angebote der Ergo- und Physiotherapie und allgemeine heilpädagogische Förderung. Solange diese aber nicht spezifisch auf die Besonderheiten der ASS ausgerichtet sind, können sie trotz besten Bemühens nicht dazu beitragen, dem autistischen Menschen tatsächlich in seinen besonderen Bedürfnissen zu kognitiver, kommunikativer und sozialer Entwicklung zu nützen und dessen Selbständigkeit zu fördern. Teils wirken sie sogar symptomaufrechterhaltend: Die verbreitete sogenannte »nondirektive Spieltherapie« etwa bietet einen geradezu idealen Rahmen für das Verharren in autistischen Stereotypien.

In dieser unübersichtlichen Situation führt Unkenntnis über die heutigen Möglichkeiten häufig zu Resignation und Fatalismus. Für viele Menschen mit einer ASS besteht allerdings die Chance, Selbständigkeit und Lebensqualität durch eine gezielte Förderung deutlich zu verbessern.

Wenn tatsächlich intellektuelle und sprachliche Entwicklung vorangebracht und damit auf lange Sicht auch Bildungsfähigkeit und Selbstständigkeit verbessert werden sollen, bedarf es besonderer, auf die Lern-, Wahrnehmungs- und Kommunikationsbesonderheiten autistischer Menschen ausgerichteter Programme. Wirkungsnachweise liegen ausschließlich für autismusspezifisch gestaltete, individualisierte lernpsychologisch fundierte Strategien vor. Nach gegenwärtigem Wissensstand stellen hochfrequente häusliche bzw. alltagsnahe verhaltensorientierte Interventionsmodelle unter Einbeziehung der Familien, die möglichst im Vorschulalter beginnen, den »Goldstandard« dar (DGKJP, 2007; Eikeseth, Smith, Jahr & Eldevik, 2007; Freitag, 2010; Keenan, Dillenburger, Moderato & Röttgers, 2010). Man spricht auch von »early intensive behavioural interventions« oder EIBI (siehe hierzu im Überblick: Vismara & Rogers, 2010). Zu diesen Interventionsmodellen gehört MIA.

In einzelnen Bundesstaaten der USA sowie anderen Ländern, in denen eine solche Förderung flächendeckend stattfindet, hat sich die Prognose autistischer Menschen deutlich verändert: Die Integration in Schule und Arbeitsleben und die Selbstständigkeit der Alltagsbewältigung gelingen deutlich besser, wesentlich mehr Kinder erlernen eine funktionale Sprache und soziale Kompetenzen. Dies ist nicht nur für die betroffenen Menschen und ihre Familien von Bedeutung. Nach Untersuchungen in den USA betragen die direkten (Behandlung) und indirekten Kosten des Autismus (Produktivitätsausfall, Kosten für Werkstätten, Wohnheime etc.) pro Person über 2 Millionen €. Investitionen in eine frühe, intensive und wirksame Intervention würden sich also durch spätere Einsparungen »rechnen« (Ganz, 2007) – in Zeiten der Debatte um »Nachhaltigkeit« in vielen gesellschaftlichen Bereichen wäre dies ein wichtiger Beitrag.

Da die notwendige fachliche Expertise und Kapazität in Deutschland jedoch nicht ausreichend verfügbar ist, wurde am Fachbereich Sozialwesen der Fachhochschule Münster das Modellprojekt MIA etabliert. Anregungen sind unter anderem dem Bremer Elterntraining des dortigen Instituts für Autismusforschung (Cordes & Cordes, 2010) und der Kooperation mit dem Queen's University Autism Research and Treatment Center (Belfast) zu verdanken. Letztlich beziehen sich alle verhaltensorientierten Programme bei Autismus auf die bahnbrechenden Arbeiten des »Young Autism Project« von Ivar Lovaas an der Universität von Los Angeles (Lovaas 1977, 1981, 1987), wenn sich auch die Methodik in den letzten 30 Jahren weiterentwickelt hat.

9.3 Implementierung von MIA

Kern des MIA-Programmes ist eine gemeinsame theoretische Schulung von Eltern, Bezugskräften in Kindergärten und Schulen und Studierenden der Sozialen Arbeit zu Störungsbild, Prinzipien der Lernpsychologie sowie Strategien zum Aufbau funktionaler und zum Abbau dysfunktionaler Verhaltensweisen. Als »dysfunktional« betrachtet MIA dabei nicht jede Stereotypie oder Eigensinnigkeit eines Menschen mit ASS, sondern nur solche Verhaltensbesonderheiten, die dem Erwerb neuer Fähigkeiten und/oder einer erfolgreichen Kommunikation und Interaktion im Wege stehen.

Nach einem Theorieblock aus 6 bis 8 halbtägigen Seminaren sowie dem individuellen Studium des Multimediapakets »Simple Steps« zur autismusspezifischen Verhaltensmodifikation, ergänzt durch jeweils spezifische Sondertermine für Eltern und Studierende und einer Wissensstandserhebung bei den Studierenden werden Teams aus je fünf Studierenden pro Kind gebildet, die von einer qualifizierten Supervisorin mit langjähriger Erfahrung in der Arbeit mit autistischen Kindern betreut werden. Die Kinder arbeiten dann an 5 bis 6 Tagen/Woche im Gesamtumfang von ca. 30 Stunden zunächst in der 1:1-Betreuung zu Hause oder im Kindergarten. Die Lerninhalte werden später generalisiert, dies sowohl im Hinblick auf die Umgebung als auch die beteiligten Personen.

Vor der Intervention wird zunächst die Lernumgebung angepasst: beispielsweise wird das Zimmer reizarm gestaltet, ein ergonomisch passender »Arbeitsplatz« geschaffen und das Lernprogramm bestmöglich auf den Tagesablauf der Familie und des Kindes abgestimmt.

Lernprogramme für Kinder mit niedrigem Funktionsniveau und solche am Anfang der Intervention, bei denen zunächst grundlegende Aspekte des Lernverhaltens erarbeitet werden müssen, beziehen sich beispielsweise auf die Herstellung der Arbeitshaltung am Schreibtisch, das Verständnis für und das Befolgen von verbalen Anweisungen, das Kategorisieren von Gegenständen nach Kriterien wie Farbe, Größe, Anzahl usw. Dies findet typischerweise im »Discrete Trial-Format« statt, d. h. in kurzen, wiederholten Einzellerndurchgängen mit den Elementen Stimulus – Reaktion – Konsequenz S – R – C (Verhaltensgleichung):

Der diskriminative Stimulus, den das Kind von anderen Außenreizen unterscheiden soll, führt zu einer Reaktion des Kindes, der wiederum eine Konsequenz folgt. Es gilt, S und C so zu gestalten, dass das Verhalten in die gewünschte Richtung gelenkt wird. S kann etwa eine Wortfolge als Aufforderung zu einer Handlung sein: »Zeig (Deine) Nase«. Das Kind muss dafür den akustischen Reiz erkennen, verstehen und die korrekte Zeigegeste ausführen können. Hierzu werden ggfs. Hilfestellungen, sogenannte Prompts, unterstützend eingesetzt. Diese können nonverbal (Zeigegeste vormachen, Hand führen) oder verbal (vorsprechen, Anfangslaute vormachen) sein und ermöglichen dem Kind rasche Erfolgserlebnisse.

Die Reaktion ist das Verhalten, das das Kind zeigen soll. Sie muss klar festgelegt, beobacht- und beschreibbar sein und wird im MIA-Programm jeweils dokumentiert.

Die dritte Komponente ist die Konsequenz. Eine positive Konsequenz erhöht, eine negative Konsequenz verringert die Auftretenswahrscheinlichkeit eines Verhaltens. Konsequenzen müssen unmittelbar erfolgen, einfach zu erkennen und für das Kind klar auf das Verhalten zu beziehen sein. Auswahl und gezielter Einsatz von Verstärkern als positive Konsequenz je nach Vorliebe des Kindes sind essentiell. Anfänglich wird oft mit konkreten, gegenständlichen Verstärkern wie Süßigkeiten und Spielzeugen gearbeitet, später kommen soziale indirekte Verstärker wie Lob und Tokenprogramme hinzu. In der Anfangszeit verhaltensbasierter Interventionen bei ASS wurde – ethisch problematisch – auch mit Strafen als negativer Konsequenz gearbeitet. Heutzutage wird bei dysfunktionalem Verhalten wie Auto- oder Fremdaggression mit dem Entzug von Aufmerksamkeit und mit der differentiellen Verstärkung von mit dem Störverhalten inkompatiblem Verhalten reagiert. Einem Kind, das sich in bestimmten Umgebungskonstellationen stereotyp schlägt, wird z. B. eine attraktive Beschäftigung für die Hände vermittelt, so dass keine praktische Möglichkeit der Selbstverletzung mehr bleibt.

Sind die elementaren Voraussetzungen erarbeitet, werden die Inhalte sukzessive in Schwierigkeitsgrad und Komplexität gesteigert. Ziel ist immer eine möglichst weitgehende Annäherung an das Fähigkeitsniveaus altersgleicher nicht-autistischer Kinder. Thematisch rücken bei »hochfunktionalen« Kindern und solchen im Schulalter naturgemäß Aufgaben, die auf die soziale Interaktion zielen, in den Vordergrund. Es geht hier z. B. um die Teilnahme am Unterricht, das Turn-Taking (»Du bist dran – ich bin dran«) beim Spielen, soziale Rituale auf dem Schulhof, situationsadäquates Verhalten beim Einkauf oder bei der gemeinsamen Mahlzeit der Familie. Die Priorisierung der jeweilig angestrebten Verhaltensziele geschieht durch die Eltern des Kindes. Exemplarisch für dieses höheres Anforderungsniveau wird in ► **Tab. 9.1** das Lernprogramm »Gesellschaftsspiele« für das Kind »Kati« vorgestellt.

Tab. 9.1: Lernprogramm Gesellschaftsspiele (Kati)

Lernziel:	Kati soll in der Lage sein, Gesellschaftsspiele zu spielen, Regeln zu begreifen/akzeptieren und auf ihren Gegner eingehen/sich einlassen können.
Voraussetzungen:	Kati kennt und spielt bereits viele Gesellschaftsspiele.
Material:	Verschiedene Gesellschaftsspiele.
Situation:	Die Lernsituation (LS) findet in Katis Zimmer statt. Zunächst spielen Kati und der Therapeut zusammen. Nach einer Einführungsphase können Familienmitglieder oder Freunde hinzugezogen werden.
Konsequenzen:	Smarties/Gummibärchen Soziale Verstärker (nach dem Spiel gemeinsam mit Kati durchsprechen, was gut gelaufen ist → »Punktetafel«).
Bewertung:	Der gesamte Lernvorgang »Spielen« wird bewertet, dabei werden alle LS einmal separat bewertet. Bei mindestens 80 % bei dem gesamten Lernvorgang und bei jedem Therapeuten gilt der Lernvorgang als erfolgreich gelernt.
Ablauf:	Der Therapeut fordert Kati auf, sich ein Spiel auszusuchen. Da Kati gerne spielt, kann dieses LP zum Schluss stattfinden oder zwischendurch durchgeführt werden. Anschließend suchen sich Kati und der Therapeut einen Platz zum Spielen. Vor Beginn des Spieles werden die Regeln durchgesprochen, wobei der Therapeut auch gezielt Vorschläge mit einbringen soll. Nachdem zu Ende gespielt ist, räumt der Therapeut gemeinsam mit Kati das weg.

LS	Instruktion/SD	Reaktion/R	Prompts/P
1	»Kati, suche dir ein Spiel aus.«	Kati sucht sich ein Spiel aus.	P 1: Vorschläge machen P 2: helfen, an das Spiel zu kommen, zeitlich begrenzen (1–2 Min.)
2	»Kati, du beginnst!« (a). / »Kati, ich beginne!« (b).	Kati befolgt die Aufforderung (a). / Kati akzeptiert und fängt nicht an zu diskutieren (b).	P 1: erklären und motivieren P 2: Würfel entscheiden lassen
3	Regeln besprechen. »Kati weißt du, wie dieses Spiel gespielt wird?«	Kati kennt und akzeptiert die Regeln (diskutiert nicht).	P 1: erklären und motivieren
4	»Kati, halte dich an die Regeln.«	Kati versteht und hält sich über den gesamten Spielverlauf an die Regeln, sobald sie auf eine Regel hingewiesen wird, korrigiert sie sich ggf.	P 1: erklären und motivieren P 2: an Regel erinnern
5	»Kati, konzentriere dich auf das Spiel.«	Kati konzentriert sich auf das Spiel (verfolgt das Geschehen, weiß, wann sie an der Reihe ist, schaut auf das Spielbrett, steht nicht grundlos auf und verlässt die Spielsituation).	Motivieren, soziale Verstärker
6	»Kati, konzentriere dich auf deine Spielfigur/dein Spiel.«	Kati dominiert nicht den Mitspieler, d. h. keine Anweisungen.	Erklären
7	Der Therapeut macht nichts (»träumt«) und Kati bemerkt es; ca. 1 Minute	Kati fordert den Therapeuten auf weiterzuspielen.	Nach ca. einer Minute fragen: »Kati, wer war noch mal dran?«
8	Der Therapeut fragt Kati: »Wie habe ich gespielt?«	Kati gibt realistisches Feedback.	Ggf. mit Fragen weiterhelfen
9	»Kati, wir räumen das Spiel wieder ein.«	Kati räumt gemeinsam mit dem Therapeuten das Spiel ein.	P 1: motivieren P 2: helfen
10	Generalisierung: mit unterschiedlichen Personen spielen, zunächst mit und dann ohne den Therapeuten	Kati kann das Erlernte auf andere Situationen übertragen.	

9.4 Programmevaluation

Entsprechend dem Rationale verhaltensorientierter Diagnostik erfolgt während des Programms eine ständige Datenerhebung und -dokumentation (interventionsbegleitende Diagnostik), um die Lernfortschritte erfassen und die Lernprogramme zeitnah anpassen zu können. Hierzu nutzt MIA Datenblätter für die Einzellerndurchgänge pro Programm an jedem Interventionstag wie für die Übersichtsdarstellung zur Darstellung des zeitlichen Verlaufs (siehe ▸ **Abb. 9.1**).

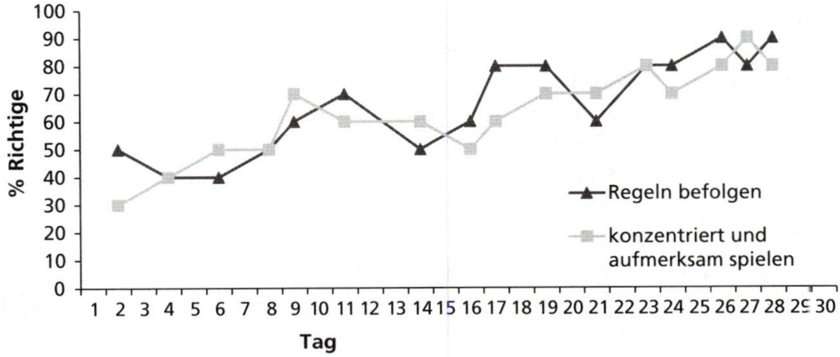

Abb. 9.1: Datenblatt für Einzellerndurchgänge (pro Tag)

Vor und nach der Intervention wird zur Kontrolle der Veränderung im Rahmen eines Prä-Post-Designs das »Entwicklungs- und Verhaltensprofil« (PEP-R) (Schopler, Reichler, Bashford & Häußler, 2009) als ein etablierter autismusspezifischer Entwicklungstest durchgeführt. Dieser ermittelt zum einen das Entwicklungsalter und zum anderen ein Profil der autismusspezifischen Verhaltensauffälligkeiten.

Das Entwicklungsalter wird im PEP-R anhand der Skalen Imitation, Wahrnehmung, Grob- und Feinmotorik, Auge-Hand-Koordination, verbale und kognitive Leistungen ermittelt. Autismusspezifische Verhaltensauffälligkeiten werden in den Kategorien »Soziale Bezogenheit und Affektivität«, »Sprache«, »Spiel und Interesse an Materialien« sowie »sensorische Reaktionen« beschrieben.

Bei »Kati« wurden u. a. Feinmotorik, Grobmotorik, Imitationsverhalten, sprachliche Fähigkeiten und das Wahrnehmen sowie Ausdrücken von Emotionen geschult. Die Ergebnisse belegen eine deutliche Entwicklungsbeschleunigung in allen Teilbereichen sowie eine Verbesserung in den Verhaltensbereichen. Die summarischen PEP-Ergebnisse von »Kati« finden sich in der fünften Spalte der ▸ **Tab. 9.2** unter K020305.

Zum Zeitpunkt der Prä-Testung war »Kati« kalendarisch 6;9 Jahre alt, das Entwicklungsalter betrug demgegenüber lediglich 4;5 Jahre. Dieses konnte auf 6;2 Jahre erhöht werden. Somit hat »Kati« nahezu 2 Jahre in ihrer Entwicklung aufgeholt.

In den Subskalen lässt sich die jeweilige Entwicklung im Detail feststellen. So gelingt es »Kati« nun besser zu imitieren (Zuwachs von 8 Monaten), was die Grundlage des selbständigen Lernens am Modell ist. Auch hat sie ihre Auge-Hand-Koordination um 16 Monate verbessert: eine Grundvoraussetzung für schulische Fähigkeiten wie Schreiben und Zeichnen. Im Bereich der Feinmotorik verbesserte sie sich um 13, in der Grobmotorik sogar um 24 Monate. Diese verbesserten Fähigkeiten spielen eine entscheidende Rolle für die spielerische und sportliche Integration in die Gruppe altersgleicher Kinder. Auch in den bereits vor Beginn guten verbalen Leistungen konnte sie 13 Monate, bei den kognitiven Fähigkeiten 17 Monate aufholen.

Die zu Beginn mittelgradig ausgeprägten autismustypischen Verhaltensauffälligkeiten reduzierten sich nach der Therapie sichtlich. In der »Sozialen Bezogenheit und Affektivität« zeigte sich »Kati« während der Prä-Testung bei drei Items mäßig auffällig, in der Post-Testung waren diese sämtlich angemessen (Halten des Blickkontaktes, um Hilfe bitten, Aushalten von Pausen). Bei »Spiel und Interesse an Materialien« zeigte »Kati« ebenfalls eine Verbesserung bei den angemessenen Reaktionen, etwa dem funktionalen Spiel mit Autos statt dem Sortieren nach Farbe und Größe. Im Bereich der sensorischen Reaktionen waren die ursprünglichen Auffälligkeiten wie Beriechen und Bestreichen von Oberflächen nicht mehr festzustellen.

Bei der Post-Testung waren stereotype Verhaltensweisen reduziert. Qualitativ ist zu bemerken, dass »Kati« nicht mehr mit Arbeitsabbruch und Wutanfällen reagierte, wenn eine Aufgabe nicht sofort gelang und die Konzentration, gemessen an den Intervallen ununterbrochener Aufmerksamkeit für eine Aufgabe, deutlich verbessert war. Auf Anforderungen reagierte »Kati« angemessener, indem sie nachfragte, wenn sie etwas wollte, und bat anders als bei der Prä-Testung bei Bedarf um Hilfe. »Katis« familiäre Situation und ihr Schulalltag gestalten sich nach MIA weitgehend unproblematisch. Vor MIA war eine Einzelfallintegration in einer Regelgrundschule trotz Integrationshelfer gescheitert. Sie besucht nun ohne Helfer eine Förderschule »Sprache« und wird dort weiter nach dem Regelcurriculum unterrichtet.

In der nachfolgenden ▸ **Tab. 9.2** sind die Ergebnisse von MIA anhand der PEP-R-Ergebnisse der letzten beiden Gruppen zusammengestellt.

Der PEP-Entwicklungsquotient EQ beschreibt zusammenfassend das Entwicklungsniveau und Fähigkeitenrepertoire im Vergleich mit einem gleichaltrigen nicht-autistischen Kind. So war »Kati« (K020305) bei Beginn des MIA-Trainings 6 Jahre und 9 Monate alt und auf dem Fähigkeitenstand eines Kindes von 4 Jahren und 6 Monaten, hatte also einen EQ von 67 %. Nach sieben Monaten MIA hat sie mit einem Tempo von 286 % (»EQ in Ther.«) 20 Monate »aufgeholt« und damit ein Entwicklungsalter von 6 Jahren und 2 Monaten und einen EQ von 84 % erreicht.

Die Ergebnisse dokumentieren in der Mehrzahl der Fälle große Fähigkeitsgewinne, in einzelnen, aber nur vergleichsweise geringe Fortschritte (hier ist der »EQ in Therapie« mit dem »EQ vor Therapie« zu vergleichen). Dies deckt sich mit einer großen Studie aus Kalifornien, die charakteristische Cluster in den Entwicklungsverläufen von Kindern mit ASS aufgedeckt hat (Fountain, Winter & Bearman, 2012). Möglicherweise liegen der unterschiedlichen Ansprechbarkeit verschiedene neurobiologische Dispositionen im Sinne von Subtypen zugrunde. Solange keine Anhaltspunkte für eine Prognose des Therapieerfolgs existieren, ist es ein ethisches Gebot, möglichst vielen Kindern die Möglichkeit der Teilnahme an EIBI zu ermöglichen. Dies steht in Übereinstimmung mit der bereits zitierten umfassenden Metaanalyse, die die Basis des Health Technology Assessment-Berichts des Deutschen Instituts für Medizinische Dokumentation und Information darstellt (Weinmann et al. 2009).

Tab. 9.2: Ergebnisse der MIA-Gruppen 2010/11 und 2011/12 im PEP

Code	Chronolog. Alter		Interv. Monate	Entwick-lungsalter		Entw.-Gewinn Monate	EQ vor Ther. In %	EQ nach Ther. In %	EQ in Ther. In %
	prä	post		prä	post				
A080208	2;9	3;3	6	1;1	1;5	4	39	44	67
F030405	5;7	6;1	6	2;11	4;3	16	52	70	267
F201207	2;10	3;5	7	2;0	3;7	19	71	105	271
N260104	6;10	7;5	7	4;1	5;2	13	60	70	186
K020305	6;9	7;4	7	4;6	6;2	20	67	84	286
K020907	4;3	4;10	7	1;7	3;5	22	37	71	314
W100906	5;3	5;10	7	0;8	1;3	7	13	21	100
B120404	7;8	8;3	7	2;10	4;5	19	37	54	271
B250403	8;8	9;3	7	5;11	6;4	6	68	69	71

9.5 Zusammenfassung und Ausblick

Das Modellprogramm MIA belegt, dass die guten Erfahrungen mit frühen intensiven verhaltensorientierten Interventionen bei ASS in Deutschland reproduzierbar und im Rahmen der Hochschulanbindung auch in Bezug auf Kosten, Quantität und Qualität des therapeutischen Personals praktisch umsetzbar sind. Die Bildung der Teams aus Studierenden der Sozialen Arbeit, die Einbeziehung von Eltern und Betreuungskräften und die engmaschige Begleitung durch Teamsupervisorinnen haben sich bewährt. Die Münsteraner Erfahrungen und Materialien stehen interessierten Hochschulen zur Verfügung, so dass das Modell andernorts übernommen werden kann. Die FH Münster bietet zudem Schulungen für Fachpersonal sowie ein Vertiefungsmodul »Evidenzbasierte Interventionen bei ASS« im Masterstudiengang Clinical Casework an.

10 Verhaltensorientierte Soziale Arbeit mit Kindern und Jugendlichen

Förderung des Sozialverhaltens in der ambulanten Jugendhilfe

Michael Borg-Laufs und Katja Dittrich

10.1 Einführung

Die Arbeit mit Kindern, Jugendlichen und Familien stellt ein zentrales Handlungsfeld der Sozialen Arbeit dar. Dabei steht im Vordergrund, Kindern und Jugendlichen gute Entwicklungschancen zu ermöglichen, die sie ohne die Unterstützung durch die Jugendhilfe nicht hätten. Die Arbeit in der Jugendhilfe, insbesondere beim öffentlichen Träger, ist geprägt durch das sogenannte »doppelte Mandat« der Jugendhilfe. Einerseits sind es die Eltern, die Anspruch auf die »Hilfen zur Erziehung« haben. Andererseits sind die Sozialarbeiterinnen und Sozialarbeiter der öffentlichen Träger damit beauftragt, das »staatliche Wächteramt« auszuüben. Sie müssen darüber wachen, dass Gefährdungen des Kindeswohles verhindert bzw. abgebaut werden. In dieser Funktion sind sie dann nicht nur »Helfer«, deren Hilfe von den Betroffenen freiwillig in Anspruch genommen werden kann, sondern sie müssen auch unabhängig vom Willen der Betroffenen die Sicherung des Kindeswohles »kontrollieren«.

Zwar verschlingt die Jugendhilfe große Kosten in den öffentlichen Haushalten, aber andererseits lässt sich zeigen, dass auf den ersten Blick teuer erscheinende Jugendhilfemaßnahmen langfristig nicht nur aus grundsätzlichen Erwägungen heraus sinnvoll sind, sondern dass sie gesamtgesellschaftlich gesehen auch im Hinblick auf die Kosten dringend geboten sind. Frühzeitige Interventionen im Kindes- und Jugendalter verhindern nämlich – bei erfolgreichen Hilfeverläufen – einerseits, dass die Betroffenen in ihrem weiteren Lebenslauf erhebliche Kosten in anderen Hilfesystemen verursachen, und sorgen andererseits dafür, dass die ehemaligen Hilfeempfänger im weiteren Lebenslauf produktiv Werte für die Gemeinschaft schaffen (Roos, 2005).

Dass Soziale Arbeit mit Kindern und Jugendlichen häufig wirkungsvoll ist, zeigen die bisherigen Jugendhilfe-Studien in Deutschland (Macsenaere & Knab, 2004; Schmidt et al. 2000). Etwa 60–70 % der Hilfsmaßnahmen führen zu positiveren Entwicklungsverläufen. Über diese globale Aussage hinaus sind allerdings im Rahmen der Jugendhilfewirkungsforschung nur wenige weitere konkrete Ergebnisse zu verzeichnen. So lässt sich über einige Prozessvariablen (Qualität der Beziehung, Länge der Hilfe) und über einige Strukturvariablen (Qualifikation der Helfer) sagen, dass sie zu einem positiven Ergebnis beitragen. Auf der Ebene der Methoden oder gar der Techniken gibt es im Rahmen der Jugendhilfe bislang kaum belastbare empirische Befunde. Ähnlich verhält es sich in anderen Kontexten der Sozialen Arbeit mit Kindern und Jugendlichen, die nicht unmittelbar der Jugendhilfe zuzurechnen sind, etwa der offenen Jugendarbeit oder der Schulsozialarbeit.

Vergleichsweise umfangreich sind hingegen die Befunde zur Wirksamkeit verhaltensorientierter Interventionsmaßnahmen mit Kindern und Jugendlichen (vgl. z. B. Döpfner, 2007; Kröner-Herwig, 2004). Hier liegt sehr differenziertes Handlungswissen darüber vor, bei welcher Art von Störungsbild und/oder bei welcher Problemkonstellation welche Methoden und Techniken hilfreich sind. Vor dem Hintergrund, dass die Mehrzahl der Kinder und Jugendlichen, die durch Jugendhilfemaßnahmen unterstützt werden, auch psychische Störungen mit Krankheitswert aufweisen (vgl. z. B. Schmid, 2007), liegt es nahe, dieses Handlungswissen auch in der Jugendhilfe anzuwenden. Dies trifft umso mehr zu, als bei differenzierter Betrachtung die Unterscheidung zwischen psychischen Störungen mit Krankheitswert einerseits (als »Eintrittskarte« in das Gesundheitssystem) und Entwicklungsauffälligkeiten (als Gegenstand der Jugendhilfe) andererseits kaum aufrecht zu erhalten ist. »Ob eine Störung ›Krankheitswert‹ besitzt, ist nicht abhängig von der Art und kaum abhängig von der Schwere eines Problems, es ist eine Frage der (Re-)Konstruktion eines Phänomens durch einen Beobachter« (Borg-Laufs, 2007a, S. 919). Insofern sollte die fachlich nicht angemessene strikte Trennung zwischen Psychotherapie einerseits und Beratung/Jugendhilfe andererseits zugunsten eines umfassenderen Hilfeansatzes aufgegeben werden (vgl. etwa Gahleitner, Borg-Laufs & Schwarz, 2010).

10.2 Verhaltensorientierte Einzelfalldarstellung

In der verhaltensorientierten Arbeit mit Kindern und Jugendlichen finden häufig Verstärkerpläne Anwendung. Dieser Ansatz scheint auf den ersten Blick einfach (erwünschtes Verhalten belohnen, unerwünschtes Verhalten löschen), dabei wird aber oft übersehen, dass ein Verstärkerplan nur dann funktioniert, wenn viele Parameter beachtet werden (Wirksamkeit der Verstärker, Exklusivität der Verstärker, zeitnahe Verstärkung, erreichbare Verstärkung u.v.a., vgl. Borg-Laufs & Hungerige, 2007; Schermer. 2005b). Darüber hinaus sind Verstärkerpläne nur ein Teil eines komplexeren Interventionsplanes, der auch die persönlichen Bedürfnisse und die Systembedingungen berücksichtigen muss (Borg-Laufs, 2011), wie es in dem nachfolgend dargestellten Beispiel der Fall ist.

Sergej, ein siebenjähriger Junge, besucht die Förderschule (Schwerpunkt soziale und emotionale Entwicklung). Er ist das jüngere Kind einer 36-jährigen Hausfrau ohne Berufsausbildung und eines 45-jährigen Mannes ohne Berufsausbildung und Beschäftigung. Sein Bruder ist acht Jahre alt. Beide Eltern sind russischer Abstammung, der Vater lebt bereits seit vielen Jahren in Deutschland, die Mutter ist vor 15 Jahren nach Deutschland gekommen und spricht kaum Deutsch. Das Wohnumfeld der Familie ist sozial problematisch, es gibt in der näheren Umgebung keine geeigneten Spielmöglichkeiten für die Kinder. Der Vater ist seit einiger Zeit wegen Depressionen in psychiatrischer Behandlung, er wird vor allem medikamentös behandelt. Er benötigt nach eigenen Angaben sehr viel Ruhe, kann schlecht schlafen und ist mit dem Trubel der Kinder schnell überfordert, so dass er sich im Alltag oft zurückzieht. Aufgrund seiner Erkrankung musste er seinen letzten Job vor 2 Jahren aufgeben, so dass die Familie nun ausschließlich von staatlichen Leistungen lebt (ALG II). Auch die Mutter zeigt Symptome einer Depression (Antriebsschwäche, Müdigkeit, gedrückte Stimmung etc.), hat sich aber bisher nicht behandeln lassen.

Sergej wurde von den Eltern als Säugling recht zufrieden erlebt, obwohl sie bereits damals aufgrund ihrer eigenen Erkrankung wenig Ressourcen gehabt hätten, sich mit ihm zu beschäftigen. Heute zeige er sich außerhalb des familiären Rahmens anfangs als ein eher stilles Kind, er spreche wenig, sehr leise und teilweise verwaschen; sein aktiver und passiver Wortschatz erscheinen sehr gering. Bereits im Kindergarten habe Sergej »sich nicht wohl gefühlt« und hatte »Angst vor Neuem«. Anfangs habe er Probleme mit anderen Kindern gehabt und sei frech zu den Erzieherinnen gewesen, dies sei aber mit der Zeit besser geworden. Er ist körperlich gut entwickelt und es gibt keine medizinischen Auffälligkeiten.

Sergej habe nur einen einzigen Freund, mit dem er sich gelegentlich außerhalb der Schule treffe. Der von der Kollegin vom ASD angeregte Versuch, Sergej an einen Fußballverein anzugliedern, scheiterte: Er wollte sich nicht so gern bewegen und hat sich nicht auf das Fußballspielen konzentriert, darüber hinaus stritt er sich mit den anderen Kindern. Seine häufigste Freizeitbeschäftigung ist das Fernsehen. Er nimmt an einer logopädischen Behandlung teil, auch dort sind seine Aufmerksamkeit und Konzentration wechselhaft, auch zeige er gegenüber der Logopädin oppositionelles Verhalten. Trotz einiger Fortschritte ist er nach wie vor in seinen sprachlichen Fähigkeiten deutlich eingeschränkt.

Den Eltern falle es schwer, die Kinder weniger fernsehen zu lassen, weil diese dann ausnahmsweise mal weniger anstrengend seien und nicht streiten würden.

Qualitative Analyse

Die Eltern beschreiben, dass Sergej sehr oft mit seinem älteren Bruder Viktor (der ebenfalls eine Förderschule besucht) streitet, wobei es auch zu körperlichen Auseinandersetzungen komme und er überhaupt nicht auf Erwachsene höre. »Er macht«, so die Eltern, »was er will«. Sergej trete, schlage und weine, wenn sie ihm seine Wünsche nicht sofort erfüllen und ist von den Eltern dann auch nicht zu beruhigen. Auch wenn die Eltern ihn auf sein Fehlverhalten hinweisen oder ihm etwas verbieten, mache er es immer und immer wieder. Er sei bei Neuem angespannt und unruhig. Sergej wünscht sich, dass sein Bruder manchmal netter zu ihm sein soll. Im Grunde würden sie sich aber ganz gut verstehen und vor allem viel Quatsch miteinander machen und zusammen lachen. Ansonsten sei Zuhause alles gut und er habe keine Ideen, was anders sein sollte. Auf Nachfrage sagt Sergej, dass seine Eltern »nur ganz manchmal« mit ihm oder seinem Bruder schimpfen würden. Im Gespräch mit der Sozialarbeiterin zeigt sich Sergej zunächst sehr zurückhaltend, schüchtern und überangepasst. Er braucht viel Zeit und viele Wiederholungen, bis er die Regeln des Zusammenseins mit der Sozialarbeiterin gelernt hat.

Quantitative Analyse

Zu Beginn der Zusammenarbeit:

- täglich fünf bis acht Situationen, in denen Sergej nicht auf seine Eltern hört,
- in 2–3 Fällen davon eskaliert der Konflikt und Sergej schreit und weint,
- durchschnittlich hatten die Brüder zu Beginn 2–3 mal täglich intensive körperliche Auseinandersetzungen, bei denen sie von den Eltern getrennt werden mussten.

Funktionale Analyse

Die Abkürzungen bezeichnen den Stimulus (S), den Organismus (O), die Reaktion (R) auf den Manifestationsebenen (motorisch, physiologisch, kognitiv, emotional) und die Konsequenzen (C).

Beispiel 1:

S	Sergej wird aufgefordert, aufzuhören fernzusehen und zum Abendessen zu kommen.
O	Defizitäre Sprachkompetenz; langsame Verarbeitungsgeschwindigkeit; fein- und grobmotorische Defizite; unbefriedigtes Bedürfnis nach Selbstwerterhöhung.
R_{mot}	»Ich habe keinen Hunger!«; »Ich will weiter fernsehen!«; wird laut und aggressiv; sieht weiter fern.
R_{phy}	Fernsehen lenkt vom Körpergefühl ab, demnach kein Hungergefühl.
R_{kog}	»Mama hat mir nichts zu sagen!«; »Ich mache was ich will!«
R_{emo}	Ärger.
$C+_{kurz}$	Sieht weiter fern.
$\not{C}-_{kurz}$	Ärgerreduktion.
$C+_{kurz}$	Erleben von Macht, Selbstwerterhöhung.
$C+_{lang}$	Auf Nachfrage bekommt er auch später noch ein Brot.

Beispiel 2:

S	Sergej ist mit seinen Eltern in der Stadt und möchte ein Eis haben
O	Defizitäre Sprachkompetenz; langsame Verarbeitungsgeschwindigkeit; fein- und grobmotorische Defizite; unbefriedigtes Bedürfnis nach Selbstwerterhöhung.
R_{mot}	»Ich will ein Eis!«; »Die anderen Kinder haben auch eins!«; wird laut und aggressiv: zieht seinen Vater am Ärmel; schiebt den Vater in Richtung Eisdiele; stampft mit den Füßen auf, beginnt zu jammern und zu schreien.
R_{phy}	Hohe Erregung; Appetit auf Eis.
R_{kog}	»Die müssen tun, was ich will!«
R_{emo}	Wut.
$C+_{kurz}$	Schließlich bekommt Sergej das Eis.
$C+_{kurz}$	Erleben von Macht, Selbstwerterhöhung.
$\not{C}-_{kurz}$	Reduktion von Wut und Erregung.

Beispiel 3:

S	Sergej möchte die Roboter-Figur, mit der sein Bruder gerade spielt.
O	Defizitäre Sprachkompetenz; langsame Verarbeitungsgeschwindigkeit; fein- und grobmotorische Defizite.
R_{mot}	»Viktor, ich will die Figur, du musst sie mir geben!«; wird laut und aggressiv: versucht, sie ihm aus der Hand zu reißen; schlägt und tritt seinen Bruder.
R_{phy}	Hohe Erregung.
R_{kog}	»Ich mache was ich will!«; »Immer hat Viktor die tollen Sachen!«.
R_{emo}	Sergej fühlt sich unterlegen.
$C+_{kurz}$	Erleben von Macht.
$\not{C}+_{kurz}$	Die Eltern greifen ein und nehmen beiden die Spielfigur wortlos weg.
$\not{C}-_{kurz}$	Viktor erscheint in Sergejs Augen nicht mehr übervorteilt; Verhinderung von Selbstwertminderung.

In allen Situationen wird deutlich, dass Sergej seine Impulse nicht kontrolliert und seinen Willen auf aggressive Weise durchsetzen kann. Er erlebt sich als mächtig und verhindert Verletzungen seines Grundbedürfnisses nach Selbstwerterhöhung. Hier wird deutlich, dass sich die Familie in einem Negativkreislauf aus Reglementierungen seitens der Eltern und oppositionellem Verhalten seitens der Kinder befindet (vgl. Patterson, Reid & Dishion, 1992).

Zielanalyse

Von den Eltern werden im Wesentlichen zwei Zielstränge verfolgt. Sie wollen mehr erzieherische Kompetenzen erwerben, damit es ihnen möglich wird, ihre Anliegen den Kindern gegenüber konsequenter durchzusetzen. Konkret bedeutet dies, dass die Quote der Befolgung elterlicher Aufforderung steigen soll und es zu weniger eskalierenden Konflikten zwischen Sergej und den anderen Familienangehörigen kommen soll. Hieraus resultiert mittelfristig das Erreichen des zweiten Zieles, nämlich ein insgesamt entspannteres Familienleben. Ebenfalls hätte eine solche Verhaltensänderung zur Folge, dass die Kinder in ihrem Leben mit den Eltern mehr Orientierung erleben, somit auch die Anleitung und Führung, die für ihr Alter angemessen und wichtig ist. Schließlich ist alles drittes Ziel zu verfolgen, dass Sergejs Bedürfnis nach Selbstwerterhöhung (vgl. Borg-Laufs & Dittrich, 2010) befriedigt wird, ohne dass er dazu auf sein Symptomverhalten zurückgreifen muss.

Interventionsplanung

In der direkten Arbeit mit Sergej müssen Methoden eingesetzt werden, die ihn bei der Erreichung der Ziele »verbesserte Impulskontrolle« und »Selbstwerterhöhung« unterstützen, sowie ihm vermehrt Erfahrungen von altersangemessener Orientierung ermöglichen. Diese Methoden müssen flankiert werden durch eltern- und familienbezogende Maßnahmen in Richtung auf ein angemesseneres Kontingenzmanagement. Schließlich müssen die geringen familiären Ressourcen dahingehend beachtet werden, dass Entlastungsmöglichkeiten gesucht werden.

Aus den funktionalen Analysen ergeben sich dabei folgende konkrete Interventionstechniken:

- Elternberatung bzw. -anleitung hinsichtlich
  - verbesserter Stimuluskontrolle (angemessene Aufforderungen geben),
  - angemessener Verhaltensverstärkung (operante Techniken).
- Etablierung positiver Spielzeiten in der Familie, um die familiären Beziehungen zu verbessern und die Verstärkerwirksamkeit der Eltern in Bezug auf soziale Verstärkung (gemeinsame Spielzeiten und Rituale) zu verbessern.
- Verbesserung der Impulskontrolle von Sergej durch Rollenspiele (Probehandeln) und verhaltensverzögernde Selbstinstruktionen.
- Um sein Selbstkonzept zu stabilisieren werden mit Sergej dysfunktionale Kognitionen erarbeitet und im Rahmen altersangemessener kognitiver Umstrukturierung durch angemessenere ersetzt.
- Für Sergej soll eine Gruppe für Kinder psychisch kranker Eltern gefunden werden, in der er verstärkende, selbstwertdienliche und orientierende Erfahrungen machen kann (vgl. Borg-Laufs, 2010).

Darüber hinaus sollen allgemein familienentlastende Maßnahmen installiert werden, damit die umzusetzenden Interventionen vor dem Hintergrund verringerter Anforderungen eine höhere Erfolgschance haben. Dazu gehört eine Aktivierung des verwandtschaftlichen Umfeldes für gelegentliche Betreuungen der Kinder, aber auch eine Vermittlung in die Hausaufgaben- bzw. Ganztagsbetreuung der Schule.

Schließlich soll zur Stabilisierung und weiteren Stärkung noch eine Mutter-Kind-Kur beantragt werden.

Durchführung der Verhaltensmodifikation

Mit der Familie wird von Beginn an im Rahmen von Hausbesuchen gearbeitet. Mit den Eltern wird geklärt, wie ihr üblicher Tagesablauf aussieht und im gleichen Zug überlegt, wo es Freiräume zur Erholung für die Eltern gibt und zu welchen Zeiten sie ihre Aufmerksamkeit voll und ganz den Kindern widmen können. Gemeinsame Spielzeiten werden zunächst begleitet und angeleitet, bis sich eine positive Atmosphäre etabliert hat und ausreichend Spielideen vorliegen. Ein weiterer Fokus der Begleitung dieser Phase liegt darauf, die Eltern dabei zu unterstützen, dass Sergej in dieser Spielzeit im Rahmen des Möglichen bestimmen darf, was und wie gespielt wird, so dass er an dieser Stelle seinem Kontrollbedürfnis entsprechend agieren kann. In Bezug auf die funktionale Verhaltensanalyse Sergejs bedeutet dies für die Eltern zu erlernen, dass sie zum einen konsequent klare Grenzen ziehen müssen und zum anderen aber auch einen Spielraum für friedliche Kompromisslösungen gestalten können.

Auch werden in dieser Phase im Hinblick auf die Implementation des Kontingenzmanagements »Wunschlisten« der Eltern und der Kinder erarbeitet. Dabei werden unspezifische Wünsche, wie »mein Kind soll auf mich hören« bezüglich alltäglicher Ereignisse und dahinterstehende Regeln konkretisiert. Diese Regeln werden hinsichtlich ihrer Wichtigkeit aus Sicht der Eltern in eine Reihenfolge gebracht.

Mit Hilfe dieser Informationen wird dann ein Verstärkerplan erarbeitet. Zu Beginn beschränkt sich dieser Plan auf zwei konkrete Regeln, deren Umsetzung für alle Beteiligten relativ einfach erscheint und deren Inhalte detailliert besprochen werden: Die ganze Familie nimmt am täglichen Abendbrot teil und auf der Couch und dem Bett wird nur gelegen bzw. gesessen (und nicht gesprungen oder geklettert o.ä.). Zu Beginn eines Tages erhalten beide Kinder 5 Punkte (Smileys). Die Eltern werden im häuslichen Umfeld darin unterstützt, in angemessener Weise Aufforderungen zu geben, hier v.a. zur Teilnahme am gemeinsamen Essen. Dabei lernen sie, Blickkontakt herzustellen, freundliche und eindeutige Aufforderungen zu geben und auf Befolgen bzw. Nicht-Befolgen der Aufforderung schnell und angemessen zu reagieren. Beachtet eines der Kinder diese Regeln nicht, so müssen sie sofort für 3 Minuten auf ihr Zimmer (Time Out) und dürfen dann erneut am Geschehen teilnehmen. Auch wird in diesem Fall ein Punkt abgezogen (Response Cost). Die Punkte werden zum einen für die Erfüllung eines konkreten kindspezifischen Wunsches angespart. In der ersten Zeit waren dies realisierbare materielle Wünsche. Zum anderen bestimmt die Anzahl der übrig gebliebenen Punkte die Dauer eines Spiel- bzw. Vorleserituals mit den Eltern nach dem Abendbrot. Dabei erhält jedes Kind abwechselnd exklusive Zeit mit der Mutter oder dem Vater. Die Punkte werden in der Wohnung gut sichtbar gesammelt (Punkteschlange, vgl. Borg-Laufs & Hungerige, 2007). Der Regelplan wird in regelmäßigen Abständen mit der Familie evaluiert, verändert und ergänzt und bildet den Mittelpunkt der Arbeit mit der Familie. Das Kontingenzmanagement berücksichtigt die Ergebnisse der funktionalen Verhaltensanalyse in mehrfacher Hinsicht. Sergejs Bedürfnis nach Selbstwerterhöhung und Machterleben wird zum einen durch die Betonung seiner Mitbestimmung angesprochen. Auch hat er durch den Punkteplan nun eine Möglichkeit, sich als wirksam und bedeutsam zu erleben, diesmal allerdings auf eine altersangemessene, kindgerechte Weise. Der Verstärkerplan hilft auf der anderen Seite auch den Eltern, den Überblick zu bewahren. So sinkt die Wahrscheinlichkeit der situativen Überforderung und sie erhalten den Spielraum, ihre Kinder gezielt anzuleiten und ihnen explizit Orientierung zu bieten.

Im Rahmen der Hausbesuche wurde aber von der Sozialpädagogin regelmäßig auch die Gelegenheit genutzt, mit Sergej alleine an kognitiven Veränderungen und Verhaltensänderungen zu arbeiten. Da Sergej schnell und unkompliziert zu kleineren Rollenspielen bereit war, wurden mit ihm Standardsituationen, die zu Konflikten mit seinen Eltern bzw. seinem Bruder führten, durchgespielt. Dazu gehörten die in den Verstärkerplan aufgenommenen Verhaltensweisen des Erscheinens zum Essen bei Aufforderungen und des Tobens auf dem Sofa, später aber auch Konflikte mit dem Bruder um Spielsachen und andere Konfliktanlässe mehr. Sergej wurde dazu angeleitet, den Beginn eines Konfliktes frühzeitig zu erkennen und es wurden mit ihm Verhaltensalternativen erarbeitet. Deren Durchführung konnte er im Rollenspiel mehrfach üben und dabei auch die unterschiedlichen Konsequenzen unterschiedlicher Verhaltensweisen erfahren. Dies kam seinem Bedürfnis nach Orientierung und Kontrolle deutlich entgegen, wie er auf diese Weise auch den emotionalen Gewinn eines alternativen Verlaufs der Konflikte unmittelbar nachvollziehen konnte. Um ihn dabei zu unterstützen, nicht sein gewohntes impulsives Verhalten zu zeigen, wurde zusätzlich mit ihm eine Selbstverbalisation erarbeitet (»Ich bleibe cool und nett, dann wird die Belohnung fett«), die er sich vorsagte, sobald er merkte, dass er begann, sich aufzuregen. Diese Selbstverbalisation wurde von ihm auf einen Zettel geschrieben und mit einer Zeichnung versehen. Während er anfangs bei Rollenspielen noch zur Unterstützung auf den Zettel sehen musste, konnte er die neue Selbstverbalisation nach kurzer Zeit auch automatisch ohne visuelle Unterstützung einsetzen. Wichtig war, die jeweiligen Situationen oft genug zu üben, so dass er in seinem Verhalten sicher wurde. Schließlich wurde im Anschluss an die Rollenspiele noch genau besprochen, in welchen Situationen er die neu gelernten Verhaltensweisen in den nächsten Tagen einsetzen konnte (vgl. zum genauen Vorgehen Hungerige & Borg-Laufs, 2007).

Ein weiterer Strang in der Einzelzeit von Sergej war die kindgemäße Aufklärung über die psychische Erkrankung der Eltern, wodurch das elterliche Verhalten für Sergej besser verständlich wurde (Orientierung). Daraus ergab sich auch die Möglichkeit, mit Sergej zu erarbeiten, dass einige von ihm angenommene Selbstwert-destabilisierende Glaubenssätze (z. B. »Ich bin kein gutes Kind, darum kümmern sich meine Eltern so wenig um mich.«) nicht stimmen und das Verhalten der Eltern in manchen Situationen nicht durch ihn, sondern durch ihre eigene Befindlichkeit verursacht wird.

Zur weiteren Unterstützung wurde eine Ganztagsbeschulung einschließlich Hausaufgabenbetreuung in der Schule organisiert. Auch war es möglich, in der Nachbarschaft lebende Verwandte stundenweise in die Kinderbetreuung einzubinden, so dass die Eltern regelmäßiger Zeit für sich hatten. Darüber hinaus konnte erfolgreich eine Familienkur beantragt werden. Eine Gruppe für Kinder psychisch kranker Eltern konnte zunächst nicht gefunden werden, dies wird aber weiterhin zur Stabilisierung der erreichten Erfolge angestrebt.

Evaluation

Gerade die Anfangsphase, in welcher das Kontingenzmanagement implementiert wurde, gestaltete sich zäh und aufwändig. So musste die gesamte Familie das Einführen, Befolgen und Nachhalten von Regeln erlernen. Für die Eltern war es völlig neu, konsequent erzieherisch einzugreifen, und es erforderte für sie viel Kraft, die Regeln kontinuierlich umzusetzen. Demnach ging es in den ersten drei Monaten tatsächlich ausschließlich um Etablierung und Umsetzung der oben beschriebenen Regeln. Bezogen auf diese Regeln lernte Sergej dann aber recht schnell und befolgte die elterlichen Aufforderungen am Abendbrottisch und hinsichtlich der Benutzung von Möbeln widerspruchslos, so dass sich die täglichen Auseinandersetzungen dann auch reduzierten. Dennoch veränderte sich die Baseline zunächst nur wenig, da es außerhalb dieser Situationen viele weitere Konflikte gab, die das Potential hatten, zu eskalieren. Wie bereits erwähnt, wurde der Verstärkerplan in der darauf folgenden Zeit immer wieder verändert und angepasst. Darüber hinaus gelang es Sergej immer besser und in immer mehr Situationen, die im Rollenspiel gelernten Verhaltensweisen mit Hilfe der gemeinsam erarbeiteten Selbstinstruktion zu verbessern. Wie ▸ **Abb. 10.1** zeigt, hatten sich nach insgesamt 6 Monaten intensiver ambulanter Arbeit die Situationen, in denen Sergej nicht auf seine Eltern hörte, auf täglich etwa zwei Anlässe reduziert. Eskalationen gab es nur noch selten, d. h. etwa einmal pro Woche.

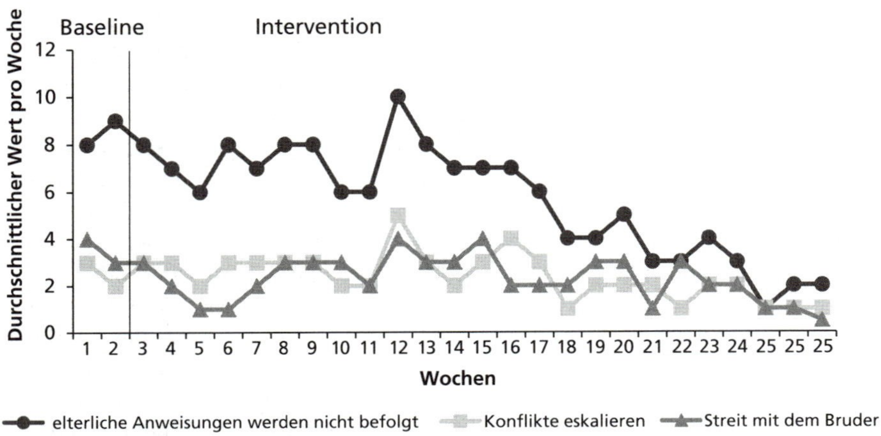

Abb. 10.1: Verlauf der Baseline- und Interventionsmessungen von Sergej

Die Geschwisterrivalität hatte sich ebenfalls verbessert. Streitereien, bei denen die Eltern eingreifen mussten, kamen seltener als einmal pro Woche vor. Die Eltern vermochten es nun, angemessener auf schwierige Situationen zu reagieren. Sie fühlten sich insgesamt kompetenter und ausgeglichener, wenngleich ihre psychischen Probleme damit nicht behoben waren. Es wurde zum Ende der Maßnahme hin deutlich, dass sie nun die Prinzipien einer konsequenten Erziehung verinnerlicht hatten und diese selbstständig auf neue Situationen anwenden konnten. Sergej war stolz auf seine neu gewonnenen Kompetenzen und genoss die entspanntere familiäre Atmosphäre sehr.

10.3 Verhaltensorientiertes Gruppenprogramm: Training mit aggressiven Kindern

Aggressive Verhaltensstörungen stellen eines der häufigsten Probleme von Kindern und Jugendlichen in der Jugendhilfe dar (vgl. z. B. Schmid, 2007). Für die betroffenen Kinder und Jugendlichen liegen eine Fülle von empirisch überprüften verhaltensorientierten Materialien vor, die allerdings zumeist bislang nur im angloamerikanischen Raum und häufig im Rahmen von Psychotherapieforschung untersucht wurden (Bachmann, Lehmkuhl, Petermann & Scott, 2010). Im deutschsprachigen Raum gibt es ebenfalls verschiedene Verfahren für die Arbeit mit aggressiven Kindern und Jugendlichen, von denen das »Training mit aggressiven Kindern« (TaK) (Petermann & Petermann, 2012) einerseits einen besonders hohen Bekanntheitsgrad haben dürfte, andererseits aber auch besonders umfangreich evaluiert wurde (vgl. zusammenfassend Borg-Laufs, 2007b).

Insbesondere ist darauf hinzuweisen, dass das TaK hinsichtlich seines Nutzens im Rahmen der Jugendhilfe untersucht wurde. So zeigte sich eine Kombination von Jugendhilfemaßnahmen mit dem Training als effektiver hinsichtlich der Veränderung des Problemverhaltens als die Durchführung von Jugendhilfemaßnahmen allein (Petermann, Petermann, Büttner, Krause-Leipoldt & Nitkowski, 2008) und auch als die Durchführung des Trainings ohne begleitende Jugendhilfemaßnahme (Nitkowski, Petermann, Büttner, Krause-Leipoldt und Petermann, 2009). Trotz relativ kleiner Untersuchungsgruppen zeigten sich starke und signifikante Effekte, die andeuten, dass eine Integration des Trainings in Jugendhilfemaßnahmen ein vielversprechender Weg sein kann, das Problemverhalten der betroffenen Kinder besonders günstig zu beeinflussen. Durch die Verknüpfung von Jugendhilfe mit dem Training ergeben sich gegenseitige Effektverstärkungen bei den Themen, die in beiden Bereichen angegangen werden (z. B. Veränderungen des elterlichen Erziehungsverhaltens), aber eben auch sich ergänzende Effekte in den Bereichen, in denen eine der Maßnahmen alleine nicht wirkt (so lag bspw. die Effektstärke bzgl. des Gesamtproblemwertes bei einer Kombination des TaK mit anderen Jugendhilfemaßnahmen bei $d = 1.14$, während mit der alleinigen Durchführung des TaK eine Effektstärke von $d = 0.56$ erreicht werden konnte).

Verhaltensorientierte Modellvorstellung

Zur Entwicklungspsychopathologie aggressiven Verhaltens liegen eine Fülle empirischer Befunde vor (vgl. im Überblick Fröhlich-Gildhoff, 2006). Dadurch kann der Entwicklungsverlauf aggressiven Verhaltens gut beschrieben werden. Eine wesentliche Unterscheidung ist die zwischen den sogenannten »frühen Startern« und den »späten Startern«. Während die »späten Starter« zunächst einen unauffälligen Entwicklungsweg gehen und erst als ältere Kinder oder Jugendliche eine aggressive Verhaltensstörung entwickeln, etwa als Reaktion auf Belastungen oder auf ungünstige Einflüsse von Gleichaltrigen, zeigen die »frühen Starter« schon als Kleinkinder auffällige Verhaltensmuster, die möglicherweise auch mit biologischen Risikofaktoren in Zusammenhang stehen (vgl. dazu Roth & Struber, 2009). Bei den »frühen Startern« ergeben sich im Verlauf der Entwicklung aufeinander aufbauende, kumulierende Probleme (vgl. ausführlich Borg-Laufs, 2002).

Ein viel beachtetes kognitiv-verhaltensorientiertes Modell stammt von Kaufman (1965) und wird seit seiner Veröffentlichung aufgrund seiner klaren Handlungsimplikationen immer wieder – ggf. leicht modifiziert – zur Begründung kognitiv-verhaltensorientierter Vorgehensweisen herangezogen (siehe ▸ **Abb. 10.2**).

Nach diesem Modell müssen zunächst einige kognitive Schritte durchlaufen werden, bevor eine gegebene Situation zu einer aggressiven Handlung führt. Zunächst ist die soziale Wahrnehmung von Bedeutung: ein Ereignis (z. B. eine Berührung, ein Blick, eine Äußerung) muss zunächst als Bedrohung oder Angriff wahrgenommen (interpretiert) werden, um überhaupt eine mögliche aggressive Reaktion zu veranlassen. Wenn eine Bedrohung wahrgenommen wurde, kommt es im nächsten Schritt zur Auswahl einer passenden Verhaltensweise. Falls eine aggressive Reaktion ausgewählt wird, kann diese im dritten und vierten kognitiven Schritt immer noch verworfen werden, falls z. B. bestimmte Werthaltungen (etwa »kleinere Kinder schlägt man nicht« oder »Gewalt ist keine Lösung«) so verinnerlicht wurden, dass sie die aggressive Reaktion hemmen oder falls negative Konsequenzen auf eine aggressive Verhaltensweise befürchtet werden.

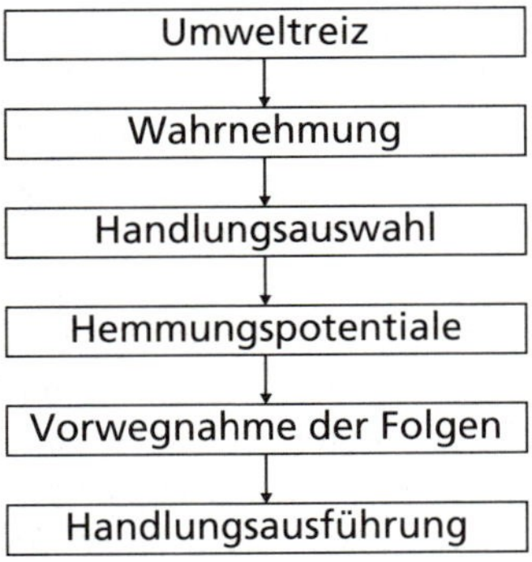

Abb. 10.2: Kognitiv-verhaltensorientiertes Modell aggressiven Verhaltens nach Kaufmann (1965)

Ableitung der Programmkomponenten

Das »Training mit aggressiven Kindern« setzt methodisch an jeder Stelle des kognitiven Modells von Kaufman an. So wird im Training angemessene soziale Wahrnehmung trainiert. Aggressive Kinder und Jugendliche neigen zu einer verzerrten sozialen Wahrnehmung und nehmen Äußerungen und Handlungen ihrer Interaktionspartner mit einer erhöhten Wahrscheinlichkeit als Angriff wahr. Anhand von Bilder- und Videogeschichten wird im TaK kleinschrittig soziale Wahrnehmung geübt. Den Kindern werden uneindeutige Situationen gezeigt, die von aggressiven Kindern i. d. R. als Angriff (»Das hat der extra gemacht!«) gewertet werden (sog. Feindseligkeitsattribution). Der Trainer arbeitet durch geeignete Fragen (»Woran genau kannst du erkennen, dass er das extra gemacht hat?«) mit den Kindern heraus, dass es eben keine objektiven Anzeichen eines Angriffes in der Situation gibt und dass es auch andere Wahrnehmungsmöglichkeiten gibt. Ein Schwerpunkt des Trainings liegt auf einer Erweiterung des bei aggressiven Kindern oftmals erstaunlich eingeschränkten Verhaltensrepertoires. Mithilfe von materialgestützten Übungen, bei der Besprechung der Videogeschichten und vor allem bei Rollenspielen werden immer wieder konstruktive Verhaltensmöglichkeiten herausgearbeitet und trainiert. Mögliche Hemmungspotentiale werden durch die Gespräche über die Sinnhaftigkeit von Regeln ebenso wie über die Erarbeitung von hilfreichen Selbstverbalisationen erarbeitet. Die negativen Konsequenzen aggressiven Verhaltens werden in Gesprächen und Rollenspielen gemeinsam erarbeitet und darüber hinaus mittels der Arbeit mit den Bezugspersonen an deren Erziehungsverhalten (einschließlich der Erarbeitung von geeigneten Vorgehensweisen bei der Verstärkung erwünschten und der Löschung unerwünschten Verhaltens) unterstützt.

Das TaK als problemzentriertes Kompaktprogramm für Kinder mit oppositionell-aggressivem Verhalten kann allerdings nicht alle Probleme angehen, die sich aus einer entwicklungspsychopathologischen Sichtweise ergeben. Gerade bei delinquent-aggressiven »frühen Startern« ist daher eine Kombination des TaK mit anderen Jugendhilfemaßnahmen besonders wichtig.

Implementierung des Gruppenprogramms

Das Training mit aggressiven Kindern kann sowohl in der ambulanten Jugendhilfe (Erziehungsberatung; soziale Gruppenarbeit) als auch in der stationären Jugendhilfe eingesetzt werden. Zunächst ist dabei sicherzustellen, dass die Gruppenteilnehmer in angemessener Weise ausgewählt werden. Indiziert ist das Training für Kinder im Alter von 6–12 Jahren, die eine oppositionell-aggressive Verhaltensstörung zeigen. Bei diesen Kindern kann das Training die wirkungsvollste Interventionsform sein. Eher dissozial-aggressive Kinder können von dem Training auch profitieren, benötigen aber darüber hinaus gehende intensive Hilfe.

Es sollten Gruppen von vier bis maximal sechs Kindern zusammengestellt werden, die hinsichtlich des Entwicklungsstandes nicht zu weit auseinanderliegen, damit sie von den gleichen Übungen und Materialien profitieren können. Wenn mehr als vier Kinder an der Gruppe teilnehmen, sollten zwei Trainer das Training leiten. Ein Blick in die umfangreiche Auswahl an publizierten Einzelfall- und Kleingruppenstudien zum Training zeigt, dass die Trainingsinhalte an die jeweiligen Erfordernisse der Zielgruppe angepasst werden können, etwa wenn mit kognitiv beeinträchtigten Kindern gearbeitet wird. Die Struktur des Gesamttrainings zeigt ▸ **Abb. 10.3.**

Im Anschluss an die individuelle Diagnostik, die dem Training zur Indikationsstellung und zur Auswahl der spezifischen Inhalte des Trainings vorangehen muss, werden zunächst mit jedem Kind 5–10 Einzelsitzungen durchgeführt. Inhaltlich werden in diesen Sitzungen Themen wie Wahrnehmung sozialer Situationen, Erweiterung von Handlungsmöglichkeiten, Einfühlungsvermögen,

Abb. 10.3: Gesamtstruktur des Trainings mit aggressiven Kindern

Vorhersehen von Konsequenzen und hilfreiche Selbstverbalisationen bearbeitet. Alle Sitzungen sind gleich strukturiert. Sie beginnen mit der Bearbeitung von Selbstbeobachtungen anhand eines »Detektivbogens«, darauf folgt eine Entspannungsübung, dann die Auseinandersetzung mit dem zentralen Thema der Sitzung mit verschiedenen Übungen und Materialien und schließlich die freie Spielzeit. Während der »Arbeitsphasen« wird ein Verstärkungsprogramm durchgeführt. Die Kinder müssen sich an vorher vereinbarte Regeln halten und sich damit die Spielminuten für die Spielzeit zum Ende der Stunde verdienen.

Im Anschluss an das Einzeltraining erfolgt das Gruppentraining, welches mit einer Kennenlern- und Spielphase, in der Regel 2 Sitzungen lang, beginnt. In dieser Phase sollen die Kinder sich kennenlernen, gleichzeitig hat der Trainer die Möglichkeit einer erweiterten Diagnostik über die Verhaltensbeobachtungen, die sich in dieser Phase ergeben.

Das darauffolgende strukturierte Gruppentraining besteht aus sechs bis zwölf Sitzungen. Die Struktur der Gruppensitzungen entspricht im Wesentlichen derjenigen der Einzelsitzungen, einschließlich des Tokenprogramms, mit dem die Spielminuten auch für die Gruppensitzungen verdient werden. Die Kinder kennen diese Struktur daher schon und es ist dadurch erheblich einfacher, sie in den Gruppenstunden zu etablieren. Inhaltlich werden in den Gruppensitzungen u. a. die Themen Gruppenregeln, Einfühlungsvermögen, Wutkontrolle, Selbstwahrnehmung, Umgang mit Konsequenzen und Sinnhaftigkeit von Regeln mit verschiedenen Übungen und Materialien bearbeitet. Rollenspiele nehmen bei der Bearbeitung der zentralen Thematik großen Raum ein.

Begleitet werden die kindbezogenen Einheiten durch eine vier bis sechs Sitzungen umfassende Beratung der Bezugspersonen, in der Themen wie Verständnis für die Kinder, Verhaltensbeobachtung, angemessene Verhaltensverstärkung, wirkungsvolle Aufforderungen geben, innerfamiliäre Kommunikation, Konfliktlösungsstrategien und andere Themen erarbeitet werden.

Bei der Umsetzung des Trainings im stationären Gruppenalltag haben sich bestimmte Rahmenbedingungen als wichtig erwiesen. Nach Steinke (1993, S. 268) ist für eine erfolgreiche Trainingsdurchführung ein gelungener Alltag wichtig, d. h. »ein Mindestmaß an positiv erlebbarer emotionaler Zuwendung von Seiten der Betreuer und Möglichkeiten zu selbst gesteuerter Erfahrungsbildung für die Klienten«. Von zentraler Bedeutung hat sich in der Untersuchung von Steinke darüber hinaus erwiesen, dass eine gelingende Kooperation und Kommunikation aller Beteiligten hergestellt wird. Die Mitarbeiter der Einrichtung müssen geschult und für die Maßnahme gewonnen werden. Damit auch im Stationsalltag die im Training gelernten neuen Verhaltensstrategien konsistent verstärkt werden, sollten regelmäßig Besprechungen zum Training mit allen beteiligten Mitarbeitern durchgeführt werden.

Bei der Evaluation des Trainings kommt es häufig zu einem typischen Verlauf: Während des Einzeltrainings verringert sich die Symptomatik, während der Phase des freien Gruppenspieles stagniert sie oder verstärkt sich sogar wieder etwas, im Laufe des Gruppentrainings geht sie dann noch einmal deutlich weiter zurück als während des Einzeltrainings (vgl. das Fallbeispiel und die weiteren

Literaturhinweise in Borg-Laufs, 2007b). Insgesamt konnte die Effektivität des Trainings mit aggressiven Kindern inzwischen in einer Fülle von Untersuchungen bestätigt werden (vgl. im Überblick Borg-Laufs, 2007b).

10.4 Zusammenfassung und Ausblick

Sowohl das dargestellte Gruppenprogramm als auch der geschilderte Einzelfall konnten zeigen, dass verhaltensorientierte Vorgehensweisen im Rahmen der Jugendhilfe wichtige Bausteine eines Gesamtbehandlungspaketes darstellen können. Entscheidend ist, dass Interventionen ausgewählt werden, die auf empirisch bestätigten Theorien beruhen, sich in der Evaluation bewährt haben und vor dem Hintergrund einer ausführlichen Problemanalyse (vgl. Borg-Laufs, 2011; Schermer, 2005a) ausgewählt werden. Wirklich evidenzbasierte Methoden stehen im Rahmen der Jugendhilfe bislang kaum zur Verfügung, allerdings kann auf die Forschungsergebnisse zur Kinder- und Jugendlichenpsychotherapie zurückgegriffen werden.

Die Schwierigkeiten bei der Evidenzbasierung von Methoden wird auch bei den vorliegenden Beispielen deutlich: der spezifische Beitrag einzelner Techniken zu dem Gesamterfolg einer komplexen Behandlungsmaßnahme ist im Rahmen der Arbeit unter Praxisbedingungen schwer zu bestimmen. Hierzu bedarf es differenzierter Forschungsdesigns, die sicher nur im Einzelfall unter Praxisbedingungen zur Anwendung kommen können.

Das bedeutet aber nicht, dass »alles möglich« sein sollte. Jede Intervention sollte unter Berücksichtigung des aktuell verfügbaren Wissens geplant werden. Für die Verhaltensorientierte Soziale Arbeit mit Kindern und Jugendlichen stehen umfangreiche Wissensbestände zur Verfügung, auch wenn sie z. T. aus Nachbardisziplinen (Kinder- und Jugendlichenpsychotherapie) »importiert« werden müssen. Gerade für die Arbeit mit Kindern und Jugendlichen existiert kein auch nur annähernd vergleichbar gut untersuchtes Rahmenmodell wie das verhaltensorientierte Konzept.

11 Verhaltensorientierte Soziale Arbeit in Schule und Bildung

Förderung von induktivem Denken und Sprachleistung

Edeltrud Marx und Raphaela Trinks

11.1 Einführung

Die verschiedenen Varianten des Denktrainings von Karl Josef Klauer sind aus gutem Grund fester Bestandteil Sozialer Arbeit in vielen Kindertagesstätten und Schulen. Sie sind die am häufigsten evaluierten Förderprogramme, die nachweislich die Intelligenz, den Spracherwerb und die Aufmerksamkeit von Kindern und Jugendlichen steigern (z.B. Klauer, 1993b, 1995; Marx, 2005b, 2006a, 2006b, 2009; Beuing, 2009; Marx & Keller, 2010; Marx, Keller & Beuing, 2011). Da genau diese drei Bereiche – Intelligenz, Sprachkompetenz und Aufmerksamkeit – beim schulischen Lernen von zentraler Bedeutung sind, wird z.B. von Erstklässlern erwartet, dass sie in diesen drei Domänen auch eine altersgemäße Entwicklung im Sinne der »Schulreife« aufweisen: Ein Kind braucht zunächst eine ausreichende Sprachkompetenz, um dem Unterricht überhaupt folgen zu können. Es muss induktiv denken können, d.h. die zentralen Merkmale neuer Konzepte oder Begriffe erkennen, Zusammenhänge entdecken und das Neue zu bereits vorhandenem Wissen in Beziehung setzen. Schließlich muss die Aufmerksamkeitsleistung des Kindes ausreichen, um sich über den Zeitraum einer Unterrichtsstunde konzentrieren zu können.

Klauers präskriptive Theorie induktiven Denkens

Induktives Denken, das Entdecken von Regeln und Gesetzmäßigkeiten, ist ein zentraler Intelligenzfaktor (Klauer & Phye, 2008). Klauer (2003) definiert induktives Denken in seiner Prozesstheorie als »Entdeckung von Regelhaftigkeiten durch Feststellung der Gleichheit oder Verschiedenheit oder Gleichheit und Verschiedenheit bei Merkmalen oder Relationen« (Klauer 2003, S.163). Es geht nach Klauer (1993a) darum, im »scheinbar Ungeordneten« eine Ordnung zu entdecken. Das ist etwa der Fall, wenn ein Kind seine Spielkiste ausschüttet und die Spielsachen, z.B. Autos, ordnet, etwa nach Farben. Das gemeinsame Merkmal der so sortierten Autos ist dann die Farbe. Es könnte weiterhin die Autos nach Größe aufsteigend von links nach rechts sortieren. Die gemeinsame Relation zwischen den Autos ist dann die Relation »...größer als...«.

Regelhaftigkeiten oder Gesetzmäßigkeiten entstehen, wenn Gemeinsamkeiten gegeben sind. Nach der modernen Logik basieren Gemeinsamkeiten entweder auf gemeinsamen Merkmalen oder auf gemeinsamen Relationen; weitere Möglichkeiten gibt es nicht (vgl. Klauer & Phye, 2008). Klauer (1989, 1991, 1993a) hat vor dem Hintergrund dieser Überlegungen Förderprogramme für Kinder und Jugendliche entwickelt, in denen sechs induktive Aufgabentypen jeweils in zwanzig Variationen spielerisch, aber systematisch, trainiert werden in Aufgaben, die verschiedene Situationen aus dem kindlichen Alltag präsentieren.

Diese Aufgaben beinhalten Vergleiche von

(1) Merkmalen von Objekten (z. B. Fahrzeugen). Nur drei Ergebnisse sind bei diesen Merkmalsvergleichen möglich: entweder (a) Gemeinsamkeiten von Merkmalen (z. B. alle haben Räder = Generalisierung) oder (b) Unterschiede zwischen Merkmalen (z. B. eine Blume im Blumenbeet ist noch nicht aufgeblüht = Diskrimination) oder (c) Gemeinsamkeiten und Unterschiede (z. B. alle Bauklötzchen sind rot, aber einige haben unterschiedliche Formen = Kreuzklassifikation).

Dasselbe gilt für Vergleiche von

(2) Relationen zwischen Objekten (z. B. Größe oder Anzahl). So können z. B. (a) Gemeinsamkeiten zwischen Relationen (= Beziehungserfassung) erkannt werden in einer Aufgabe, in der eine Reihe von Flaschen zu sehen ist. Die erste Flasche ist voll, die zweite drei Viertel voll, die dritte halb voll und die vierte ein Viertel voll. Aus drei alternativen Lösungsmöglichkeiten muss das Kind die Flasche auswählen, die als letzte in die Reihe gehört. Bevor das Kind eine leere Flasche als die richtige Lösung erkennt, muss es zunächst die Beziehungen zwischen den präsentierten Flaschen erkannt und verglichen haben. Analog zu den Merkmalvergleichsaufgaben können auch (b) Unterschiede zwischen Relationen (= Beziehungsunterscheidung) bestehen, etwa wenn in einer Aufgabe Paare von Tieren abgebildet sind, zwischen denen eine Mutter-Kind-Beziehung besteht und sich darunter ein Paar befindet, das diese Beziehung nicht aufweist, sondern offenkundig gleichaltrig ist. (c) Sowohl Gemeinsamkeiten als auch Unterschiede zwischen Relationen (= Systembildung) können z. B. gefunden werden bei Flaschen, die denselben Flüssigkeitspegel aufweisen, aber unterschiedlich breit sind. ▸ **Tab. 11.1** zeigt die aufgeführten sechs Aufgaben induktiven Denkens mit den verschiedenen Itemformen und entsprechenden Beispielen aus dem Förderprogramm »Keiner ist so schlau wie ich I«.

Förderung induktiven Denkens: Programmvarianten und Adressaten

Das Klauersche Denktraining liegt in verschiedenen Programmvarianten vor. Das allen Trainingsvarianten zugrundeliegende Konzept wird nachfolgend am Beispiel der zuletzt entwickelten Förderprogramme »Keiner ist so schlau

Tab. 11.1: Kernaufgaben des induktiven Denkens (nach Klauer, 1989, S. 18)

Name	Itemformen	Festgestellt wird...	Beispiele aus »Keiner ist so schlau wie ich I«
Generalisierung (GE)	Klassen bilden, Klassen ergänzen, Gemeinsamkeiten finden	Gleichheit von Merkmalen	Aufgabe 1 Was haben die alle gemeinsam (Räder)? Was können die alle (fahren)?
Diskrimination (DI)	Unpassendes streichen	Verschiedenheit von Merkmalen	Aufgabe 9 Eines passt nicht dazu (das Dreirad)? Warum wohl? Was haben die anderen gemeinsam (Kleidungsstücke)?
Kreuzklassifikation (KK)	Vierfelderschema, Sechsfelderschema, Neunfelderschema	Gleichheit und Verschiedenheit von Merkmalen	Aufgabe 39 Was von unten passt nach oben? Was passt zum Marienkäfer (Schmetterling)? Es ist ein Tier und rot. Welche passen gar nicht (Banane und Auto) und warum?
Beziehungserfassung (BE)	Folgen ordnen, Folgen ergänzen, Einfache Analogie	Gleichheit von Relationen	Aufgabe 11 Was verändert sich (die Anzahl), was bleibt immer gleich (die Äpfel)? Und wie geht es weiter? Suche die richtige Lösung aus.
Beziehungsunterscheidung (BU)	Gestörte Folge	Verschiedenheit von Relationen	Aufgabe 29 Was passiert denn da? Erkläre. Prüfe die Reihenfolge. Fällt dir etwas auf? Wie müsste das denn sein (zweite und dritte Kerze austauschen)?
Systembildung (SB)	Matrize, Vollständige Analogie	Gleichheit und Verschiedenheit von Relationen	Aufgabe 35 Was verändert sich von oben nach unten (werden größer)? Und was von links nach rechts (aus einem werden zwei)? Was kommt wohl in das leere Feld (zwei große Schweinchen)?

wie ich I, II, III« (Marx & Klauer, 2007, 2009, 2011) erläutert. Diese drei Programme können direkt von Erzieherinnen, Lehrkräften und Eltern angewandt werden. Einziges Arbeitsmaterial ist ein 60 Aufgaben umfassendes Trainingsheft mit Bildern aus dem kindlichen Alltag. Die sechs theoretisch abgeleiteten Strategien induktiven Denkens werden mit je 10 Aufgaben spielerisch, aber systematisch, mit unterschiedlichen interessanten Aufgaben aus dem kindlichen Alltag mit Kindern ab vier Jahren trainiert. Das Programm kann einzeln, aber auch in Gruppen mit bis zu drei Kindern, durchgeführt werden. Pro Lektion werden 20–30 Minuten benötigt. Es sollte nicht häufiger als zwei- bis dreimal wöchentlich angewendet werden, so dass es nach 4–5 Wochen beendet ist. Bei der Durchführung des Trainings muss darauf geachtet werden, dass die vorgegebene Reihenfolge der Übungen genau eingehalten wird.

Seit 2010 werden mit der türkischen Übersetzung von »Keiner ist so schlau wie ich I« (Kimse benim kadar zeki degil I) (Marx & Klauer, 2010) türkische Kinder in ihrer Erstsprache von ihren Eltern gefördert, insbesondere von den Müttern oder von bilingualen Studierenden.

Neben den Programmen »Keiner ist so schlau wie ich I« für vierjährige und ältere Kinder (Marx & Klauer, 2007), »Keiner ist so schlau wie ich II« für Kinder ab fünf Jahren (Marx & Klauer, 2009) sowie dem Training »Keiner ist so schlau wie ich III« für Kinder vor und nach der Einschulung (Marx & Klauer, 2011) stehen das Denktraining für Kinder I für fünf- bis achtjährige Kinder (Klauer, 1989), das Denktraining für Kinder II für zehn- bis dreizehnjährige Kinder (Klauer, 1991), das Denktraining für Jugendliche ab 15 Jahren (Klauer, 1993a) sowie das Denktraining für Senioren (Klauer, 2002) zur Verfügung.

Zu den Personen, die bisher im Tätigkeitsbereich der Sozialen Arbeit erfolgreich gefördert wurden, zählen in erster Linie entwicklungsunauffällige Schul- und Kitakinder. Darüber hinaus wurden aber auch Kinder mit verschiedenartigen Schwierigkeiten erfolgreich gefördert, wie etwa

- hörgeschädigte Kinder,
- sprachbehinderte Kinder,
- Kinder mit Aufmerksamkeitsbeeinträchtigungen,
- Kinder mit Down-Syndrom,
- schwer vermittelbare arbeitslose Jugendliche, die ihren Hauptschulabschluss nachholen,
- Kita- und Schulkinder aus benachteiligten Stadtteilen,
- Kinder mit Migrationshintergrund, die in ihrer türkischen Erstsprache gefördert werden,
- benachteiligte Kinder auf den Philippinen, die mit der studentischen Trainerin neue induktive Aufgaben für ihren persönlichen Alltag entwickelt haben,
- Kinder mit emotionalen und sozialen Entwicklungsauffälligkeiten
- sowie ältere und hochbetagte Bewohner von Seniorenheimen.

11.2 Verhaltensorientierte Projektdarstellung: Intelligenz- und Sprachförderung bei Kindern in benachteiligten Stadtteilen

Allgemeine Rahmenbedingungen

Mehr als 3000 Kinder wurden im Zeitraum von 2001 bis 2012 erfolgreich von Studierenden der Sozialen Arbeit an der Katholischen Hochschule (KatHO) NRW in Köln mit verschiedenen Varianten des Denktrainings (Klauer, 1989; Marx & Klauer 2007, 2009, 2011) gefördert. Die Fördermaßnahmen und ihre Evaluation sind in Praxisprojekte eingebettet, wobei die Studierenden selbst gewählte Fragestellungen individuell bearbeiten und sich auch selbst die Praxisstellen aussuchen, in denen sie ihr Projekt durchführen möchten. Die Praxisphase wird ein Semester lang intensiv theoretisch, methodisch und forschungspraktisch vorbereitet und während der späteren Durchführung von Theorie-Praxis-Seminaren begleitet. Zur Vorbereitung gehören auch die Entwicklung einer Fragestellung und die Ausarbeitung ihrer Präsentation in der jeweiligen späteren Praxisstelle.

Unabhängig von der Art der Teilnehmer und der jeweiligen Praxisstelle weisen die Trainingsprojekte eine einheitliche Struktur auf. Nach der theoretisch-methodischen Vorbereitungsphase lernen die Studierenden in der ersten Praxisphase die Kinder oder Jugendlichen in ihrem Alltag in der Institution kennen sowie die Mitarbeiter und die Leitung der jeweiligen Einrichtung. Ihnen stellen sie ihre Fragestellung, Ziele und die Struktur ihres Projekts vor. Die Mitarbeiter der Einrichtung lernen auf diese Weise die Struktur von Trainingsexperimenten kennen sowie Inhalte und Ziele des induktiven Trainings. Danach beginnt die praktische Durchführung der Fördermaßnahme.

Es ist aus den verschiedensten Gründen nicht immer möglich, in Studienprojekten Tests zur Evaluation der Trainingseffekte durchzuführen und/oder mit einem Kontrollgruppendesign mit Zufallszuweisungen zu arbeiten (s. u.). Alternativ können die Studierenden in systematischen Verhaltensbeobachtungen während der Trainings Aufschluss über mögliche kognitive Veränderungen bei den Kindern bekommen. Sie protokollieren dann, wie die Kinder an die Aufgaben herangehen und ob ihre metakognitiven Strategien Unterschiede im Laufe des Trainings erkennen lassen.

Im Folgenden wird ein Projekt mit Schul- und Kindertagesstättenkindern aus zwei benachteiligten Stadteilen genauer dargestellt, in dem das Trainingsprogramm »Keiner ist so schlau wie ich I« zur Anwendung kam. Am Studienprojekt nahmen 14 Studierende der Sozialen Arbeit teil, die zuvor auf die Praxisphase vorbereitet worden waren.

Qualitative Analyse

Vor Beginn des Studienprojekts fanden Gespräche mit dem für beide Stadtteile zuständigen katholischen Pfarrer und seinen Mitarbeitern (zwei

Sozialarbeiterinnen und einem Sozialarbeiter) statt. Der Pfarrer hatte sich an die KatHO gewandt, weil mehr als drei Viertel der Kinder in den Kitas seiner Pfarrei mit dem Test Delfin 4 (vgl. Fried, Briedigkeit, Isele & Schunder, 2009) als besonders sprachförderbedürftig diagnostiziert worden waren, und er sich die Durchführung einer wissenschaftlich fundierten Fördermaßnahme wünschte. In Gesprächen, Vorträgen und Hospitationen wurden folgende Informationen erhoben: Der Delfin 4 Test hatte bei über 80 % der Kinder zusätzlichen Sprachförderbedarf diagnostiziert. Die beiden sozial benachteiligten Stadtteile sind geprägt durch hohe Arbeitslosigkeit, geringes Einkommen und einen hohen Anteil von Bewohnern mit Migrationshintergrund. Zum Zeitpunkt der Projektdurchführung lag die Arbeitslosenquote in den beiden Stadtteilen bei 20 % bzw. 24 %. Der Anteil der Bewohner mit Migrationshintergrund betrug 48 % beziehungsweise 52 %. Beide Stadtteile gehen geographisch ineinander über.

Quantitative Analyse

Zur Überprüfung der Trainingseffekte wurde das in der Trainingsforschung übliche Prä-, Post-, Follow-up-Kontrollgruppendesign eingesetzt. Dementsprechend wurden zunächst mit allen Kindern, die in das Projekt einbezogen wurden, Prätests in den Leistungsbereichen durchgeführt, in denen eine Steigerung durch das Training zu erwarten war. Im Anschluss an die Prätests erfolgte eine stratifiziert-zufällige Zuweisung der Kinder zu den Trainingsbedingungen. Nach dem Training wurde erneut getestet (Posttest), ebenso drei Monate später (Follow-up).

Die Skalen 3, 4 und 5 des Culture Fair Intelligence Tests (Form CFT1) von Cattell, Weiß und Osterland (1997) wurden zur Messung der induktiven Leistung zu allen Messzeitpunkten eingesetzt, weil sie hoch auf dem Faktor der allgemeinen Intelligenz laden und ihre Bearbeitung besonders induktive Leistungen erfordert (vgl. Cattell et al., 1997).

Mit dem Heidelberger Sprachentwicklungstest (HSET) von Grimm und Schöler (1998) wurden folgende Spracherwerbsdimensionen erhoben: Semantik (Wortfindung), Derivationsmorphologie (Wortbildung) und Rezeptive Syntax (Verstehen grammatischer Strukturen).

Die Ergebnisse der Prätests zeigen sowohl bei den Kita- ($M = 14.56$, $SD = 5.79$) als auch bei den Schulkindern ($M = 24.37$, $SD = 6.12$) eine gut durchschnittliche Intelligenzleistung, die etwas über dem Mittelwert der Altersnorm liegt.

Die Ausgangsleistungen der Vorschulkinder entsprechen in der Wortfindung dem Mittelwert der Altersnorm ($M = 7.66$, $SD = 4.5$); in der Rezeptiven Syntax ($M = 7.3$, $SD = 3.4$) und Derivationsmorphologie ($M = 5.99$, $SD = 5.48$) liegen sie leicht darunter.

Bei den Erstklässlern liegen alle sprachlichen Ausgangsleistungen mehr als eine Standardabweichung unter dem Mittelwert der Altersnorm (Wortfindung: $M = 13.34$, $SD = 5.36$; Rezeptive Syntax: $M = 10.44$, $SD = 3.34$; Derivationsmorphologie: $M = 12.61$, $SD = 7.46$).

Funktionale Analyse

Für die vor dem Training bestehende Aufgabenbearbeitung ergibt sich folgende idealtypische funktionale Analyse. Die Abkürzungen bezeichnen den Stimulus (S), den Organismus (O), die Reaktion (R) auf den Manifestationsebenen (motorisch, physiologisch, kognitiv, emotional) und die Konsequenzen (C).

S	Bei den Hausaufgaben z. B. Aufforderung zur Lösung der Aufgabe: »Was haben die Wörter Rabe, Wagen und Katze gemeinsam?«
O	Defizitäre Sprachkompetenz.
R_{mot}	Kritzelt mit dem Stift auf das Trainingsheft; schaut zum Fenster raus; dreht sich im Stuhl um; fragt: »Darf ich spielen?«
R_{phy}	Körperliche Angespanntheit.
R_{kog}	»Die Aufgabe ist viel zu schwer für mich; das kann ich nicht; ich bin dumm; das schaffe ich nie.«
R_{emo}	Unsicherheit, Beunruhigung, Furcht vor Misserfolg, Leistungsangst.
C+	Intensivierung der Misserfolgserfahrung, Zunahme von Leistungsangst.
$\not{C}$-	Abwenden und Vermeiden von Auseinandersetzung mit schwierigen Aufgaben.
$C-_{lang}$	Isolation in der Klasse, Ausgesetztsein von Hänseleien.

Zielanalyse

Das Training sollte eingesetzt werden, weil es neben der Intelligenz nachweislich die Bereiche Wortschatz und Morphosyntax erheblich fördert und sich darüber hinaus für die Förderung heterogener Gruppen eignet, wie sie heute in Kindertagesstätten und Schulen anzutreffen sind (Marx, Keller & Beuing, 2011). Außerdem hatte sich in informellen Studien gezeigt, dass auch die Sprachleistung älterer Kinder mit unzureichenden Deutschkenntnissen deutlich von der Vorschulvariante des Trainings profitiert. Ziel der Trainingsmaßnahme war deshalb, neben einer Steigerung der Intelligenzleistung, insbesondere die Sprachleistung der Schul- und Kitakinder in den Bereichen Rezeptive Syntax, Derivationsmorphologie und Semantik statistisch signifikant und nachhaltig zu steigern, um die schulischen Entwicklungschancen der Kinder langfristig zu verbessern. Vierzehn Wochen nach Trainingsende wurde mit Follow-up-Tests in allen Leistungsbereichen die Nachhaltigkeit der Trainingseffekte überprüft.

Interventionsplanung

In mehreren Vorträgen wurden Leiterinnen und Leiter von Kitas und Schulen, Lehrpersonen, Mitarbeiterinnen des offenen Ganztags sowie Eltern über Inhalte und Ziele des Förderprojekts informiert. Nach den Informationsveranstaltungen erhielten die Studierenden Informationen über die beiden Stadtteile und ihre Bewohner. Sie wurden von ihren Praxisanleiterinnen durch die beiden Stadtviertel geführt, lernten Einrichtungen und wichtige Treffpunkte kennen. Vor Beginn des Studienprojekts hospitierten die Studierenden in den Einrichtungen, in denen sie ihre Projekte durchführen sollten.

Die sehr komplexe Organisation der Zusammenarbeit von Studierenden und Einrichtungen der beiden Stadtteile wurde von den beiden Sozialarbeiterinnen und dem Sozialarbeiter vorbereitet und unterstützt. Die Organisation der Fördermaßnahmen und Trainingsabläufe wurde im Theorie-Praxis-Seminar vorbereitet und von den Studierenden selbstständig weitergeführt.

Durchführung der Verhaltensmodifikation

Im Rahmen ihres 79-tägigen Praktikums förderten und evaluierten die Studierenden 133 Kitakinder und 153 Erstklässler in den verschiedenen Einrichtungen der beiden Stadtviertel. Dabei bekam jedes Kind sein eigenes Trainingsheft. Jeder der insgesamt 14 Studierenden führte Projekte sowohl in einer Kindertagesstätte als auch in einer Schule durch. Jeder Studierende testete und trainierte sowohl Kita- als auch Schulkinder. Der Posttest sowie der Follow-up-Test wurden nicht von der jeweiligen Trainerin, sondern von einer anderen Studentin durchgeführt.

Förderdesign

Zunächst wurden die Prätests durchgeführt, und nach der Zufallszuweisung wurde mit dem Training begonnen. Direkt im Anschluss an das Training (Posttest) und 14 Wochen später (Follow-up-Test) wurden die Kinder erneut getestet. Die Kontrollgruppe wurde nach den Follow-up-Tests trainiert. Die Zuweisung der Kinder zur Trainings- bzw. Kontrollgruppe erfolgte stratifiziert-zufällig, und zwar so, dass je zwei Kinder der Experimental- und ein Kind der Kontrollgruppe zugewiesen wurden. Gemäß ihrer Prätest-Ergebnisse im CFT1 wurden die Kitakinder bzw. die Erstklässler in eine Rangfolge gebracht. Dann wurde per Los entschieden, welche der drei ersten Kinder der Trainings- und welches der Kontrollgruppe zugewiesen werden sollten. Ebenso wurde mit den folgenden Kindern verfahren. Ziel war, jeweils zwei Kinder der Trainingsgruppe und ein Kind der Kontrollgruppe zuzuweisen, um in Anbetracht der begrenzten Dauer des Studienprojekts und der dreimonatigen Pause bis zum Follow-up-Test die spätere Förderung der Kontrollgruppe organisatorisch zu bewältigen. Die Kinder wurden nach Möglichkeit zwei- bis dreimal pro Woche trainiert; die Trainingsdauer betrug dementsprechend i. d. R. 4–5 Wochen. Auf Grund verschiedener Umstände, wie z. B. Krankheit, Urlaub oder häufigerem Fernbleiben der Kinder, verlängerten sich die Zeitabstände bei einigen Kindern erheblich.

Am Projekt nahmen sowohl Kinder mit Deutsch als Erstsprache teil, die keine altersgerecht entwickelten Fähigkeiten in Deutsch aufwiesen, als auch Kinder mit nichtdeutscher Erstsprache, die nicht über ausreichende Deutschkenntnisse verfügten. Beide gelten als Kinder mit zusätzlichem Sprachförderbedarf (vgl. Fried, Briedigkeit & Schlunder, 2008).

Geförderte Kinder

Insgesamt nahmen am Projekt Kinder mit Deutsch als Erstsprache (Kitakinder: 63, Schulkinder: 69), Kinder mit nichtdeutscher Erstsprache (Kitakinder: 66, Schulkinder: 79) und Kinder mit doppeltem Erstspracherwerb, also bilinguale Kinder (Kitakinder: 4, Schulkinder: 5) teil.

Das Durchschnittsalter der Kitakinder (72 Mädchen und 61 Jungen) betrug zum Zeitpunkt des Prätests 61.1 Monate (SD = 8.36). Das Durchschnittsalter der Erstklässler (76 Mädchen und 77 Jungen) betrug 87.2 Monate (SD = 13.8). In beiden Gruppen waren ursprünglich mehr Kinder gewesen. Ihre Anzahl verringerte sich, weil einige Kinder der Trainingsgruppen auf Grund von Erkrankung, häuslicher Situation oder Umzug nicht mehr zum Training kamen.

Materialien und Vorgehen

Im Unterschied zu den anderen Denktrainings kann »Keiner ist so schlau wie ich I« sogar ohne Vorkenntnisse und ohne vorheriges Studieren eines Handbuches durchgeführt werden. Jedes Kind bekommt ein eigenes Heft und freut sich, hineinmalen und es behalten zu dürfen. Den Trainingsaufgaben geht eine verständliche Anleitung voraus, in der kurz erläutert wird, worum es im Training geht und dass das Kind die zentrale Strategie des Vergleichens in sechs Aufgabenformen lernen soll. Jede Aufgabe ist auf einer Seite farbig dargestellt, darunter sind (für die Trainerin) eine kurze und prägnante Arbeitsanweisung und die jeweilige Lösung vorgegeben. Die Aufgaben enthalten mehrere Teilschritte, so dass es dem Kind erleichtert wird, selbstständig den Lösungsweg zu entwickeln. Während des Trainings gingen die Trainerinnen nach den Anweisungen vor, die unter den jeweiligen Aufgaben stehen. Die Kinder mussten während des Trainings folgende Leistungsanforderungen bewältigen: Identifikation der jeweiligen Aufgabe, Auswahl der korrekten Lösungsvariante sowie Einsetzen von Kontrollstrategien. Sie sollten die jeweiligen Aufgaben so weit wie möglich selbst lösen und bekamen nur, wenn nötig, Anstöße durch die Trainerin (Prompting). Die Kinder mussten ihre jeweilige Lösung begründen.

An spezifischen Trainingsmethoden wurden das »gelenkte Entdeckenlassen«, die »Verbalisierung und Selbstreflexion« sowie die »positive Verstärkung« eingesetzt (vgl. Klauer, 1989).

- Beim gelenkten Entdeckenlassen soll das Kind die unterschiedlichen Kernaufgaben selbst entdecken und die Lösungs- und Kontrollprozeduren eigenständig herausarbeiten. Der Trainer hält sich weitest möglich zurück, gibt dem Kind aber Hilfestellung bei der Formulierung und Wiederholung der Regeln und greift ein, wenn das Kind sich in eine völlig falsche Richtung bewegt (Prompting).
- Bei der Verbalisierung und Selbstreflexion, welche eher für gut befähigte Kinder geeignet ist, gibt der Trainer kaum Hilfestellung, und das Kind soll sein eigenes Tun kommentieren (Selbstverbalisation), so dass eine Verinnerlichung der erlernten Strategien erfolgen kann.

- Mit der erfolgreichen Aufgabenlösung und der Erfolgsrückmeldung durch den Trainer kam darüber hinaus das Prinzip der positiven Verstärkung mittels informativer und sozialer Verstärker zur Anwendung.

In insgesamt 10 Sitzungen wurden die Kinder zwei- bis dreimal wöchentlich für circa 20 bis 30 Minuten in einem separaten Raum gefördert. Im Trainingsverlauf lernen sie die Grundstrukturen der sechs induktiven Aufgabenklassen kennen und erwerben die entsprechenden Lösungsstrategien. Diese werden mit systematisch variierten Aufgabeninhalten immer wieder geübt und zu Lösungsschemata automatisiert, die bei neuen Aufgaben flexibel eingesetzt werden können.

In den ersten drei Lektionen werden bereits vier von sechs Aufgabenklassen eingeführt und geübt. Sie erfordern den Vergleich von Merkmalen (GE und DI) und den Vergleich von Relationen (BE und BU).

Ab der vierten Lektion werden komplexere Aufgaben zum Vergleich von Merkmalen (KK) und Beziehungen (SB) eingeführt und in den Lektionen 6–8 schwerpunktmäßig geübt. Gleichzeitig werden die bereits bekannten Aufgabenklassen mit neuen Inhalten wiederholt und die Lösungsstrategien vertieft. In der neunten und zehnten Lektion schließlich werden alle sechs Aufgabenklassen pro Lektion geübt. ▸ **Tab. 11.2** zeigt im Überblick, wie sich jeweils eine Trainingslektion gestaltet.

Tab. 11.2: Tabellarischer Sitzungsverlauf des Einzeltrainings

Zeit	Ziel	Inhalte	Anforderungen an das Kind	Hilfsmittel/Techniken
20–30 Minuten	Selbstständige Erarbeitung des Lösungsweges	Sechs Aufgaben	Identifikation der jeweiligen Aufgabe Auswahl der korrekten Lösungsvariante Einsetzen von Kontrollstrategien	Eigenes Trainingsheft für Kind und für Trainer Protokollbogen zum Trainingsverlauf Positive und Differentielle Verstärkung Gelenktes Entdeckenlassen Verbalisierung und Selbstreflexion Selbstinstruktion

Die Trainings wurden als Einzeltrainings durchgeführt. Pro Sitzung wurden, wie in der Anleitung vorgegeben, jeweils sechs Aufgaben bearbeitet. Bei den Schulkindern fand die Förderung parallel zum Unterricht statt. Die Kinder der Kontrollgruppe, die zunächst nicht trainiert wurden, nahmen am Kindergartenalltag bzw. am Schulunterricht teil. Die Trainer und Trainerinnen legten für jedes Kind einen Protokollbogen zum Verlauf des Trainings an. Hier wurde u. a. notiert, welche Aufgaben dem Kind besondere Freude machten oder welche Aufgaben schwierig oder zunächst für das Kind nicht lösbar waren, ob es die Lösungen mit Beispielen aus seinem persönlichen Alltag unterstreicht, ob und wie sich die Herangehensweise des Kindes verändert.

Evaluation

Unspezifische Effekte und Akzeptanz

Obwohl induktives Denken »ein recht abstrakter Fördergegenstand« (Souvignier, 2008, S. 36) ist, erfreuen sich die Programme großer Beliebtheit nicht nur bei den geförderten Kindern, sondern auch bei den Studierenden. Zum einen erleben sie unmittelbar die Effekte ihrer Intervention: Sie können bereits während der Durchführung deutliche Veränderungen an den geförderten Kindern feststellen, was sie in ihrem Vorgehen verstärkt oder es kritisch überdenken lässt. Zum anderen entwickelt sich während des Trainings eine positive Arbeitsbeziehung zwischen Trainerinnen oder Trainern und Trainierten. Die Kinder oder Jugendlichen möchten nach Abschluss des Trainings häufig unbedingt weitermachen.

Für die Studierenden liegt ein hoher Lerngewinn auch darin, Kinder aus unterschiedlichen sozialen Kontexten mit unterschiedlichen kognitiven, emotionalen und motivationalen Voraussetzungen in vergleichbaren Anforderungssituationen zu erleben. Viele der geförderten Kinder erleben erstmals, dass sich jemand zwei- bis dreimal wöchentlich für 20–30 Minuten ausschließlich ihren Argumenten und Überlegungen zu einer kognitiven Problemstellung widmet.

Spezifische Effekte: Wirksamkeit

Nach Beendigung des Trainings wurden die Posttests und nach drei Monaten die Follow-up Untersuchung durchgeführt. Es war vorhergesagt worden, dass das Training induktiven Denkens die Intelligenz und die Sprachleistungen der Kinder signifikant fördern wird. Die Ergebnisse bestätigen diese Hypothese sowohl bei den Vorschulkindern als auch bei den Erstklässlern und zwar unabhängig von der Erstsprache der Kinder (vgl. Marx & Keller, 2010).

Erwartungsgemäß zeigen die Vorschulkinder einen großen und signifikanten Anstieg in ihrer induktiven Leistung sowohl im Anschluss an das Training als auch mehr als drei Monate nach Trainingsende. Die Effektstärken ($d_{Posttest} = 0.81$; $d_{Follow\text{-}up} = 0.73$) vermindern sich kaum über den Zeitraum von drei Monaten. Das legt nahe, dass die mit dem Denktraining geförderten Kinder die im Training erworbene Strategie induktiven Denkens in ihren Alltag transferiert haben. Dieses Ergebnis lässt sich nach Hasselhorn und Hager (1996) im Sinne eines Kompetenzzuwachses interpretieren. Der erwartete Transfer der induktiven Strategie auf den Spracherwerb ist ebenfalls klar nachweisbar. Am auffälligsten profitiert in den Sprachleistungen der Bereich der Rezeptiven Syntax, für den sich mehr als drei Monate nach Trainingsende eine Effektstärke von mehr als einer Standardabweichung ($d = 1.06$) im Kontrast zur Kontrollgruppe ohne Training zeigt.

Auch bei den Schulkindern zeigt sich sowohl direkt im Anschluss an das Training ein signifikanter Effekt des Trainings als auch 14 Wochen nach Trainingsende. Ein signifikanter Effekt zeigt sich kurz- und langfristig auf das Verstehen von Syntax und auf die Wortfindung. In der Derivationsmorphologie wird der Trainingseffekt erst 14 Wochen nach Trainingsende signifikant. Die Effektstärken sind – mit Ausnahme der Wortfindung – niedriger als bei den Vorschulkindern. Zusammengenommen sprechen die Daten dafür, dass das Training induktiven Denkens die Intelligenz- und Sprachleistungen der Vorschulkinder dauerhaft und mit einer beachtlichen Effektstärke fördert. Dieses Ergebnis bestätigt und repliziert frühere Befunde (z. B. Beuing, 2009; Marx, 2006a, 2009; Marx, Keller & Beuing, 2011) und geht über diese hinaus, indem es zeigt, dass Kinder in benachteiligten Stadtteilen mit teilweise defizitären Sprachleistungen erheblich von der Förderung profitieren können.

Der Befund, dass die Effekte bei den Schulkindern durchweg niedriger sind als bei den Kindertagesstättenkindern, könnte dafür sprechen, dass das für Vorschulkinder konzipierte Aufgabenmaterial für die Erstklässler nicht mehr altersgemäß ist.

11.3 Verhaltensorientiertes Gruppenprojekt zur differentiellen Wirksamkeit: Training von Schulkindern mit einer Spezifischen Spracherwerbsstörung (SSES)

In dem Projekt von Beuing (vgl. Beuing, 2009) wurden insgesamt 67 sieben- bis neunjährige Schulkinder mit SSES mit Denk- und Sprachtrainings mit dem Ziel gefördert, ihre Intelligenz- und Sprachleistung längerfristig zu steigern. Eingesetzt wurden bestimmte Aufgaben aus den Denktrainings für Kinder I und II zur Förderung induktiven Denkens von Klauer (1989, 1991) sowie ein Präpositionstraining. Das Präpositionstraining besteht ebenfalls aus zehn Lektionen, in denen spielerisch der Gebrauch lokaler Präpositionen (in, auf, hinter, vor, zwischen, über, neben) gefördert wird. Die zehn Lektionen haben denselben zeitlichen Umfang wie die Lektionen der Denktrainingsversionen. Beim Training werden reiches Bildmaterial, Spielzeug, Figuren und Spiele verwendet. Außerdem kommen in jeder Lektion Übungen zum Einsatz, in denen das Kind die Aufgabe hat, ein Spielzeug, z. B. eine Puppe, auf, hinter, vor oder neben einen Stuhl oder Tisch usw. zu setzen.

In Vorstudien hatte sich gezeigt, dass das Training des induktiven Denkens einen positiven Effekt auf die Produktion und das Verstehen von Präpositionen und Präpositionalphrasen zeitigt. Im Förderprojekt von Beuing sollte nun untersucht werden, wie dieser Effekt genau entsteht. Wie weiter oben beschrieben, bestehen die Denktrainings zu gleichen Teilen (1) aus Aufgaben, die das Erkennen von Merkmalen trainieren, und (2) aus solchen, die das Erkennen von Relationen trainieren. Da der Gebrauch von Präpositionen im ersten Schritt das Erkennen von

Relationen (die Vase steht auf dem Tisch) voraussetzt, wurde angenommen, dass die Relationsaufgaben aus dem Denktraining größere Effekte auf den Gebrauch von Präpositionen bewirken als die Merkmalsaufgaben (vgl. Beuing, 2009).

Dementsprechend wurden zwei Varianten des Denktrainings durchgeführt, um die Wirkung der Merkmals- und Relationsaufgaben getrennt zu untersuchen. Die Kinder wurden zufällig vier Gruppen zugewiesen: einer Trainingsgruppe mit den Merkmalsaufgaben, einer Trainingsgruppe mit den Relationsaufgaben, einer Gruppe mit einem Sprachtraining, das den Gebrauch von Präpositionen fördert, und einer Kontrollgruppe ohne Training. Die Kinder der Experimentalgruppen wurden im Einzeltraining zwei- bis dreimal wöchentlich jeweils ca. 30 Minuten gefördert. Überprüft wurden induktives Denken, gemessen mit dem CFT1 (Cattell et al., 1997), semantische, syntaktische und morphologische Dimensionen der Sprachfähigkeit, gemessen mit dem HSET (Grimm & Schöler, 1998), sowie die Produktion und das Verstehen von Präpositionen und Präpositionalphrasen, gemessen mit einem Präpositionstest. Neben den bereits dargestellten Trainingsmethoden des »gelenkten Entdeckenlassens« und der »Verbalisierung und Selbstreflexion« wurde zusätzlich die Technik des »Selbstinstruktionstrainings« angewendet. Hierbei gibt der Trainer die größte Hilfestellung: Er gibt die Lösungsschritte als Modell vor und leitet das Kind zur Selbststeuerung an. Das Kind soll zuerst die Vorgehensweise des Trainers kommentieren, anschließend seine eigene.

Die Ergebnisse machen deutlich, dass die beiden Denktrainings sowohl einen signifikanten Einfluss auf das induktive Denken (vgl. ▸ **Abb. 11.1** links) als auch auf die Sprachvariablen haben. Die sogar noch 32 Wochen nach Trainingsende anhaltenden Effekte sprechen dafür, dass die Kinder das induktive Denken in ihren Alltag übertragen haben. Das Sprachtraining hat einen großen Einfluss auf die Sprachvariablen, jedoch nur geringen Einfluss auf das induktive Denken. Das Training mit den Relationsaufgaben hat erwartungsgemäß auf die Produktion und das Verstehen von Präpositionen und Präpositionalphrasen eine signifikant größere Wirkung als das Training mit den Merkmalsaufgaben (vgl. ▸ **Abb. 11.1** rechts).

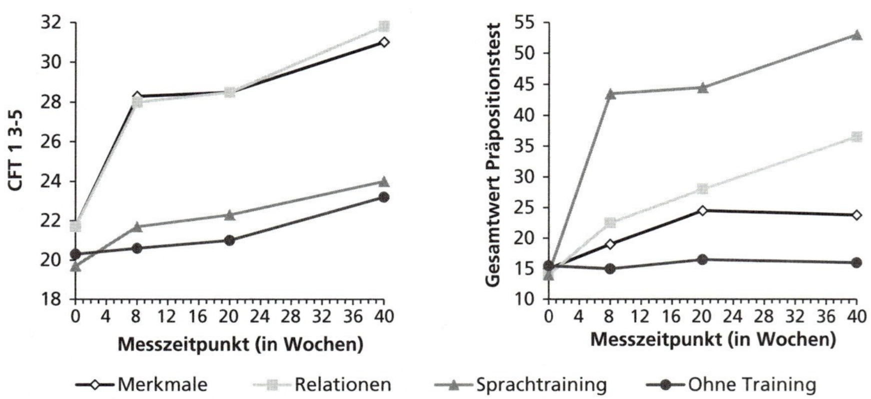

Abb. 11.1: Leistungen im CFT 1 und syntaktisch-semantische Gesamtleistung als Funktion des Treatments und des Messzeitpunkts.

11.4 Zusammenfassung und Ausblick

Die Trainings zum induktiven Denken von Klauer (1989, 1991, 1993a) gelten als die am häufigsten evaluierten Trainingsprogramme, die nachweislich induktives Denken fördern (vgl. z. B. Hasselhorn & Gold, 2006; Schmidt-Denter, 2008; Souvignier, 2008). Bis 2012 sind über 100 experimentelle Untersuchungen in Fachzeitschriften mit Peer Review publiziert worden, die die Wirksamkeit seines Konzepts belegen. Souvignier beurteilt »das Denktraining insbesondere hinsichtlich seiner theoretischen Fundierung und der empirischen Evaluation seiner Wirksamkeit als beispielhaft…« (Souvignier, 2008, S. 37).

In Meta-Analysen (Klauer, 2003; Klauer & Phye, 2008) hat sich gezeigt, dass die Trainings nicht nur positive Effekte auf die intellektuellen Leistungen (Intelligenz und Aufmerksamkeit) haben, sondern noch größere Effekte auf das schulische Lernen (z. B. Klauer, 1994). Weiterhin wurden Effekte auf den Erwerb mathematischer Konzepte (vgl. z. B. Christou & Papageorgiou, 2007) und auf den kindlichen Spracherwerb mehrfach nachgewiesen (z. B. Klauer, 1993b, 1995; Marx, 2006a, 2009; Marx & Keller, 2010; Marx, Keller & Beuing, 2011). Mit der Variante »Keiner ist so schlau wie ich« wurden bis 2012 über 50 000 Kinder erfolgreich gefördert. Es wird in den Sprachförderorientierungen des Landes NRW als das einzige nachweislich wirksame Programm empfohlen, das neben der Intelligenz auch die Bereiche Wortschatz und Morphosyntax nachhaltig fördert (Fried, Briedigkeit & Schunder, 2008). Auch bei Kindern mit Lernbehinderungen (Strathmann & Klauer, 2011), mit Hörschädigungen (Marx, 2005a), bei sprachbehinderten Kindern (Beuing, 2009; Marx, 2005b), bei sozial benachteiligten Kindern mit und ohne Migrationshintergrund (Marx & Keller, 2010), bei Kindern mit Aufmerksamkeitsbeeinträchtigungen oder bei arbeitslosen Jugendlichen ohne Hauptschulabschluss (Marx, 2006b) sind die verschiedenen Trainingsvarianten hoch wirksam. Angesichts der erheblichen signifikanten und nachhaltigen Effekte der Trainings zum induktiven Denken von Klauer ist es wünschenswert, dass sie sich als zentraler Bestandteil Verhaltensorientierter Sozialer Arbeit weiter etablieren. Dies gilt insbesondere, weil nicht nur die geförderten Kinder und Jugendlichen von den Trainingsprojekten profitieren, sondern auch die Studierenden der Sozialen Arbeit, die bei der Planung, Durchführung und Evaluation ein reiches Spektrum von Kompetenzen erwerben.

12 Verhaltensorientierte Soziale Arbeit mit Familien

Förderung elterlicher Erziehungskompetenzen

Annett Kuschel und Sylvia Harstick-Koll

12.1 Einführung

Die Bedeutung des Einbezugs der Eltern in die Prävention und Behandlung kindlicher Verhaltensstörungen wird nicht allein durch die epidemiologische Forschung zur Verbreitung und zum Verlauf emotionaler und Verhaltensprobleme im Kindesalter unterstrichen (Kuschel, 2012). Der immer wieder gefundene Zusammenhang von Erziehungsverhaltensweisen und psychischen Störungen bei Kindern eröffnet auch eine große Chance: Das Erziehungsverhalten der Eltern ist im Gegensatz zu anderen Risikofaktoren für kindliche Verhaltensauffälligkeiten wie biologische (z. B. das Geschlecht des Kindes) oder soziale Merkmale (geringes Einkommen, niedrige Bildung, frühe Elternschaft) potenziell veränderbar. Es gibt mittlerweile eine Reihe verhaltensorientierter Ansätze für Familien, die sich je nach Schwerpunkt (Prävention oder Intervention), Zielgruppe und fokussiertem Problemverhalten unterscheiden. Nachfolgend sei auf einige Programme verwiesen, die hier nicht näher erläutert werden können. Sie werden im deutschen Sprachraum angewandt, zeigen eine verhaltensorientierte Ausrichtung und weisen eine empirische Überprüfung auf: EntwicklungsFörderung in Familien (EFFEKT®; Lösel et al., 2007), Präventionsprogramm für expansives Problemverhalten (PEP; Plück, Wieczorrek, Wolff Metternich & Döpfner, 2006), Kompetenztraining für Eltern sozial auffälliger Kinder (KES; Lauth & Heubeck, 2006). In diesem Abschnitt wird das Triple P-Programm als Beispiel für ein erfolgreiches erziehungs- und familienunterstützendes Programm näher vorgestellt.

Triple P steht für *P*ositive *P*arenting *P*rogram und wurde in mehr als 30-jähriger Forschung von Prof. Dr. Matt Sanders und seinem Team an der University of Queensland, Australien, am dortigen Parenting and Family Support Center als positives Erziehungsprogramm entwickelt (Sanders, 2012). Ziel dieses präventiv ausgerichteten Programms ist es, die elterliche Beziehungs- und Erziehungskompetenz zu stärken, um somit die gesunde Entwicklung von Kindern und Jugendlichen zu fördern und gleichzeitig die Prävalenz und Inzidenz von emotionalen und Verhaltensauffälligkeiten bei Kindern und Jugendlichen zu reduzieren. Durch Triple P werden die Eltern-Kind-Beziehung und das Erziehungsverhalten verbessert, das Kompetenzgefühl und die Bewältigungsstrategien der Eltern werden erhöht. Der Begriff Triple P wird im engeren Sinn für das Programm selbst verwandt, im weiteren Sinn ist damit ein gesamtes Unterstützungssystem für Familien gemeint, das sich durch eine Reihe charakteristischer Merkmale auszeichnet, die insbesondere dann wichtig werden, wenn die

Stärkung elterlicher Erziehungskompetenzen als Public-Health-Aufgabe betrachtet wird. Für eine detailliertere Beschreibung der folgenden Charakteristika sei auf den Übersichtsartikel von Dirscherl et al. (2011) verwiesen:

- Auf die Bedürfnisse von Eltern abgestimmte Angebote in unterschiedlicher Intensität und mit unterschiedlicher Schwerpunktsetzung.
- Auf die Bedürfnisse von Eltern abgestimmte Angebote in unterschiedlichen Formaten.
- Potenziell große Reichweite.
- Multidisziplinäres Arbeiten und Kontext-Sensitivität.
- Qualität.

Eltern unterscheiden sich im Ausmaß der Unterstützung, die sie benötigen, um ihre Schwierigkeiten überwinden zu können. Triple P stellt Angebote unterschiedlicher Intensität bereit, um genau so viel Unterstützung zu geben, wie die Eltern benötigen. Dieses Prinzip der Programmsuffizienz ist nicht nur ökonomisch sinnvoll, sondern es stärkt das Selbstmanagement, die Problemlösefähigkeiten sowie die Unabhängigkeit der Familien und leistet Hilfe zur Selbsthilfe (Dirscherl et al., 2011). Deshalb umfasst Triple P fünf Ebenen mit steigender Intensität der Unterstützung (sog. Mehrebenen-Modell). Die Angebote sind aufeinander abgestimmt und werden von verschiedenen Fachleuten im Bildungs- und Gesundheitsbereich, im Erziehungswesen sowie in der Kinder- und Jugendhilfe in verschiedenen Formen (z. B. Kurzberatung, Elternkurs, Einzeltraining oder selbst angeleitetes Training) bereitgestellt.

Ebene 1 (Universelles Triple P) umfasst hilfreiche und allgemeine Informationen über Elternschaft und Kindererziehung, die u. a. über verschiedene Medien und Informationsmaterialien (z. B. Zeitungskolumnen, Radiospots, Broschüren zur »Positiven Erziehung«, »Kleine Helfer«; siehe www.triplep.de) verbreitet werden. *Ebene 2* (Selektive Kurzinterventionen) bietet kurze, strukturierte Gespräche mit Eltern für spezifische Erziehungsfragen (Ess- oder Schlafprobleme, Wutanfälle, Trödeln) durch unterschiedliche Berufsgruppen (Erzieher, Lehrer, Kinderärzte, Hebammen) mit Unterstützung von verschiedenen Materialien. Die Triple P-Vortragsreihe ist ein niedrigschwelliges Angebot, das sich an Eltern richtet, die positive Wege zur Förderung der kindlichen Entwicklung kennenlernen möchten. Die Reihe besteht aus drei 60-minütigen Vorträgen plus jeweils 30-minütiger Diskussion. Zur *Ebene 3* (Themenspezifische Elterntrainings) gehören bei einzelnen Erziehungsschwierigkeiten bis zu vier Gesprächstermine mit einem aktiven Training von Erziehungsfertigkeiten. Die *Ebene 4* (Umfassendes Elterntraining) umfasst ein intensives Elterntraining als Einzel- oder Gruppentraining bzw. als telefonisch unterstützte Selbstanleitung. Die *Ebene 5* beinhaltet intensive Familieninterventionen für Eltern, die nach der Teilnahme an einem Angebot der Ebene 4 weiterhin Schwierigkeiten haben und z. B. vertiefende Übungen von Erziehungsfertigkeiten oder Methoden der Stressbewältigung bzw. partnerschaftlichen Kommunikation benötigen (Triple P Plus) oder ein erhöhtes Risiko für Gewalt oder Misshandlung aufweisen (Triple P Wege). Für eine detailliertere Darstellung der Inhalte und Ansatzpunkte des Programms siehe auch Dirscherl et al. (2011).

Der Mehrebenen-Ansatz ermöglicht es Fachleuten, die passenden Interventionen für ihre Zielgruppen und einen speziellen Arbeitskontext zu wählen. Die

Vielfalt der Angebote und Materialien hat den Vorteil, ein individuelles Beratungs- und Behandlungsprogramm für sehr unterschiedliche Familien zusammenstellen und dabei gleichzeitig auf wissenschaftlich überprüfte Methoden zurückgreifen zu können. Im Rahmen der unterschiedlichen Modalitäten wird explizit Bezug auf verschiedene Entwicklungsphasen der Kinder genommen (Säuglinge, Kleinkinder, Kindergarten- und Grundschulkinder, Jugendliche). Die Angebote für diese Altersgruppen variieren von einem sehr breiten Fokus (für alle Eltern) bis hin zu speziellen und intensiven Formaten für Hochrisikogruppen. Neben dem Triple P-Kernprogramm der Ebenen 1 bis 5 sind in Australien verschiedene Programmvarianten entwickelt worden. In Deutschland wurden die Varianten Teen Triple P (für Eltern von Jugendlichen), Stepping Stones Triple P (für Eltern von Kindern mit einer Behinderung) sowie Workplace Triple P (Angebote zur besseren Vereinbarkeit von Beruf und Familie) eingeführt und empirisch überprüft.

12.2 Verhaltensorientierte Einzelfalldarstellung

Im folgenden Abschnitt wird exemplarisch für die Soziale Arbeit mit Familien das Triple P-Einzeltraining der Ebene 4 am Beispiel der Familie Meier beschrieben. Zu Beginn des Trainings wurde mit der Familie in zwei Sitzungen eine ausführliche Diagnostik sowie Zielanalyse durchgeführt, die u. a. ein verhaltensanalytisches Interview, Fragebögen, Verhaltensbeobachtungsbögen der Eltern sowie eine Eltern-Kind-Beobachtungssituation umfasste.

Fallbeispiel Max Meier

Max ist 5 Jahre alt und wird wegen seiner Wutausbrüche und dem Nichtbefolgen von Anweisungen vorgestellt. Er lebt gemeinsam mit der 2½ Jahre alten Schwester Julia und seinen leiblichen Eltern in einer beengten Stadtwohnung. Die Mutter arbeitet halbtags als Büroaushilfe in einer kleinen Druckerei und führt den Familienhaushalt; der Vater ist regelmäßig als Handwerker auf Montage. Beide Kinder gehen täglich bis mittags in Krippe bzw. Kita.

- *Vorbehandlungen*: bislang keine Inanspruchnahme von Erziehungsberatung, psychologischer bzw. psychiatrischer Behandlung.
- *Schwangerschaft, Geburt und frühe Kindheit*: Max wurde 4 Wochen zu früh geboren und war als Säugling eher schwierig. Er hat als Baby und Kleinkind sehr viel geschrien und ließ sich nur schwer beruhigen. Seit dem Kleinkind- bzw. Kindergartenalter habe er nie ein »Nein« akzeptiert.
- *Beziehungen zu Gleichaltrigen*: Max geht gern auf andere Kinder zu. Er gerät häufig in Auseinandersetzungen, da er nicht abwarten kann, bis er an der Reihe ist. Das Teilen von Spielsachen fällt ihm schwer. Die Erzieherin berichtet, dass er schnell wütend wird, er haut andere Kinder oder nimmt Spielsachen weg.

- *Familiäre Aspekte*: Hr. Meier hat wegen der Auswärtstätigkeit wenig Zeit für die Kinder, wenn er zu Hause ist, möchte er v.a. seine Ruhe haben; es fällt ihm schwer, geduldig zu bleiben. Fr. Meier fühlt sich dagegen oft hilflos und allein mit der Kindererziehung, bezeichnet ihr Verhältnis zu beiden Kindern aber als liebevoll. Das Verhältnis der Geschwister ist trotz häufiger Streitigkeiten liebevoll, allerdings ahmt Julia seit kurzem das oppositionelle Verhalten des Bruders nach.
- *Paarbeziehung der Eltern*: Die Eltern sind seit 7 Jahren verheiratet. Durch die berufliche Situation fehlt die Zeit, sich über den Alltag auszutauschen.
- *Psychische Gesundheit der Eltern*: Fr. Meier gibt an, oft verzweifelt zu sein; sie weiß nicht, wie lange sie die Belastung aus Berufstätigkeit, Familienalltag und Max Problemverhalten noch bewältigen kann. Beide berichten deutliche Belastungen durch Stress.
- *Ursachen für die Wutausbrüche aus Sicht der Eltern*: Hr. Meier sieht das mangelnde Durchsetzungsvermögen seiner Frau als ursächlich an; Fr. Meier meint, dass Max zu wenig Aufmerksamkeit bekomme, weil die Eltern so gestresst seien.

Qualitative Analyse

Während des Eingangsinterviews schilderte Frau Meier beispielhaft Situationen, in denen das problematische Verhalten auftritt. Sie nennt hier v.a. Routineabläufe (morgens, abends, gemeinsame Mahlzeiten), in denen Max einer Anweisung bzw. Aufforderung nachkommen soll und darauf erst einmal überhaupt nicht reagiert oder er gleich lautstark protestiert. Ausgangspunkt des Problemverhaltens sind meistens stressreiche Phasen, in denen die Mutter unter Zeitdruck agiert.

So reagiert Max mit oppositionellem Verhalten, wenn er sich an- bzw. ausziehen soll, ein Spiel oder eine Tätigkeit zu beenden hat, Spielsachen aufräumen oder gemeinsam mit der Schwester spielen soll. Seine Reaktionen auf die Anweisungen der Mutter sehen häufig so aus, dass er bei seiner momentanen Tätigkeit oder Beschäftigung bleibt und die Aufforderungen der Mutter ignoriert. Er wird wütend und laut, wenn seine Mutter die Anweisungen mehrfach wiederholt, ihn drängelt und ermahnt. Weitere Reaktionen sind motorische Unruhe, Umher- und Weglaufen, hohe Erregung und Anspannung, lautes Schreien, in das er sich immer weiter hineinsteigert. In den meisten Fällen verweigert er sich völlig und kommt der ursprünglichen Anweisung nicht nach.

Quantitative Analyse

Frau Meier füllte für das Nichtbefolgen von Anweisungen den *Häufigkeitsbogen* aus. Die systematische Verhaltensbeobachtung des Nichtverfolgens von Anweisungen über einen Zeitraum von einer Woche ergab 9 bis 13 Verweigerungen pro Tag und so eine durchschnittliche Baseline von 12 Verweigerungssituationen. Da es neben der Erfassung der Häufigkeit wichtig ist, die auslösenden und aufrechterhaltenden Bedingungen einzelner problematischer Situationen zu verstehen, wurde Frau Meier angeregt, für einige Tage ein *Verhaltenstagebuch* zu führen (siehe ▸ **Tab. 12.1**).

Tab. 12.1: Verhaltenstagebuch am Beispiel von Anweisungsverweigerung

Problematisches Ereignis	Wann und wo trat es auf?	Was passierte vor dem Ereignis?	Was geschah danach?	Weitere Bemerkungen
Max weigerte sich, seine Kleidung anzuziehen	morgens um 07.00 Uhr	Ich hatte die Sachen hingelegt und gesagt, dass er sich anziehen soll. Er hatte vorher noch Lego gespielt.	Ich habe geschimpft. Die Situation schaukelte sich hoch und damit wir rechtzeitig loskommen, habe ich die Sachen angezogen	Gerade noch rechtzeitig zur Arbeit gekommen
Max kam nicht zum Mittagessen, als er gerufen wurde	mittags um 13.00 Uhr	Als Essenszeit war, habe ich ihn gerufen	Ich habe mehrfach von der Küche aus gerufen und bin dann hingegangen und habe geschimpft. Er rannte weg in sein Zimmer, wo er mit was anderem weiterspielte	Wir haben ohne ihn angefangen zu essen. Er hat sein Essen hinterher warm gemacht bekommen
Max weigert sich, abends seine Zähne zu putzen	abends um 19.00 Uhr	Er hatte den Sandmann im Fernsehen geguckt und wollte nicht abschalten	Ich habe geschimpft und musste mich dann aber um Julia kümmern. Max guckte noch die nächste Sendung	Danach ging er widerwillig Zähne putzen

Zur zweiten Sitzung kam Frau Meier gemeinsam mit Max. Zu Beginn wurde eine Spielsituation gestaltet, bei der die Eltern-Kind-Interaktion beobachtet wurde. Frau Meier sollte zunächst mit dem zur Verfügung stehenden Spielzeug mit Max spielen, ihn dann kurz sitzen lassen, um etwas zu lesen und ihm abschließend die Anweisung zum Aufräumen geben. Die Trainerin beobachtete die Interaktion und notierte die Häufigkeit von Lob (Verstärkung für angemessenes Verhalten), die Art der Anweisung (klar bzw. vage), die Qualität der Interaktion (werden Inhalte genutzt, um darüber zu sprechen) und die Umsetzung von Konsequenzen. Frau Meier erhielt ein konstruktives Feedback. »Zu Beginn der Übung haben Sie sehr interessiert mit Max gespielt und sich erklären lassen, was er gebaut hat. Sie haben ihm die Anweisung gegeben, während des Lesens ruhig zu sein, und haben ihn angehalten, aufzuräumen. Mir ist aufgefallen, dass Sie Ihren Sohn am Anfang für sein selbstständiges Spiel kaum gelobt haben. Sie haben ihm erst dann Aufmerksamkeit geschenkt, als er sich weigerte, aufzuräumen und haben ihm die Aufgabe dann abgenommen.«

In den Fragebögen ergab sich folgendes Bild (siehe ▸ **Tab. 12.2**): Die Werte im *Fragebogen zu Stärken und Schwächen* (*SDQ*, Goodman, 1999) liegen bei beiden Eltern im auffälligen Bereich. Bei genauerer Betrachtung der Items werden v. a. die Werte in den Bereichen *Verhaltensprobleme* und *Probleme mit Gleichaltrigen* auffällig. Im *Fragebogen zum Erziehungsverhalten* (*EFB-K*, Naumann et al.,

2010) gibt Frau Meier Werte an, die für die Skala *Nachgiebigkeit* im Bereich von dysfunktionalem Erziehungsverhalten liegen. Die Angaben des Vaters liegen für den EFB im Bereich *Überreagieren* an der Grenze zur Auffälligkeit. Frau Meier berichtet im *Partnerschaftsqualitätsindex* (*RQI,* Norton, 1983) eine niedrige Zufriedenheit, während Herr Meiers Werte unauffällig sind. In den *Depressions-Angst-Stress-Skalen* (*DASS,* Lovibond & Lovibond, 1995) zeigen sich auf der Skala *Stress* bei beiden Eltern Werte, die im deutlich auffälligen Bereich liegen. Frau Meier sieht die Ursache der Belastung in der schwierigen zeitlichen Planung.

Tab. 12.2: Fragebogenergebnisse der Familie Meier vor dem Training

Fragebogen	Mutter	Vater
Fragebogen zu Stärken und Schwächen (SDQ)		
Gesamtproblemwert	22*	17*
Emotionale Probleme	3	2
Verhaltensprobleme	8*	6*
Hyperaktivität	5	4
Probleme mit Gleichaltrigen	6*	5*
Erziehungsfragebogen (EFB)		
Nachgiebigkeit	3.4*	2.1
Überreagieren	2.2	4.2
Partnerschaftsqualitätsindex (RQI)	28*	32
Depression-Angst-Stress-Skalen (DASS)		
Depression	9	5
Angst	12*	4
Stress	27*	33*

Anmerkung: Mit * gekennzeichnete Werte liegen im auffälligen Bereich.

Abschließend wurden Frau Meiers Verhaltensbeobachtungen der letzten Woche besprochen. Anhand des Häufigkeitsbogens konnte die momentane mittlere Häufigkeit des Problemverhaltens abgelesen werden. Bei nahezu allen neuen Tätigkeiten, die Max beginnen sollte, verweigerte er sich zunächst. Die Werte wurden als Baseline in eine Verlaufskurve übertragen, die dann als Prozessevaluation über die gesamte Trainingsdauer fortgeführt wurde. Mithilfe des geführten Verhaltenstagebuchs konnten die Zusammenhänge zwischen dem Erziehungsverhalten und den langfristig gelernten Reaktionen ihres Kindes verdeutlicht werden.

Funktionale Analyse

Die Abkürzungen bezeichnen den Stimulus (S), den Organismus (O), die Reaktion (R) auf den Manifestationsebenen (motorisch, physiologisch, kognitiv, emotional) und die Konsequenzen (C).

S Auslöser für problematisches Verhalten sind Situationen, in denen Anforderungen an Max gestellt werden, die das zügige Befolgen von Anweisungen und Durchhaltevermögen erfordern: z. B. sich morgens allein anziehen.

O Max weist impulsives Verhalten und eine geringe Frustrationsschwelle auf.

R_{mot} Er weigert sich, zieht sich nicht an, wirft sich zu Boden und schreit.

R_{phy} Er reagiert mit körperlicher Anspannung.

R_{kog} Er denkt: »Ich will mich nicht anziehen, sondern möchte weiter spielen.«

R_{emo} Er ist wütend.

$C-_{kurz}$ Die Mutter schimpft.

$\not{C}-_{kurz}$ Sie hört gleich wieder mit dem Schimpfen auf.

$C+_{kurz}$ Die Mutter gibt nach und zieht Max an.

$C+_{lang}$ Da das Weigern erfolgreich ist, lernt Max, dass er nur lang genug durchhalten muss, irgendwann zieht ihn seine Mutter schon an und gibt ihm damit unwillentlich viel positive Verstärkung für das oppositionelle Verhalten.

Im Rahmen der funktionalen Analyse wurde zudem über mögliche Ursachen von Max oppositionellem Verhalten gesprochen. Folgende Punkte fielen Frau Meier als zutreffend auf:

- eskalierendes Verhalten bei den Eltern und bei Max in Anweisungssituationen,
- Anweisungen, die zur falschen Zeit oder unklar gegeben werden,
- Konsequenzen, die angedroht, aber nicht umgesetzt werden,
- zu hohe Erwartungen an das Kind und an sich selbst,
- beruflicher Stress beider Eltern,
- schwieriges Temperament (Impulsivität).

Zielanalyse

Es wurden folgende Ziele festgelegt:

Ziele für die Kinder:

1. Max soll sich morgens allein anziehen und sich abends »bettfertig« machen, wenn es Zeit dafür ist.
2. Max soll Anweisungen für neue Tätigkeiten befolgen.
3. Max soll lernen, friedlich mit anderen Kindern zu spielen und zu teilen.
4. Beide Kinder sollen lernen, ihr Spielzeug abends aufzuräumen.

Ziele für Veränderungen im elterlichen Verhalten:

1. Weniger schimpfen, wenn die Kinder nicht machen, was gesagt wurde.
2. Ruhig und konsequent auf Problemverhalten reagieren.
3. Mehr Beachtung für angemessenes Verhalten.

Interventionsplanung und -durchführung

Mit Familie Meier wurde ein Triple P-Einzeltraining der Ebene 4 durchgeführt. Das Training umfasst Einzel- bzw. Familiensitzungen, die in wöchentlichen Sitzungen über insgesamt 8–15 Wochen (jeweils 60–90 Minuten) angeleitet werden. Die Eltern durchliefen das strukturierte Training mit 11 Sitzungen; sie wurden dabei unterstützt, die vermittelten Erziehungsfertigkeiten auf die individuellen Bedürfnisse ihrer Familie zu übertragen. Das Auswählen einzelner Fertigkeiten zur Zielerreichung findet entsprechend dem zugrunde liegenden Selbstmanagementansatz des Programms an jeder Stelle des Trainings in enger Abstimmung mit der Familie statt. Die Inhalte und Erziehungsfertigkeiten der einzelnen Sitzungen sind in Tabelle 12.3 zusammengefasst.

In der dritten Sitzung wurden Erziehungsfertigkeiten zur Stärkung der Beziehung, zur Unterstützung von wünschenswertem Verhalten und zum Beibringen neuer Fertigkeiten und Verhaltensweisen vorgestellt. Insgesamt fiel den Eltern auf, dass sie wenig bewusste Zeit mit den Kindern verbringen. Frau Meier nahm sich vor, für beide Kinder nachmittags gezielt *wertvolle Zeit* einzuplanen, indem sie kurz zum Spielen anleitet, sich dazusetzt und die Kinder auch spielerisch in die Tätigkeiten im Haushalt einbindet (z. B. gemeinsam den Tisch decken). Außerdem beabsichtigten die Eltern, sich bewusster mit Max zu unterhalten und haben deshalb überlegt, welche *Gesprächsthemen* ihm Freude bereiten würden (z. B. das Dinosaurierbuch anschauen). Wichtig für die Eltern war, das *beschreibende Lob* (positive Verstärkung) praktisch zu üben, speziell in den Situationen, in denen die Kinder sich nur selten angemessen verhalten, z. B. »Max, toll, dass Du Dich allein angezogen hast«. Bei der Übung Möglichkeiten, ein gutes Vorbild zu sein (Modellwirkung), fiel beiden Eltern auf, dass sie zwar das Aufräumen von den Kindern erwarten, sie selbst aber auch vieles liegen lassen. Sie entschieden, dass es sinnvoll sei, den Aufräumvorgang gezielt mit den Kindern durchzuspielen (z. B. mit der *Fragen-Sagen-Tun-Methode*) um sicherzustellen, dass sie wissen, was von ihnen erwartet wird: »In welch Kiste räumen wir die Legos? Genau, in die große blaue Kiste. Dann zeig mir mal, wie du das machst! Was ist das Nächste, was wir wegräumen können? Ja, wir könnten das Malpapier einsammeln usw.« Außerdem nahm sich die Familie vor, eine *Punktekarte* für die Morgenroutine zu planen (Kontingenzmanagement).

Zu Beginn der vierten Sitzung wurden verhaltensnahe Familienregeln festgelegt:

- Wir sprechen mit ruhiger Stimme miteinander.
- Wir räumen unsere Sachen an ihren Platz, wenn wir sie nicht mehr brauchen.
- Morgens und abends versuchen wir uns zügig an- und auszuzuziehen.
- Spielzeug teilen wir mit anderen.

Danach wurden die verschiedenen Erziehungsfertigkeiten im Umgang mit Problemverhalten besprochen. Für Regelverstöße während der Morgenroutine wurde im Rollenspiel das *direkte Ansprechen* geübt (Max sitzt vor seiner Kleidung und zieht sich nicht an): »Max, es ist schon spät und du bist noch nicht angezogen. Wie ist unsere Regel, wie wir das morgens machen wollen? ... Ja, genau, wir wollen versuchen, uns zügig anzuziehen. Zeig mir mal, wie du das machst!« Wenn Max beginnt, sich anzuziehen, kann die Mutter loben. »Prima, dass du dir den Pulli anziehst!« Für die meisten Alltagssituationen, in denen Kinder etwas tun oder lassen sollen, gibt es keine Regeln. Für diese Fälle wurde besprochen, wann und wie man klare, ruhige Anweisungen gibt (Stimuluskontrolle). Frau Meier fiel auf, dass sie viele Anweisungen einfach nebenbei gebe und ohne direkt Kontakt zu den Kindern aufzunehmen. Manchmal vergesse sie den Vorgang auch oder lasse aus Bequemlichkeit das Nichtbefolgen durchgehen. Sie nahm sich vor, in Zukunft genauer abzuwägen, ob eine Anweisung überhaupt notwendig und sinnvoll ist und bei Ungehorsam entschieden zu reagieren. Es wurde für verschiedene Situationen besprochen, welche *logischen Konsequenzen* (Verstärkerentzug) bei *Fehlverhalten* angemessen sind (z. B. ein Spielzeug kurz entfernen, wenn die Kinder sich nicht einigen können). Abschließend wurden die Auszeitverfahren (*Stille Zeit, Auszeit*) vorgestellt und überlegt, unter welchen Bedingungen sie eine positive Alternative zum momentanen Umgang mit Problemverhalten sein könnten.

Die fünfte bis siebte Sitzung fand jeweils in vivo im häuslichen Umfeld der Familie statt. Dabei handelte es sich um Übungssitzungen, bei denen die Mutter Erziehungsroutinen ausgesucht hatte, die sie gern mit den Kindern ausprobieren wollte. Die Trainerin war anwesend und unterstützte Frau Meier in ihrer Selbsteinschätzung. Frau Meier übte u. a. eine Spielsituation, in der ein Spielzeug geteilt werden sollte, und eine Aufräumsituation, in die beide Kinder eingebunden werden sollten. Vorab wurde genau besprochen, wie die Mutter geplant hat, auf angemessenes und unangemessenes Verhalten der Kinder in diesen Situationen zu reagieren. Nach der Ausführung wurde erfragt, was sie ihrer Meinung nach gut gemacht hat und was sie hätte besser machen können, z. B. »Was haben Sie gut gemacht? ... Ja, genau, Sie haben die Kinder beschreibend gelobt, als sie sich mit dem Spielzeug abgewechselt haben. Und als die Stimmung kippte und der Streit begann, haben sie klare, ruhige Anweisungen gegeben. Was hätten Sie tun können, als die Kinder nach der zweiten Aufforderung nicht reagierten? Sie hätten das Spielzeug für kurze Zeit wegnehmen können.«

In der achten Sitzung wurden für Risikosituationen, in denen häufiger Problemverhalten auftritt, *Aktivitätenpläne* aufgestellt. Frau Meier nahm sich vor, mit beiden Kindern das Erledigen von Einkäufen zu üben. In der neunten Sitzung wurde die praktische Umsetzung besprochen. Frau Meier hatte den Plan einmal ausprobiert und berichtet, dass sie in die Planung viel Zeit investiert hätte. Aber die sonst stressige Situation habe diesmal allen Spaß gemacht. In der zehnten Sitzung wurde zu Beginn über mögliche Entlastungen für die Eltern gesprochen. Sie überlegten, wer die Kinder betreuen könnte, damit sie Zeit für Unternehmungen zu zweit haben, und nahmen sich vor, regelmäßig Pausen einzuplanen.

Evaluation

Abschließend wurde gemeinsam mit den Eltern Bilanz gezogen und im Hinblick auf die Ziele aus Sitzung 2 wurden beobachtete Veränderungen im eigenen Verhalten und im Verhalten der Kinder eingeschätzt. Die Eltern gaben an, dass Max sich nun an 4 von 5 Tagen in der Woche morgens allein anziehe. Insgesamt sei er wesentlich kooperativer und befolge die Anweisungen der Eltern deutlich häufiger als vor dem Training (Baseline: 12 Verweigerungssituationen pro Tag, Trainingsende: im Durchschnitt 2–3 anfängliche Verweigerungen am Tag, die sich nach kurzen Konsequenzen in den meisten Fällen schnell auflösen). Es wurde eine Zeit für gemeinsames Aufräumen eingeplant und beide Kinder verhalten sich in Spielsituationen kooperativer. Die Eltern gaben an, dass die Veränderungen im Verhalten der Kinder in deutlichem Zusammenhang zum eigenen geänderten Erziehungsverhalten stünden. Die Eltern würden sich mehr wertvolle Zeit für die Kinder nehmen, sie versuchen die Anweisungen auf die notwendigen zu reduzieren und gezielt für positives Verhalten zu verstärken (verbal durch Lob oder mittels Punktekarte). Diese Veränderungen spiegeln sich auch in der Fragebogen-Postmessung wider: Die Werte für die Einschätzung kindlicher Verhaltensweisen liegen im SDQ nun bei beiden Eltern im unauffälligen Bereich, ebenso Frau Meiers Werte im EFB. Beide Eltern gaben an, dass sie sich jetzt regelmäßig über Erziehungsthemen austauschen würden. Die Werte für die Partnerschaftsqualität (RQI) haben sich erhöht. Im DASS findet man für die Skala *Stress* zwar eine deutliche Reduktion der Werte, jedoch liegen sie für beide Eltern weiterhin im belasteten Bereich.

12.3 Verhaltensorientiertes Gruppenprogramm

Mit der Einführung von Triple P in Deutschland wurde Ende der 1990er Jahre begonnen. In den ersten zehn Jahren standen insbesondere die Dissemination und Evaluation des Gruppenprogramms der Ebene 4 im Vordergrund. Das Programm wurde an der TU Braunschweig im Rahmen einer großangelegten und von der Deutschen Forschungsgemeinschaft geförderten Studie auf seine Wirksamkeit überprüft (DFG HA/1400/14/1-4). Das Triple P-Gruppenprogramm gehört seit 1999 mit 70 000 erreichten Familien (inkl. Schweiz, Österreich und Luxemburg) im deutschsprachigen Raum zu den verbreitetesten Ansätzen aus dem Mehrebenen-Modell (Stand 08/2012; Persönliche Mitteilung Triple P Deutschland).

Triple P ist eine Form der kognitiv-behavioralen Familienintervention und basiert auf sozialen Lernprinzipien (z. B. Patterson, 1982). Kognitiv-behaviorale Ansätze zur Prävention und Behandlung von kindlichen Verhaltensauffälligkeiten weisen die stärkste empirische Unterstützung auf (z. B. Beelmann, 2006; Lundahl, Risser & Lovejoy, 2006; Weisz & Kazdin, 2010). Triple P basiert auf dem aktuellen sozialwissenschaftlichen Forschungsstand und nimmt dabei insbesondere Bezug auf folgende theoretische Grundlagen:

- Soziale Lernmodelle der Eltern-Kind-Interaktion mit Betonung der reziproken und bi-direktionalen Einflüsse, insbesondere das Modell des Zwangsprozesses und anderer dysfunktionaler Familieninteraktionen (Patterson, 1982). Diese Modelle bilden die Grundlage, um Eltern positive Erziehungsfertigkeiten als Alternative zu coerciven, inadäquaten und ineffektiven Erziehungspraktiken zu vermitteln.

- Die sozial-kognitive Lerntheorie von Bandura (1977a, 1979a) schafft die Basis für Interventionen, die Attributionen, Erwartungen und andere Kognitionen von Eltern beeinflussen. Die Entwicklung hilfreicher elterlicher Attributionsmuster wird z. B. dadurch unterstützt, dass Eltern ermutigt werden, alternative Erklärungen für kindliches und eigenes Verhalten zu finden.
- Klassische Lerntheorien, die den Fokus auf die Veränderung der auslösenden und nachfolgenden Bedingungen von Verhalten legen, z. B. Art und Einsatz von Anweisungen (Stimuluskontrolle, Einsatz von Verstärker, Schaffen einer positiven, sicheren Lernumgebung; Risley, Clarke & Cataldo, 1976).
- Die Forschung zum Erwerb von sozialen Kompetenzen, Problemlösefähigkeiten oder dem Erlernen verbaler Fähigkeiten, wodurch das Risiko der Entwicklung von emotionalen und Verhaltensproblemen nachweislich verringert wird (Hart & Risley, 1995). Daher sind Fertigkeiten, die in den alltäglichen Eltern-Kind-Interaktionen wichtige Kompetenzen der Kinder fördern, ein wesentlicher Bestandteil von Triple P.
- Die Forschung zu Risiko- und Schutzfaktoren für eine gesunde kindliche Entwicklung (Emery & O'Leary, 1982; Rutter, 1989). Insbesondere die familialen Risikofaktoren geringe Beziehungs- und Erziehungskompetenz, Partnerschaftskonflikte und elterlicher Stress werden bei Triple P beachtet und stehen im Mittelpunkt verschiedener Interventionen.
- Die Public-Health-Forschung, die die Rolle eines breiteren, ökologischen Kontextes im Zusammenhang mit der Entwicklung untersucht (z. B. Biglan, 1995).

Triple P verfolgt das Ziel, die Kindesentwicklung zu fördern und mit kindlichem Verhalten in einer konstruktiven und nicht verletzenden Art und Weise umzugehen. Grundlage dafür ist eine angemessene Kommunikation und positive Zuwendung. Die folgenden fünf allgemeinen Prinzipien bilden die Grundlage der positiven Erziehung. Sie beziehen sich auf bekannte Schutz- und Risikofaktoren für kindliche Verhaltensprobleme und beschreiben in dieser Hinsicht zentrales Erziehungsverhalten (Sanders, 2012).

1. *Für eine sichere und interessante Umgebung sorgen.* Eine sichere Umgebung trägt dazu bei, dass Eltern entspannter sein können, wenn ihr Kind auf »Entdeckungsreise« geht. Kinder brauchen darüber hinaus eine anregende und interessante Umgebung, mit vielen Möglichkeiten zum Entdecken, Ausprobieren und Erforschen, sodass sie ihre Fähigkeiten optimal entwickeln können.
2. *Eine positive und anregende Lernatmosphäre schaffen.* Eltern müssen für ihr Kind da sein, besonders dann, wenn es Unterstützung und Zuwendung braucht. In Situationen, in denen sich das Kind von sich aus an die Eltern wendet, sollten diese ihre Tätigkeit möglichst kurz unterbrechen und sich dem Kind zuwenden, es beim Lernen ermutigen und dazu anregen, Dinge selbstständig auszuprobieren.
3. *Sich konsequent verhalten.* Von konsequent erziehenden Eltern lernen Kinder, die Verantwortung für eigenes Handeln zu übernehmen, neben den eigenen auch die

Bedürfnisse anderer zu erkennen und Selbstdisziplin zu entwickeln. Konsequentes Verhalten bedeutet in diesem Zusammenhang, konsistent zu handeln, sofort zu reagieren und Kindern angemessenes Verhalten zu vermitteln.
4. *Realistische Erwartungen (an das Kind und sich selbst) entwickeln.* Kinder müssen erst einen gewissen Entwicklungsstand erreicht haben, bevor sie neue Fertigkeiten lernen können (z. B. selbstständig Anziehen). Wenn Eltern zu früh zu viel erwarten, können Probleme auftreten. Alle Kinder (und alle Erwachsenen) machen Fehler, die meisten davon sind unbeabsichtigt. Auch die Erwartungen der Eltern an sich selbst sind wichtig und müssen realistisch bleiben. Das Streben nach Perfektion wird zu Frustration und Überforderung führen.
5. *Die eigenen (elterlichen) Bedürfnisse beachten.* Gute Eltern sein bedeutet nicht, immer und einzig für das Kind da zu sein und sich selbst aufzugeben. Wenn die eigenen Bedürfnisse nach Intimität, Partnerschaft, Erholung und Zeit erfüllt sind, können die Eltern viel ausgeglichener, geduldiger und zugewandter sein.

Aufbauend auf diesen Grundprinzipien kommen weitere spezifische Ziele hinzu, die jeweils einen eigenständigen Beitrag zur Förderung sozialer Kompetenzen von Kindern leisten. Die im Triple P-Programm verfolgten Ziele lassen sich in vier Bereiche aufteilen: (1) Stärkung einer positiven Eltern-Kind-Beziehung, (2) Förderung angemessenen Verhaltens, (3) Vermitteln neuer Fertigkeiten und Verhaltensweisen und (4) Umgang mit unangemessenem Verhalten (siehe ▸ **Tab. 12.3**).

Tab. 12.3: Inhalte des Triple P-Gruppenprogramms

Sitzung	Thema	Beispiele
1	Positive Erziehung	Grundprinzipien der Positiven Erziehung Faktoren, die das Verhalten von Kindern beeinflussen; Ziele für Veränderungen festlegen; Verhalten systematisch beobachten
2	Die Entwicklung der Kinder fördern	Eine gute Beziehung zum Kind stärken (z. B. mit Kind reden); Wünschenswertes Verhalten unterstützen (z. B. loben); Neue Fertigkeiten und Verhaltensweisen beibringen (z. B. gutes Vorbild)
3	Mit Problemverhalten umgehen	Mit Problemverhalten umgehen (z. B. Familienregeln, klare Anweisungen); Erziehungsroutinen entwickeln
4	Vorausplanen	»Überlebenstipps« für Familien; Risikoreiche Erziehungssituationen erkennen; Aktivitätenpläne für Risikosituationen
5–7	Erziehungsfertigkeiten einsetzen	Telefonkontakte zur individuellen Anpassung der Erziehungsfertigkeiten an Bedürfnisse der Familie; Unterstützung bei der Umsetzung im Alltag
8	Rückblick und Programmabschluss	Abschlusssitzung; Bilanz ziehen; Veränderungen aufrecht erhalten, vorausplanen; Ziele für die Zukunft festlegen

Das Triple P-Elterntraining der Ebene 4 ist sowohl zur universellen Prävention für alle Eltern als auch zur indizierten Prävention für Eltern geeignet, die erkennbare Schwierigkeiten in der Erziehung haben und deren Kinder verschiedene oder schwerer ausgeprägte Verhaltensprobleme zeigen, ohne jedoch das Vollbild einer Diagnose zu erfüllen. Es ist konzipiert für Eltern von Kindern im Alter zwischen 2 und 12 Jahren bzw. für Eltern von Jugendlichen (Teen Triple P). Das Gruppentraining wird von einem akkreditierten Trainer mit 5–12 Familien durchgeführt und läuft in der Regel über acht Wochen; es besteht aus vier wöchentlichen Gruppensitzungen, drei individuellen Telefonkontakten und einer Abschlusssitzung. Unter bestimmten Voraussetzungen sind auch komprimierte Varianten des Gruppentrainings z. B. an zwei Wochenenden möglich. Für die Gruppensitzungen sind je 120 Minuten, für die individuellen Telefonkontakte ca. 20 Minuten vorgesehen. Es werden verschiedene Methoden der Informationsvermittlung sowie ein aktives Fertigkeitentraining eingesetzt. Dazu gehören Präsentationen, Gruppendiskussionen sowie der Austausch von Erfahrungen und die gegenseitige Unterstützung der Teilnehmer. Die Erziehungsfertigkeiten werden anhand kurzer Videosequenzen demonstriert und anschließend im Rollenspiel oder in Kleingruppen eingeübt. Die Eltern werden angeregt, zwischen den einzelnen Sitzungen auf sie zugeschnittene Hausaufgaben durchzuführen (z. B. die Beobachtung von Problemverhalten oder der gezielte Einsatz von Erziehungsfertigkeiten).

12.4 Zusammenfassung und Ausblick

Triple P weist eine breite Evidenzbasis auf, denn seit Anfang der 1980er Jahre wurden Forschungsergebnisse aus rund 190 Studien veröffentlicht. Dazu zählen mehr als 45 randomisierte Kontrollgruppen-Designs, zahlreiche Effektivitätsstudien, Studien auf Populationsebene, rund 60 Evaluationen von Forschungsteams, die nicht an der Entwicklung des Programms beteiligt waren, und drei Metaanalysen. Die umfangreichste Meta-Analyse legen Nowak & Heinrichs (2008) vor; sie basiert auf 55 Evaluationsstudien mit ca. 12 000 Eltern. Zusammenfassend lässt sich sagen, dass die Studien unterschiedlicher Forschergruppen für die verschiedensten familiären Situationen und Konstellationen konsistente und replizierbare Ergebnisse zeigen. Statistisch signifikante und klinisch bedeutsame Ergebnisse wurden für alle Ebenen (1–5) und alle Modalitäten (Einzel-, Gruppen-, Selbsthilfevarianten) des Triple P-Ansatzes demonstriert. Dazu gehören u. a. die Kurzberatung, Gruppen- und Einzeltrainings, das Selbsthilfebuch sowie die Fernsehsendungen. Bei den teilnehmenden Eltern sind durchgehend verbesserte Erziehungskompetenzen (mittleres $d = 0.48$) und eine große Zufriedenheit (mittleres $d = 0.17$) mit dem Programm zu beobachten. Bei den Kindern konnten bestehende Verhaltensauffälligkeiten deutlich reduziert (mittleres $d = 0.35$) und dem Entstehen neuer Auffälligkeiten erfolgreich vorgebeugt werden. Zusätzlich zeigte sich eine starke Tendenz zur Verbesserung der Partnerschaftsqualität der Eltern. Je intensiver und umfangreicher das Triple P-Angebot, desto stärker waren die beobachteten Effekte. Auch international wurde die Qualität und wissenschaftliche Absicherung des Triple P-Programms von verschiedenen Institutionen wie z. B. dem National Institute for Health and Clinical Excellence (NICE, 2006) oder der Weltgesundheitsorganisation (WHO; Hosman et al., 2005) anerkannt und die weitere Dissemination empfohlen. Wie Heinrichs u. a. (2008) zeigen, könnte ein bedeutsamer Beitrag zur Förderung der Lebenskompetenz von Kindern und damit zur Senkung der Inzidenz- und Prävalenzraten psychischer Störungen im Kindesalter geleistet werden, wenn alle Eltern ein Triple P-Elterntraining als universelle Präventionsmaßnahme in Anspruch nehmen würden.

13 Verhaltensorientierte Soziale Arbeit im Gesundheitsbereich

Reduktion und Prävention von Tabakkonsum

Christoph B. Kröger und Johanna Wenig

13.1 Einführung

Rauchen und die damit verbundenen Folgeerkrankungen gehören zu den größten Gesundheitsproblemen unserer Zeit. Neben den Schäden, die Raucher ihrer eigenen Gesundheit zufügen, stellt der Tabakrauch auch für passiv rauchende Personen eine Gesundheitsgefahr dar. Trotz des gesellschaftlichen und sozialen Drucks, der auf den Rauchern lastet, fällt es vielen Betroffenen schwer, ihr Rauchverhalten zu ändern.

Zur Prävalenz des Rauchens und der Tabakabhängigkeit: 29 % der deutschen Bevölkerung im Alter von 18 bis 64 haben in den letzten 30 Tagen geraucht und sind somit als Raucher zu bezeichnen. Knapp 25 % der Raucher konsumieren täglich 20 und mehr Zigaretten, sind also starke Raucher. Bei den Männern rauchen 33 %, bei den Frauen 26 %. Die Rauchprävalenz ist in der Altersklasse 20 bis 29 Jahre am höchsten und nimmt mit zunehmendem Alter kontinuierlich ab, während die Zahl der ehemaligen Raucher steigt (Pabst, Piontek, Kraus & Müller, 2010). Neben Alter und Geschlecht wird das Rauchverhalten von zahlreichen sozialen Merkmalen beeinflusst. So zeigt sich, dass Personen mit geringerem sozioökonomischem Status, niedrigerem Bildungsniveau, geringerem Einkommen und Arbeitslosigkeit häufiger rauchen (Lampert, 2010).

Tabakabhängigkeit ist eine psychische Erkrankung, deren Kriterien in der ICD-10 festgelegt sind. Die Stärke der Abhängigkeit wird durch den Fagerström-Fragebogen (Heatherton, Kozlowski, Frecker & Fagerstrom, 1991) bestimmt.

Die Gefahr, abhängig zu werden, ist bei Nikotin größer als bei anderen Substanzen. Deutsche Zahlen gehen davon aus, dass etwa jeder vierte (25 %) Raucher eine Abhängigkeit entwickelt, wohingegen es bei Alkohol 10 % und bei Kokain und Cannabis etwa 8 % sind (Lieb et al., 2000).

Ein verhaltenstheoretisches Modell zur Entstehung und Aufrechterhaltung des Rauchens: Der erste Kontakt zu Tabak findet meist im Kindes- und Jugendalter statt. Experimentierfreude oder Neugierde auf seine Wirkung stehen dabei oft im Vordergrund. Beim ersten Konsum werden jedoch häufig noch keine positiven psychotropen Wirkungen erlebt, manchmal treten eher aversive Körperreaktionen wie Schwindel, Übelkeit oder Erbrechen auf. Erst bei einer Gewöhnung kommt es zu als positiv erlebten pharmakologischen und emotionalen Auswirkungen (z. B. gesteigerte Aufmerksamkeit, höhere Stresstoleranz, Abnahme von Aggressionen). Bei der Entstehung und Aufrechterhaltung von (abhängigem) Tabakrauchen spielen Lernprozesse eine entscheidende Rolle (vgl. Hoch & Lieb, 2009).

Der Probierkonsum kann durch die soziale Lerntheorie von Bandura (1977a, 1979a, 1986) erklärt werden, wonach Menschen sich durch den kognitiven Lernprozess des Nachahmens von Modellen (in der realen Welt oder aus der Werbung) neue Verhaltensweisen aneignen. Positive Attribute wie »Gruppenzugehörigkeit«, »positives Selbstwertgefühl« und »Entspannung« sind mit dem Rauchen assoziiert. Für die Aufrechterhaltung des so erworbenen Verhaltens spielen die Verstärkungsmechanismen des operanten bzw. instrumentellen Konditionierens eine entscheidende Rolle. Positive Verstärkung durch Wohlbefinden, Entspannung, Glücksgefühle und Verbesserung der sozialen Kontakte sowie insbesondere negative Verstärkung durch das Vermeiden oder Beseitigen unangenehmer Empfindungen wie z. B. Reizbarkeit, Langeweile, Ängste, depressive Verstimmungen, Hungergefühle, Entzugserscheinungen bewirken, dass sich ein stabiles Rauchverhalten etabliert. Auch das Klassische Konditionieren spielt bei der längerfristigen Aufrechterhaltung des Rauchverhaltens eine wichtige Rolle. Bereits der spezifische Geruch des Tabaks, der Anblick einer Zigarette oder der Akt des Telefonierens kann zum konditionierten Auslöser für das Verlangen nach einer Zigarette und den folgenden Zigarettenkonsum werden. Die Kombination aus Klassischer Konditionierung und operanter Verstärkung führt im Sinne der Zwei-Faktoren-Theorie von Mowrer (1960) zu sehr stabilem Lernen.

Gesundheitliche Schäden durch das Rauchen: Neben dem Nervengift Nikotin sind Kohlenstoffmonoxid und Teer die Hauptbestandteile des Tabakrauchs. Dieses Gemisch aus unterschiedlichen Schadstoffen hat weitreichende negative Auswirkungen auf die Gesundheit von aktiven Rauchern und Personen, die den Zigarettenrauch über die Raumluft einatmen. Die am häufigsten durch Tabakrauch verursachten Krankheitsbilder sind: Krebserkrankungen, Herz-Kreislauf-Erkrankungen und Gefäßerkrankungen sowie Atemwegserkrankungen (US Department of Health and Human Services, 2004). Bis zu 20 % aller Krebserkrankungen können auf das Rauchen zurückgeführt werden, bei Lungenkrebs sind es sogar bis zu 90 % der Krankheitsfälle bei Männern bzw. bis zu 60 % bei Frauen. Dabei ist eine deutliche Dosis-Wirkungs-Beziehung erkennbar, das heißt, das Erkrankungsrisiko steigt mit der Zahl der täglich gerauchten Zigaretten, einem früheren Rauchbeginn, einer hohen Anzahl an Raucherjahren sowie mit der Intensität der Inhalation. Besonders einprägsam ist die sogenannte »20er-Regel«, nach der 20 Jahre mit 20 Zigaretten pro Tag ein 20-fach erhöhtes Risiko, an Lungenkrebs zu erkranken, erzeugen (Garfinkel & Stellman, 1988).

Das Risiko, an einer kardiovaskulären Erkrankung zu erkranken, ist für Raucher zwei- bis vierfach erhöht. Das Risiko für Schlaganfälle wird verdoppelt. Etwa 40 % der Todesfälle aufgrund des Rauchens entfallen auf Herz-Kreislauf-Erkrankungen infolge arteriosklerotischer Veränderungen. Weiterhin führt das Inhalieren des Tabakrauchs in die Lunge zu einem Verlust der bronchialen Flimmerhärchen, zu vermehrter Schleimproduktion sowie zu einer Zerstörung der Lungenbläschen, weshalb bei Rauchern vermehrt Atemwegserkrankungen auftreten. Etwa 90 % der Patienten mit einer chronisch obstruktiven Lungenkrankheit (COPD) rauchen oder haben geraucht. Das Risiko, an einer chronischen Lungenerkrankung zu sterben, ist für Raucher 13-mal höher als für Nichtraucher.

Passiv rauchende Personen haben ebenso wie die aktiven Raucher ein erhöhtes Risiko, dieselben gesundheitlichen Schäden zu erleiden, allerdings in einem geringeren Ausmaß bzw. mit einer geringeren Wahrscheinlichkeit (vgl. Kröger & Piontek, 2011).

Neben den körperlichen Gesundheitsschäden finden sich auch zunehmend Belege dafür, dass Raucher ein erhöhtes Risiko für psychische Störungen wie affektive Störungen, Angststörungen sowie anderen Substanzstörungen haben (Breslau, Novak & Kessler, 2004). Auch von einer stärkeren Neigung zu Suizidalität bei Rauchern wird berichtet (Bronisch, Höfler & Lieb, 2008). Man geht dabei von einer Wechselwirkung aus. Rauchen wird nicht als Ursache dieser Störungen angesehen, jedoch kann Rauchen die Symptomatik verschlimmern und die Therapieerfolge behindern (vgl. Batra, 2000).

Die durch den Zigarettenkonsum verursachte Sterblichkeit (tabakrauch-attributable Mortalität) wird auf 140.000 Todesfälle pro Jahr in der Bundesrepublik geschätzt (John & Hanke, 2001). Der Anteil an der Gesamtmortalität beträgt 17 %. Damit verursacht der Zigarettenkonsum mehr jährliche Todesfälle als Aids, Alkohol, Drogen, Verkehrsunfälle, Morde und Suizide zusammen. Setzt man die entsprechenden Todesfälle mit der Lebenserwartung der Menschen in Beziehung, zeigt sich, dass durch das Rauchen in Deutschland im Jahr etwa 1,6 Millionen Lebensjahre vorzeitig zerstört werden (Neubauer et al., 2006). Dies ist zusätzlich mit erheblichen direkten (akute Hospitalisierung, ambulante Versorgung, Medikamente) und indirekten volkswirtschaftlichen Kosten (Krankheitstage, Frühberentung, Mortalität) verbunden. Insgesamt ergeben sich pro Jahr ca. 21 Milliarden Euro tabakkonsumbedingte Kosten.

Tabakentwöhnung gilt als eine der effektivsten gesundheitsbezogenen Interventionen überhaupt. Ein frühzeitiger Rauchstopp kann gesundheitliche Schäden abwenden (Peto et al., 2000) und auch bei schon vorhandenen tabakassoziierten Erkrankungen (z. B. Herz-Kreislauf-Erkrankungen, Atemwegserkrankungen, Krebs, Diabetes etc.) zeigt sich ein Rauchstopp als effektive Möglichkeit, Komplikationen, Folgeerkrankungen und Rezidive zu vermeiden sowie Lebensqualität und Lebenserwartung wirkungsvoll zu erhöhen (Nieder & Bremnes, 2008; Raupach, Nowak, Hering, Batra & Andreas, 2007). Auch aus gesundheitsökonomischer Perspektive kommt der Tabakentwöhnung eine hohe Priorität zu. So werden mit einem erfolgreichen Rauchstopp im Vergleich zum Verzicht auf einen Rauchstopp 2,9 Lebensjahre je Person gewonnen und zugleich Kosten im Restlebenszyklus von 15 000€ eingespart (Wasem et al., 2008), eine Bilanz, die es bei kaum einer medizinischen Intervention gibt. Tabakentwöhnung ist effizienter und Kosten-Nutzen-effektiver als die meisten medizinischen Maßnahmen (Felten et al., 2006).

13.2 Verhaltensorientierte Einzelfalldarstellung

Herr A. ist 62 Jahre alt, gelernter Schriftsetzer und heute als Grafikdesigner tätig. Mit dem Rauchen hat er im Alter von 16 Jahren begonnen, um sich »erwachsen« zu fühlen. Derzeit raucht er 20 bis 30 Zigaretten pro Tag. Im Fagerström-Test zur

Messung der Nikotinabhängigkeit erreicht er vier von zehn möglichen Punkten, was für eine leichte körperliche Abhängigkeit spricht. Seit seinem 45. Lebensjahr leidet Herr A. aufgrund seines Zigarettenkonsums an deutlichen Beeinträchtigungen seiner Gesundheit (Atemnot, chronischer Husten) und seiner Lebensqualität. Hobbies wie Tanzen und Schwimmen können von ihm nicht mehr ausgeübt werden. Einige soziale Kontakte mit Nichtrauchern brechen ab, weil Herr A. aufgrund der starken Tabakabhängigkeit keine Orte mehr aufsucht, an denen er länger nicht rauchen kann.

Qualitative Analyse

Auf der motorischen Ebene zeigt sich das Problemverhalten als das tägliche Rauchen von Zigaretten. Physiologisch bedeutet dies die schnelle Aufnahme von Nikotin, das innerhalb von 10 Sekunden an den Nikotinrezeptoren im Gehirn andockt und seine Wirkung entfaltet, indem ein Wechsel von körperlicher Anspannung auf Entspannung erfolgt. Wenn Herr A. raucht, denkt er (kognitiv): »Nach dieser Zigarette geht es mir gleich besser!« und ist froh mit einer Zigarette den Zustand des Unwohlseins beenden zu können (emotional). Aufgrund des Zigarettenkonsums besteht seit fast 20 Jahren eine Chronisch Obstruktive Lungenerkrankung (COPD) mit einem Lungenemphysem. Die überblähte Lunge droht auf das Herz zu drücken. Das Lungenvolumen ist deutlich verringert. Symptome wie Atemnot und chronischer Husten mit Auswurf beeinträchtigen das alltägliche Leben und stören den Nachtschlaf. Wiederkehrende Atemwegsinfekte erfordern die häufige Einnahme von Antibiotika.

Quantitative Analyse

▸ **Abb. 13.1** veranschaulicht die Anzahl der durchschnittlich täglich gerauchten Zigaretten über die Lebensspanne. Herr A. raucht seit seinem 16ten Lebensjahr. In den folgenden Jahren steigerte sich die Zahl der täglich gerauchten Zigaretten kontinuierlich. Die Höchstphase erreichte er ab dem Alter von 40 Jahren mit bis zu 60 Zigaretten pro Tag. Seine längste Abstinenzphase im Alter von 58 Jahren unter Einnahme eines Tabakentwöhnungsmedikaments dauerte eineinhalb Jahre. Eine emotionale Stresssituation führte zum Rückfall. Seitdem raucht er wieder 20 bis 30 Zigaretten pro Tag.

Funktionale Analyse

Beim abhängigen Tabakrauchen handelt es sich um einen Verhaltensexzess, d. h. um ein Verhalten, das in seiner Stärke bzw. Häufigkeit zu einem unerwünschten Ausmaß übersteigert wurde. Als diskriminative Stimuli können diffuse innere Unruhezustände ausgemacht werden, die etwa 30 Minuten nach der letzten Zigarette beginnen. Außerdem raucht Herr A. insbesondere in Stresssituationen bei der Arbeit. Nichtproblemauslösende Situationen (S-Delta) stellen Situationen dar, in denen das Rauchen ohnehin unmöglich ist wie z. B. Kinobesuche, Besuche bei nichtrauchenden Freunden oder Besprechungen mit Nichtrauchern.

Herr A. hat im Laufe seines Raucherlebens eine körperliche und psychische Tabakabhängigkeit insbesondere in Stresssituationen entwickelt (O-Variable). In einer Stresssituation (S), z. B. anspruchsvoller Kunde äußert Kritik an einem Entwurf und erwartet einen neuen Vorschlag, treten bei Herrn A. Gefühle der Frustration und den Wunsch nach Ausgeglichenheit hervor (R emotional). Herr A. denkt sich »Mit einer Zigarette kann ich diese Aufgabe bestimmt besser lösen!« »Wenn ich diese Zigarette geraucht habe, geht's mir gleich besser!« (R kognitiv). Sein Körper ist angespannt durch die Freisetzung von Stresshormonen und den Nikotinentzug (R physiologisch). Er raucht schließlich eine Zigarette (R motorisch). Als unmittelbare Konsequenz (C) erlebt er eine subjektive Verbesserung der Konzentrationsfähigkeit und Entspannung, die jedoch durch den Wegfall der Entzugssymptome und des Stresserlebens bedingt werden (Ȼ- negative Verstärkung). Auch in Situationen, wenn Herr A. gemütlich beim Sonntagsfrühstück sitzt und entspannt eine Zigarette zum Kaffee raucht, kann von einer negativen Verstärkung ausgegangen werden (Ȼ-), da sich ohne Rauchen aufgrund der Tabakabhängigkeit eine innere Anspannung entwickelt, die durch das Rauchen beendet wird. Beim Rauchen in einer geselligen Runde erlebt Herr A. positive Verstärkung durch eine erlebtes Gefühl der Zugehörigkeit zu der Gruppe der Raucher (C+) als auch negative Verstärkung durch den Wegfall sozialer Unsicherheit (Ȼ-).

Insbesondere die negative Verstärkung trägt zur Aufrechterhaltung des Verhaltens bei, da sie mit hoher Kontingenz zeitlich unmittelbar (weniger als 10 Sekunden) nach der Reaktion (Inhalieren des Tabakrauchs) eintritt. Nach den Prinzipien des operanten Konditionierens führt diese unmittelbare zeitliche Nähe von Reaktion und Belohnung dazu, dass das Verhalten besonders schnell gelernt wird.

Zielanalyse

Hauptziel der Intervention ist das Erreichen einer langfristig stabilen Rauchfreiheit. Detailziele sind:

- Einstellen des Rauchverhaltens, Erwerb von Kompetenzen zum Aufrechterhalten einer Abstinenz (Verhaltensebene)
- Aufhalten des Fortschreitens der Lungenerkrankung und Verbesserung der Lungenfunktion, mehr körperliche Ausdauer und Beweglichkeit, Reduzierung der Einschränkungen im Alltag (Körperliche Ebene)
- Reflektieren des eigenen Rauchverhaltens und Gewinnung von Krankheitseinsicht, Aufbau einer Nichtraucheridentität, Erreichen von mehr Lebensfreude, Wiederaufnahme verlorengegangener Kontakte (Kognitiv-emotionale Ebene).

Interventionsplanung

Im Rahmen der Intervention in Form eines verhaltensorientierten Gruppenprogramms zur Tabakentwöhnung steht zunächst die kognitive Vorbereitung und Motivierung zum Rauchstopp im Vordergrund. Dafür soll durch gezielte Psychoedukation ein Krankheitsmodell vermittelt werden. Eine Methode zu

Beginn der Intervention stellt die Beobachtung und schriftliche Registrierung des Rauchverhaltens dar. Darüber hinaus sollen Kompetenzen und Fertigkeiten im Umgang mit Risikosituationen, Suchtdruck und Entzugserscheinungen erlernt werden, indem alternative Verhaltensweisen wie z.B. der Einsatz von Entspannungsverfahren in Stresssituationen gesammelt und erprobt werden. Regelmäßige Hausaufgaben sollen dabei helfen, das Erlernte zu reflektieren und anzuwenden. Nach dem Prinzip der sozialen Unterstützung sollen der gemeinsame Rauchstopp für alle Teilnehmer sowie der interaktive Austausch von Erfahrungen zur Erreichung/Erhaltung der Rauchfreiheit durch Lernen am Modell der anderen Teilnehmer beitragen. Eine begleitende medikamentöse Therapie mit Nikotinprodukten kann dabei helfen, die Entzugssymptome in den ersten Tagen nach dem Rauchstopp zu mindern. Ziel der Gruppentreffen in der Stabilisierungsphase nach dem Rauchstopp ist es, einen Rückfall zu vermeiden und den Rauchstopp positiv zu verstärken. Imaginationstechniken werden angewandt, um die rauchfreie Zukunft zu visualisieren und eine Identität als Nichtraucher zu bilden.

Durchführung der Verhaltensmodifikation

Herr A. meldet sich zum Tabakentwöhnungskurs »Das Rauchfrei Programm« des IFT Instituts für Therapieforschung an. Dieses umfasst sieben Gruppentreffen und zwei Telefonate. Er nimmt an allen Kursstunden teil und führt den Rauchstopp am vorher vereinbarten Termin durch. Die erste Kursstunde beginnt mit einem Wissensquiz. Anschließend hält der Kursleiter einen kurzen Vortrag zu den Themen Rauchen, Nichtrauchen und Passivrauchen. Die eingesetzten Konzepte der Verhaltenstherapie sind die kognitive Vorbereitung, die Motivierung sowie Psychoedukation durch gezielte Vermittlung von Wissen.

Die zweite Kursstunde dient dem näheren Kennenlernen der Teilnehmer. Gemeinsam werden Vor- und Nachteile des Rauchens zusammengetragen. Außerdem sollen die Teilnehmer ihren persönlichen Hauptgewinn durch das Nichtrauchen identifizieren und benennen. Diese Kursstunde dient in erster Linie der Motivierung und der Verstärkung der Ambivalenz gegenüber dem Rauchen.

In der dritten Kursstunde wird die Funktion des Rauchens in verschiedenen Situationen besprochen. Die Teilnehmer hatten bis dahin die Aufgabe, ihr eigenes Rauchverhalten mittels Registrierkarten zu beobachten und können nun ihre typischen Risikosituationen des Rauchens benennen. Gemeinsam wird nach Bewältigungsstrategien und Verhaltensalternativen gesucht. Ziel der Stunde ist die weitere Motivierung, Vermittlung von Wissen und Fertigkeiten zur Bewältigung von Risikosituationen. Außerdem wird über die Möglichkeit einer medikamentösen Unterstützung bei der Tabakentwöhnung gesprochen.

In der vierten Stunde wird schließlich der Rauchstopp vorbereitet, der von allen Teilnehmern an einem festgelegten Tag vor der nächsten Stunde durchgeführt werden soll. Der Kursleiter vermittelt den Teilnehmern Möglichkeiten für den Umgang mit Suchtdruck. Schließlich soll jeder Teilnehmer eine schriftliche Vereinbarung zum Rauchstopp unterschreiben, um Verbindlichkeit herzustellen (sozialer Kontrakt). In der fünften Kursstunde tauschen die Teilnehmer zunächst ihre Erfahrungen mit dem Rauchstopp aus. Anschließend hält der Kursleiter einen Vortrag über Rückfälle und Vorfälle (kurzfristiger und geringer Konsum) und Möglichkeiten diese zu verhindern. Außerdem klärt er über mögliche Entzugssymptome auf. Gemeinsam überlegen die Teilnehmer, welche Belohnungen sie sich für ihre Rauchfreiheit zukommen lassen könnten. Jeder Teilnehmer soll sich bis zu nächsten Kursstunde »etwas Gutes tun«. Im Zentrum stehen hier das Konzept der positiven Verstärkung sowie die Rückfallprävention.

Auch die sechste Stunde dient dem Austausch von Erfahrungen. Außerdem soll jeder Teilnehmer berichten, welche positiven Veränderungen er seit dem Rauchstopp wahrgenommen hat. Anschließend hält der Kursleiter einen kurzen Vortrag, der die Teilnehmer dazu bringen soll, ihre Identität als Nichtraucher zu reflektieren und zu entwickeln. Nach der sechsten Kursstunde folgen zwei zehnminütige proaktive Telefongespräche durch den Kursleiter zu einem vorher vereinbarten Termin, um individuelle Situationen der einzelnen Teilnehmer zu besprechen. Das Abschlusstreffen dient dem erneuten Erfahrungsaustausch, der Rückfallprävention und der Belohnung des Erreichten. Die Teilnehmer blicken gemeinsam zurück und planen ihre weitere rauchfreie Zukunft.

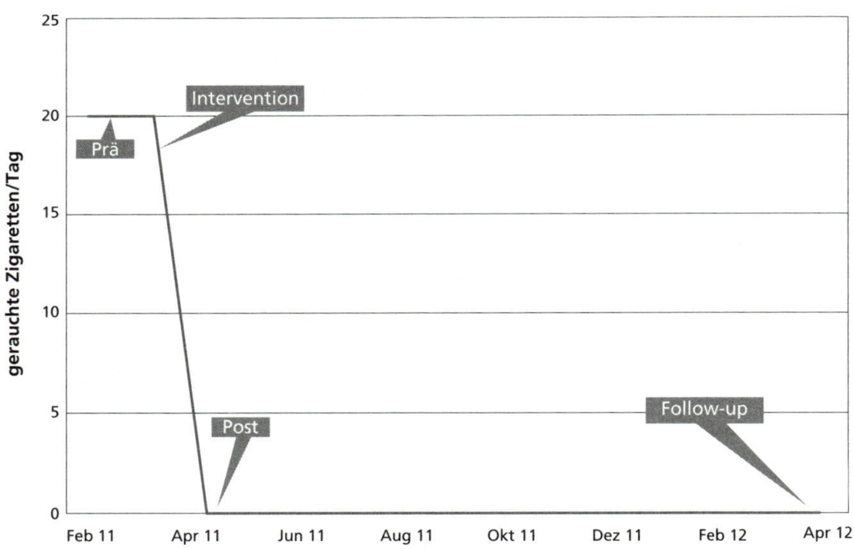

Abb. 13.1: Anzahl der durchschnittlich täglich gerauchten Zigaretten vor und nach der Intervention sowie 12 Monate später

Evaluation

Herr A. erreicht durch den Tabakentwöhnungskurs vollständige Rauchfreiheit und ist bei einer Nachbefragung ein Jahr nach dem Rauchstopp noch abstinent. Seine Atemnot ist geringer geworden. Er kann besser längere Strecken zu Fuß zurücklegen und das Treppensteigen fällt ihm etwas leichter. Sein Lungenvolumen hat sich nach einem halben Jahr messbar um einen Liter vergrößert und die Zahl der Atemwegsinfekte und der dadurch bedingten Antibiotika-Einnahme ist von sechsmal auf zweimal im Jahr zurückgegangen. Soziale Kontakte, die aufgrund des Rauchens abgebrochen waren, hat Herr A. inzwischen wieder aufgenommen. Außerdem kann er krankheitsbedingt aufgegebene Hobbies wie das Tanzen nun wieder ausüben. An öffentlichen Orten mit Rauchverbot fühlt er sich nun nicht mehr ausgegrenzt. Insgesamt ist festzustellen, dass durch die Maßnahme die Einschränkungen im Alltag von Herrn A. verringert werden konnten und sich damit seine Lebensqualität deutlich erhöht hat.

13.3 Verhaltensorientierte Gruppenprogramme

Aufhörwillige Raucher können unter einer großen Auswahl an Angeboten zur Tabakentwöhnung wählen, um sich Unterstützung beim Rauchausstieg zu holen. Diese lassen sich den Kategorien Selbsthilfemaßnahmen, Einzelberatung, Gruppenberatung, pharmakologische Interventionen und alternative Verfahren wie Hypnose, Akupunktur zuordnen (vgl. Kröger & Piontek, 2011). Die verhaltensorientierte Gruppenberatung erzielt dabei langfristig die besten Erfolge.

Im Folgenden werden einige für die Planung von Behandlungsstrategien wichtige Erkenntnisse zu Ausstiegsprozessen und fördernden Faktoren des Ausstiegs dargestellt. Die Grundkomponenten der verhaltensorientierten Tabakentwöhnung in Gruppen werden abgeleitet.

Ausstiegsprozesse: Viele Konsumenten sind mit ihrem Verhalten unzufrieden, und mehr als zwei Drittel der aktuellen Raucher haben einen Versuch unternommen, das Rauchen zu reduzieren oder zu beenden. Gründe für Aufhörversuche sind:

- soziale und gesellschaftliche Auslöser (z. B. sozialer Druck, ärztlicher Ratschlag, Rauchverbote, Kosten)
- körperliche und gesundheitliche Gründe (z. B. akute Erkrankung, Gesundheitsschäden)
- Verlust der Verstärkerqualität
- Gefühl der Abhängigkeit und Überdosis/Ekel.

Weniger als 9 % der Ex-Raucher haben bei ihrem erfolgreichen Aufhörversuch professionelle Hilfsangebote inklusive Medikation genutzt (Meyer et al., 2000). Die überwiegende Mehrheit der Raucher schafft den Ausstieg eigenständig und ohne eine formale Hilfe in Anspruch zu nehmen. Dennoch sind die Erfolgsaussichten selbstinitiierter Aufhörversuche insgesamt sehr gering. Nur etwa 5 % dieser Initiativen sind über den Zeitraum eines halben Jahres erfolgreich. Besonders hoch ist das Rückfallrisiko in den ersten Tagen nach dem Rauchstopp. Die Wahrscheinlichkeit eines Rückfalls verringert sich mit der Zeit, bleibt zu einem gewissen Ausmaß aber dauerhaft bestehen. Die häufigsten Gründe für einen Rückfall sind Entzugssymptome, Stress, mangelnde Motivation oder Verführung durch andere Raucher (Stumpfe, Väthjunker & Kulig, 1992). Aufgrund der hohen Rückfallwahrscheinlichkeit unternehmen Raucher in der Regel einige Aufhörversuche, bevor sie erfolgreich das Rauchen beenden. Mithilfe effektiver Unterstützungsmaßnahmen lässt sich die langfristige Erfolgswahrscheinlichkeit deutlich erhöhen.

Komponenten verhaltensorientierter Gruppenprogramme: Eine verhaltensorientierte Behandlung gilt bezüglich der theoretischen Ausrichtung als die erfolgreichste intensivere Intervention zur Tabakentwöhnung (Fiore et al., 2008; Stead & Lancaster, 2005). Im Rahmen der verhaltensorientierten Intervention sollen die beschriebenen Konditionierungen aufgehoben, die bisherigen Verhaltensmuster eliminiert und Alternativverhalten erlernt und stabilisiert werden. Um der Komplexität und Multikausalität des Tabakkonsums Rechnung zu tragen, kombinieren verhaltensorientierte Gruppenprogramme zur Tabakentwöhnung verschiedenste Elemente der kognitiven Verhaltenstherapie und Beratung, wobei es kaum Wissen darüber gibt, welche Bestandteile zu den positiven Effekten beitragen. Als evidenzbasierte, wirksame Bestandteile konnten Problemlösetraining bzw. Skills-Training, soziale Unterstützung innerhalb und außerhalb der Behandlung identifiziert werden (Fiore et al. 2008). Diese drei Elemente steigern die Effektivität der Behandlung um ca. 30 bis 50 %. Die Programme orientieren sich an einem drei Phasenmodell des Ausstiegsprozesses (Kröger & Piontek, 2011):

1. Vorbereitung des Rauchstopps,
2. Beendigung des Rauchens,
3. Stabilisierung und Aufrechterhaltung der Abstinenz.

In den Gruppenprogrammen werden die Raucher während der drei Phasen unterstützt. Dabei werden die drei Verhaltensebenen, die kognitiv-emotional-motivationale, die motorische und die physiologisch-biologische Ebene berücksichtigt. Die Ebenen sind in den verschiedenen Phasen der Tabakentwöhnung unterschiedlich relevant; so spielt etwa die Ebene der Kognitionen, Emotionen und Motivation vor allem in der Vorbereitungsphase eine zentrale Rolle, wenn es um die Erhöhung der Veränderungsbereitschaft geht. Die motorische und die biologisch-physiologische Ebene sind vor allem in der Beendigungs- und der Stabilisierungsphase wichtig, wenn die alte Gewohnheit des Rauchens aufgegeben und durch Alternativverhalten ersetzt werden soll und auf der biologisch-physiologischen Ebene mögliche Entzugserscheinungen bewältigt werden sollen.

Im Folgenden wird ein Versuch unternommen, die Methoden und Interventionsansätze der Tabakentwöhnung den Phasen des Ausstiegsprozesses (Vorbereitungs-, Beendigungs-, Stabilisierungsphase) zuordnen. Eine solche

Zuordnung kann jedoch nur ansatzweise gelingen, da eine eindeutige Abgrenzung der Phasen nicht möglich ist.

(a) Vorbereitungsphase: In der Vorbereitungsphase steht die Motivationsbildung im Mittelpunkt mit dem Ziel, eine klare, ausgewogene Entscheidung für den Rauchstopp zu treffen. Schwerpunkte sind die Wissensvermittlung, die Stärkung der Motivation und die Förderung des Vertrauens in die eigenen Abstinenzfertigkeiten. Informationen zum Störungsmodell sollen das Verständnis fördern, wie die Tabakabhängigkeit entsteht und wieso man als Raucher trotz der zahlreichen gesundheitlichen Gefahren weiterraucht. Darüber hinaus können grundlegende Informationen zu Tabak und Tabakabhängigkeit sowie den gesundheitlichen Folgen etc. vermittelt werden. Schließlich bezieht sich die Wissensvermittlung auch auf das konkrete Behandlungsrational, indem die Inhalte, Durchführung und Wirkweise der Hilfsmaßnahme dargestellt werden. Durch den Einsatz von Tagebüchern und Strichlisten werden auslösende Situationen und Gegebenheiten identifiziert, in denen geraucht wird. Durch diese Art der Selbstbeobachtung setzen sich die Raucher damit auseinander, welche Gefühle, physiologische Reaktionen, Verhaltensmuster und aufrechterhaltende Bedingungen bzw. Konsequenzen mit ihrem Rauchverhalten einhergehen. Maßnahmen zur Förderung der Motivation sollen mögliche Widerstände abbauen, die Veränderungsbereitschaft erhöhen und die Entscheidung für einen Rauchstopp herbeiführen. Dazu werden verschiedene Prinzipien angewendet, die unter anderem auf dem psychologischen Konzept der kognitiven Dissonanz (Festinger, 1957) und dem Ansatz der Motivierenden Gesprächsführung (Miller & Rollnick, 2002) aufbauen. Folgende inhaltliche Komponenten können zum Einsatz kommen:

- Auflistung von Vor- und Nachteilen des Rauchens bzw. des rauchfreien Lebens (Pro-Contra-Listen)
- Imaginationsübungen zu den Vor- und Nachteilen des Rauchens und des rauchfreien Lebens
- kognitive Umstrukturierung rauchbezogener Gedanken und Einstellungen (Reframing)
- Informationsgabe über die Gründe und Folgen des Rauchens sowie über die zu erwartenden positiven gesundheitlichen Veränderungen des rauchfreien Lebens
- Herstellung eines emotionalen Bezugs zum aktuellen Rauchverhalten und zur rauchfreien Zukunft
- Einschätzung des gegenwärtigen Stellenwerts einer Verhaltensänderung und das Vertrauen in eine Veränderung.

(b) Beendigungsphase: In der zweiten Phase wird der Ausstieg durch eine möglichst konkrete Planung des rauchfreien Lebens vorbereitet und ein Tag für den Rauchstopp festgelegt. Hierbei kann zwischen zwei Methoden unterschieden werden. Bei der Schlusspunktmethode wird vor einem verbindlich festgelegten Stopp-Tag das Rauchverhalten nicht geändert. Die Reduktionsmethode sieht dagegen eine schrittweise Herabsetzung des Zigarettenkonsums vor, bevor das

Rauchen ganz eingestellt wird. Durch die Methode des Selbstmanagements soll ein neues Verhalten etabliert werden, statt des bisherigen Rauchverhaltens. Hinweisreize (Stimuli) oder Situationen, die an das Rauchen erinnern und Verlangen nach einer Zigarette auslösen können, werden im Rahmen der Stimuluskontrolle verändert: Zigaretten wegwerfen, Aschenbecher wegstellen, Risikosituationen vermeiden. Im Rahmen der Selbstverstärkung sollen sich die Raucher explizit für die erreichten Erfolge (z. B. rauchfreie Tage, bestimmte Dauer der Abstinenz) belohnen. Beim Kontingenzmanagement wird mithilfe externer positiver oder negativer Verstärkung (Response Cost) ein rauchfreies Leben verstärkt. Bei der positiven Verstärkung wird ein individuelles Belohnungssystem erarbeitet, neben materiellen Verstärkern wie Geld sind dabei auch soziale Verstärker wie gemeinsame Aktivitäten mit Freunden möglich. Die Verstärker können kontingent kurzfristig (z. B. am Ende eines rauchfreien Tages) oder nach einem längeren Zeitraum (z. B. ein halbes rauchfreies Jahr) eingesetzt werden. Beim Response-Cost-Verfahren müssen die Betroffenen für sich relevante Verstärker abgeben (z. B. Geld an eine ungeliebte Organisation spenden), wenn sie ihr Zielverhalten nicht erreicht haben. Beim Aufbau von Problemlöse- und sozialen Fertigkeiten werden zunächst Situationen wie Versuchungssituationen, körperliche Reize, Gefühle und Gedanken identifiziert, die das Risiko des Rauchens oder eines Rückfalls erhöhen. Zur Bewältigung solcher Risikosituationen werden in weiteren Schritten spezifische Bewältigungsfertigkeiten gesammelt, ausgewählt und eingeübt. Beispiele hierfür sind Bewältigungsstrategien zum Umgang mit dem Rauchverlangen (z. B. Anti-Craving-Strategien, Aufmerksamkeitslenkung, Achtsamkeitsübungen), das gezielte Antizipieren und Verändern von Versuchungssituationen, kognitive Strategien zum Umgang mit negativen Gefühlen bis zu Veränderungen des Lebensstils, um Stress zu reduzieren. Die gezielt eingesetzte soziale Unterstützung durch den Berater, der sich Zeit nimmt und auf die Situation und Bedürfnisse der Raucher eingeht, ist ein wesentlicher Bestandteil vieler Interventionen. Die soziale Unterstützung durch andere Gruppenmitglieder sowie durch vertraute Personen außerhalb der Entwöhnungsmaßnahme sind Bestandteile der Maßnahmen.

(c) Stabilisierungsphase: Die letzte Phase im Prozess der Tabakentwöhnung dient der Stabilisierung oder Aufrechterhaltung der erreichten Veränderungen. Strategien zur Sicherung der Abstinenz werden entwickelt; die in der Beendigungsphase eingeführten Elemente, das Selbstmanagement, das Kontingenzmanagement, die Problemlöse- und sozialen Fertigkeiten sowie die soziale Unterstützung, werden fortgeführt, spezifiziert und gegebenenfalls intensiviert. Im Rahmen der Rückfallprävention, die auf dem sozialkognitiven Rückfallmodell von Marlatt & Gordon (1985) basiert, wird ein möglicher einmaliger erneuter Konsum als Vorfall angesehen. Ein Rückfall hingegen zieht einen dauerhaften Rückschritt in alte Konsummuster nach sich.

Besonders zu Beginn der Stabilisierungsphase steht das Erlernen von Strategien zum Umgang mit Entzugserscheinungen und Rauchverlangen (Craving). Die Angst vor spezifischen Entzugssymptomen wie zum Beispiel Reizbarkeit und Unruhe, Frustration, Konzentrationsschwierigkeiten oder

Schlaflosigkeit ist bei vielen Betroffenen stark ausgeprägt. Im Rahmen der Psychoedukation liegt das Hauptaugenmerk auf der Entkatastrophisierung und Uminterpretation der Symptome. Da die Wahrnehmung und Gewichtung von Entzugssymptomen subjektiven Interpretationsprozessen unterliegt, ist die individuelle Bewertung der erlebten Symptome entscheidend dafür, ob bzw. als wie belastend diese Erscheinungen wahrgenommen werden. Konkrete Verhaltensstrategien für den Umgang mit Entzugssymptomen werden geplant und ausprobiert. Pharmakologischen Interventionen sollen das Auftreten von Entzugserscheinungen aber auch Craving unterdrücken. Während die Entzugserscheinungen nach zwei bis drei Wochen überwunden sind, kann Craving noch lange Zeit nach dem Rauchstopp auftreten. Mit verschiedenen Anti-Craving-Strategien sollen diese negativen Gefühlszustände kurzfristig bewältigt werden.

Als Beispiel für ein in Deutschland etabliertes kognitiv-behavioral orientiertes Gruppenprogramm zur Tabakentwöhnung soll an dieser Stelle »Das Rauchfrei Programm« des IFT Instituts für Therapieforschung, München, und der Bundeszentrale für gesundheitliche Aufklärung (BZgA), Köln, dargestellt werden (vgl. ▸ **Tab. 13.1**).

Tab. 13.1: Das Rauchfrei Programm

Vorbereiten	1. Kursstunde	Informationen zum Rauchen und rauchfreien Leben
	2. Kursstunde	Ambivalenz des Rauchers
	3. Kursstunde	Denkfehler des Rauchers Alternativen für den Raucher
	4. Kursstunde	Vorbereitung des Rauchstopps
		Rauchstopp
Stabilisieren	5. + 6. Kursstunde	Erfahrungen mit Rauchstopp Rückfallprophylaxe Identität als rauchfreie Person
	1. + 2. Telefonat	Individuelle Beratung
	Abschlusstreffen	Rückschau und Vorschau

Beim Rauchfrei Programm handelt es sich um ein ambulantes mehrtägiges multimodales Tabakentwöhnungsprogramm, das deutschlandweit angeboten wird. Zielgruppe sind erwachsene Raucher, die motiviert sind, mit dem Rauchen aufzuhören. Das Rauchfrei Programm vereint die unter 3.3 beschriebenen Komponenten der Tabakentwöhnung und folgt dem beschriebenen dreiphasigen Prozess. Der Kurs umfasst sieben Gruppentreffen zu je 90 Minuten und zwei Telefonat-Termine. Die Teilnahme an den Kursen des Rauchfrei Programms ist für die Versicherte der gesetzlichen Krankenkassen nach § 20 SGB V erstattungsfähig.

Entwicklung und Verbreitung des Rauchfrei Programms: Die erste Version des Rauchfrei Programms wurde in den 1970er Jahren unter dem Namen

»Nichtraucher in 10 Wochen« auf Basis der damals verfügbaren wissenschaftlichen Erkenntnisse entwickelt. In den folgenden 40 Jahren wurde es vor dem Hintergrund neuer wissenschaftlicher Arbeiten und der Erfahrung mit dem Programm von Wissenschaftlern und Praktikern laufend weiterentwickelt und überprüft. »Das Rauchfrei Programm« löste 2007 das Programm »Rauchfrei in 10 Schritten« ab.

Das IFT schult die Kursleiter und betreut diese bei der Durchführung des Programms. Angehörige aller staatlich anerkannten Berufsgruppen aus dem Gesundheits- und Sozialbereich können sich als Kursleiter ausbilden lassen. Anbieter sind Institutionen der Gesundheitsförderung und selbstständige zertifizierte Trainer. Im Rahmen des Qualitätsmanagements nehmen die Kursleiter verpflichtend an der integrierten Programmevaluation teil, die Aussagen über die Reichweite und die Wirksamkeit des Programms sowie über spezifische Charakteristika der Teilnehmer und Kursleiter ermöglicht. Derzeit (Stand April 2012) sind deutschlandweit 1839 Trainer zertifiziert. Die in der Datenbank erfassten zertifizierten Trainer des Rauchfrei Programms werden in der überwiegenden Mehrheit über Institutionen, für die sie arbeiten, angemeldet. Sie sind in erster Linie in Krankenhäusern (20 %), Arztpraxen (18 %), bei Wohlfahrtsträgern (18 %), in Suchthilfeeinrichtungen (13 %) oder bei Krankenkassen (13 %) beschäftigt. Die größten Berufsgruppen sind Sozialpädagogen, Sozialarbeiter bzw. Sozialtherapeuten (35 %) und Diplom-Psychologen bzw. Psychologische Psychotherapeuten (30 %). 9 % der ausgebildeten Trainer sind Ärzte.

Für das Jahr 2010 lagen Daten von 3338 Teilnehmern aus 448 Kursen vor, die von 237 Kursleitern durchgeführt wurden. 96 % der Teilnehmer beteiligten sich an der Evaluation eines Kurses. Die durchschnittliche Teilnehmeranzahl pro Kurs betrug 7 Teilnehmer. Die Rauchfrei Kurse wurden in etwa gleichem Ausmaß von Männern (51 %) wie von Frauen (49 %) besucht. Das Durchschnittsalter lag bei 46 Jahren. Der jüngste Kursteilnehmer war 13 Jahre, der älteste 83 Jahre alt. 13 % der Teilnehmer waren jünger als 30 Jahre; 69 % waren älter als 40 Jahre. Jeweils 37 % der Kursteilnehmer hatten einen niedrigen oder keinen bzw. einen mittleren Schulabschluss, 26 % einen höheren Schulabschluss (mindestens abgeschlossene Fachoberschule bzw. Fachhochschulreife). 72 % der Kursteilnehmer gaben an, erwerbstätig zu sein.

Von den 2411 Teilnehmern, die ihre Fragebogen nach Beendigung des Kurses abgegeben haben, führten 90.1 % den Rauchstopp durch. Die kurzfristige Abstinenzquote (zu Kursende) unter den erreichten Teilnehmern beträgt 81 %. Zur Ermittlung der langfristigen Abstinenzquote wurde ein Jahr nach Kursende eine anfallende Stichprobe von 1231 Kursteilnehmern telefonisch zu ihrem aktuellen Rauchverhalten befragt. Gemäß den international anerkannten wissenschaftlichen Standards wird die Abstinenzquote als Intention-to-treat-(ITT)-Analyse gerechnet. Das bedeutet, dass alle Teilnehmer, die zu Beginn des Kurses befragt und bei der Nachbefragung nicht erreicht wurden, als Raucher gewertet werden. Zwölf Monate nach Kursende (kontinuierliche langfristige Abstinenz) gaben 32 % der Kursteilnehmer an, rauchfrei zu sein (ITT; Nowak & Kröger, 2011).

13.4 Zusammenfassung und Ausblick

Tabakrauchen verursacht zahlreiche gesundheitliche Schäden und gilt als die häufigste vermeidbare Todesursache. Dennoch rauchen knapp 30 % aller erwachsenen Deutschen. Auch durch einen späten Rauchstopp können gesundheitliche Schäden noch ausgeglichen und Lebensjahre gewonnen werden. Daher ist ein Rauchverzicht insbesondere bei tabakassoziierten Erkrankungen dringend anzuraten. Da selbst initiierte Aufhörversuche häufig nicht erfolgreich sind, ist es wichtig, aufhörwilligen Rauchern Unterstützung anzubieten. Wirksame Bestandteile der Tabakentwöhnung sind das Erlernen von Fertigkeiten und die soziale Unterstützung. Die Angebote zur Raucherentwöhnung sind sehr vielfältig. Als besonders wirksam haben sich verhaltensorientierte Gruppenprogramme erwiesen. Diese folgen meist einem klassischen Phasenverlauf von der Vorbereitung auf den Rauchstopp bis hin zur Stabilisierung der Tabakabstinenz. Ein Beispiel eines etablierten mehrtägigen Programms ist das Rauchfrei Programm des IFT.

Nur ein geringer Teil von Rauchern, die aufhören wollen, nimmt Hilfsmaßnahmen in Anspruch. Eine höhere Inanspruchnahme wäre wünschenswert, weil dadurch die Erfolge eines Rauchstopps langfristig deutlich höher sind. Auf der anderen Seite ist es unrealistisch, allen Rauchern eine Hilfsmaßnahme anzubieten. Außerdem haben es die meisten Ex-Raucher ohne fremde Hilfe geschafft, mit dem Rauchen aufzuhören. Das Gesundheitssystem ist hier in dem Dilemma, Raucher zur Inanspruchnahme von Hilfsmaßnahmen zu motivieren, jedoch gleichzeitig die selbst initiierten Aufhörversuche ohne Unterstützung zu fördern. Sinnvoll ist es, besonders den schwer abhängigen Rauchern, die bereits gesundheitlich geschädigt sind, intensivere Maßnahmen wie Gruppenprogramme und medikamentöse Unterstützung anzubieten, während man auf der Bevölkerungsebene die Bereitschaft zum Rauchstopp propagieren sollte. Die Qualität der höherschwelligen Hilfsmaßnahmen sollte weiter verbessert werden, um eine Erfolgsquote von 50 % zu erreichen. Mit den derzeitigen Programmen können langfristige Erfolgsquoten zwischen 30 und 40 % erreicht werden. Auf der anderen Seite sind niederschwellige Angebote zu fördern, die von Rauchern als Hilfsmaßnahmen akzeptiert werden.

14 Verhaltensorientierte Supervision Sozialer Arbeit

Dieter Schmelzer

14.1 Einleitung

Supervision ist aus dem psychosozialen Arbeitsfeld nicht mehr wegzudenken. Sie stellt auch für Sozialpädagogen eine bedeutsame Unterstützungsquelle dar – nicht nur während der Ausbildung, sondern auch über die gesamte Berufsspanne hinweg. Konzeptionell gibt es für die Supervision Sozialer Arbeit viele Vorschläge (vgl. z. B. Belardi, 2002; Hermann-Stietz, 2009; Munson, 2002; Petzold, 2007; Schreyögg, 2010; Wonnacott, 2011 u.v.a.). In diesem Beitrag sollen die speziellen Annahmen und Vorgehensweisen der *verhaltensorientierten Supervision* umrissen und praktisch verdeutlicht werden. Als Hintergrundmodell dient dabei der Selbstmanagement-Ansatz von Frederick H. Kanfer (Kanfer, Reinecker & Schmelzer, 2012), auf unser Thema übertragen von Schmelzer (1997, 2007).

Was ist Supervision?

Zur Begriffsbestimmung: Supervision ist im verhaltensorientierten Konzept *ein* Mittel zum Erleichtern, Gewährleisten oder Verbessern des adäquaten Umgangs mit professionellen Anforderungen. Umfassend formuliert (vgl. Schmelzer, 1997, S. 40/41) lässt sich Supervision verstehen als ein (1) *Lehr- und Lernprozess*, der eine (2) *berufsbezogene Hilfestellung* darstellt. Durch (3) *pädagogisch-erzieherische* und *beratend-therapeutische Mittel* wird (4) auf *systematisch-methodische* Weise eine (5) *Analyse, Reflexion und Bearbeitung problematischer beruflicher Situationen/Interaktionen* vollzogen, die (6) *mehreren Zwecken* dienen kann: Erwerb, Gewährleistung und Verbesserung beruflicher Handlungskompetenzen, Lösung von Interaktionskonflikten bzw. Verbesserung von Arbeitsbeziehungen in Teams bzw. Institutionen, Qualitätssicherung, Klientenschutz oder emotionale Unterstützung in schwierigen Situationen. Diese Einflussnahme wird (7) je nach Aufgabenstellung und konzeptueller Perspektive mit *anderen* Schwerpunkten und Vorgehensweisen vollzogen. (8) Supervisanden/Supervisoren nehmen dabei unterschiedliche *Rollen* ein, wobei sich *Supervisoren* in der Regel durch einen fachbezogenen *Erfahrungs- und Kompetenzvorsprung* auszeichnen, den sie konstruktiv – und mit ethischer Verantwortung – für die Begleitung der Supervisanden nützen. Dabei kommt auch dem (9) *Arbeitsfeld* und den *Rahmenbedingungen* eine hohe Bedeutung zu.

Relativierung der Ansprüche: Supervision ist eine Maßnahme der sekundären Qualitätssicherung (Schmelzer, 1995): Somit muss erst einmal durch eine gute Ausbildung für die notwendige Qualität gesorgt werden, bevor sie gesichert und verbessert werden kann. Ohne die Grundlagen für eine adäquate Berufsausübung von Sozialarbeitern und ohne die notwendigen Basiskompetenzen für ein selbstverantwortliches professionelles Tun wäre die Supervision überfordert damit, jedwede berufliche Schwierigkeit beraterisch auffangen zu wollen. Supervision wird daher im Kontext anderer Maßnahmen der Berufsrealität betrachtet. Dazu gehören z.B. hochqualifizierte Ausbildung durch ein praxisnahes Studium, gute Einarbeitung in neue Arbeitsfelder, kontinuierliche Fort- und Weiterbildung, On-the-job-training, selbständige Lektüre, Intervision, kollegiale Vernetzung sowie lebenslanges Lernen.
Förderung von Autonomie und Selbstregulation: Im Selbstmanagement-Verständnis (Kanfer et al., 2012) geht es außerdem darum, in der Supervision die Autonomie von Supervisanden so zu fördern, dass die »Hilfe zur Selbsthilfe« keine sprachliche Floskel bleibt. Dies lässt sich unter Rückgriff auf empirisch fundierte Prozesse und Maßnahmen zum Erlernen von Selbstregulation optimieren (vgl. z.B. Brandtstädter, 2011; Vohs & Baumeister, 2010 etc.). Durch die Vermittlung professioneller Kompetenzen, die Supervisanden später eigenverantwortlich anwenden, wird in der Supervision berufliche Selbsteffizienz gefördert. Auch evidenzbasierte metakognitive Ansätze zur optimalen Gestaltung der praktischen psychosozialen Arbeit helfen dabei (vgl. z.B. Gambrill, 2012). Viele Gedanken daraus sind in der nachfolgenden Darstellung berücksichtigt.

Was ist Supervision nicht?

Supervision ist keine Therapie: Supervision ist immer *auf berufliche Aufgaben und Probleme* bezogen; inhaltlich gibt es daher klare Unterschiede zu einer Therapie. Allerdings gibt es viele analoge Abläufe auf der *Prozess-Ebene*: Es wird einem Prozessmodell gefolgt, in dem zunächst für ein gutes Arbeitsbündnis und ausreichend Motivation zu sorgen ist, es wird gegenwartsbezogen an Lösungen gearbeitet, und es kommen empirisch bewährte Techniken zum Einsatz, die auch im Kontext therapeutischer oder psychosozialer Interventionen üblich sind (z.B. Selbstbeobachtung, Sokratischer Dialog, Verhaltensanalyse, Zielklärung, Rollenspiele etc.). Viele *Prozesse* einer verhaltensorientierten Beratung/Therapie lassen sich daher auf die Supervision übertragen, allerdings immer mit dem Fokus auf der aktuellen beruflichen Situation. Dies gilt auch für »Coaching«.
Supervision ist keine Selbsterfahrung: Wenn man Selbsterfahrung als Maßnahme zur Reflexion persönlicher lebensgeschichtlicher Erfahrungen betrachtet, so hat Supervision auch in dieser Hinsicht andere Ziele. Dies schließt nicht aus, sehr erfahrungsorientiert oder auch emotionsbezogen zu arbeiten sowie persönliche Einflüsse oder lerngeschichtliche Erfahrungen zu reflektieren. Supervision hat dabei aber mehr *hinweisgebende Funktion*; eine intensivere Bearbeitung – insbesondere schädlicher – persönlicher Anteile sollte in anderen Kontexten (Selbsterfahrung, Coaching, persönliche Therapie) erfolgen.

14.2 Leitgedanken der verhaltensorientierten Supervision

In diesem Abschnitt sind die wesentlichen Leitgedanken der verhaltensorientierten Supervision in ihren Grundzügen zusammengefasst.

Die *Verhaltensorientierung* ist ein durchgängiges Merkmal des Ansatzes: »Verhalten« umfasst dabei sowohl äußerlich sichtbares motorisches Verhalten als auch innere Variablen (Gedanken, Gefühle) und die körperlich-physiologische Ebene. Wenn ein Supervisand mit einer vagen Äußerung zu uns kommt (z. B. »Ich fühle mich durch meine Arbeit so gestresst...«), so wird auf eine verhaltensnahe Beschreibung hingearbeitet: »Was verstehen Sie genau darunter? Was denken/fühlen/tun Sie, wenn...? Können Sie ein oder zwei typische Beispiele geben, damit ich mir Ihre Beschwerden gut vorstellen kann?« etc. Diese Fragen helfen auch bei der Bildung erster Hypothesen über verhaltenssteuernde (»ursächliche«) Faktoren, an denen später angesetzt werden könnte. Beobachtbare, intersubjektiv nachvollziehbare Daten und Fakten haben dabei mehr Gewicht als verbales Verhalten (»Reden über...«). Sie helfen auch entscheidend bei der Evaluation von Fortschritten (Effektkontrolle) im Zuge des praktischen Handelns.

Die *Nutzung empirisch fundierter Prozesse und Vorgehensweisen aus der Grundlagenforschung* zieht sich wie ein roter Faden durch den Ansatz. Nur beispielhaft können hier einige Themenkreise erwähnt werden: Klärung und Bewältigung, Problemaktualisierung und Ressourcenorientierung (als zentrale Wirkfaktoren guter Beratung/Therapie: vgl. Grawe, 1994), kooperative Beziehung, Problemlösen, Verhaltensanalyse, Zielorientierung, Effektkontrolle, Selbstregulation, Nutzung bewährter Interventionen, gruppendynamische oder arbeits- und organisationspsychologische Prozesse bei der Arbeit mit Teams und Institutionen und vieles mehr. Sie bilden das *Hintergrundwissen* für die inhaltliche Arbeit im hier dargestellten Problemlösemodell.

Die *Beziehungsgestaltung* verfolgt mehrere Ziele: (1) Herstellen einer unterstützenden, fehlerfreundlichen Atmosphäre, (2) kontinuierliches Umsetzen des Prinzips »Hilfe zur Selbsthilfe« durch Anleitung zur Selbstreflexion, Anstöße zur Selbstregulation oder das Vermitteln von Selbstmanagementkompetenzen, (3) Realisierung einer zweckdienlichen professionellen Beziehung mit gewissen Spielregeln/Grenzen unter Einhaltung ethisch-berufsständischer Richtlinien sowie (4) partnerschaftliche Lernbegleitung unter Nutzung lernpsychologischen Wissens (Lernen in kleinen Schritten; aktives, entdeckendes Lernen; Verstärkung der Fortschritte; Lernen am Modell etc.).

Je nach Bedarf setzt der Supervisor auch Schwerpunkte hinsichtlich der zentralen *Funktionen der Supervision* (Kadushin, 1976): Die *supportive* Funktion bezieht sich auf Aspekte wie emotionale Begleitung, Entlastung und moralische Unterstützung, die *edukative* Funktion betrifft das Lehren und Lernen bis hin zur Entwicklung einer beruflichen Identität, und mit der *administrativen* Funktion sind Qualitätssicherung, Klientenschutz oder das Einhalten von juristischen und ethischen Vorgaben gemeint.

Die durchgängige *Problem-, Ziel- und Lösungsorientierung* zeigt sich nicht nur im direkten Arbeiten anhand des Problemlösemodells (siehe unten), sondern wird auch – auf einer Meta-Ebene – in Selbstanwendung praktiziert. Denn es kann z. B. ein »Problem« darstellen, Anliegen zu finden, Probleme oder Ziele festzulegen bzw. passende Interventionen zu finden. Bereits hier sei darauf hingewiesen, dass es beim Problemlösen nicht immer nur *Lösungen* geben wird, sondern dass oft auf eine *Akzeptanz unabänderlicher Tatsachen* hinzuarbeiten ist (vgl. auch Lazarus & Folkman, 1984, zum aktiven vs. emotionalen »Coping«).

Mit *Lebensweltorientierung* ist gemeint, dass auch in der Supervision die Lebensrealität der Betroffenen ins Blickfeld genommen wird: Mit welchen Anforderungen sind die Supervisanden in ihrem Berufsleben (und darüber hinaus) konfrontiert, und wie könnte Supervision dabei helfen? Dazu ist es nötig, den beruflichen Alltag – durch Fragen, Rollenspiele, evtl. auch mit Hilfe von Tonband- oder Videoaufzeichnungen – sehr konkret in die Supervisionssitzung hereinzuholen und an möglichen Lösungen zu arbeiten, die die Supervisanden danach umsetzen können.

Die *Zeitorientierung* der verhaltensorientierten Supervision lässt sich wie folgt verdeutlichen: Natürlich werden lebensgeschichtliche Erfahrungen aus der Vergangenheit (bisherige persönliche und berufliche Biografie) anerkannt; die hauptsächliche Supervisionsarbeit findet aber im Hier und Jetzt (der Gegenwart) statt – mit Blickrichtung Zukunft und der entscheidenden Frage für Supervisanden: Was mache ich ab jetzt mit Blick nach vorn?

Prozessorientierung soll heißen, dass sich viele Verhaltensmuster (Stärken und Schwächen) erst im Zuge des Supervisionsprozesses zeigen, so dass eine gute Verhaltensbeobachtung der Abläufe wichtig ist. Insgesamt hat der Supervisor die *Prozessverantwortung*, d. h. er übernimmt die *Prozess-Steuerung* auf eine Weise, dass sich – im Rahmen der zur Verfügung stehenden Zeit – die relevanten Inhalte effektiv bearbeiten lassen. Neben der Orientierung am Problemlösemodell und seiner kontinuierlichen Prozessbeobachtung strukturiert und lenkt der Supervisor in der Sitzung vor allem durch Fragen und Aufgabenstellungen (auch kleinen »Hausaufgaben« wie z. B. »Denken Sie doch bis zur nächsten Sitzung mal darüber nach, was in Ihrem Team unbedingt so bleiben soll wie bisher…«).

14.3 Das Mehrebenen-Prozessmodell der verhaltensorientierten Supervision: Eine »Landkarte« für die Praxis

Überblick: Verhaltensorientierte Supervisoren können sich an einer »Landkarte« orientieren, die in ▸ **Abb. 14.1** dargestellt ist und die wesentlichen Gesichtspunkte für das praktische Vorgehen enthält.
Es ist ein *Mehrebenen-Prozessmodell*: Die erste Ebene betrifft die *Zeitebene*, sie läuft von links nach rechts, also vom Beginn bis zum Ende des gesamten Supervisionsprozesses.

Die zweite Ebene geht in die Vertikale und beginnt unten mit dem »*Fundament der Supervision*«, das aus folgenden Faktoren besteht: Adäquates Setting, tragfähige Beziehung und ausreichende Motivation. Alle inhaltlichen Bearbeitungs- und Lösungsversuche werden nur dann Aussicht auf Erfolg haben, wenn diese Basis stimmt.

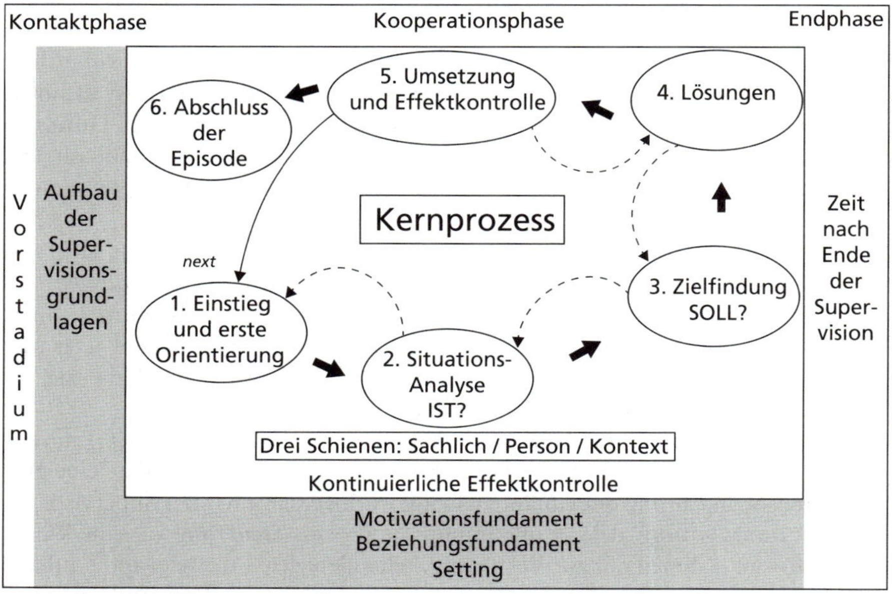

Abb. 14.1: Mehrebenen-Prozessmodell der verhaltensorientierten Supervision

Beim »*Kernprozess*« handelt es sich um die klassischen Problemlösestufen, die in Richtung der breiten Pfeile durchlaufen werden: Es beginnt mit Einstieg und erster Orientierung, setzt sich fort mit dem Versuch, den IST-Zustand zu analysieren, Ziele und den SOLL-Zustand zu klären, dann Lösungen zu entwickeln und diese auch praktisch umzusetzen. Bei Erfolg kann man sich dem nächsten Thema zuwenden, bei auftretenden Schwierigkeiten muss man innehalten, zu bestimmten Schritten zurückgehen, das Vorgehen ändern usw. (siehe die durch dünne Pfeile angedeuteten Rückkehrschleifen).

Die dritte Ebene thematisiert *inhaltliche* »*Haupt-Schienen*« der Supervision, auf denen gearbeitet werden kann: die *fachlich-sachliche*, *personbezogene* und *systemisch-kontextuelle* Schiene. So wird Supervisanden zunächst unterstellt, dass sie sachlich korrekt nach den »Regeln der Zunft« arbeiten wollen und das dazu nötige fachliche Rüstzeug besitzen. Wenn das nicht der Fall ist, muss hier »nachgebessert« werden. Liegen die fachlichen Kompetenzen vor, können andere Faktoren die adäquate Umsetzung verhindern: Auf der *persönlichen Schiene* sind dies möglicherweise Ängste, Vorurteile, unangemessene Einstellungen oder »blinde Flecken«, auf der *systemisch-kontextuellen Schiene* eventuell ungünstige Strukturen des Arbeitsfelds.

Phasen des Prozessmodells

Die Kontakt- und Anfangsphase: Bevor eine Supervision i.e.S. beginnen kann, müssen wechselseitige Erwartungen und wichtige Spielregeln geklärt werden. Ziele, grundsätzliche Themen, das Konzept des Supervisors oder formale Abläufe sollten genauso thematisiert werden wie Vorerfahrungen mit Supervision. Dies kann bereits bei einer ersten Telefonanfrage geschehen, spätestens aber beim realen Erstkontakt. Eventuell ist auch ein schriftlicher Supervisionsvertrag zu schließen (Bsp.: Schmelzer, 1997, S. 439).

Die eigentliche Supervision beginnt dann, wenn nicht mehr über Supervision gesprochen wird, sondern erste Themen bearbeitet werden. Parallel zum inhaltlichen Einstieg wird das Fundament aus guter Beziehung, Motivation und passendem Setting gelegt, welches wir in den folgenden Abschnitten sukzessive betrachten.

Beziehungsgestaltung: Wenn Supervisanden gebeten werden, den persönlichen Kommunikationsstil verhaltensorientierter Supervisoren zu charakterisieren, so nennen sie häufig die Attribute, die in ►**Tab. 14.1** zusammengestellt sind. In der linken Spalte ist die Beziehungsebene, in der rechten Spalte die Sachebene skizziert.

Tab. 14.1: Der persönliche Kommunikationsstil von verhaltensorientierten Supervisoren

Beziehungsebene	Sachebene
• Aufmerksame, zugewandte Grundhaltung • Empathische Begleitung • Respektvoll-neugierige Entdecker-Rolle • Hohe Transparenz des Vorgehens • Kooperation und Mitbeteiligung • Fehlerfreundliche, lernförderliche Atmosphäre • Unterstützende Wertschätzung • Anstoßgebende Funktion des Problemlöse-Assistenten (»instigator«) • »Maieutisches« Vorgehen (Anleitung zum selbstentdeckenden Lernen analog zur »Hebammenkunst« bei Sokrates) • Arbeit in professionellen Grenzen • Supervisor hat die Prozessverantwortung und -steuerung	• Verhaltensnahes Vorgehen (konkrete, typische Situationen und Beispiele zur Verdeutlichung) • Problemorientierung: Vom Anliegen (als Einstieg) zum Auftrag • Arbeit in Richtung Klärung und Bewältigung • Prozessarbeit mittels Verhaltens- und Problemanalyse • Viele Fragen und kleine Aufgaben • Suche nach Zielen und Alternativen • Lösungsorientierung: Suche nach Möglichkeiten der Einflussnahme (andernfalls: Akzeptanz der Fakten) • Ressourcenorientierung • Pragmatische Orientierung: Was ab jetzt? • Empirische Orientierung: Überprüfung und Korrektur

Im Wesentlichen wird bei der Beziehungsgestaltung in Richtung Kooperation und Konsens der Beteiligten gearbeitet (vgl. auch Schmelzer & Rischer, 2008). Dabei ist der Supervisor ein empathischer Problemlöse-*Assistent*, der den Prozess vor allem mittels Fragen zu lenken versucht. Er gibt immer wieder Anstöße und hilft dem Supervisanden, selbst Lösungen zu finden und umzusetzen, nimmt ihm aber keine Probleme ab oder löst diese stellvertretend für ihn.

Motivationsaufbau: Komplementär zu den Bedürfnissen (Epstein, 1990) der Supervisanden gestalten verhaltensorientierte Supervisoren die Beziehung »motivorientiert« (vgl. Caspar, 2008): Sie sorgen für ein verlässliches Arbeitsbündnis, für Orientierung und Kontrolle, für eine »fehlerfreundliche, unterstützende« Atmosphäre sowie für optimale Herausforderungen und Schutz vor Misserfolg. Sie berücksichtigen auch *Entwicklungsaspekte* der Supervision, wonach z. B. berufliche Neulinge aufgrund ihrer Unsicherheit viel Unterstützung, Ermunterung und konkrete Hilfestellung benötigen, während erfahrene Kollegen eine Supervision »auf Augenhöhe« schätzen – mit viel Raum für Autonomie und der Möglichkeit, auch persönliche Aspekte zu thematisieren (vgl. z. B. Orlinsky & Ronnestad, 2004).

Positive Motivation und das Erleben von Selbsteffizienz (Bandura, 1997) erhöhen sich auch dadurch, dass in der Supervision übermächtig scheinende Probleme in bewältigbare Einheiten zerlegt und kleinschrittig bearbeitet werden. Zudem richten verhaltensorientierte Supervisoren immer auch den Blick auf die Stärken und Ressourcen der Supervisanden.

Adäquates Setting: Zu den Aufgaben des verhaltensorientierten Supervisors gehört außerdem, für das passende Setting der Supervision zu sorgen. Dies umfasst adäquate Räumlichkeiten, erforderliche Hilfsmittel (z. B. Flipchart, Video), Geringhalten von Störungen (kein Telefon oder Funkpiepser bzw. anderweitiger Publikumsverkehr), adäquate Regelungen betreffs Länge, Turnus und Regelmäßigkeit der Termine sowie Bezahlungsmodalitäten.

14.4 Inhaltliche Supervisionsarbeit: Der Kernprozess

Die inhaltliche Supervisionsarbeit folgt den Schritten eines optimalen Problemlöseprozesses, wie sie seit John Dewey (1910) bekannt und in verschiedenen Adaptationen in Gebrauch sind (vgl. z. B. D'Zurilla & Goldfried, 1971; Kanfer et al., 2012). Erfahrene Supervisoren müssen diese Schritte nicht starr in der vorgegebenen Reihenfolge abarbeiten. Denn wie auch in anderen Lebensbereichen ermöglicht zunehmende Routine ein »energiesparendes« automatisiertes Vorgehen – zumindest für den »Normalfall«. Im folgenden Text sollen die einzelnen Schritte samt beispielhafter heuristischer Leitfragen sukzessive in idealtypischer Form präsentiert werden.

Schritt 1: Einstieg und erste Orientierung

Inhaltlich geht es zu Beginn jeder Supervisionsepisode darum, bearbeitungs*würdige* Themen zu finden und diese dann in eine bearbeitungs*reife* Form zu bringen. Supervisanden lernen sehr schnell, *Anliegen* oder Fragestellungen als Startpunkt für die jeweilige Sitzung zu formulieren. Supervisoren helfen bei der Konkretisierung und achten darauf, welchen *Auftrag* (explizit, aber auch implizit) sie von den

Supervisanden erhalten. Auch hier zählen die Beobachtungen des tatsächlichen Verhaltens mehr als die sprachlich bekundeten Wünsche.

Beispielhafte Leitfragen können in dieser Phase sein: *Beim allerersten Kontakt:* Was führt Sie zu mir? *Zum Anknüpfen an die letzte Sitzung:* Was hatten Sie bis heute vor – und wie hat es geklappt? *Generell:* Worum soll es heute gehen? Welche Anliegen (Fragen, Themen, Wünsche, Hoffnungen, Erwartungen) haben Sie für die heutige Sitzung? Wobei/wofür brauchen Sie Unterstützung? *In Gruppen/Teams:* Wer hat heute welche Anliegen? *Bei mehreren Anliegen:* Was ist derzeit am wichtigsten bzw. dringlichsten? Was wollen wir uns davon für heute vornehmen? In welcher Reihenfolge? Wie viel Zeit sollen wir uns dafür vornehmen? *Bezüglich des Auftrags*: Wie könnte *ich* Ihnen helfen dabei?

Sobald eine Einigung über Themen und deren Prioritäten erzielt ist, kann zu Schritt 2 (siehe unten) übergegangen werden. Dort werden Anliegen und Auftrag weiter präzisiert.

Schritt 2: Situationsanalyse: IST?

Von Schritt 2 bis Schritt 4 läuft der *Prozess der Problem- oder Verhaltensanalyse.* Hauptzweck dabei ist es, Bedingungsfaktoren zu suchen, deren Veränderung auch eine Veränderung der Problematik nach sich ziehen würde. Zunächst wird – am besten anhand prototypischer Beispielsituationen – der IST-Zustand verhaltensnah beschrieben, um danach eine Analyse der Faktoren zu ermöglichen, die den unerwünschten Zustand aufrechterhalten.

Beispielhafte Leitfragen können sein: *Für die verhaltensnahe Beschreibung des IST-Zustands:* Worum geht es genau? Können Sie ein typisches Beispiel dafür schildern? Was IST eigentlich genau los? Welche typischen Muster laufen ab? *Für die Bedingungsanalyse:* Was hält das Ganze aufrecht? Wann passiert X? Wann nicht? Was ist da anders? Was folgt auf X? Was wird dadurch erreicht/vermieden? Wie erklären Sie sich selbst das Problem? Was wurde bereits versucht/was nicht? Mit welchen Effekten?

Die Kernfrage der funktionalen Verhaltensanalyse lautet: Von welchen Bedingungen ist das Verhalten R in der IST-Situation abhängig, oder formelhaft verkürzt: $R = f(?)$. Für das Fragezeichen stehen sowohl äußere Situationsmerkmale (»Auslöser« wie z. B. übergroße Arbeitsbelastung unter Zeitdruck) als auch nachfolgende Faktoren, die als (positive oder negative) Verstärkung von R zu interpretieren sind. Meist spielen diese externen Faktoren mit personinternen zusammen: Physiologische Einflüsse (z. B. Übermüdung, Medikamente) zählen dazu genauso wie Erfahrungen aus der Lerngeschichte, die sich z. B. in einer dysfunktionalen Einstellung zeigen (z. B. »Ich muss es immer allen recht machen!«) oder sich in bestimmten Verhaltensdefiziten niederschlagen (z. B. mangelnde Selbstdurchsetzung oder planlose Arbeitsorganisation).

Auf der *Makro-Ebene* wird noch der Problemrahmen analysiert. Dabei spielen *Systemfaktoren* eine große Rolle (z. B. eine Systemregel wie: »In unserem Team gibt es nur Harmonie«). Manche schwierigen IST-Situationen sind auch als Resultat ineffektiver Lösungsversuche für andere Probleme zu verstehen (wenn jemand z. B. fehlende Kompetenzen oder chaotische Arbeitsorganisation durch immer mehr Überstunden zu kompensieren versucht...). Wie der nächste Schritt gleich zeigen wird, geht es bei all diesen Analysebemühungen bereits um die Suche nach Alternativen und Lösungsideen, die an den *Bedingungen* der IST-Situation ansetzen und diese positiv verändern könnten.

Schritt 3: Zielfindung: SOLL?

Zu jeder Problemanalyse gehört folglich auch die Frage: Was soll anstatt des IST-Zustands denn werden? Denn ein »Problem« besteht ja aus einer *Diskrepanz* zwischen IST und SOLL, die man durch die Supervision verringern oder beseitigen möchte.
Beispielhafte Leitfragen: Wann/wie wäre es OK? Was SOLL stattdessen werden? Wann/unter welchen Umständen würde es Ihnen wieder besser gehen? Wie müsste die Situation sein, dass Sie ein klein wenig zufriedener wären? Was möchten/könnten Sie beibehalten/so lassen? Geht es überhaupt um (a) ein (prinzipiell erreichbares) Ziel oder um (b) eine (unerreichbare) Utopie? Was möchten Sie konkret weiterentwickeln oder lernen? Wobei kann/soll ich Ihnen helfen?

Der Supervisor nutzt dabei die bisherigen Verhaltensanalyse-Informationen, um vorsichtige Alternativvorschläge (als Vorschläge!) zu machen. In Anlehnung an die obigen Beispiele könnte er formulieren: »Aha, wenn wir unsere bisherigen Erkenntnisse zusammenfassen, könnte es ab jetzt günstig für Sie sein, es nicht allen recht machen zu wollen, den Arbeitsalltag gut zu strukturieren und sich besser abzugrenzen gegenüber Ihren Kollegen...?«

Sind die Ziele und Alternativen geklärt und ein Konsens erzielt, so geht es noch um die verhaltensnahe Formulierung positiver realistischer Ziele.

Schritt 4: Lösungen finden

Die im Zuge der bisherigen Bearbeitungsschritte entstandenen ersten Interventionsideen werden jetzt konkretisiert (z. B. die kognitive Bearbeitung des Allen-recht-machen-Wollens, bessere Planung/Organisation der Arbeitsabläufe inkl. Setzen von Prioritäten, Rollenspiele zur Selbstbehauptung/Abgrenzung gegenüber Kollegen etc.).
Beispielhafte Leitfragen: Welche Interventionsangebote könnten helfen (als Mittel und Wege zum Ziel bzw. zum Verkleinern der IST-SOLL-Diskrepanz)? Was wissen wir schon aufgrund der bisherigen Schritte? Welche Ideen gibt es dazu (evtl. »Brainstorming«)? Welche Lösungen möchten Sie tatsächlich umsetzen? Sind die Voraussetzungen dazu schon vorhanden? Müssen wir Zwischenschritte einschalten, Kompetenzen fördern, zusätzliche Themen bearbeiten?

Pragmatisch gesehen fokussiert Schritt 4 auf den wichtigsten Zweck des gesamten Vorgehens, nämlich *Lösungen finden und Verbesserungen erreichen.* Wie wir aus der »Coping«-Forschung wissen, geht dies aber nur bei prinzipiell änderbaren »Problemen«. Bei unabänderlichen »Tatsachen« müssen wir uns um eine Akzeptanz der Fakten bemühen (Lazarus & Folkman, 1984). Auch diese Unterscheidung wird oft erst im Zuge des Supervisionsprozesses klarer, bestimmt dann aber fundamental die weitere Interventionsrichtung.

Die Schritte 1 bis 4 unseres Problemlösevorgehens werden in jeder Sitzung mehrfach durchlaufen. Sie stellen den inhaltlichen Kern unseres Arbeitens dar. Während die ▸ **Abb. 14.1** ein Gesamtmodell der Supervision auf mehreren Ebenen vermittelt, kann die folgende ▸ **Abb. 14.2** als Grobanleitung (»Kurzreferenz«) für jede Supervisionssitzung hergenommen werden.

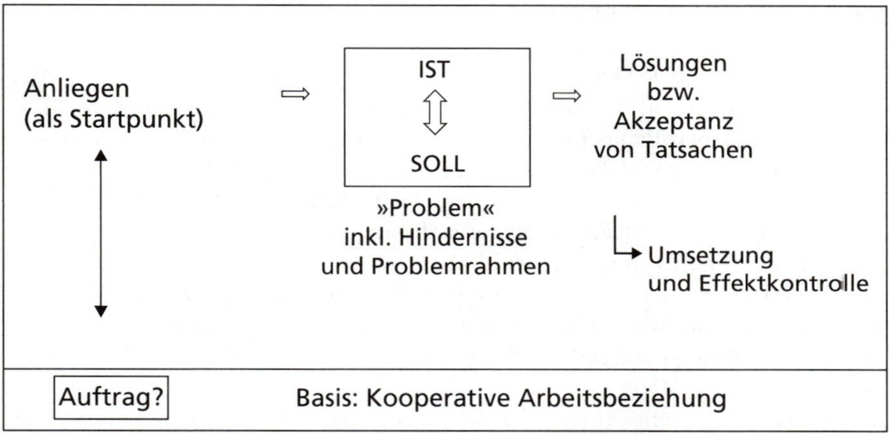

Abb. 14.2: Arbeitsmodell »Vom Anliegen zu Lösungen« (Kurzreferenz für jede Supervisionssitzung)

Schritt 5: Umsetzung und Effektkontrolle

Es gehört zu den Besonderheiten der Supervision, dass die *Umsetzung* vieler Maßnahmen erst *nach* der jeweiligen Supervisionssitzung *im beruflichen Alltag der Supervisanden* erfolgt. Allerdings kann die Sitzung noch genutzt werden, um eine adäquate Realisierung der geplanten Schritte *vorzubereiten* (z. B. durch Besprechung, Vorausüben im Rollenspiel, Regeln für das konkrete Vorgehen, eventuelle Alternativen etc.). Die Beurteilung der Effekte (Hilft es? Bringt es etwas? Komme ich vorwärts?) ist sowieso erst im Zuge des realen Handelns möglich.

Beispielhafte Leitfragen bzw. letzte Anstöße in Richtung *Handlungsumsetzung* können sein: Was nehmen Sie jetzt konkret mit? Welcher (u.U. kleine) Schritt ist als erstes dran? Was genau werden Sie wie in welcher Situation also versuchen? Wer (oder was) könnte dabei noch helfen?

Beispielhafte Leitfragen zur *Effektkontrolle*: Was ist aus den Ideen vom letzten Mal geworden? Was haben Sie konkret ausprobiert – mit welchen Resultaten? Wie weit sind Sie denn gekommen? Was sagt Ihnen das? Wo stehen Sie jetzt?

Bei Erfolgen/Zielannäherung lautet die Devise: »Weiter so!« Dies bietet auch eine ideale Möglichkeit, die Eigeninitiative und Selbsteffizienz des Supervisanden im Sinne Banduras (1997) zu verstärken. Bei Misserfolg müssen wir im Modell zurück, die Bedingungen des Misserfolgs analysieren und nach neuen/andersartigen Lösungen suchen. Möglicherweise zeigt sich erst hier, dass es angebracht ist, Problemdefinitionen zu revidieren, neue oder bislang vernachlässigte Bedingungsfaktoren einzubeziehen, Ziele oder Interventionspläne zu verändern bzw. statt auf Lösungen auf eine Akzeptanz unveränderlicher Fakten hinzuarbeiten.

Schritt 6: Abschluss der Episode

Am Ende jeder einzelnen Supervisionsepisode sollten die jeweiligen Erfolgsstrategien noch einmal verhaltensnah rekapituliert werden. Dies fördert die künftige autonome berufliche Kompetenz von Supervisanden, insbesondere durch das Ableiten von generellen Handlungsregeln und den Transfer auf ähnliche Problemstellungen in der Zukunft. Erst nach diesem wichtigen letzten Schritt wird zum nächsten Anliegen/Thema übergegangen.
Beispielhafte Leitfragen bezüglich *Rekapitulation und Transfer* können sein: Was haben wir/Sie genau gemacht? Wie sind wir/Sie im Einzelnen vorgegangen? Was hat geholfen? Was haben Sie daraus gelernt? Was ist davon evtl. auch in anderen Situationen einsetzbar? Was hätten Sie getan, wenn es nicht geklappt hätte? etc.
Beispielhafte Ableitung von Regeln: (a) Sachlich-aufgabenbezogene Schiene: »Bei zu vielen Aufgaben auf einmal sollte ich mir erst einmal einen Überblick verschaffen und Prioritäten setzen...«. *(b) Personbezogene Schiene:* »Stimmt, ich möchte es immer allen recht machen, da liegt meine persönliche Achillesferse. Auf die muss ich in Zukunft besser achten...«. *(c) System- bzw. kontextbezogene Schiene:* »Bei jeder Intervention den Einfluss von Systembedingungen mitbedenken und darauf achten, was dann genau im System passiert!«
Beispielhafte Leitfragen bezüglich *Abschluss des Themas:* Können wir das Ganze für heute so stehen lassen? Benötigen Sie im Moment noch etwas dazu? Können wir die Episode damit abschließen? Welchem weiteren Thema sollen wir uns nun zuwenden?

Es folgt der Wiedereinstieg in das Modell mit Schritt 1 bei Thema 2.

Die Abschlussphase der gesamten Supervision

Sind die vereinbarten Ziele und Verbesserungen erreicht, so kann die Supervision wieder beendet werden (zu Problemen bei der Beendigung und zur allgemeinen Gestaltung dieses Abschnitts siehe Schmelzer, 1997, S. 325 ff.). Neben der Besprechung der Zeit nach der Supervision (auch: Wie könnte jemand bei Bedarf wo weitermachen?) sollte spätestens in der letzten Sitzung auch eine wechselseitige *Abschlussbilanz* vollzogen werden, in der die positiven sowie schwierigen Erfahrungen zusammengefasst werden: Was haben Supervisanden profitiert, welche Kompetenzen und Ressourcen (aber auch weiter beachtenswerte persönliche Schwächen) sind vorhanden? Auch sind hier noch einmal solche Lernerfahrungen auf den Punkt zu bringen, die sich als Erfolgsrezepte für die Selbstregulation, Selbstreflexion und das autonome lebenslange Weiterlernen eignen. Dazu gehören auch Möglichkeiten der Psychohygiene, Strategien der Selbstsupervision (siehe unten), Intervision oder externe kollegiale Unterstützung sowie das Besprechen von Entscheidungskriterien dafür, unter welchen Umständen eine erneute professionelle Supervision notwendig wäre.

14.5 Wichtige Varianten der verhaltensorientierten Supervision

Bei der *Gruppen- und Teamsupervision* macht es einen großen Unterschied, ob es sich um eine so genannte *»stranger group«* oder um eine *»family group«* handelt (Kersting & Krapohl, 1994, S. 96). Bei einer »stranger group« kommt die Gruppe nur zum Zweck der Supervision zusammen (Beispiel: Studenten im Praxissemester treffen sich zur Besprechung ihrer Erfahrungen), so dass man dann von einer »Einzelsupervision im Gruppenkontext« sprechen kann. Dagegen repräsentieren Teams die typische Form einer »family group«: Sie sind auch in der Zeit vor und nach der Supervision zusammen und arbeiten dauerhaft in einer Institution, wo sie eine bestimmte Aufgabe zu erfüllen haben (»primary task«: Rice, 1963). Teamsupervisoren steigen dadurch immer in einen bereits laufenden »Film« ein, der zudem in ihrer Abwesenheit bis zur nächsten Sitzung »weiter gedreht wird«. Gruppen- und teamdynamische Aspekte spielen hier eine dominante Rolle: Wer bringt welche Anliegen vor? Welche offenen und verdeckten Aufträge soll der Supervisor erfüllen? Wie ist die Teamatmosphäre? Welche Kompetenzen, Stärken und Ressourcen sind im Team beobachtbar? Welche Defizite und Interessenunterschiede werden deutlich und wie werden Konflikte geregelt? Was ist der »eigentliche Job« des Teams, wie sehen die Strukturen in der Institution dafür aus? Solche und ähnliche Fragen (auch: Wer hat überhaupt angefragt?) sind ab Beginn der Kontaktaufnahme wichtig und bleiben für die Analyse von Teamdynamik und Teamstrukturen über den gesamten Prozess der Teamsupervision hinweg relevant (vgl. Schmelzer, 1997, S. 346 ff.). Verhaltensorientierte Supervisoren sind dabei wiederum Prozessbeobachter und Prozessbegleiter, lenken das Geschehen durch Fragen und Aufgaben und sind – noch mehr als bei Einzelsupervision – allenfalls Anstoßgeber und Problemlöse-Assistenten. Dabei zahlt sich auch die Fähigkeit zu guter Interaktionsbeobachtung aus. Die Verantwortung für die Umsetzung von Lösungen bleibt aber immer beim Team.

Die *Kollegiale Supervision* (oder auch *Intervision*) ist die häufigste Variante in späteren Jahren der Berufstätigkeit. Sie ist kostengünstig und bietet die Möglichkeit, von einem breiten Erfahrungsschatz der Kollegen zu profitieren. Wie an anderer Stelle ausgeführt, empfiehlt sich ein Mindestmaß an Struktur des Vorgehens oder die abwechselnde Übernahme von Rollen (Gastgeber, Moderation, Protokollant, Hüter der Zeit etc.: vgl. Schmelzer, 1997, S. 371 ff.). Andere Empfehlungen sind den Arbeiten von Hendriksen (2011), Lippmann (2004) oder Rotering-Steinberg (2005) zu entnehmen.

Die *Selbstsupervision* beschreibt die Fähigkeit psychosozial Tätiger, im Zuge wachsender Berufserfahrung selbstaufmerksam zu arbeiten, Wissen über sich selbst und eigene persönliche Anteile zu nutzen, auf innere und äußere Prozesse zu achten und diese Wahrnehmungen in die weiteren Planungen/Interventionen einzubeziehen etc. Selbstbeobachtung, Selbstregulations- und Selbstmanagement-Strategien (Kanfer et al., 2012; Schmelzer, 1997, S. 331 ff.) helfen dabei ebenso wie metakognitive Kompetenzen (vgl. z. B. Gambrill, 2012). Eine gelungene Handreichung zur Gestaltung von Selbstsupervision für Berater(innen) hat Morrissette (2001) geliefert: Neben der Anleitung zum kontinuierlichen selbstreflexiven Arbeiten (»reflection-in-action«: S. 86 ff.) in Form innerer Dialoge, aufmerksamer Selbstwahrnehmung und der Evaluation des eigenen Tuns geht es dabei auch um den Umgang mit beruflichem Stress und die Prävention von »Burnout«. Natürlich kann Selbstsupervision eine professionelle externe Supervision nicht ersetzen (so sind ja z. B. eigene »blinde Flecken« per Definition nicht selbst zu erkennen), sie ist jedoch eine wertvolle Fähigkeit berufserfahrener Sozialpädagogen im Sinne eines autonomen und selbstkritischen Handelns.

Abschließend sei auf die *Handlungsrelevanz* aller Supervisionsbemühungen hingewiesen. Im Gegensatz zu dem lapidaren Spruch: »Gut, dass wir darüber geredet haben...« sollte jede Supervision gewisse Konsequenzen für das praktische Tun der Supervisanden haben. Denn was nützt es, wenn wir uns eine Stunde lang darüber unterhalten, was der Klient alles tun könnte oder sollte, wenn der Supervisand keine Möglichkeiten entdeckt, beim Klienten irgendetwas Hilfreiches in Gang zu setzen? Deswegen ist – analog dem Spiel mit Billardkugeln – zu fragen: Welche Anstöße könnte ich meinem Supervisanden geben, die diesem wiederum helfen, seinem Klienten Anstöße zu geben, damit es besser wird? Pragmatisch gesehen geht es immer um *Lösungen auf der Verhaltensebene*, und wenn es dort keine Lösungen geben kann, um eine Akzeptanz der Tatsachen, auch in der verhaltensorientierten Supervision.

Literaturverzeichnis

Abel, T. (1964). The operation called Verstehen. In H. Albert (Hrsg.), *Theorie und Realität. Ausgewählte Aufsätze zur Wissenschaftslehre der Sozialwissenschaften* (S. 177–188). Tübingen: Mohr.

Adameit, H., Heidrich, W., Möller, C. & Sommer, H. (1978). *Grundkurs Verhaltensmodifikation. Ein handlungsorientiertes einführendes Arbeitsbuch für Lehrer und Erzieher*. Weinheim: Beltz.

Af Klinteberg, B. A., Andersson, T., Magnusson, D. & Stattin, H. (1993). Hyperactive behavior in childhood as related to subsequent alcohol problems and violent offending. A longitudinal study of male subjects. *Personality and Individual Differences, 15*, 381–388.

Albert, H. (1991). *Traktat über kritische Vernunft*. Tübingen: Mohr.

Alisch, L. & Rössner, L. (1977). *Grundlagen einer generellen Verhaltenstheorie. Theorie des Diagnostizierens und Folgeverhaltens*. München/Basel: Reinhardt.

Amthor, R.-C. (2012). *Einführung in die Berufsgeschichte der Sozialen Arbeit*. Weinheim/ Basel: Beltz/Juventa.

Anderson, B. B. (2004). The ADAS-Cog as a routine diagnostic tool in a memory clinic. *Neurobiology of Aging, 25* (2), 107.

Andrews, D. A. & Bonta, J. (2010). *The psychology of criminal conduct*. Cincinnatti: Anderson.

Angell, B. (2008). Behavioral theory. In T. Mizrahi & L. Davis (Eds.), *Encyclopedia of Social Work* (pp. 188–192). New York: Oxford University Press.

Arkowitz, H., Westra, H. A., Miller, W. R. & Rollnick, S. (2010). *Motivierende Gesprächsführung bei der Behandlung psychischer Störungen*. Weinheim: Beltz.

Aschenbach, T. M. & Arbeitsgruppe Deutsche Child Behavior Checklist (1991). *Elternfragebogen über das Verhalten von Kindern und Jugendlichen – CBCL 4–18*. Köln: Arbeitsgruppe Deutsche Child Behavior Checklist.

Bachmann, C. J., Lehmkuhl, G., Petermann, F. & Scott, S. (2010). Evidenzbasierte psychotherapeutische Interventionen für Kinder und Jugendliche mit aggressivem Verhalten. *Kindheit und Entwicklung, 19*, 245–254.

Baer, R. A. & Nietzel, M. T. (1991). Cognitive and behavioral treatment of impulsivity in children. A meta-analytic review of the outcome literature. *Journal of Clinical Child Psychology, 20* (4), 400–412.

Baer, D. M., Peterson, R. F. & Sherman, J. A. (1967). The development of imitation by reinforcing behavioral similarity to a model. *Journal of the Experimental Analysis of Behavior, 10* (5), 405–416.

Bandura, A. (1969). *Principles of behavior modification*. New York: Holt, Rinehart & Winston.

Bandura, A. (1976). *Lernen am Modell. Ansätze zu einer sozial-kognitiven Lerntheorie*. Stuttgart: Klett.

Bandura, A. (1977a). *Social learning theory*. Englewood Cliffs, NJ: Prentice Hall.

Bandura, A. (1977b). Self-efficacy: Toward a unifying theory of behavioral change. *Psychological Review, 84*, 191–215.

Bandura, A. (1979a). *Sozial-kognitive Lerntheorie*. Stuttgart: Klett.

Bandura, A. (1979b). *Aggression*. Stuttgart: Klett.

Bandura, A. (1986). *Social foundations of thought and action*. Engelwood Cliffs, NJ: Prentice-Hall.

Bandura, A. (1997). *Self-efficacy. The exercise of control*. New York: Freeman.

Bandura, A., Ross, D. & Ross, S. (1961). Transmission of aggression through imitation of aggressive models. *Journal of Abnormal and Social Psychology, 63*, 575–582.
Bandura, A., Ross, D. & Ross, S. (1963). Imitation of film-mediated aggressive models. *Journal of Abnormal and Social Psychology, 66* (1), 3–11.
Barbour, K. A. & Davison, G. C. (2004). Clinical interviewing. In S. N. Haynes & E. M. Heiby (Eds.), *Comprehensive handbook of psychological assessment, Volume 3 Behavioral assessment* (pp. 181–193). Hoboken, NJ: Wiley & Sons.
Barkey, P. (2007). Verhaltenstherapie. In Deutscher Verein für öffentliche und private Fürsorge e.V. (Hrsg.), *Fachlexikon der Sozialen Arbeit* (S. 1008–1009). Baden-Baden: Nomos.
Barth, S. (2011). Tendenzen neuerer Methodenentwicklung in der Sozialen Arbeit. *Theorie und Praxis der Sozialen Arbeit, 2*, 136–140.
Bartling, G., Echelmeyer, L. & Engberding, M. (2007). *Problemanalyse im therapeutischen Prozess.* Stuttgart: Kohlhammer.
Bartmann, U. (2010). *Verhaltensmodifikation als Methode der Sozialen Arbeit.* Ein Leitfaden. Tübingen: DGVT.
Bartmann, U. & Grün, C. (2004). Die Rolle der Verhaltensmodifikation als Methode aus der Sicht von Berufspraktikern. *Verhaltenstherapie & Psychosoziale Praxis, 36* (1), 81–87.
Batra, A. (2000). *Tabakabhängigkeit. Biologische und psychosoziale Entstehungsbedingungen und Therapiemöglichkeiten.* Darmstadt: Steinkopff.
Bauer, J. (1997). Möglichkeiten einer psychotherapeutischen Behandlung bei Alzheimer-Patienten im Frühstadium der Erkrankung. *Der Nervenarzt, 68* (5), 421–424.
Baum, H. (1996). *Ethik sozialer Berufe.* Paderborn: Schönigh.
Baumeister, R. (1991). *Meanings of life.* New York: Guilford.
Beck, A. T. (1976). *Cognitive therapy and the emotional disorders.* New York: International University Press.
Beck, A. T. & Freeman, A. (1990). *Cognitive therapy of personality disorders.* New York: Guilford.
Beck, A. T., Rush, A. J., Shaw, B. F & Hautzinger, M. (2001). *Kognitive Therapie bei Depressionen.* Weinheim: Beltz.
Beck, A. T., Wright, F .D., Newman, C. F. & Liese, B. S. (1993). *Cognitive therapy of substance abuse.* New York: Guilford.
Beelmann, A. (2006). Wirksamkeit von Präventionsmaßnahmen bei Kindern und Jugendlichen. Ergebnisse und Implikationen der integrativen Erfolgsforschung. *Zeitschrift für Klinische Psychologie und Psychotherapie, 35*, 136–151.
Behavioural Social Work Group (1984). *Constitution, appendix I. Ethical guidelines.* Amended at the Annual General Meeting of the Behavioral Social Work Group. Leicester.
Belardi, N. (1998). *Supervision. Eine Einführung für soziale Berufe.* Weinheim/München: Lambertus.
Belardi, N. (2002). *Supervision. Grundlagen, Techniken, Perspektiven.* München: Beck.
Bergan, J. P. & Kratochwill, T. R. (1990). *Behavioral consultation and therapy.* New York: Plenum.
Bernstein, I. L. (1978). Learned taste aversion in children receiving chemotherapy. *Science, 200* (4347), 1302–1303.
Bernstein, D. A. & Borkovec, T. D. (1975). *Entspannungstraining. Handbuch der progressiven Muskelentspannung.* München: Pfeiffer.
Besozzi, C. (1999). *Die (Un)Fähigkeit zur Veränderung. Eine qualitative Untersuchung über Rückfall und Bewährung von erstmals aus dem Strafvollzug Entlassenen.* Bern: Bundesamt für Justiz.
Beuing, R. (2009). *Förderung von Spracherwerb und Intelligenz bei Kindern mit einer spezifischen Spracherwerbsstörung.* Marburg: Tectum.
Bierhoff, H. W. (2006). *Sozialpsychologie.* Stuttgart: Kohlhammer.
Biglan, A. (1995). Translating what we know about the context of antisocial behavior into a lower prevalence of such behavior. *Journal of Applied Behavior Analysis, 28* (4), 479–492.
Bodenmann, G. (2006). Beobachtungsmethoden. In F. Petermann & M. Eid (Hrsg.), *Handbuch der psychologischen Diagnostik* (S. 151–159). Göttingen: Hogrefe.
Bodenmann, G., Perrez, M. & Schär, M. (2011). *Klassische Lerntheorien. Grundlagen und Anwendungen in Erziehung und Psychotherapie.* Bern: Huber.

Boekaerts, M., Pintrich, P. R. & Zeidner, M. (2000). *Handbook of self-regulation.* New York: Academic Press.

Bolten, M. (2009). Klinische Bindungsforschung. In S. Schneider & J. Margraf (Hrsg.), *Lehrbuch der Verhaltenstherapie, Band 3 Störungen im Kindes- und Jugendalter* (S. 55–76). Berlin: Springer.

Bördlein, C. (2000). Die Bestätigungstendenz. Warum wir (subjektiv) immer recht behalten. *Skeptiker, 13* (3), 132–138.

Bördlein, C. (2002). *Das sockenfressende Monster in der Waschmaschine. Einführung ins skeptische Denken.* Aschaffenburg: Alibri.

Borg-Laufs, M. (2002). Verhaltenstherapie mit aggressiven Jugendlichen. Ableitungen aus der Entwicklungspsychopathologie. In Berufsverband der Kinder- und Jugendlichen psychotherapeuten/innen (Hrsg.), *Viele Seelen wohnen doch in meiner Brust. Identitätsarbeit in der Psychotherapie mit Jugendlichen* (S. 107–131). Münster: Verlag für Psychotherapie.

Borg-Laufs, M. (2007a). Zur bisherigen und zukünftigen Entwicklung der Kinder- und Jugendlichenpsychotherapie. In M. Borg-Laufs (Hrsg.), *Lehrbuch der Verhaltenstherapie mit Kindern und Jugendlichen, Band 2 Diagnostik und Intervention* (S. 913–923). Tübingen: DGVT.

Borg-Laufs, M. (2007b). Trainings des Sozialverhaltens. In M. Borg-Laufs (Hrsg.), *Lehrbuch der Verhaltenstherapie mit Kindern und Jugendlichen, Band 2 Diagnostik und Intervention* (S. 571–594). Tübingen: DGVT.

Borg-Laufs, M. (2010). Die vergessenen Kinder: Über die Auswirkungen psychischer Krankheit von Eltern auf Kinder. In S. B. Gahleitner & G. Hahn (Hrsg.), *Klinische Sozialarbeit. Gefährdete Kindheit und Jugend - Risiko, Resilienz und Hilfen* (S. 122–130). Bonn: Psychiatrie-Verlag.

Borg-Laufs, M. (2011). *Störungsübergreifendes Diagnostik-System für die Kinder- und Jugendlichenpsychotherapie (SDS-KJ). Manual für die Therapieplanung.* Tübingen: DGVT.

Borg-Laufs, M. & Dittrich, K. (Hrsg.). (2010). *Psychische Grundbedürfnisse in Kindheit und Jugend. Perspektiven für Soziale Arbeit und Psychotherapie.* Tübingen: DGVT.

Borg-Laufs, M. & Hungerige, H. (2007). Operante Methoden. In M. Borg-Laufs (Hrsg.), *Lehrbuch der Verhaltenstherapie mit Kindern und Jugendlichen, Band 2 Diagnostik und Intervention* (S. 415–452). Tübingen: DGVT.

Boring, E. G. (1923). Intelligence as the tests test it. *New Republic,* (6), 35–37.

Brack, R. (1997). Methoden der Sozialarbeit. In Deutscher Verein für öffentliche und private Fürsorge (Hrsg.), *Fachlexikon der sozialen Arbeit.* Baden-Baden: Nomos.

Brandtstädter, J. (2011). *Positive Entwicklung. Zur Psychologie gelingender Lebensführung.* Heidelberg: Spektrum.

Brehm, S. S. (1980). *Anwendungen der Sozialpsychologie in der klinischen Praxis.* Bern: Huber.

Breslau, N., Novak, S. P. & Kessler, R. C. (2004). Daily smoking and the subsequent onset of psychiatric disorders. *Psychological Medicine, 34* (2), 323–333.

Bronisch, T., Höfler, M. & Lieb, R. (2008). Smoking predicts suicidality. Findings from a prospective community study. *Journal of Affective Disorders, 108* (1–2), 135–145.

Bronson, D. E. & Thyer, B. A. (2001). Behavioral social work. Where it has been und where is it going? *The Behavior Analyst Today,* 2 (3), 192–195.

Brunner, V. & Welter-Enderlin, R. (1973). *Verhaltenstherapie in der Sozialarbeit.* Bern: Schweizer Berufsverband der Sozialarbeiter.

Brunstein, J. C. & Maier, G. E. (1996). Persönliche Ziele. Ein Überblick zum Stand der Forschung. *Psychologische Rundschau, 47,* 146–160.

Buchkremer, H. (Hrsg.) (2009). *Handbuch Sozialpädagogik.* Darmstadt: Wissenschaftliche Buchgesellschaft.

Buer, F. (1999). *Lehrbuch der Supervision. Der pragmatisch-psychodramatische Weg zur Qualitätsverbesserung professionellen Handelns.* Münster: Votum.

Burgio, L. D., Engel, B. T., McCormick, K., Hawkins, A. & Scheve, A. (1988). Behavioral treatment for urinary incontinence in elderly patients. Initial attempts to modify prompting and toileting procedures. *Behavior Therapy, 1,* 345–357.

Burgio, L. D., Scilley, K., Hardin, J. M., Janosky, J., Bonino, P., Slater, S. C. & Engberg, R. (1994). Studying disruptive vocalization and contextual factors in the nursing home using computer-assisted real-time observation. *Journal of Gerontology, 49* (5), 230–239.

Burish, T. G. & Carey, M. P. (1986). Conditioned aversive response in cancer chemotherapy patients: Theoretical and developmental analysis. *Journal of Consulting and Clinical Psychology, 54* (5), 593–600.
Butler, R .N. (1963). The life review. An interpretation of reminescence in the aged. *Psychiatry, 256*, 65–76.
Caspar, F. (1989). *Beziehungen und Probleme verstehen. Eine Einführung in die psychotherapeutische Plananalyse.* Bern: Huber.
Caspar, F. (2008). Motivorientierte Beziehungsgestaltung. Konzept, Voraussetzungen bei den Patienten und Auswirkungen auf Prozess und Ergebnis. In M. Hermer & B. Röhrle (Hrsg.), *Handbuch der therapeutischen Beziehung, Band 1 Allgemeiner Teil* (S. 527–558). Tübingen: DGVT.
Catania, A. C. (2007). *Learning.* Cornwall-on-Hudson, NY: Sloan.
Cattell, R. B., Weiß, R. & Osterland, J. (1997). *Grundintelligenztest Skala 1 - CFT 1.* Göttingen: Hogrefe.
Centre for Human Rights - United Nations (1997). *Menschenrechte und Soziale Arbeit. Ein Handbuch für Ausbildungsstätten der Sozialen Arbeit und für den Sozialarbeitsberuf.* Reihe Arbeitsmaterialien Heft, 1. Ravensburg-Weingarten: Hochschule für Technik und Sozialwesen, Fachbereich Sozialwesen.
Chalmers, A. F. (1999). *What is this thing called science?* Maidenhead: Open University.
Chance, P. (1999). *Learning and behavior.* Pacific Grove: Brooks/Cole.
Chang, E. C., D'Zurilla, T. J. & Sanna, L. J. (2004). *Social problem solving: Theory, research, and training.* Washington, DC: American Psychological Association.
Christou, C. & Papageorgiou, E. (2007). A framework of mathematics inductive reasoning. *Learning and Instruction, 17*, 55–66.
Cigno, K. (1995). A history of the behavioral social work group, part 1. The early years. *Behavioral Social Work Review, 16* (3), 40–45.
Cigno, K. & Bourn, D. (Eds.). (1998). *Cognitive-behavioural social work in practice.* London: Ashgate.
Clore, G. L. & McMillan, K. M. (1972). Emotional role playing, attitude change, and attraction toward a disabled person. *Journal of Personality and Social Psychology, 23* (1), 105–111.
Cohen, J. (1988). *Statistical power analysis for the behavioral sciences.* Hillsdale, NJ: Erlbaum.
Cole, C. L. & Bambara, L. M. (2000). Self-monitoring: Theory and practice. In E. S. Shapiro & T. R. Kratochwill (Eds.), *Behavioral assessment in schools* (pp. 202–232). New York: Guilford.
Como, F. (2010). Verhaltensorientierte Soziale Arbeit - Wissenschaftshistorische Ausgangspunkte und aktuelle Perspektiven. *Verhaltenstherapie & Psychosoziale Praxis, 42* (1), 146–160.
Cone, J. D. (1978). The behavioral assessment grid (BAG). A conceptual framework and a taxonomy. *Behavior Therapy, 9*, 882–888.
Cone, J. D. (1979). Confounded comparisons in triple response mode assessment research. *Behavioral Assessment, 1*, 85–95.
Cone, J. D. (1986). Idiographic, nomothetic and related perspectives in behavioral assessment. In R. O. Nelson & S. C. Hayes (Eds.), *Conceptual foundations of behavioral assessment* (pp. 111–128). New York: Guilford.
Cone, J. D. (1997). Issues in functional analysis in behavioral assessment. *Behaviour Research and Therapy, 35* (3), 259–275.
Cooper, J. O., Heron, T. E. & Heward, W. L. (2007). *Applied behavior analysis.* Upper Saddle River, NJ: Pearson Education.
Cordes, R. & Cordes, H. (2010). Verhaltenstherapeutische »home-based« Intensivprogramme für autistische Kinder im Vorschulalter und ihre Eltern. *Frühförderung interdisziplinär, 29*, 22–31.
Cording, C. (1995). Qualitätssicherung mit der Basisdokumentation. In H. J. Haug & R. D. Stieglitz (Hrsg.), *Qualitätssicherung in der Psychiatrie* (S. 169–183). Stuttgart: Enke.
Cornel, H. (2008). Zum Begriff der Resozialisierung. In H. Cornel, G. Kawamura-Reindl, B. Maelicke & B.-R. Sonnen (Hrsg.), *Resozialisierung - Handbuch* (S. 27–69). Baden-Baden: Nomos.

Cornel, H., Kawamura-Reindl, G., Maelicke, B. & Sonnen, B.-R. (Hrsg.). (2008). *Resozialisierung - Handbuch*. Baden-Baden: Nomos.
Cournoyer, B. R. (2004). *Evidence-based social work skills book*. Boston: Pearson Education.
Critchfield, T. S. & Kollins, S. H. (2001). Temporal discounting. *Journal of Applied Behavior Analysis, 34* (1), 101–122.
Daum, I. & Markowitsch, H. (1998). Zur Bedeutung der Neuropsychologie für die Allgemeine Psychologie. *Psychologische Rundschau, 49*, 122–131.
Davidson, K. M., & Tyrer, P. (1996). Cognitive therapy for antisocial and borderline personality disorders. Single case study series. *British Journal of Clinical Psychology, 35*, 413–429.
De Smidt, G. & Gorey, K. (1997). Unpublished social work research: Systematic replication of a recent meta-analysis of published intervention effectiveness research. *Social Work Research, 21* (1), 58–62.
Deutsche Gesellschaft für Kinder- und Jugendpsychiatrie, Psychosomatik und Psychotherapie (DGKJP) (Hrsg.). (2007). *Leitlinien zur Diagnostik und Therapie von psychischen Störungen im Säuglings-, Kindes- und Jugendalter. Tief greifende Entwicklungsstörungen (F 84)* (S. 225–237). Köln: Deutscher Ärzte-Verlag.
Deutscher Berufsverband für Soziale Arbeit (2009). *Grundlagen für die Arbeit des DSHB e.V.* Berlin: DBSH.
Deutsches Institut für Medizinische Dokumentation und Information (DIMDI) (Hrsg.) (2005). *ICF Internationale Klassifikation der Funktionsfähigkeit, Behinderung und Gesundheit*. Köln: Deutsches Institut für Medizinische Dokumentation und Information.
Dewey, J. (1910). *How we think*. Boston: Heath.
Dillenburger, K. (2011). The emperor's new clothes: Eclecticism in autism treatment. *Research in Autism Spectrum Disorders, 5*, 1119–1128.
Dilling, H., Mombour, W., Schmidt, M. H. & Schulte-Markwort, M. (2005). *Internationale Klassifikation psychischer Störungen, ICD-10 Kapitel V (F), Klinisch-diagnostische Leitlinien*. Bern: Huber.
Döpfner, M. (2007). Ergebnisse der Therapieforschung zur Verhaltenstherapie mit Kindern und Jugendlichen. In M. Borg-Laufs (Hrsg.), *Lehrbuch der Verhaltenstherapie mit Kindern und Jugendlichen, Band 1 Grundlagen* (S. 199–235). Tübingen: DGVT.
Dörner, D. (1987). *Problemlösen als Informationsverarbeitung*. Stuttgart: Kohlhammer.
Drinkmann, A. (2005). Rollenspiel. In F. J. Schermer, A. Weber, A. Drinkmann & G. Jungnitsch, *Methoden der Verhaltensänderung: Basisstrategien* (S. 128–171). Stuttgart: Kohlhammer.
Drinkmann, A. & Schiebel, A. (2004). Soziale Kompetenzen in Theorie und Praxis der Sozialen Arbeit. *Sozialmagazin, 29* (2), 14–18.
Drucker, P. F. (1998). *Die Praxis des Managements*. Düsseldorf: Econ.
Duden (2007). *Das große Fremdwörterbuch*. Mannheim: Duden.
Durlach, P. J. (1982). Pavlovian learning and performance when CS and US are uncorrelated. In M. L. Commons, R. J. Herrnstein & A. R. Wagner (Eds.), *Quantitative analysis of behavior, Volume 3 Acqusition* (pp. 173–193). Cambridge, MA: Ballinger.
D'Zurilla, T. J. & Goldfried, M. R. (1971). Problem solving and behavior modification. *Journal of Abnormal Psychology, 78*, 107–126.
D'Zurilla, T. J., & Nezu, A. M. (2006). *Problem solving therapy. A positive approach to clinical intervention*. New York: Springer.
D'Zurilla, T. J. & Nezu, A. M. (2010). Problem-solving therapy. In K. Dobson (Ed.), *Handbook of cognitive-behavioral therapies* (pp. 197–225). New York: Guilford.
Eberhard, K. & Kohlmetz, G. (1977). Contracting. Eine strategische Alternative für den Sozialarbeiter, In N. Hoffmann (Hrsg.), *Therapeutische Methoden in der Sozialarbeit* (S. 95–126). Salzburg: Otto Müller.
Edmondson, C. B. & Conger, J. C. (1996). A review of treatment efficacy for anger problems. Conceptual, assessment, and methodological issues. *Clinical Psychology Review, 16*, 251–275.
Ehrhardt, A. (2010). *Methoden der Sozialen Arbeit*. Schwalbach: Wochenschau.
Ehrhardt, T. & Plattner, A. (1999). *Verhaltenstherapie bei Morbus Alzheimer*. Göttingen: Hogrefe.

Ehrhardt, T., Hampel, H., Hegerl, U. & Möller, H.-J. (1998). Das Verhaltenstherapeutische Kompetenztraining VKT. Eine spezifische Intervention für Patienten mit einer beginnenden Alzheimer Demenz. *Zeitschrift für Gerontologie und Geriatrie, 31*, 112–119.

Ehrhardt, T., Kötter, U., Hampel, H., Schaub, A., Hegerl, U. & Möller, H.-J. (1997). Psychologische Therapieansätze bei Demenz. *Zeitschrift für Gerontopsychologie und -psychiatrie, 10* (2), 85–98.

Eifert, G. H. & Wilson, P. H. (1991). The triple response approach to assessment: A conceptual and methodological appraisal. *Behaviour Research and Therapy, 29*, 283–292.

Eikeseth, S., Smith, T., Jahr, E. & Eldevik, S. (2007). Outcome for children with autism who began intensive behavioral treatment between ages 4 and 7. A comparison controlled study. *Behavior Modification, 31*, 264–78.

Eisenmann, P. (2006). *Werte und Normen in der Sozialen Arbeit.* Stuttgart: Kohlhammer.

Ekstein, R. & Wallerstein, R. S. (1972). *The teaching and learning of pychotherapy.* New York: International Universities Press.

Ellis, A. (1962). *Reason and emotion in psychotherapy.* New York: Lyle Stuart.

Emery, R. E. & O'Leary, K. D. (1982). Children's perceptions of marital discord and behavior problems of boys and girls. *Journal of Abnormal Child Psychology, 10* (1), 11–24.

Emminghaus, W. & Kuhnle, W. (1979). *Praxisanleitung Verhaltensmodifikation. Ein praxisbegleitendes Fortbildungsprogramm für Erzieher.* Tübingen: DGVT.

Endrass, J., Rossegger, A. & Braunschweig, M. (2012). Wirksamkeit von Behandlungsprogrammen. In J. Endrass, A. Rossegger, F. Urbaniok & B. Borchard (Hrsg.), *Interventionen bei Gewalt- und Sexualstraftätern. Risk-Management, Methoden und Konzepte der forensischen Therapie* (S. 45–69). Berlin: Medizinisch Wissenschaftliche Verlagsgesellschaft.

Epstein, S. (1990). Cognitive-experiential self-theory. In L. A. Pervin (Ed.), *Handbook of personality. Theory and research* (pp. 165–192). New York: Guilford.

Erath, P. (2006). *Sozialarbeitswissenschaft. Eine Einführung.* Stuttgart: Kohlhammer.

Esser, G., Ihle, W., Schmidt, M. H. & Blanz, B. (2000). Die Kurpfalzerhebung: Ziele, Methoden und bisherige Ergebnisse. *Zeitschrift für Klinische Psychologie und Psychotherapie, 29*, 233–245.

Fals-Stewart, W. (2003). The occurrence of partner physical aggression on days of alcohol consumption. *Journal of Consulting and Clinical Psychology, 71*, 41–52.

Fatzer, G. (1990). Phasendynamik und Zielsetzung der Supervision und Organisationsberatung. In G. Fatzer & C. D. Eck (Hrsg.), *Supervision und Beratung. Ein Handbuch* (S. 53–84). Köln: Edition Humanistische Psychologie.

Fehm, L. & Helbig, S. (2008). *Hausaufgaben in der Psychotherapie. Strategien und Materialien für die Praxis.* Göttingen: Hogrefe.

Feil, N. (1992). *Validation. Ein neuer Weg zum Verständnis alter Menschen.* Wien: Altern und Kultur Verlag.

Feldhege, F.-J. & Krauthan, G. (2006). Verhaltenstrainingsprogramm zum Aufbau Sozialer Kompetenz (VTP). In F. J. Schermer & A. Weber (Hrsg.), *Methoden der Verhaltensänderung: Komplexe Interventionsprogramme* (S. 89–132). Stuttgart: Kohlhammer.

Felten, D., Raupach, T., Sessler, C., Lüthje, L., Hasenfuß, G. & Andreas, S. (2006). Effektivität eines kognitiv-verhaltenstherapeutischen Raucherentwöhnungsprogramms mit pharmakologischer Unterstützung. *Deutsche medizinische Wochenzeitschrift, 13* (5), 197–202.

Fergusson, D. M. & Horwood, L. J. (2000). Alcohol abuse and crime. A fixed-effects regression analysis. *Addiction, 95*, 1525–1536.

Ferster, C. B. (1967). Arbitrary and natural reinforcement. *The Psychological Record, 17*, 341–347.

Ferster, C. B. & Skinner, B. F. (1957). *Schedules of reinforcement.* New York: Appleton-Century-Crofts.

Festinger, L. (1957). *A theory of cognitive dissonance.* Stanford, CA: Stanford University Press.

Fiedler, P. A. (1974). Gesprächsführung bei verhaltenstherapeutischen Explorationen. In D. Schulte (Hrsg.), *Diagnostik in der Verhaltenstherapie* (S . 128–151). München: Urban & Schwarzenberg.

Fiedler, P. A. (2009). Verhaltenstherapeutische Beratung. In J. Margraf & S. Schneider (Hrsg.), *Lehrbuch der Verhaltenstherapie, Band 1 Grundlagen, Diagnostik, Verfahren, Rahmenbedingungen* (S. 743–753). Heidelberg: Springer.

Fiedler, P. A. & Hörmann, G. (Hrsg.). (1976). *Therapeutische Sozialarbeit. Diskussionsbeiträge zu Grundlagen, zur Methodenintegration und zu Ausbildungsfragen am Beispiel der Verhaltenstherapie*. Münster: Gesellschaft zur Förderung der Verhaltenstherapie.

Fiore, M. C., Jaén, C. R., Baker, T. B., Bailey, T. B., Benowitz, N. L., Curry, S. J., Dorfman, S. F., Froelicher, E. S., Goldstein, M. E., Healton, C. G., Henderson, P. N., Heyman, R. B., Koh, T. K., Kottke, T. E., Lando, H. A., Mecklenburg, R. E., Mermelstein, R. J., Mullen, P. D., Orleans, C. T., Robinson, L., Stitzer, M. L., Tommasello, A. C., Villejo, L. & Wewers, M. E. (2008). *Treating tobacco use and dependence. 2008 Update*. Rockville, MD: U.S. Department of Health and Human Services.

Fischer, J. & Gochros, H. (1975). *Planned behavior change. Behavior modification in social work*. New York: Free Press.

Fisher, J. & Orme, J. G. (2008). Single-system designs. In T. Mizrahi & L. E. Davis (Eds.), *Encyclopedia of social work, Volume 4 S-Y Biographies Index* (pp. 32–34). New York: Oxford University Press.

Fisher, J., Nadler, A. & Whitcher-Alagna, S. (1982). Recipient reactions to aid. A conceptual review. *Psychological Bulletin, 91*, 27–54.

Fitzsimmons, G. M. & Bargh, J. A. (2004). Automatic self-regulation. In R. F. Baumeister & K. D. Vohs (Eds.), *Handbook of self-regulation. Research, theory, and applications* (pp. 151–170). New York: Guilford.

Fliegel, S. (2009). Rollenspiele. In J. Margraf & S. Schneider (Hrsg.) *Lehrbuch der Verhaltenstherapie, Band 1 Grundlagen, Diagnostik, Verfahren, Rahmenbedingungen* (S 579–586). Berlin: Springer.

Forness, S. R., Kavale, K. A., Blum, I. M. & Lloyd, J. W. (1997). Mega-analysis of meta-analyses. What works in special education and related services. *Teaching Exceptional Children, 29* (6), 4–10.

Fountain, C., Winter, A. S. & Bearman P. S. (2012). Six developmental trajectories characterize children with autism. *Pediatrics, 129* (5), e112-e1120.

Frankl, V. (1982). *Der Wille zum Sinn*. Bern: Huber.

Fratiglioni, L., Wang, H.-X., Ericsson, K., Maytan, M. & Winblad, B. (2000). Influence of social network on occurrence of dementia. A community-based longitudinal study. *The Lancet, 355*, 1315–1319.

Freitag, C. (2010). Empirisch überprüfte Frühfördermethoden bei autistischen Störungen. Eine selektive Literaturübersicht. *Zeitschrift für Kinder- und Jugendpsychiatrie und -psychotherapie, 38*, 247–256.

Frey, D. & Rosch, M. (1984). Information seeking after decisions. The roles of novelty of information and decision reversibility. *Personality and Social Psychology Bulletin, 10* (1), 91–98.

Fried, L., Briedigkeit, E. & Schunder, R. (2008). *Delfin 4 - Sprachförderorientierungen. Eine Handreichung*. Düsseldorf: Ministerium für Generationen, Familie, Frauen und Integration des Landes Nordrhein-Westfalen.

Fried, L., Briedigkeit, E., Isele, P. & Schunder, R. (2009). Delfin 4 - Sprachkompetenzmodell und Messgüte eines Instrumentariums zur Diagnose, Förderung und Elternarbeit in Bezug auf die Sprachkompetenz vierjähriger Kinder. *Zeitschrift für Grundschulforschung, 2* (2), 13–26.

Fröhlich-Gildhoff, K. (2006). *Gewalt begegnen. Konzepte und Projekte zur Prävention und Intervention*. Stuttgart: Kohlhammer.

Fromme, K., Stroot, E. & Kaplan, D. (1993). Comprehensive effects of alcohol. Development and psychometric assessment of a new expectancy questionnaire. *Psychological Assessment, 5*, 19–26.

Gahleitner, S. B., Borg-Laufs, M. & Schwarz, M. (2010). Kinder- und Jugendlichenpsychotherapie: Gedanken zu einer bedarfsgerechten Versorgung aus der Perspektive Klinischer Sozialarbeit. In S. B. Gahleitner & G. Hahn (Hrsg.), *Klinische Sozialarbeit. Gefährdete Kindheit. Risiko, Resilienz und Hilfen* (S. 291–303). Bonn: Psychiatrie-Verlag.

Galuske, M. (2002). *Methoden der Sozialen Arbeit.* Weinheim: Juventa.
Galuske, M. (2008). Neuer Professionalisierungsschub oder Gefährdung des Professionsprojekts? Methodenentwicklung in der Sozialen Arbeit zu Beginn des 21. Jahrhunderts. In R.-C. Amthor (Hrsg.), *Soziale Berufe im Wandel. Vergangenheit, Gegenwart und Zukunft Sozialer Arbeit* (S. 205–228). Baltmannsweiler: Schneider Hohengehren.
Gambrill, E. (1995). Behavioral social work. Past, present and future. *Research on Social Work Practice, 54,* 460–484.
Gambrill, E. (2006). *Social work practice. A critical thinker's guide.* New York: Oxford Universtity Press.
Gambrill, E. (2012). *Critical thinking in clinical practice. Improving the quality of judgments and decisions.* Hoboken, NJ: Wiley.
Gambrill, E., Thomas, E. & Carter, R. (1971). Procedure for socio-behavioral practice in open settings. *Social Work, 16,* 51–62.
Ganz, M. (2007). The lifetime distribution of the incremental societal costs of autism. *Archives of Pediatric and Adolescent Medicine, 161,* 343–349.
Garfinkel, L. & Stellman, S. D. (1988). Smoking and lung cancer in women. Findings in a prospective study. *Cancer Research, 48,* 6951–6955.
Gehrtz, H.-J. (1989). Neuronale Plastizität bei degenerativen Hirnerkrankungen. In M. M. Baltes, M. Kohli & K. Sames (Hrsg.), *Erfolgreiches Altern. Bedingungen und Variationen* (S. 250–253). Bern: Huber.
Geißler, K. A. & Hege, M. (2007). *Konzepte sozialpädagogischen Handelns.* Weinheim: Juventa.
Geißler-Piltz, B., Mühlum, A. & Pauls, H. (2005). *Klinische Sozialarbeit.* Stuttgart: Reinhardt.
Gilchrist, E., Johnson, R., Takriti, R., Weston, S., Beech, A. & Kebbell, M. (2003). *Domestic violence offenders. Characteristics and offending related needs.* London: Home Office.
Goldman, M. S., Del Boca, F. K. & Darkes, J. (1999). Alcohol expectancy theory. The application of cognitive neuroscience. In K. E. Leonard & H. T. Blane (Eds), *Psychological theories of drinking and alcoholism* (pp. 203–246). New York: Guilford.
Goodman, R. (1999). The extended version of the Strength and Difficulties Questionnaire as a guide to child psychiatric caseness and consequent burden. *Journal of Child Psychology and Psychiatry, 40* (5), 791–799.
Gorey, K. (1996). Effectiveness of social work intervention research. Internal versus external evaluations. *Social Work Research, 20* (2), 119–128.
Gorey, K., Thyer, B. & Pawluck, D. (1998). Differential effectiveness of prevalent social work practice models. A meta-analysis. *Social Work, 43* (3), 269–278.
Graff, M., Vernooij-Dassen, M., Thijssen, M., Dekker, J., Hoefnagels, W. & Olde-Rikkert, M. (2006). Community based occupational therapy for patients with dementia and their care givers: randomised controlled trial. *British Medical Journal, 333,* 1196.
Graham, K., Leonard, K. E., Room, R., Wild, T. C., Pihl, R. O., Bois, C. & Single, E. (1998). Current directions in research on understanding and preventing intoxicated aggression. *Addiction, 93,* 659–676.
Grant, L. & Evans, A. (1994). *Principles of behavior analysis.* New York: Harper Collins.
Grawe, K. (1994). Psychotherapie ohne Grenzen. Von den Therapieschulen zur Allgemeinen Psychotherapie. *Verhaltenstherapie & Psychosoziale Praxis, 26,* 357–370.
Grawe, K. (1995). Grundriss einer allgemeinen Psychotherapie. *Psychotherapeut, 40,* 130–145.
Grawe, K. (2004). *Neuropsychotherapie.* Göttingen: Hogrefe.
Grawe, K. (2005). (Wie) kann Psychotherapie durch empirische Validierung wirksamer werden? *Psychotherapeutenjournal, 1,* 4–11.
Grawe, K., Donati, R. & Bernauer, F. (1994). *Psychotherapie im Wandel. Von der Konfession zur Profession.* Göttingen: Hogrefe.
Grawe, K., Grawe-Gerber, M., Heiniger, B., Ambühl, H. & Caspar, F. (1996). Schematheoretische Fallkonzeption und Therapieplanung. Eine Anleitung für Therapeuten. In F. Caspar (Hrsg.), *Psychotherapeutische Problemanalyse* (S. 189–224). Tübingen: DGVT.
Grice, H. P. (1975). Logic and conversation. In P. Cole & J. Morgan (Eds.), *Syntax and semantics, Volume 3* (pp. 41–58). New York: Academic Press.

Grimm, H. & Schöler, H. (1998). *HSET - Heidelberger Sprachentwicklungstest*. Göttingen: Hogrefe.

Grünke, M. (2006). Zur Effektivität von Fördermethoden bei Kindern und Jugendlichen mit Lernstörungen. Eine Synopse vorliegender Metaanalysen. *Kindheit und Entwicklung, 15* (4), 239–254.

Håggard-Grann, U., Hallqvist, J., Långström, N. & Möller, J. (2006). The role of alcohol and drugs in triggering criminal violence. A case crossover study. *Addiction, 101*, 100–108.

Hantula, D. A. (2005). The impact of JOBM. ISI impact factor places the Journal of Organizational Behavior Management third in applied psychology. *Journal of Organizational Behavior Management, 25* (3), 1–15.

Harnach-Beck, V. (1997). Informationsgewinnung durch Fachkräfte des Jugendamtes. Professionelle Datenermittlung als Aspekt des Qualitätsmanagements. *Kindheit und Entwicklung, 6*, 31–39.

Hart, B. & Risley, T. R. (1995). *Meaningful differences in the everyday experience of young American children*. Baltimore: Paul H. Brookes.

Hasselhorn, M. & Gold, A. (2006). *Pädagogische Psychologie. Erfolgreiches Lernen und Lehren*. Stuttgart: Kohlhammer.

Hasselhorn, M. & Hager, W. (1996). Neuere Programme zur Denkförderung bei Kindern. Bewirken sie größere Kompetenzsteigerungen als herkömmliche Wahrnehmungsübungen? *Psychologie in Erziehung und Unterricht, 43*, 169–181.

Haupt, M. (1996). Nichtkognitive Störungen bei der Alzheimer-Krankheit. *Psycho, 22*, 562–566.

Haynes, S. N. (1992). *Models of causality in psychopathology*. New York: Macmilllan.

Haynes, S. N. & O'Brien, W. H. (1990). Functional analysis in behavior therapy. *Clinical Psychology Review, 10*, 649–668.

Haynes, S. N. & O'Brien, W. H. (2000). *Principles and practice of behavioral assessment*. New York: Kluwer/Plenum.

Haynes, S. N. & Williams, A. E. (2003). Case formulation and design of behavioral treatment programs. Matching treatment mechanisms to causal variables for behavior problems. *European Journal of Psychological Assessment., 19* (3), 164–174.

Heatherton, T. F., Kozlowski, L. T., Frecker, R. C. & Fagerstrom, K. O. (1991). The Fagerstrom test for nicotine dependence. A revision of the Fagerstrom Tolerance Questionnaire. *British Journal of Addiction, 86* (9), 1119–1127.

Hecht, C. (1979). *Selbstaufzeichnungen und deren reaktive Effekte*. Salzburg: unveröff. Dissertation.

Heckhausen, H. (1989). *Motivation und Handeln*. Berlin: Springer.

Heckhausen, H. & Gollwitzer, P. M. (1987). Thought contents and cognitive functioning in motivational versus volitional states of mind. *Motivation and Emotion, 11* (2), 101–120.

Heider, F. (1958). *The psychology of interpersonal relations*. New York: Wiley.

Heiner, M. (1995). Auf dem Weg zu einer Technologie methodischen Handelns? *Sozialmagazin, 20* (6), 34–44.

Heiner, M. (1998). Reflexion und Evaluation methodischen Handelns in der Sozialen Arbeit. Basisregeln, Arbeitshilfen und Fallbeispiele. In M. Heiner, M. Meinhold, H. von Spiegel & S. Staub-Bernasconi (Hrsg.), *Methodisches Handeln in der Sozialen Arbeit* (S. 138–219). Freiburg: Lambertus.

Heinrichs, N., Bodenmann, G. & Hahlweg, K. (2008). *Prävention bei Paaren und Familien*. Göttingen: Hogrefe.

Hempel, C. G. & Oppenheim, P. (1948). Studies in the logic of explanation. *Philosophy of Science, 15*, 135–175.

Hendriksen, J. (2011). *Intervision. Kollegiale Beratung in Sozialer Arbeit und Schule*. Freiburg: Juventa.

Hennig, T. & Schramm, S. A. (2011). Das Lerntraining für Jugendliche mit Aufmerksamkeitsstörungen (LeJA). Konzept, Kasuistik und erste Ergebnisse einer Wirksamkeitsstudie. In F. Linderkamp (Hrsg.), *ADHS im Jugend- und Erwachsenenalter. Bedingungsgefüge und Therapiekonzepte* (S. 99–127). Tübingen: DGVT.

Hering, S. & Münchmeier, R. (2007). *Geschichte der Sozialen Arbeit. Eine Einführung.* Weinheim/Basel: Beltz/Juventa.

Hermann-Stietz, I. (2009). *Praxisberatung und Supervision in der Sozialen Arbeit.* Schwalbach: Wochenschau.

Herrnstein, R. (1970). On the law of effect. In P. B. Dews (Hrsg.), *Festschrift for B.F. Skinner* (pp. 377–400). New York: Irvington.

Hoch, E. & Lieb, R. (2009). Substanzmissbrauch und -abhängigkeit. In S. Schneider & J. Margraf (Hrsg.), *Lehrbuch der Verhaltenstherapie, Band 3 Störungen im Kindes- und Jugendalter* (S. 763–784). Berlin: Springer.

Hochschuli Freund, U. & Stotz, W. (2011). *Kooperative Prozessgestaltung in der Sozialen Arbeit. Ein methodenintegratives Lehrbuch.* Stuttgart: Kohlhammer.

Hoffmann, E. (1963). Über die sozialpädagogischen Methoden. In L. Besser, E. Hoffmann, M. Stahl & F. Sopp (Hrsg.), *Die Herausforderung des Pädagogen durch die heutige Zeit* (S. 80–99). Heidelberg: Quelle & Meyer.

Hoffmann, N. (1977). Der verhaltenstherapeutische Ansatz in der Sozialarbeit. In N. Hoffmann (Hrsg.), *Therapeutische Methoden in der Sozialarbeit* (S. 74–94). Salzburg: Otto Müller.

Hoffmann, N. & Frese, M. (1975). *Verhaltenstherapie in der Sozialarbeit.* Salzburg: Otto Müller.

Hofmann, M., Hock, C., Kühler, A. & Müller-Spahn, F. (1995). Computergestütztes individualisiertes Gedächtnistraining bei Alzheimer-Patienten. *Der Nervenarzt, 66,* 703–707.

Hörmann, G. (1982). Verhaltenstherapie und soziale Arbeit. In S. Müller, H.-U. Otto, H. Peter & H. Sünker (Hrsg.), *Handlungskompetenz in der Sozialarbeit/Sozialpädagogik I. Interventionsmuster und Praxisanalysen* (S. 79–92). Bielefeld: AJZ.

Hosman, C., Jané-Llopis, E. & Saxena, S. (2005). *Prevention of mental disorders. Effective interventions and policy options.* Oxford: Oxford University Press.

Hoyle, R. H. (2010). *Handbook of personality and self-regulation.* Chichester: Wiley/ Blackwell.

Huber, O. (2009). *Das psychologische Experiment. Eine Einführung.* Bern: Huber/ Hogrefe.

Hudson, G. M. & Macdonald, B. L. (1986). *Behavioral social work. An introduction.* London: Macmillan.

Humphreys, P. W. (1989). Scientific explanation. The causes, some of the causes, and nothing but the causes. *Minnesota Studies in the Philosophy of Science, 13,* 283–306.

Hungerige, H. & Borg-Laufs, M. (2007). Rollenspiel. In M. Borg-Laufs (Hrsg.), *Lehrbuch der Verhaltenstherapie mit Kindern und Jugendlichen, Band 2 Diagnostik und Intervention* (S. 239–298). Tübingen: DGVT.

Iser, A. (2008). *Supervision und Mediation in der Sozialen Arbeit.* Tübingen: DGVT.

Jacobi, C. (1999). Symptomverschiebung in der Verhaltenstherapie. Psychologisches Alltagswissen, Regelfall oder Ausnahme? *Psychotherapeut, 44* (1), 51–59.

Jacobson, E. (1938). *You must relax.* New York: McGraw-Hill.

Jayarante, S. (1982). Characteristics and theoretical orientations of clinical social workers. *Journal of Social Service Research, 13,* 17–30.

Jehu, D. (1967). *Learning theory and social work.* London: Routledge & Kegan Paul.

Jehu, D., Hardiker, P., Yelloly, M. & Shaw, M. (1972). *Behaviour modification in social work.* Chichester: Wiley & Sons.

Jehu, D., Hardiker, P., Yelloly, M. & Shaw, M. (1977). *Verhaltensmodifikation in der Sozialarbeit/Sozialpädagogik.* Freiburg: Lambertus.

John, U. & Hanke, M. (2001). Tabakrauch-attributable Mortalität in den deutschen Bundesländern. *Gesundheitswesen, 63* (6), 363–369.

Johnston, J. M. & Pennypacker, H. S. (2009). *Strategies and tactics of behavioral research.* New York: Routledge.

Jones, B. T., Corbin, W. & Fromme, K. (2001). A review of expectancy theory and alcohol consumption. *Addiction, 96,* 57–72.

Jost, E., Voigt-Radloff, S., Hüll, M., Dykierek, P. & Schmidtke, K. (2006). Fördergruppe für Demenzpatienten und Beratungsgruppe für Angehörige. Praktikabilität, Akzeptanz und Nutzen eines kombinierten interdisziplinären Behandlungsprogramms. *Zeitschrift für Gerontopsychologie und -psychiatrie, 19* (3), 139–150.

Jungnitsch, G. (2005). Entspannungsverfahren. In F. J. Schermer, A. Weber, A. Drinkmann & G. Jungnitsch, *Methoden der Verhaltensänderung: Basisstrategien* (S. 172–209). Stuttgart: Kohlhammer.

Jungnitsch, G. (2009). *Klinische Psychologie*. Stuttgart: Kohlhammer.

Kadushin, A. (1976). *Supervision in social work*. New York: Columbia University Press.

Kaminski, G. (1970). *Verhaltenstheorie und Verhaltensmodifikation*. Stuttgart: Klett.

Kaminski, G. (1976). Rahmentheoretische Überlegungen zur Taxonomie psychodiagnostischer Prozesse. In K. Pawlik (Hrsg.), *Diagnose der Diagnostik* (S. 45–70). Stuttgart: Klett.

Kaminski, G. (1981). Überlegungen zur Funktion von Handlungstheorien in der Psychologie. In H. Lenk (Hrsg.), *Handlungstheorien interdisziplinär, Band 3, 1. Halbband Verhaltenswissenschaftliche und psychologische Handlungstheorien* (S. 93–121). München: Fink.

Kanfer, F. H. & Grimm, L. G. (1977). Behavioral analysis: Selecting target behaviors in the interview. *Behavior Modification, 1*, 7–28.

Kanfer, F. H. & Phillips, J. S. (1970). *Learning foundations of behavior therapy*. New York: Wiley & Sons.

Kanfer, F. H., Reinecker, H. & Schmelzer, D. (2012). *Selbstmanagement-Therapie. Ein Lehrbuch für die klinische Praxis*. Berlin: Springer.

Kaschel, R., Zaiser-Kaschel, H. & Mayer, K. (1992). Realitäts-Orientierungs-Training. Literaturüberblick und Implikationen für die neuropsychologische Gedächtnisrehabilitation. *Zeitschrift für Gerontopsychologie und -psychiatrie, 5* (4), 223–235.

Kaufman, H. (1965). Definitions and methodology in the study of aggression. *Psychological Bulletin, 64*, 351–364.

Kearney, C. A. (2007). *Helping school refusing children and their parents. A guide for school-based professionals*. New York: Oxford University Press.

Keenan, M., Dillenburger, K., Moderato, P. & Röttgers, H. R. (2010). Science for sale. ABA in a free market economy. *Behaviour and Social Issues, 19*, 124–141.

Kersting, H. J. & Krapohl, L. (1994). Teamsupervision. In H. Pühl (Hrsg.), *Handbuch der Supervision 2* (S. 95–111). Berlin: Marhold.

Kilb, R. (2009). Zur Systematik des Methodenbegriffs. In R. Kilb & J. Peter (Hrsg.), *Methoden der Sozialen Arbeit in der Schule* (S. 29–31). München: Reinhardt.

Kilb, R. & Peter, J. (Hrsg.). (2009). *Methoden der Sozialen Arbeit in der Schule*. München: Reinhardt.

Kimble, G. A. (1947). Conditioning as a function of the time between conditioned and unconditioned stimuli. *Journal of Experimental Psychology, 37*, 1–15.

Kimble, G. A. (1961). *Hilgards and Marquis' conditioning and learning*. New York: Appleton-Century-Crofts.

Kirusek, T. J., Smith, A. & Cardillo, J. E. (Eds.). (1994). *Goal attainment scaling. Applications, theory, and measurement*. Hillsdale, NJ: Erlbaum.

Klauer, K. J. (1989). *Denktraining für Kinder I*. Göttingen: Hogrefe.

Klauer, K. J. (1991). *Denktraining für Kinder II*. Göttingen: Hogrefe.

Klauer, K. J. (1993a). *Denktraining für Jugendliche*. Göttingen: Hogrefe.

Klauer, K. J. (1993b). Über die Auswirkungen eines Trainings zum induktiven Denken auf zentrale Komponenten der Fremdsprachenlernfähigkeit. *Zeitschrift für Pädagogische Psychologie, 7*, 1–9.

Klauer, K. J. (1994). Transferiert der Erwerb von Strategien des induktiven Denkens auf das Erlernen eines schulischen Lehrstoffs? *Zeitschrift für Pädagogische Psychologie, 8*, 15–25.

Klauer, K. J. (1995). Induktives Denken erleichtert die Konstruktion analoger Satzstrukturen. *Sprache und Kognition, 14*, 221–227.

Klauer, K. J. (2002). *Denksport für Ältere. Geistig fit bleiben*. Bern: Huber.

Klauer, K. J. (2003). Positive Effekte für Intelligenz und schulisches Lernen. Wie stellt sich ein Training zum induktiven Denken dar und was bewirkt es bei Kindern und Jugendlichen? Ergebnisse einer Metaanalyse. *Report Psychologie, 28*, 162–167.

Klauer, K. J. & Phye, G. D. (2008). Inductive reasoning. A training approach. *Review of Educational Research, 78* (1), 85–123.

Klein, M. (1995). Gewaltverhalten unter Alkoholeinfluss. Bestandsaufnahme, Zusammenhänge, Perspektiven. In Deutsche Hauptstelle gegen die Suchtgefahren (Hrsg.), *Jahrbuch Sucht 1996* (S. 53–68). Geesthacht: Neuland.

Klinger, E. (1977). *Meaning and void.* Minneapolis: University of Minnesota.

Klug, W. & Schaitl, H. (2012). *Soziale Dienste der Justiz. Perspektiven aus Wissenschaft und Praxis.* (DBH Schriftenreihe Band 38). Mönchengladbach: Forum Godesberg.

Klüsche, W. (2004). Ein Stück weitergedacht..., In A. Mühlum (Hrsg.), *Sozialarbeitswissenschaft. Wissenschaft der Sozialen Arbeit* (S. 249–269). Freiburg: Lambertus.

Kramer-Ginsberg, E., Mohs, R. C., Aryan, M., Lobel, D., Silverman, J., Davidson, M. & Davis, K. L. (1988). Clinical predictor of course for Alzheimer patients in longitudinal study. A preliminary report. *Psychopharmacology Bulletin, 24*, 458–462.

Kratochwill, T. R. & Bergan, J. R. (1990). *Behavioral consultation in applied settings. An individual guide.* New York: Plenum.

Kratochwill, T. R. & Shapiro, E. S. (2000). Conceptual foundations of behavioral assessment in schools. In E. S. Shapiro & T. R. Kratochwill (Eds.), *Behavioral assessment in schools* (pp. 3–15). New York: Guilford.

Krauß, E. J. (2006). Methoden in der Sozialen Arbeit. Stellenwert, Überblick und Entwicklungstendenzen. In M. Galuske & W. Thole (Hrsg.), *Vom Fall zum Management* (S. 119–132). Wiesbaden: VS.

Krauß, E. J. (2008). Methoden Sozialer Arbeit. In D. Kreft & I. Mielenz (Hrsg.), *Wörterbuch Soziale Arbeit* (S. 589–594). Weinheim: Juventa.

Kreft, D. (2010). Handlungskompetenz in der Sozialen Arbeit. In D. Kreft & C. W. Müller (Hrsg.), *Methodenlehre in der Sozialen Arbeit. Konzepte, Methoden, Verfahren, Techniken* (S. 49–58). München: Reinhardt.

Kreft, D. & Müller, C. W. (Hrsg.). (2010). *Methodenlehre in der Sozialen Arbeit. Konzepte, Methoden, Verfahren, Techniken.* München: Reinhardt.

Kröger, C. & Lohmann, B. (2007). *Tabakkonsum und Tabakabhängigkeit.* Göttingen: Hogrefe.

Kröger, C. B. & Piontek, D. (2011). *Tabakentwöhnung in Deutschland. Grundlagen und kommentierte Übersicht.* Köln: Bundeszentrale für gesundheitliche Aufklärung.

Krohne, H. W. & Hock, M. (2007). *Psychologische Diagnostik.* Stuttgart: Kohlhammer.

Kröner-Herwig, B. (2004). *Die Wirksamkeit von Verhaltenstherapie bei psychischen Störungen von Erwachsenen sowie Kindern und Jugendlichen. Expertise zur empirischen Evidenz des Psychotherapieverfahrens Verhaltenstherapie.* Tübingen: DGVT.

Kuhl, J. (1983). *Motivation, Konflikt und Handlungskontrolle.* Berlin: Springer.

Kuschel, A. (2012). The epidemiology of child psychopathology: Basic principles and research data. In M. de Lourdes Ribeiro de Souza da Cunha (Ed.), *Epidemiology Insights* (pp. 139–162). Rijeka: InTech.

Lampert, T. (2010). Soziale Determinanten des Tabakkonsums bei Erwachsenen in Deutschland. *Bundesgesundheitsblatt - Gesundheitsforschung - Gesundheitsschutz, 53* (2), 108–116.

Lang, P. J. (1985). The cognitive psychophysiology of emotion. Fear and anxiety. In A. H. Tuma & J. Maser (Eds.), *Anxiety and the anxiety disorders* (pp. 131–170). Hillsdale, NJ: Erlbaum.

Langfeldt, H.-P. (2008). Über den Umgang mit Trainingsprogrammen. In H.-P. Langfeldt & G. Büttner (Hrsg.), *Trainingsprogramme zur Förderung von Kindern und Jugendlichen* (S. 2–15). Weinheim: Beltz/PVU.

Langosch, A. (2012). *Ressourcenorientierte Gesprächsführung.* München: Grin.

Lauth, G. W. & Heubeck, B. (2006). *Kompetenztraining für Eltern sozial auffälliger Kinder (KES).* Göttingen: Hogrefe.

Lauth, G. W. & Schlottke, P. F. (2002). *Training mit aufmerksamkeitsgestörten Kindern.* Weinheim: Beltz.

Laws, D. R. (1999). Relapse prevention: The state of the art. *Journal of Interpersonal Violence, 14*, 285–302.

Lazarus, R. S. & Folkman, S. (1984). *Stress, appraisal, and coping.* New York: Springer.

Lechtenböhmer, S. (2011). *Genehmigungs- und Finanzierungspraxis der Eingliederungshilfe für Autismus-Spektrum-Störungen im Kreis Recklinghausen*. Bachelorarbeit. Münster: Fachhochschule, Fachbereich Sozialwesen.

Lehrl, S., Lehrl, M. & Weickmann, E. (1994). *MAT Gehirn-Jogging. Einführung in das Mentale Aktivierungs Training*. Ebersberg: Vless.

Leigh, B. C. & Stacy, A. W. (2004). Alcohol expectancies and drinking in different age groups. *Addiction, 99*, 215–227.

Leonard, K. E. (2001). Domestic violence and alcohol. What is known and what do we need to know to encourage environmental interventions? *Journal of Substance Use, 6*, 235–247.

Lerman, D. C., Iwata, B. A. & Wallace, M. D. (1999). Side effects of extinction. *Journal of Applied Behavior Analysis, 32* (1), 1–8.

Lewin, K. (1963). *Feldtheorie in den Sozialwissenschaften*. Bern: Huber.

Lewinsohn, P. M. (1974). A behavioral approach to depression. In R. J. Friedman & M. M. Katz (Eds.), *The psychology of depression* (pp. 157–178). New York: Wiley.

Lieb, R., Schuster, P., Pfister, H., Fuetsch, M., Höfler, M., Isensee, B., Müller, N., Sonntag, H. & Wittchen, H. U. (2000). Epidemiologie des Konsums, Missbrauchs und der Abhängigkeit von legalen und illegalen Drogen bei Jugendlichen und jungen Erwachsenen. Die prospektiv-longitudinale Verlaufsstudie EDSP. *Sucht, 46* (1), 18–31.

Liebeck, H. (2011). Problemlösetraining. In M. Linden & M. Hautzinger (Hrsg.), *Verhaltenstherapiemanual* (S. 243–248). Berlin: Springer.

Lindenmeyer, J. (2009). Rückfallprävention. In J. Margraf & S. Schneider (Hrsg.), *Lehrbuch der Verhaltenstherapie, Band 1 Grundlagen, Diagnostik, Verfahren, Rahmenbedingungen* (S. 721–742). Berlin: Springer.

Linderkamp, F. (2007a). Kognitiv-behaviorale Therapieverfahren. In F. Linderkamp & M. Grünke (Hrsg.), *Lern- und Verhaltensstörungen. Genese, Diagnostik & Intervention* (S. 166–174). Weinheim: Psychologie Verlags Union.

Linderkamp, F. (2007b). Operante Methoden. In F. Linderkamp & M. Grünke (Hrsg.), *Lern- und Verhaltensstörungen. Genese, Diagnostik & Intervention* (S. 156–165). Weinheim: Psychologie Verlags Union.

Linderkamp, F. & Grünke, M. (2007). Lern- und Verhaltensstörungen: Klassifikation, Prävalenz und Prognostik. In F. Linderkamp & M. Grünke (Hrsg.), *Lern- und Verhaltensstörungen. Genese, Diagnostik & Intervention* (S. 14–28). Weinheim: Psychologie Verlags Union.

Linderkamp, F., Hennig, T. & Schramm, S. (2011). *Lerntraining für Jugendliche mit Aufmerksamkeitsdefizit-/Hyperaktivitätsstörungen (ADHS)*. Weinheim: Psychologie Verlags Union.

Lindqvist, P. (1991). Homicides committed by abusers of alcohol and illicit drugs. *British Journal of Addiction, 86*, 321–326.

Lippmann, E. (2004). *Intervision. Kollegiales Coaching professionell gestalten*. Berlin: Springer.

Löbmann, R. & Como-Zipfel, F. (2012). Verhaltensorientierte Soziale Arbeit. »Zückerchenpraxis« oder Zukunftsmodell? *Theorie und Praxis der Sozialen Arbeit, 63 (3)*, 230–238.

Lösel, F., Jaursch, S., Beelmann, A. & Stemmler, M. (2007). Prävention von Störungen des Sozialverhaltens. Entwicklungsförderung in Familien. Das Eltern- und Kindertraining EFFEKT®. In W. von Suchodoletz (Hrsg.), *Prävention von Entwicklungsstörungen* (S. 215–234). Göttingen: Hogrefe.

Lovaas, O. I. (1977). *The autistic child. Language development through behavior modification*. New York: Irvington.

Lovaas, O. I. (1981). *Teaching developmentally disabled children. The me book*. Baltimore, MD: University Park Press.

Lovaas, O. I. (1987). Behavioral treatment and normal educational and intellectual functioning in young autistic children. *Journal of Consulting and Clinical Psychology, 55*, 3–9.

Lovaas, O. I., Freitag, G., Kinder, M. I., Rubenstein, B. D., Schaeffer, B. & Simmons, J. Q. (1966). Establishment of social reinforcers in two schizophrenic children on the basis of food. *Journal of Experimental Child Psychology, 4* (2), 109–125.

Lovibond, P. F. & Lovibond, S. H. (1995). The structure of negative emotional states. Comparison of the depression anxiety stress scales (DASS) with the Beck Depression and Anxiety Inventories. *Behavior Research and Therapy, 33*, 335–343.

Luhmann, N. & Schorr, K. E. (1982). Das Technologiedefizit der Erziehung und die Pädagogik. In N. Luhmann & K. E. Schorr (Hrsg.), *Zwischen Technologie und Selbstreferenz. Fragen an die Pädagogik* (S. 11–40). Frankfurt: Suhrkamp.

Lundahl, B., Risser, H. J. & Lovejoy, M. C. (2006). A meta-analysis of parent training. Moderators and follow-up effects. *Clinical Psychology Review, 26*, 86–104.

Luria, A. R. (1961). *The role of speech in the regulation of normal and abnormal behavior*. New York: Leveright.

Lutz, R. (1978). *Das verhaltensdiagnostische Interview*. Stuttgart: Kohlhammer.

MacDonald, G., Sheldon, B. & Gillespie, J. (1992). Contemporary studies of the effectiveness of social work. *British Journal of Social Work, 22* (6), 615–643.

Mace, C. F. & Kratochwill, T. R. (1985). Theories of reactivity in self-monitoring. A comparison of cognitive-behavioral and operant models. *Behavior Modification, 9*, 323–343.

Macsenaere, M. & Knab, E. (2004). *Evaluationsstudie erzieherischer Hilfen (EVAS). Eine Einführung*. Freiburg: Lambertus.

Maelicke, B. (2008). Perspektiven einer »Integrierten Resozialisierung«. In H. Cornel, G. Kawamura-Reindl, B. Maelicke & B.-R. Sonnen (Hrsg.), *Resozialisierung. Handbuch* (S. 598–604). Baden-Baden: Nomos.

Mahner, M. & Bunge, M. (2000). *Philosophische Grundlagen der Biologie*. Berlin: Springer.

Margraf, J. (2009). Beziehungsgestaltung und Umgang mit Widerstand. In J. Margraf & S. Schneider (Hrsg.), *Lehrbuch der Verhaltenstherapie, Band 1 Grundlagen, Diagnostik, Verfahren, Rahmenbedingungen* (S. 486–497). Heidelberg: Springer.

Margraf, J. & Brengelmann, J. C. (Hrsg.). (1992). *Die Therapeut-Patient-Beziehung in der Verhaltenstherapie*. München: Röttinger.

Margraf, J. & Schneider, S. (Hrsg.). (2009). *Lehrbuch der Verhaltenstherapie. Band 1 Grundlagen, Diagnostik, Verfahren, Rahmenbedingungen*. Heidelberg: Springer.

Markman, H. J., Renick, M. J., Floyd, F. J., Stanley, S. M. & Clements, M. (1993). Preventing marital distress through communication and conflict management training. A 4- and 5- year follow-up. *Journal of Consulting and Clinical Psychology, 61*, 70–77.

Marlatt, G. A. (1996). Taxonomy of high-risk situations for alcohol relapse. Evolution of a cognitive-behavioral model. *Addiction, 91* (Supplement), 37–49.

Marlatt, G. A. & Gordon, J. R. (1985). *Relapse prevention. Maintenance strategies in the treatment of addictive behavior*. New York: Guilford.

Marsh, J. C. (2004). Theory-driven versus theory-free research in empirical social work practice, In H. E. Briggs & T. L. Rzepnicki (Hrsg.), *Using evidence in social work practice. Behavioral perspectives*. Chicago: Lyceum.

Marx, E. (2005a). Kognitive Entwicklungsförderung bei hörgeschädigten Kindern. *Zeitschrift für Entwicklungspsychologie und Pädagogische Psychologie, 37*, 36–45.

Marx, E. (2005b). Bewirkt ein kognitives Training das, was es bewirken soll? *Zeitschrift für Pädagogische Psychologie, 19*, 237–247.

Marx, E. (2006a). Profitiert das kindliche Sprachsystem von anderen kognitiven Entwicklungsbereichen? Pilotstudie zum Zusammenhang von Spracherwerb und induktivem Denken. *Zeitschrift für Entwicklungspsychologie und Pädagogische Psychologie, 38*, 139–145.

Marx, E. (2006b). Kognitive Förderung Jugendlicher mit Lernstörungen. Zwei Trainingsexperimente. *Psychologie in Erziehung und Unterricht, 53*, 166–177.

Marx, E. (2009). Does fostering inductive reasoning promote children's language acquisition? *Educational and Child Psychology, 26*, 40–58.

Marx, E. & Keller, K. (2010). Effekte eines induktiven Denktrainings auf die Denk- und Sprachentwicklung bei Vorschulkindern und Erstklässlern in benachteiligten Stadtteilen. *Zeitschrift für Pädagogische Psychologie, 24* (2), 139–146.

Marx, E. & Klauer, K. J. (2007). *Keiner ist so schlau wie ich I. Ein Förderprogramm für Kinder*. Göttingen: Vandenhoeck und Ruprecht.

Marx, E. & Klauer, K. J. (2009). *Keiner ist so schlau wie ich II. Ein Förderprogramm für Kinder*. Göttingen: Vandenhoeck und Ruprecht.

Marx, E. & Klauer, K. J. (2010). *Kimse benim kadar zeki degil I*. Göttingen: Vandenhoeck und Ruprecht.

Marx, E. & Klauer, K. J. (2011). *Keiner ist so schlau wie ich III. Ein Förderprogramm für Kinder*. Göttingen: Vandenhoeck & Ruprecht.
Marx, E., Keller, K. & Beuing, R. (2011). Die Erzieherin als Trainerin. Effekte kombinierter Denk- und Sprachförderung in Kindertagesstätten. *Psychologie in Erziehung und Unterricht, 58* (1), 41–51.
Maslach, C. (1982). *Burnout - the cost of caring*. Englewood Cliffs, NJ: Prentice-Hall.
Maus, F., Nodes, W. & Röh, D. (2008). *Schlüsselkompetenzen der Sozialen Arbeit*. Schwalbach: Wochenschau.
Mayer, K. (2005). Problemlösen und Legalbewährung. *Schweizerische Zeitschrift für Kriminologie, 1*, 52–60.
Mayer, K. (2007a). Ein strukturiertes risikoorientiertes Interventionsprogramm für die Bewährungshilfe. *Bewährungshilfe, 54* (4), 367–386.
Mayer, K. (2007b). Wenn Auftraggeber den Nachweis der Wirksamkeit verlangen. Verhaltensorientierte Methoden in der Sozialen Arbeit. *Sozial Aktuell, 4*, 27–29.
Mayer, K. (2008) Risikoorientierung. Eine grundlegende Ausrichtung der Bewährungshilfe. In Deutsche Bewährungshilfe - Fachverband für Soziale Arbeit, Strafrecht und Kriminalpolitik und Justizministerium Mecklenburg-Vorpommerm (Hrsg.), *Kriminalpolitische Herausforderungen. Bewährungs- und Straffälligenhilfe auf neuen Wegen* (DBH-Materialien Nr. 62) (S. 132–144). Zinnowitz: DBH.
Mayer, K. (2009a). Beziehungsgestaltung im Zwangskontext. In K. Mayer & H. Schildknecht (Hrsg.), *Dissozialität, Delinquenz, Kriminalität. Ein Handbuch für die interdisziplinäre Arbeit* (S. 209–230). Zürich: Schulthess.
Mayer, K. (2009b). Risikoorientierung in Bewährungshilfe und Massnahmenvollzug. In K. Mayer & H. Schildknecht (Hrsg.), *Dissozialität, Delinquenz, Kriminalität. Ein Handbuch für die interdisziplinäre Arbeit* (S. 291–302). Zürich: Schulthess.
Mayer, K. (2010a). Wie Zwangsbeziehungen gelingen können. *Bewährungshilfe, 57* (2), 151–177.
Mayer, K. (2010b). Männer, die Gewalt gegen die Partnerin ausüben. In Fachstelle für Gleichstellung Stadt Zürich/Frauenklinik Maternité, Stadtspital Triemli Zürich/Verein Inselhof Triemli, Zürich (Hrsg.), *Häusliche Gewalt erkennen und richtig reagieren. Handbuch für Medizin, Pflege und Beratung*. Bern: Huber.
Mayer, K. & Kherfouche, C. (2009). Forensische Therapie mit Sexual- und Gewaltstraftätern. In K. Mayer & H. Schildknecht (Hrsg.), *Dissozialität, Delinquenz und Kriminalität. Ein Handbuch für die interdisziplinäre Arbeit* (S. 231–240). Zürich: Schulthess.
Mayer, K., Schlatter, U. & Zobrist, P. (2007). Das Konzept der Risikoorientierten Bewährungshilfe. *Bewährungshilfe, 54* (1), 33–64.
Mazur, J. E. (2004). *Lernen und Gedächtnis*. München: Pearson Studium.
McGeer, P. L., Rogers, J. & McGeer, E. G. (1994). Neuroimmune mechanisms in Alzheimer disease pathogenesis. *Alzheimer's Disease and Associated Disorders, 8*, 159–163.
McMurran, M. & Cusens, B. (2003). Controlling alcohol-related violence. A treatment programme. *Criminal Behaviour and Mental Health, 13*, 59–76.
McMurran, M., Egan, V., Cusens, B., Van den Bree, M., Austin, E. & Charlesworth, P. (2006). The alcohol-related aggression questionnaire. *Addiction Research and Theory, 14* (3), 323–343.
Mees, U. & Selg, H. (Hrsg.). (1977). *Verhaltensbeobachtung und Verhaltensmodifikation*. Stuttgart: Klett.
Meichenbaum, D. (1977). *Cognitive-behavior modification. An integrative approach*. New York: Plenum.
Meichenbaum, D. (2001). *Treatment of individuals with anger-control problems and aggressive behaviors. A clinical handbook*. Clearwater, FL: Institute Press.
Meichenbaum, D. (2003). *Intervention bei Stress. Anwendung und Wirkung des Stressimpfungstrainings*. Bern: Huber.
Meichenbaum, D. & Goodman, J. (1971). Training impulsive children to talk to themselves. A means of developing self-control. *Journal of Abnormal Psychology, 77*, 115–126.

Meier, D., Ermini-Fünfschilling, D., Monsch, A. U. & Stähelin, H. B. (1996). Kognitives Kompetenztraining mit Patienten im Anfangsstadium einer Demenz. *Zeitschrift für Gerontopsychologie, 9* (3), 207–217.

Meinhold, M. (1998). Ein Rahmenmodell zum methodischen Handeln. In M. Heiner, M. Meinhold, H. von Spiegel & S. Staub-Bernasconi (Hrsg.), *Methodisches Handeln in der Sozialen Arbeit* (S. 220–253). Freiburg: Lambertus.

Merzbach, U. (1975). *Verhaltensmodifikation in einer Gruppe verhaltensauffälliger Kinder.* Studienarbeiten zur Sozialarbeit und Sozialpädagogik der Katholischen Fachhochschule NRW. Dortmund: Verlag Modernes Lernen.

Meyer, C., Rumpf, H. J., Hapke, U. & John, U. (2000). Inanspruchnahme von Hilfen zur Erlangung der Nikotin-Abstinenz. *Sucht, 46* (6), 398–407.

Michaels, T. & Ehlers, A. (2009). Lernpsychologische Grundlagen der kognitiven Verhaltenstherapie. In J. Margraf & S. Schneider (Hrsg.), *Lehrbuch der Verhaltenstherapie, Band 1 Grundlagen, Diagnostik, Verfahren, Rahmenbedingungen.* (S. 101–114). Berlin: Springer.

Michel-Schwartze, B. (2007). *Methodenbuch Soziale Arbeit.* Wiesbaden: VS Verlag.

Michels, H-P. & Borg-Laufs, M. (2007). Zielklärung. In M. Borg-Laufs (Hrsg.), *Lehrbuch der Verhaltenstherapie mit Kindern und Jugendlichen, Band 1 Grundlagen* (S. 423–461). Tübingen: DGVT.

Miller, L. K. (1997). *Principles of everyday behavior analysis.* Pacific Grove: Brooks-Cole.

Miller, M. D. (1989). Opportunities for psychotherapy in the management of dementia. *Journal of Geriatric Psychiatry and Neurology, 2*, 11–17.

Miller, W. R., & Rollnick, S. (2002). *Motivational interviewing. Preparing people to change.* New York: Guilford.

Mischel, W. (1968). *Personality and assessemnt.* New York: Plenum Press.

Mischel, W. (1973). Toward a cognitive-social learning reconceptualization of personality. *Psychological Review, 80*, 252–283.

Mittelstraß, J. (Hrsg.). (1995a). *Enzyklopädie Philosophie und Wissenschaftstheorie. Band 1.* Stuttgart: Metzler.

Mittelstraß, J. (Hrsg.). (1995b). *Enzyklopädie Philosophie und Wissenschaftstheorie. Band 2.* Stuttgart: Metzler.

Moore, J. (2008). *Conceptual foundations of radical behaviorism.* Cornwall-on-Hudson: Sloan.

Morris, E. K., Lazo, J. F. & Smith, N. G. (2004). Whether, when, and why Skinner published on biological participation in behavior. *The Behavior Analyst, 27*, 153–169.

Morrissette, P. J. (2001). *Self-supervision. A primer for counselors and helping professionals.* New York: Routledge/Taylor & Francis Group.

Mowrer, O. H. (1960). *Learning theory and behavior.* Oxford: Wiley.

Müller, R., Klauß, Th., Heimberg, U. & Mittmann, A. (1980). *Verhaltensmodifikation in der Praxis. Ein Kursprogramm zur Aus- und Weiterbildung für pädagogische Fachkräfte.* München & Basel: Reinhardt.

Munson, C. E. (2002). *Handbook of clinical social work supervision.* New York: Haworth/Taylor & Francis.

National Institute for Health and Clinical Excellence (2006). *Parent-training/education programmes in the management of children with conduct disorders.* Technology appraisal guidance no. 102. London: National Institute for Health and Clinical Excellence.

National Institute of Mental Health (1970). 12-CGI. Clinical global impressions. In W. Guy (Ed.), *EDCEU Assessment in Psychopharmacology* (pp. 217–222). Rockville: MD.

Naumann, S., Bertram, H., Kuschel, A., Heinrichs, N., Hahlweg, K. & Döpfner, M. (2010). Der Erziehungsfragebogen (EFB). Ein Fragebogen zur Erfassung elterlicher Verhaltenstendenzen in schwierigen Erziehungssituationen. *Diagnostica, 56*, 144–157.

Nelson, R. O. (1988). Relationships between assessment and treatment within a behavioral perspective. *Journal of Psychopathology and Behavioral Assessment, 10* (2), 155–170.

Nelson, R. O. & Hayes, S. C. (1986). The nature of behavioral assessment. In R. O. Nelson & S. C. Hayes (Eds.), *Conceptual foundations of behavioral assessment* (pp. 3–41). New York: Guilford.

Neubauer, S., Welte, R., Beiche, A., Koenig, H. H., Buesch, K. & Leidl, R. (2006). Mortality, morbidity and costs attributable to smoking in Germany. Update and a 10-year comparison. *Tobacco Control, 15* (6), 464–471.

Nieder, C. & Bremnes, R. (2008). Effects of smoking cessation on hypoxia and its potential impact on radiation treatment effects in lung cancer patients. *Strahlentherapie und Onkologie, 184* (11), 605–609.

Niemeyer, C. (1982). Zur Kritik an der Verwendung verhaltenstherapeutischer Konzepte in der Sozialarbeit/Sozialpädagogik, In S. Müller, H.-U. Otto, H. Peter, & H. Sünker (Hrsg.), *Handlungskompetenz in der Sozialarbeit/Sozialpädagogik I. Interventionsmuster und Praxisanalyse* (S. 95–129). Bielefeld: AJZ.

Nitkowski, D., Petermann, F., Büttner, P., Krause-Leipoldt, C. & Petermann, U. (2009). Verhaltenstherapie und Jugendhilfe. Ergebnisse zur Optimierung der Versorgung aggressiver Kinder. *Zeitschrift für Kinder- und Jugendpsychiatrie und Psychotherapie, 37,* 461–468.

Noll, P. & Haag, G. (1992). Das Realitätsorientierungstraining - eine spezifische Intervention bei Verwirrtheit. *Zeitschrift für Verhaltenstherapie, 2*, 222–230.

Norton, R (1983). Measuring marital quality. A critical look at the dependent variable. *Journal of Marriage and the Family, 45*, 141–151.

Novaco, R. W. (1975). *Anger control. The development and evaluation of an experimental treatment.* Lexington, MA: Heath.

Nowak, C. & Heinrichs, N. (2008). A comprehensive meta-analysis of Triple P-Positive Parenting Program using hierarchical linear modeling. Effectiveness and moderating variables. *Clinical Child and Family Psychology Review, 11* (3), 114–144.

Noyon, A. & Heidenreich, T. (2009). *Schwierige Situationen in Therapie und Beratung.* Weinheim: Beltz.

O'Brien, W. H., Kaplar, M. E. & McGrath, J. J. (2004). Broadly based causal models of behavior disorders. In S. N. Haynes & E. M. Heiby (Eds.), *Comprehensive handbook of psychological assessment, Volume 3 Behavioral assessment* (pp. 69–93). Hoboken, NJ: Wiley & Sons.

Opp, K. D. (2005). *Methodologie der Sozialwissenschaften.* Wiesbaden: VS.

Orlinsky, D. E. & Ronnestad, M. H. (Eds.). (2004). *How psychotherapists develop. A study of therapeutic work and professional growth.* Washington, DC: American Psychological Association.

Orme, J. G. & Stuart, P. (1981). The habit clinics. Behavioral social work and prevention in the 1920's. *Social Service Review, 55*, 242–256.

Overmeyer, S., Schmidt, M. H. & Blanz, B. (1994). Die Einschätzungsskala der Schulverweigerung (ESV) - Modifizierte deutsche Fassung der School Refusal Assessment Scale (SRAS) nach C. A. Kearney und W. K. Silverman. *Kindheit und Entwicklung, 3*, 238–243.

Pabst, A., Piontek, D., Kraus, L. & Müller, S. (2010). Substanzkonsum und substanzbezogene Störungen. *Sucht, 56* (5), 327–336.

Patterson, G. R. (1982). *Coercive family process.* Eugene, OR: Castalia.

Patterson, G. R., Reid, J. B. & Dishion, T. J. (1992). *Antisocial boys.* Eugene, OR: Castalia.

Pauls, H. (2011). *Klinische Sozialarbeit. Grundlagen und Methoden psychosozialer Behandlung.* Weinheim/München: Juventa.

Pavlov, I. P. (1927). *Conditioned reflexes.* London: Oxford University Press.

Payne, M. (2005). *Modern social work theory.* Houndmills: Palgrave Macmillan.

Pernanen, K. (1991). *Alcohol in human violence.* New York: Guildford.

Petermann, F. & Petermann, U. (2012). *Training mit aggressiven Kindern.* Weinheim: Beltz.

Petermann, U., Petermann, F., Büttner, F., Krause-Leipoldt, C. & Nitkowski, D. (2008). Effektivität kinderverhaltenstherapeutischer Maßnahmen in der Jugendhilfe. Das Training mit aggressiven Kindern. *Verhaltenstherapie, 18,* 101–108.

Peto, R., Darby, S., Deo, H., Silcocks, P., Whitley, E. & Doll, R. (2000). Smoking, smoking cessation, and lung cancer in the UK since 1950: combination of national statistics with two case-control studies. *British Medical Journal, 321* (7257), 323–329.

Petzold, H. (Hrsg.). (2007). *Integrative Supervision, Meta-Consulting, Organisationsentwicklung. Ein Handbuch für Modelle und Methoden reflexiver Praxis.* Wiesbaden: VS.

Pihl, R. O., & Hoaken, P. N. S. (1997). Clinical correlates and predictors of violence in patients with substance use disorders. *Psychiatric Annals, 27,* 735–740.

Plattner, A. & Ehrhardt, T. (2000). Social networks and dementia. *The Lancet, 356* (9227), 433–434.

Plück, J., Wieczorrek, E., Wolff Metternich, T. & Döpfner, M. (2006). *Präventionsprogramm für Expansives Problemverhalten (PEP). Ein Manual für Eltern - und Erziehergruppen.* Göttingen: Hogrefe.

Popper, K. R. (1972). *Conjectures and refutations.* London: Routledge and Kegan Paul.

Popper, K. R. (2005). *Gesammelte Werke 3, Band 3 Logik der Forschung.* Tübingen: Mohr Siebeck.

Porta, C. (2010). *Fördermöglichkeiten und Interventionen für autistische Kinder und Jugendliche, dargestellt am Beispiel des Kreises Düren.* Bachelorarbeit. Münster: Fachhochschule, Fachbereich Sozialwesen.

Project MATCH Research Group (1997). Project MATCH secondary a priori hypotheses. *Addiction, 92,* 1671–1698.

Quigley, B. M., Corbett, A. B. & Tedeschi, J. T. (2002). Desired image of power, alcohol expectancies, and alcohol-related aggression. *Psychology of Addictive Behavior, 16,* 318–324.

Ramsay, J. R. & Rostain, A. L. (2007). Psychosocial treatments for attention-deficit/hyperactivity disorder in adults. Current evidence and future directions. *Professional Psychology - Research and Practice, 38* (4), 338–346.

Raupach, T., Nowak, D., Hering, T., Batra, A. & Andreas, S. (2007). Rauchen und pneumologische Erkrankungen, positive Effekte der Tabakentwöhnung. *Pneumologie, 61* (1), 11–14.

Reid, W. (1994). The empirical practice movement. *Social Service Review, 68,* 165–184.

Reid, W. (1997). Evaluating the dodo's verdict. Do all interventions have equivalent outcomes? *Social Work Research, 21* (1), 5–16.

Reid, W. & Hanrahan, P. (1982). Recent evaluations of social work. Grounds for optimism. *Social Work, 27* (4), 328–340.

Reid, W., Kenaley, B. D. & Colvin, J. (2004). Do some interventions work better than others? A review of comparative social work experiments. *Social Work Research, 28* (2), 71–81.

Reinecker, H. (2005). *Grundlagen der Verhaltenstherapie.* Weinheim: Beltz.

Reinecker, H. (2006). Verhaltensdiagnostik. In F. Petermann & M. Eid (Hrsg.), *Handbuch der psychologichen Diagnostik* (S. 485–493). Göttingen: Hogrefe.

Reinecker, H. & Gmelch, M. (2009). Modelle von Verhaltensanalysen. Vom S-R zum System-Modell menschlichen Verhaltens. *Verhaltenstherapie und Verhaltensmedizin, 30* (1), 7–23.

Reinecker-Hecht, C. & Baumann, U. (2005). Klinisch-psychologische Diagnostik. Allgemeine Gesichtspunkte. In U. Baumann & M. Perrez (Hrsg.), *Lehrbuch Klinische Psychologie - Psychotherapie* (S. 128–146). Bern: Huber.

Rescorla, R. A. (1968). Probability of shock in the presence and absence of CS in fear conditioning. *Journal of Comparative and Physiological Psychology, 66,* 1–5.

Revusky, S. H. & Garcia, J. (1970). Learned associations over long delays. In G. H. Bower & J. T Spence (Eds.), *The psychology of learning and motivation, Volume 4* (pp. 1–84). New York: Academic Press.

Rice, A. K. (1963). *Enterprise and its environment.* London: Tavistock.

Richmond, M. (1917). *Social diagnosis.* New York: Russel Sage Foundation.

Rief, W. (2009). Therapeutische Settings. In J. Margraf & S. Schneider (Hrsg.), *Lehrbuch der Verhaltenstherapie, Band 1 Grundlagen, Diagnostik, Verfahren, Rahmenbedingungen* (S. 799–815). Heidelberg: Springer.

Risley, T. R., Clark, H. B. & Cataldo, M. F. (1976). Behavioral technology for the normal middle class family. In E. J. Mash, L. A. Hamerlynck & L. C. Handy (Eds.), *Behavior modification and families* (pp. 34–60). New York: Brunner/Mazel.

Röhrle, B. (2008). Verhaltenstheoretisch orientierte Modelle. In B. Röhrle, F. Caspar & P. F. Schlottke (Hrsg.), *Lehrbuch der klinisch-psychologischen Diagnostik* (pp. 89–112). Kohlhammer: Stuttgart.

Rössner, L. (1973). *Theorie der Sozialarbeit. Ein Entwurf*. München/Basel: Reinhardt

Rössner, L. (1990). Probleme erziehungs- und sozialarbeitswissenschaftlicher historischer Forschung. In L. Alisch & L. Rössner (Hrsg.), *Grundlagen der Sozialarbeitswissenschaft und der sozialarbeitswissenschaftlichen Forschung. Braunschweiger Studien zur Erziehungs- und Sozialarbeitswissenschaft, Band 1* (S. 77–100). Braunschweig: Technische Universität.

Röttgers, H. R. & Nedjat S. (2012). Aktueller Wissensstand und Versorgungslandschaft bei Autismus-Spektrum-Störungen in Deutschland. In M. Keenan, K. P. Kerr & K. Dillenburger (Hrsg.), *Eltern als Therapeuten von Kindern mit Autismus-Spektrum-Störungen. Selbständigkeit fördern mit Applied Behaviour Analysis*. Stuttgart: Kohlhammer (in Druck).

Röttgers, H. R., Kottnik, K. & Schliermann, F. (2012). Das Münsteraner Intensivprogramm für Kinder mit Autismus-Spektrum-Störungen MIA. In Wissenschaftliche Gesellschaft Autismus-Spektrum (Hrsg.), *Tagungsband der 5. Wissenschaftlichen Tagung Autismus-Spektrum* (S. 66). Berlin: WGAS.

Romero, B. (1997). Selbst-Erhaltungs-Therapie (SET). Betreuungsprinzipien, psychotherapeutische Interventionen und bewahren des Selbstwissens bei Alzheimer-Kranken. In S. Weis & G. Weber (Hrsg.), *Handbuch Morbus Alzheimer* (S. 1209–1252). Weinheim: Beltz.

Roos, K. (2005). *Kosten-Nutzen-Analyse von Jugendhilfemaßnahmen*. Frankfurt: Lang.

Rose, S. (1972). *Treating children in groups. A behavioral approach*. Jossey-Bass San Francisco.

Rosen, W. G., Mohs, R. C. & Davis, K. L. (1984). A new rating scale for Alzheimer's disease. *American Journal of Psychiatry, 141*, 1356–1364.

Rost, D. H. (1983). Pädagogische Verhaltensmodifikation in der (Grund-)Schule. In D. H. Rost (Hrsg.), *Erziehungspsychologie für die Grundschule* (S. 165–246). Bad Heilbrunn: Klinkhardt.

Rost, D. H. (2005). *Interpretation und Bewertung pädagogisch-psychologischer Studien*. Weinheim: Beltz.

Rost, D. H. (2010). Verhaltensanalyse. In D. H. Rost (Hrsg.), *Handwörterbuch Pädagogische Psychologie* (S. 909–919). Weinheim: Beltz.

Rost, D. H. & Buch, S. R. (2010). Pädagogische Verhaltensmodifikation. In D. H. Rost (Hrsg.), *Handwörterbuch Pädagogische Psychologie* (S. 613–624). Weinheim: Beltz.

Rost, D. H., Grunow, P. & Oechsle, D. (Hrsg.). (1975). *Pädagogische Verhaltensmodifikation. Probleme, Übersichten und Beispiele zur Theorie und Praxis der Verhaltensmodifikation in Vorschule, Schule, Hochschule, im Elternhaus und bei jugendlicher Delinquenz*. Weinheim: Beltz.

Rost, D. H. & Schermer, F. J. (2007). *Differentielles Leistungsangst Inventar (DAI)*. Frankfurt a.M.: Hartcourt Test Services.

Rotering-Steinberg, S. (2005). *Anleitungen zur Kollegialen Supervision und Qualitätszirkelarbeit sowie zum Kollegialen Coaching*. Tübingen: DGVT.

Roth, G. & Struber, D. (2009). Neurobiologische Aspekte reaktiver und proaktiver Gewalt bei antisozialer Persönlichkeitsstörung und Psychopathie. *Praxis der Kinderpsychologie und Kinderpsychiatrie, 58*, 587–609.

Rothman, J. & Thyer, B. (1984). Behavioral social work in community and organizational settings. *Journal of Sociology and Social Welfare, 11*, 294–326.

Rotter, J. B. (1990). Internal versus external control of reinforcement. A case history of a variable. *American Psychologist, 45* (4), 489–493.

Rubin, A. (1985). Practice effectiveness. More grounds for optimism. *Social Work, 30* (6), 469–476.

Rutter, M. (1989). Pathways from childhood to adult life. *Journal of Child Psychology and Psychiatry, 30*, 23–51.

Sanders, M. R. (2012). Development, evaluation, and multinational dissemination of the Triple P-Positive Parenting Program. *Annual Review of Clinical Psychology, 8*, 345–379.

Saß, H., Wittchen, H-U. & Zaudig, M. (2003). *Diagnostisches und Statistisches Manual Psychischer Störungen (DSM-IV-TR). Textrevision*. Göttingen: Hogrefe.

Schermer, F. J. (1982). Michael geht nicht zur Schule. In D. H. Rost (Hrsg.), *Erziehungspsychologie für die Grundschule* (S. 285–301). Bad Heilbrunn: Klinkhardt.

Schermer, F. J. (1984). Verhaltenstherapeutische Erziehungsberatung. *Jugendwohl, 65*, 261–267.
Schermer, F. J. (1986). Das Konzept der Verhaltenstherapie. Ihre Modifikation und Übertragung auf Beratung in der sozialen Arbeit, In B. Kunze (Hrsg.), *Beratung in der Sozialen Arbeit* (S. 19–47). Kassel: Gesamthochschule-Universität.
Schermer, F. J. (2005a). Verhaltensdiagnostik. In F. J. Schermer, A. Weber, A. Drinkmann & G. Jungnitsch, *Methoden der Verhaltensänderung: Basisstrategien* (S. 11–49). Kohlhammer: Stuttgart.
Schermer, F. J. (2005b). Operante Methoden. In F. J. Schermer, A. Weber, A. Drinkmann & G. Jungnitsch, *Methoden der Verhaltensänderung: Basisstrategien* (S. 50–95). Kohlhammer: Stuttgart.
Schermer, F. J. (2006). *Lernen und Gedächtnis.* Stuttgart: Kohlhammer.
Schermer, F. J. (2011). *Grundlagen der Psychologie.* Stuttgart: Kohlhammer.
Schermer, F. J. & Schmelzer, D. (1982). Verhaltenstherapie in ambulanten Beratungsstellen, Ein Problemlösungsmodell als Orientierungsrahmen für die Praxis. *Verhaltensmodifikation, 3*, 3–23.
Schermer, F. J. & Weber, A. (Hrsg.). (2006). *Methoden der Verhaltensänderung: Komplexe Interventionsverfahren.* Stuttgart: Kohlhammer.
Schermer, F. J., Weber, A., Drinkmann, A., Jungnitsch, G. (2005). *Methoden der Verhaltensänderung: Basisstrategien.* Stuttgart: Kohlhammer.
Schilling, J. (2008). *Didaktik/Methodik Sozialer Arbeit.* München: UTB Reinhardt.
Schindler, L. (1991). *Die empirische Analyse der therapeutischen Beziehung.* Berlin: Springer.
Schlittmaier, A. (2004). *Ethische Grundlagen Klinischer Sozialarbeit.* Schriftenreihe zur psychosozialen Gesundheit, Band 3. Weitramsdorf bei Coburg: IPSG.
Schlittmaier, A. (2006a). Ethik und Soziale Arbeit, *Sozialmagazin, 31* (2), 43–52.
Schlittmaier, A. (2006b). Moral und Ethik in der Sozialen Arbeit, *Sozialmagazin, 31* (3), 34–41.
Schmelzer, D. (1994). Ziel- und Werteklärung - ein zentraler Prozess der Selbstmanagement-Therapie. In Fachverband Sucht e.V. (Hrsg.), *Therapieziele im Wandel?* (S. 79–93). Geesthacht: Neuland.
Schmelzer, D. (1995). Supervision in der Verhaltenstherapie: Ziele und Aufgaben unter dem Aspekt Förderung der therapeutischen Qualität. In Fachverband Sucht e.V. (Hrsg.), *Qualitätsmerkmale in der stationären Therapie Abhängigkeitskranker. Praxisorientierte Beiträge* (S. 109–127). Geesthacht: Neuland.
Schmelzer, D. (1997). *Verhaltenstherapeutische Supervision. Theorie und Praxis.* Göttingen: Hogrefe.
Schmelzer, D. (2007). Ausbildungssupervision nach dem Selbstmanagement-Ansatz. 12 Leitgedanken und ein Modell. *Verhaltenstherapie & Verhaltensmedizin, 28* (2), 260–271.
Schmelzer, D. & Rischer, A. (2008). Über Kooperation zur Selbstregulation. In M. Hermer & B. Röhrle (Hrsg.), *Handbuch der therapeutischen Beziehung, Band 1 Allgemeiner Teil* (S. 379–422). Tübingen: DGVT.
Schmid, M. G. (2007). *Psychische Gesundheit von Heimkindern. Eine Studie zur Prävalenz psychischer Störungen in der stationären Jugendhilfe.* Weinheim: Juventa.
Schmidt, M. H., Schneider, K., Hohm, E., Pickartz, A., Macsenaere, M., Petermann, F. & Knab, E. (2000). Effekte, Verlauf und Erfolgsbedingungen unterschiedlicher erzieherischer Hilfen. *Kindheit und Entwicklung, 9*, 202–211.
Schmidt-Denter, U. (2008). Vorschulische Förderung. In R. Oerter & L. Montada (Hrsg.), *Entwicklungspsychologie* (S. 719–734). Weinheim: Beltz.
Schmitt, R. (1988). Psychosoziale Verhaltenstherapie? Einzelfallhilfe und Familienhilfe als praktischer Versuch. *Verhaltenstherapie & Psychosoziale Praxis*, 20 (2), 176–187.
Schmitt, R. (1989). Verhaltenstherapie und Einzelfallhilfe. Ein Fallbeispiel, *Verhaltenstherapie & Psychosoziale Praxis*, 21 (1), 95–108.
Schopler, E., Reichler, R. J., Bashford A. & Häußler, A. (2009). *PEP-R. Entwicklungs- und Verhaltensprofil. Förderung autistischer und entwicklungsbehinderter Kinder, Band 1.* Dortmund: Modernes Lernen.

Schreyögg, A. (2010). *Supervision - ein integratives Modell. Lehrbuch zu Theorie & Praxis.* Wiesbaden: VS.

Schulte, D. (1998). *Therapieplanung.* Göttingen: Hogrefe.

Schulte, D. (1999). Verhaltenstherapeutische Diagnostik. In H. Reinecker (Hrsg.), *Lehrbuch der Verhaltenstherapie* (S. 45–85). Tübingen: DGVT.

Schultz, J. H. (1979). *Das Autogene Training. Konzentrative Selbstentspannung.* Stuttgart: Thieme.

Schwarzenegger, C., Hug, M. & Jositsch, D. (2007). *Strafrecht II. Strafen und Massnahmen.* Zürich: Schulthess.

Schwenkmetzger, P., Steffgen, G. & Dusi, D. (1999). *Umgang mit Ärger.* Göttingen: Hogrefe.

Shaw, M. (1977). Ethische Implikationen des verhaltenstherapeutischen Ansatzes. In D. Jehu, P. Hardinker, M. Yelloly & M. Shaw (1977). *Verhaltensmodifikation in der Sozialarbeit/Sozialpädagogik* (S. 248–266). Freiburg: Lambertus.

Shernoff, E. S. & Kratochwill, T. R. (2004). The application of behavioral assessment methodologies in educational settings. In S. N. Haynes & E. M. Heiby (Eds.), *Comprehensive handbook of psychological assessment, Volume 3 Behavioral assessment* (pp. 365–385). Hoboken, NJ: Wiley & Sons.

Sidman, M. (1989). *Coercion and its fallout.* Boston: Authors Cooperative Inc.

Skinner, B. F. (1938). *The behavior of organisms.* New York: Appleton-Century-Crofts.

Skinner, B. F. (1953). *Science and human behavior.* Reno, NV: MacMillan.

Skinner, B. F. (1957). *Verbal behavior.* Acton: Copley.

Smith, E., Regli, D. & Grawe, K. (1999). Wenn Therapie wehtut: Wie können Therapeuten zu fruchtbaren Problemaktualisierungen beitragen? *Verhaltenstherapie & Psychosoziale Praxis, 31* (2), 227–251.

Souvignier, E. (2008). Denktraining für Kinder und Jugendliche. Programme zur intellektuellen Förderung. In H.-P. Langfeldt & G. Büttner (Hrsg.), *Trainingsprogramme zur Förderung von Kindern und Jugendlichen* (S. 18–37). Weinheim: Beltz.

Sprau-Kuhlen, V. (1977). *Kritische Einführung in die Verhaltensmodifikation für Sozialarbeiter.* Frankfurt a. M: Verlag des Deutschen Vereins für öffentliche und private Fürsorge.

Staats, A. W. (1995). Paradigmatic behaviorism and paradicmatic behavior therapy. In W. O'Donohue & L. Krasner (Eds.), *Theories of behavior therapy. Exploring behavior change* (pp. 659–693). Washington, DC: American Psychological Association.

Staats, A. W. (1996). *Behavior and personality. Psychological behaviorism.* New York: Springer.

Staub-Bernasconi, S. (2007). Soziale Arbeit. Dienstleistung oder Menschenrechtsprofession? Zum Selbstverständnis Sozialer Arbeit in Deutschland mit einem Seitenblick auf die internationale Diskussionslandschaft. In A. Hüdepohl & W. Lesch (Hrsg.), *Ethik Sozialer Arbeit. Ein Handbuch* (S. 20–54). Paderborn: Schönigh.

Stavemann, H. H. (2007). *Sokratische Gesprächsführung.* Weinheim: Beltz.

Steinke, T. (1993). Stationäres Training mit aggressiven Kindern. Ergebnisdarstellung. In F. Poustka & U. Lehmkuhl (Hrsg.), *Gefährdung der kindlichen Entwicklung* (S. 267–270). München: Quintessenz.

Stieglitz, R.-D. (2008). Klinisch-psychologische Erhebungsmethoden. In B. Röhrle, F. Caspar & P. F. Schlottke (Hrsg.), *Lehrbuch der klinisch-psychologischen Diagnostik* (S. 330–361). Kohlhammer: Stuttgart.

Stimmer, F. (2012). *Grundlagen des Methodischen Handelns in der Sozialen Arbeit.* Stuttgart: Kohlhammer.

Storm, K. (1994). Social workers in private practice. An update. *Clinical Social Work Journal, 22,* 73–89.

Strathmann, A. & Klauer, K. J. (2011). Ein neues Programm induktiven Denkens für vorschulpflichtige Kinder. Was bringt es bei entwicklungsverzögerten Kindern in Förderschulen? *Psychologie in Erziehung und Unterricht, 58,* 52–62.

Stumpfe, K.-D., Väthjunker, A. & Kulig, P. (1992). Ursachen für Rückfälle bei Nikotinabstinenz. *Psychomedizin, 4,* 48–51.

Swanson, H. L. & Deshler, D. (2003). Instructing adolescents with learning disabilities: Converting a meta-analysis to practice. *Journal of Learning Disabilities, 36* (2), 124–135.
Swanson, H. L. & Hoskyn, M. (1998). Experimental intervention research on students with learning disabilities: A meta-analysis of treatment outcomes. *Review of Educational Research, 68* (3), 277–321.
Tausch, R. (2004). Sinn in unserem Leben. In A. E. Auhagen (Hrsg.), *Positive Psychologie* (S. 86–102). Weinheim: Beltz.
Teri, L. & Logsdon, R. G. (1991). Identifying pleasant activities for Alzheimer's disease patients. The Pleasant Events Schedule-AD. *The Gerontologist, 31* (1), 124–127.
Teri, L., Logsdon, R. G., Uomoto, J. & McCurry, S. (1997). Behavioral treatment of depression in dementia patients. A controlled clinical trial. *Journal of Gerontology, 52* (4), 159–166.
Tharp, R. & Wetzel, R. (1976). *Verhaltensänderungen im gegebenen Sozialfeld.* München: Urban & Schwarzenberg.
Thiersch, H. (2008). *Lebensweltorientierte Soziale Arbeit. Aufgaben der Praxis im sozialen Wandel.* Weinheim: Juventa.
Thom, D. (1924). *Habit clinics for the child of preeschool age. Their organisation and practical value.* Washington: United States Department of Labor.
Thom, D. (1928). *Mental health of the child.* Cambridge: Havard University Press.
Thom, D. (1929). *Everyday problems of the everyday child.* New York: Appleton-Century.
Thom, D. (1939). *Habit clinics for child guidance.* Washington: United States Department of Labor.
Thomas, E. (Ed.) (1967a). *Behavioral science for social workers.* New York: Free Press.
Thomas, E. (Ed.) (1967b). *The socio-behavioral approach and applications to social work.* New York: Council of Social Work Education.
Thomas, E. (1968). Selected sociobehavioral techniques and principles. An approach to interpersonal helping. *Social Work, 13* (1), 12–27.
Thomas, E. & Goodman, E. (Eds.). (1965). *Socio-behavioral theory and interpersonal helping in social work.* Ann Arbor: Campus.
Thomas, E. & Walter, C. (1973). Guidelines for behavioral practice in the open community agency. Procedure and evaluation. *Behaviour Research and Therapy, 11* (2), 193–205.
Thomlison, R. (1982). Behavior modification programs. In S. Yelaja (Ed.), *Ethical issues in social work* (pp. 232–260). Springfield: Thomas Books.
Thomlison, R. (1984). Something works. Evidence from practice effectiveness studies. *Social Work, 29* (1), 51–56.
Thorndike, E. L. (1898). Animal intelligence. An experimental study of the associative process in animals. *Psychological Review, Monograph Supplements 2,* Whole No. 8.
Thyer, B. (1987). Behavioral social work. An Overview. *The Behavior Therapist,* 10, 131–134.
Thyer, B. (2008). Practice evaluation. In W. Rowe & L. A. Rapp-Paglicci (Eds), *Comprehensive handbook of social work and social welfare* (pp. 98–119). Hoboken, NJ: Wiley & Sons.
Thyer, B. & Hudson, W. (1987). Progress in behavioral social work. An introduction. *Journal of Social Service Research,* 10, 1–6.
Thyer, B. & Meyers, L. L. (2007). *A social worker's guide to evaluating practice outcomes.* Alexandria, VA: Council on Social Work Education.
Thyer, B. & Thyer, K. B. (1992). Single system research design in social work practice: A bibliography from 1965-1990. *Research on Social Work Practice, 2,* 99–116.
Tuschen, B. (2009). Problem- und Verhaltensanalyse. In J. Margraf & S. Schneider (Hrsg.), *Lehrbuch der Verhaltenstherapie, Band 1 Grundlagen, Diagnostik, Verfahren, Rahmenbedingungen* (S. 363–376). Berlin: Springer.
Tweed, R. G., & Dutton, D. G. (1998). A comparison of impulsive and instrumental subgroups of batterers. *Violence and Victims, 13,* 217–230.
Umbreit, J., Ferro, J., Liaupsin, C. J. & Lane, K. L. (2007). *Functional behavioral assessment and function-based intervention. An effective, practical approach.* Upper Saddle River, NJ: Pearson Education.
University of Leicester, Bulletin (1999). Sex abuse intervention strategy discussed. *Bulletin University of Leicester, 32* (3), 2.

Urbaniok, F. (2003). *Was sind das für Menschen - was können wir tun? Nachdenken über Straftäter*. Bern: Zytglogge.

Urbaniok, F. & Stürm, T. (2006). Das Zürcher »Ambulante Intensiv-Programm« (AIP) zur Behandlung von Sexual- und Gewaltstraftätern. Teil 2, Spezifisch deliktpräventive und therapeutische Konzeptionen. *Schweizer Archiv für Neurologie und Psychiatrie, 157* (3), 119–133.

US Department of Health and Human Services (2004). *The health consequences of smoking. A report of the surgeon general*. Atlanta: U.S. Department of Health and Human Services.

Vaitl, D. (2004). Psychophysiologie der Entspannungsverfahren. In D. Vaitl & F. Petermann (Hrsg.), *Entspannungsverfahren. Das Praxishandbuch* (S. 21–33). Weinheim: Beltz.

Vaitl, D. & Petermann, F. (Hrsg.) (2004). *Entspannungsverfahren. Das Praxishandbuch*. Weinheim: Beltz.

Van Duijn, C. M., Stijnen, T. & Hofman, A. (1991). Risk factors for Alzheimer's disease. Overwiev of the EURODERM collaborative reanalysis of case-control studies. International reanalysis of case-control studies. *International Journal of Epidemiology, 20* (2), 4–12.

Van't Leven, N., Graff, M., Kaijen, M., de Swart, B., Olde-Rikkert, M. & Vernooij-Dassen, M. (2012). Barriers to and facilitators for the use of an evidence-based occupational therapy guideline for older people with dementia and their carers. *International Journal of Geriatric Psychiatry, 27* (7), 742–748.

Verplanck, W. S. (1955). The control of the content of conversation. Reinforcement of statements of opinion. *Journal of Abnormal and Social Psychology, 51*, 668–676.

Vismara, L. A. & Rogers, S. J. (2010). Behavioral treatments in autism spectrum disorder. What do we know? *Annual Review of Clinical Psychology, 6*, 447–468.

Vohs, K. D. & Baumeister, R. F. (2010). *Handbook of self-regulation. Research, theory, and applications*. New York: Guilford.

von Spiegel, H. (2008). *Methodisches Handeln in der Sozialen Arbeit*. München: UTB Reinhardt.

Vygotsky, L. (1962). *Thought and language*. New York: Wiley.

Walters, G. D. (1998). *Changing lives of crime and drugs*. Chichester: Wiley.

Wasem, J., Jung, M., May, U., Ochotta, T., Hessel, F., Wegner, C., Gutsch, A. & Neumann, A. (2008). Nutzen und Kosteneffektivität der Nikotinersatztherapie zur Raucherentwöhnung. Eine entscheidungsanalytische Modellierung der direkten medizinischen Kosten. *Gesundheitsökonomie & Qualitätsmanagement, 13* (2), 99–108.

Weatherly, J. N. & Brandt, A. E. (2004). Participants' sensitivity to percentage payback and credit values when playing a slot-machine simulation. *Behavior and Social Issues, 13* (1), 33–50.

Weber, A. (2005). Kognitive Verhaltensmodifikation. In F. J. Schermer, A. Weber, A. Drinkmann & G. Jungnitsch, *Methoden der Verhaltensänderung: Basisstrategien* (S. 96–127). Stuttgart: Kohlhammer.

Weinberger, S. (2011). *Klientenzentrierte Gesprächsführung. Lern- und Praxisanleitung für psychosoziale Berufe*. Weinheim: Juventa.

Weiner, B., Frieze, I. H., Kukla, A., Reed, L., Rest, S. & Rosenbaum, R. M. (1971). *Perceiving the causes of success and failure*. Morristown, NJ: General Learning.

Weinmann, S., Schwarzbach, C., Begemann, M., Roll, S., Vauth, C., Willich, S. N. & Greiner, W. (2009). Verhaltens- und fertigkeitenbasierte Frühinterventionen bei Kindern mit Autismus. In Deutsches Institut für Medizinische Dokumentation und Information (Hrsg.), *Schriftenreihe Health Technology Assessment, Band 89*. Köln: Deutsches Institut für Medizinische Dokumentation und Information.

Weisz, J. R., & Kazdin, A. E. (Eds.). (2010). *Evidence-based psychotherapies for children and adolescents*. New York: Guilford.

Welch, M. G. (1996). *Die haltende Umarmung*. München: Reinhardt.

Wend-Erdel, M. (2011). *Die Finanzierungssituation evidenzbasierter Fördermaßnahmen für autistische Kinder*. Reihe Autismus, Band 22. Berlin: Weidler.

Wendlandt, W. (1977). *Rollenspiel in Erziehung und Unterricht*. München: UTB Reinhardt.

Wendlandt, W. (1995). *Entspannung im Alltag. Ein Trainingsbuch*. Weinheim: Beltz.

Wendlandt, W. (2002). *Therapeutische Hausaufgaben. Materialien für die Eigenarbeit und das Selbsttraining. Eine Anleitung für Therapeuten, Betroffene, Eltern und Erzieher.* Stuttgart. Thieme.

Wiemann, J. M. & Giles, H. (1996). Interpersonale Kommunikation. In W. Stroebe, M. Hewstone & G. M. Stephenson (Hrsg.), *Sozialpsychologie* (S. 331–361). Berlin: Springer.

Wilken, B. (1998). *Methoden der kognitiven Umstrukturierung. Ein Leitfaden für die psychotherapeutische Praxis.* Stuttgart: Kohlhammer.

Wilson, G. T. & Evans, I. M. (1977). The therapist-client relationship in behavior therapy. In A. S. Gurman & A. M. Razin (Eds.), *Effective psychotherapy* (pp. 544–565). New York: Pergamon.

Winiarski, R. (2012). *KVT in Beratung und Kurztherapie.* Weinheim: Beltz.

Wolpe, J. (1958). *Psychotherapy by reciprocal inhibition.* Stanford, CA: Stanford University Press.

Wonnacott, J. (2011). *Mastering social work supervision.* London: Jessica Kingsley.

Wood, D., Bruner J. & Ross G. (1976). The role of tutoring in problem-solving. *Child Psychology and Psychiatry, 17* (2), 89–100.

World Health Organisation (2002). *World report on violence and health.* Geneva: WHO

Young, J. E. (1990). *Cognitive therapy for personality disorders. A schema-focussed approach.* Sarasota, FL: Professional Resource Exchange.

Zhang, L., Welte, J. W. & Wieczorek, W. W. (2002). The role of aggression-related alcohol expectancies in explaining the link between alcohol and violent behavior. *Substance Use and Misuse, 37,* 457–471.

Zarbock, G. (2011). *Praxisbuch Verhaltenstherapie. Grundlagen und Anwendungen biografisch-systemischer Verhaltenstherapie.* Lengerich: Pabst.

Zimmer, D. (2006). Gesprächsführung und Beziehungsaufbau in der Verhaltenstherapie. In A. Batra, R. Wassmann & G. Buchkremer (Hrsg.), *Verhaltenstherapie. Grundlagen, Methoden, Anwendungsgebiete* (S. 66–74). Stuttgart: Thieme.

Zimmer, D. & Zimmer, F. T. (1992). Die therapeutische Beziehung in der Verhaltenstherapie. Konzepte und Gestaltungsmöglichkeiten. In J. Margraf & J. C. Brengelmann (Hrsg.), *Die Therapeut-Patient-Beziehung in der Verhaltenstherapie* (S. 11–38). München: Röttinger.

Zobrist, P. (2010). Risikoorientierung ist resozialisierend. *Sozial Aktuell, 42* (3), 38–39.

Internetquellen

Beauftragter der Bundesregierung für die Belange behinderter Menschen, *UN-Behindertenrechtskonvention*, Stand: Oktober 2010. (http://www.behindertenbeauftragter.de/SharedDocs/Publikationen/DE/Broschuere_UNKonvention_KK.pdf?__blob=publicationFile), Zugriff am 19.09.2012.

Bonta, J. & Andrews, D. A. (2007). Risk-need-responsivity model for offender assessment and rehabilitation. Public Savety Canada, (http://www.publicsafety.gc.ca /res/cor/rep/risk_need_200706-eng.aspx), Zugriff am 05.08.2010.

Dirscherl, T., Hahlweg, K., Born, R., Kulessa, A., Sanders, M. R. & von Wulfen, Y. (2011). Triple P - ein »Public Health«- Ansatz zur Förderung der seelischen Gesundheit von Kindern und Jugendlichen durch Stärkung der elterlichen Erziehungskompetenz. Grundlagen, Struktur, Inhalte und Evaluation. (http://www.triplep.de/files/fuer_fachleute/uebersichtsartikel/4_5_langform_uebersichtsartikel_v1.1.pdf.), Zugriff am 15.08.2012.

Müller, W. (2001). Bachelor und Master für Sozialberufe - Was übernehmen wir denn da aus dem »anglo-amerikanischen System?« Deutsche Gesellschaft für Erziehungswissenschaft - aktuell, Univ. Duisburg-Essen, (http://dgfe-aktuell.uni-duisburg.de/foren/Akkred_Mueller.htm), Zugriff am 24.08.2012.

Nowak, M. & Kröger, C. (2011). Das Rauchfrei Programm - Jahresevaluation 2010. (http://rauchfrei-programm.de/images/PDF/evaluation%202010.pdf), Zugriff am 7.02.2012.

Stead, L. F. & Lancaster, T. (2005). Group behaviour therapy programmes for smoking cessation. *Cochrane Database of Systematic Reviews,* (2), CD001007. DOI: 10.1002/14651858.CD001007.pub2, Zugriff am 25.01.2013.

Autorenverzeichnis

Blanz, Mathias, Prof. Dr. rer. nat. habil., Hochschule für angewandte Wissenschaften Würzburg-Schweinfurt, Fakultät Angewandte Sozialwissenschaften, Münzstraße 12, 97070 Würzburg.

Bördlein, Christoph, Dr. phil., Bundesrechnungshof, Psychosozialer Dienst und Betriebliches Gesundheitsmanagement, Adenauerallee 81, 53113 Bonn.

Borg-Laufs, Michael, Prof. Dr. phil., Hochschule Niederrhein, Fachbereich Sozialwesen, Richard-Wagner-Straße 101, 41065 Mönchengladbach.

Como-Zipfel, Frank, Prof. Dr. phil., Dipl.-Sozarb., Hochschule für angewandte Wissenschaften Würzburg-Schweinfurt, Fakultät Angewandte Sozialwissenschaften, Münzstraße 12, 97070 Würzburg.

Dittrich, Katja, Dipl.-Sozpäd., Hochschule Niederrhein, Fachbereich Sozialwesen, Richard-Wagner-Straße 101, 41065 Mönchengladbach.

Harstick-Koll, Sylvia, Dipl.-Psych., Technische Universität Braunschweig, Institut für Psychologie, Abt. Klinische Psychologie und Psychotherapie, Humboldtstraße 33, 38106 Braunschweig.

Jungnitsch, Georg, Prof. Dr. phil., Hochschule Regensburg, Fakultät Angewandte Sozialwissenschaften, Seybothstraße 2, 93053 Regensburg.

Klein, Michael, Prof. Dr. rer. nat., Katholische Hochschule Nordrhein-Westfalen, Fachbereich Sozialwesen, Wörthstraße 10, 50668 Köln.

Kröger, Christoph B., Dr. rer. soc., Institut für Therapieforschung, Gesundheitsförderung, Montsalvatstraße 14, 80804 München.

Kuschel, Annett, Priv.-Doz., Dr. rer. nat., Humboldt-Universität Berlin, Institut für Rehabilitationswissenschaften, Abt. Rehabilitationspsychologie, Georgenstraße 36, 10117 Berlin.

Lederbogen, Silke, BA Sozpäd., Bezirksklinikum Mainkofen, Sozialpädagogischer Dienst, Mainkofen 6, 94469 Deggendorf.

Linderkamp, Friedrich, Prof. Dr. phil. habil., Bergische Universität Wuppertal, Institut für Bildungsforschung, School of Education, Gaußstraße 20, 42119 Wuppertal.

Mayer, Klaus, Dipl.-Psych., MAS, Amt für Justizvollzug Kanton Zürich, Bewährungs- und Vollzugsdienste, Entwicklung und Evaluation, Feldstrasse 42, 8090 Zürich.

Marx, Edeltrud, Prof. Dr. phil. habil., Priv.-Doz., Dipl.-Sozpäd., Katholische Hochschule Nordrhein-Westfalen, Fachbereich Sozialwesen, Wörthstraße 10, 50668 Köln.

Plattner, Anita, Dr. hum. biol., Sachverständigenring, Belfortstraße7, 81667 München.

Röttgers, Hanns Rüdiger, Prof. Dr. med., Fachhochschule Münster, Fachbereich Sozialwesen, Robert-Koch-Straße 30, 48149 Münster.

Schermer, Franz J., Prof. Dr. phil., Hochschule für angewandte Wissenschaften Würzburg-Schweinfurt, Fakultät Angewandte Sozialwissenschaften, Münzstraße 12, 97070 Würzburg.

Schmelzer, Dieter, Dr. phil., Kühnertsgasse 24, 90402 Nürnberg.

Trinks, Raphaela, Dr. päd., Dipl.-Sozarb., Dipl.-Sozpäd., Katholische Hochschule Nordrhein-Westfalen, Fachbereich Sozialwesen, Wörthstraße 10, 50668 Köln.

Wenig, Johanna, Dipl.-Psych., Institut für Therapieforschung, Gesundheitsförderung, Montsalvatstraße 14, 80804 München.